Ronen Steinke
FRITZ BAUER

Ronen Steinke

# FRITZ BAUER
oder Auschwitz vor Gericht

Mit einem Vorwort von
Andreas Voßkuhle

Mit 13 Abbildungen

Piper  München  Zürich

*Mehr über unsere Autoren und Bücher:*
*www.piper.de*

MIX
Papier aus verantwor-
tungsvollen Quellen
FSC® C014889

ISBN 978-3-492-05590-1
2. Auflage 2013
© Piper Verlag GmbH, München 2013
Gesetzt aus der Adobe Garamond Pro
Satz: Kösel, Krugzell
Druck und Bindung: Pustet, Regensburg
Printed in Germany

# Inhalt

Vorwort 9
von Andreas Voßkuhle,
Präsident des Bundesverfassungsgerichts

1 Der Deutsche, der Eichmann vor Gericht brachte:
Sein Geheimnis 13

2 Ein jüdisches Leben: Worüber der umstrittenste
Jurist der Nachkriegszeit nie spricht 28
Ein Feuerkopf verstummt: Dr. Bauers gesammeltes
Schweigen 28 • Eine Familie, die dazugehören will:
Kindheit in der Kaiserzeit 32 • Chanukka und
Bar Mitzwa: Erziehung zum Selbstbewusstsein 43

3 Bildungsjahre 1921–1925: Die Talente erwachen 52
23 Freunde 52 • Eine jüdische Studentenverbindung 56 • »Bekenntnis zum Deutschtum«:
Zwist mit Zionisten 63 • Tübingen, die Höhle
des Löwen 66 • Eine Doktorarbeit, über die sich
Industriebarone freuen 69

4 Richter in der Weimarer Republik:
Im Kampf gegen das aufziehende Unheil 75

Es pocht am Dienstzimmer 75 • Ein Roter unter
Schwarz-Weiß-Roten: Parallelwelt Justiz 76 •
»Deckt das Justizministerium das Verhalten des Juden
Bauer?« 83 • Im Duo mit Kurt Schumacher:
Straßenkampf gegen die SA 86

5 Konzentrationslager und Exil bis 1949 92

Im Konzentrationslager 92 • Dänemark 1936:
Wie ein Delinquent auf Bewährung 99 • Qualen
der Abgeschiedenheit 102 • Die Deutschen
rücken näher 105 • Schweden 1943: An der Seite
Willy Brandts 107 • Wie Fritz Bauer seine
Doktorarbeit zerreißt 110 • »Inopportun«:
Als Jude in der Politik nach 1945 nicht erwünscht 116

6 Die Rehabilitierung der Männer des 20. Juli:
Sein Verdienst 123

Der Emigrant gegen die Nazi-Wiedergänger: Der
Remer-Prozess 1952 123 • Generalstaatsanwalt in
Braunschweig 1950 127 • »Die Frage wirkt sofort
elektrisierend«: Ein Land diskutiert den Widerstand 135 • »Mein Mitschüler Stauffenberg«:
Ein Plädoyer, das Geschichte schreibt 143

7 »Mörder unter uns«: Psychogramm eines
Anklägers 152

Wozu Strafe? 152 • »Ich habe gewusst, wohin
ich gehören möchte«: Der Traum vom humanen
Strafrecht 157 • Die Speerspitze des Fortschritts:
Jugendrichter 1928 163 • Das Nürnberger Tribunal
1945, leuchtendes Vorbild und abschreckendes
Beispiel 168 • »Ihr hättet Nein sagen müssen«:
Ein Staatsanwalt, der den Rechtsbruch verlangt 175

8 Der große Auschwitz-Prozess 1963–1965: Sein Hauptwerk 178

Eine Cola in der Verhandlungspause 178 • Eine Bühne für das, was die Welt nicht erfahren sollte: Bauers Leistung 182 • Warum der Atheist mit Jesus argumentiert (und nie wieder mit Moses) 196 • Ein Querschnitt durchs Lager: Bauers Strategie 201 • Anfeindungen als vermeintlich un-objektives NS-Opfer 211 • Ein Regisseur, der sich in der Kulisse versteckt: Bauers eigene Rolle 215

9 Verteidigung des Privaten: Sein Dilemma 221

Der Bohemien: Bauer privat 221 • Reaktionärer Muff im Strafgesetzbuch und die Pflichten eines Generalstaatsanwalts 231 • Freund der Schwulen: Bauer in der Debatte um den Paragrafen 175 234

10 Der Weg in die Einsamkeit: Seine Tragik 243

Angst vor der Nähe: Der Jurist und die Juden 243 • »Mit ihm konnte man nicht reden«: Fritz Bauers junges Ankläger-Team 252 • »Die Linken kommen immer mit ihren Utopien«: Enttäuschungen am Lebensende 263

11 Der Tote in der Badewanne 1968 268

Anhang

Dank 278

Quellen und Literatur 280

Anmerkungen 283

Personenregister 345

Bildnachweis 349

# Vorwort

Mit Furchtlosigkeit und Beharrungsvermögen, mit Kampfesmut und einer schier unerschöpflichen Ausdauer stellte Fritz Bauer sein Leben in den Dienst der Humanität. Das leidenschaftliche Eintreten für eine im besten Sinne aufgeklärte Gesellschaft ist ein Leitmotiv seiner Biografie. Dieses Leitmotiv ist erkennbar in seinem Einsatz für eine rationale Strafrechtspraxis, den er als junger Stuttgarter Richter zeigte. Präsent ist es auch in seiner hartnäckigen Verteidigung der Weimarer Republik als der ersten Demokratie auf deutschem Boden. Vor allem aber zeugt von seiner Parteinahme für die Aufklärung jener Kampf, den er in den Anfangsjahren der Bundesrepublik aufnahm und von dem er bis zu seinem frühen Tod im Epochenjahr 1968 nicht wieder abließ: Als Chef der Anklagebehörden zunächst in Braunschweig, später in Frankfurt am Main machte Fritz Bauer die nationalsozialistische Willkürherrschaft zu einem Gegenwartsthema in der jungen Bundesrepublik. Er zwang eine Gesellschaft zum Hinsehen, die weithin nicht willens war, ihre doch so offensichtlich gegenwärtige Vergangenheit in ihre Selbstbeschreibung einzuweben. Fritz Bauer führte die Bundesrepublik in die Auseinandersetzung mit einem zugleich bestürzenden und beschämenden Panorama des Unrechts. Im ersten Frankfurter Auschwitz-Prozess von 1963 bis 1965 fand der

Kampf des Generalstaatsanwalts für die juristische Ausleuchtung der nationalsozialistischen deutschen Gesellschaft und die Ahndung ihrer Verbrechen seinen Höhepunkt.

Fortwährend sah sich Fritz Bauer Widerständen und Anfeindungen ausgesetzt. Er wurde ausgegrenzt, verfolgt und ins Exil gezwungen. Bekannt mit Willy Brandt, Kurt Schumacher und Theodor W. Adorno, blieb ihm der Standpunkt des Außenseiters doch ein vertrauter Ort. Man kann ermessen, welche Kraftanstrengungen ihm dieses rastlose Leben abverlangt hat.

Obwohl auch publizistisch tätig, wirkte Fritz Bauer in erster Linie in seiner Rolle als praktischer Jurist. Am Beispiel seiner Biografie lassen sich deshalb Freiräume zum couragierten Handeln gerade der Juristin und des Juristen vermessen. Alles Recht ist Menschenwerk, für seine Setzung, seinen Vollzug und seine Auslegung sind immer Menschen verantwortlich. Nie geschieht Recht von selbst. Stets ist es angewiesen auf Persönlichkeiten, die seine Verwirklichung zu ihrer Sache machen. In einer Zeit, in der eine juristische Aufarbeitung des Nationalsozialismus allenfalls sporadisch erfolgte, zeigte Fritz Bauer, was mit den Mitteln des Rechts möglich sein kann.

Besonders markant tritt Fritz Bauers Engagement durch und für das Recht hervor, kontrastiert man es mit einer in der damaligen Justiz weitverbreiteten Haltung. Gekennzeichnet durch eine große personelle Kontinuität über die Zäsur von 1945 hinweg, gründete die bundesrepublikanische Nachkriegsjustiz ihre moralische Selbstentlastung auf die kommode Legende, ihr habe letztlich bloß ihre richterliche Tugend zum Nachteil gereicht. Denn allein in ihrem treuen Gesetzesgehorsam, und damit völlig fremdbestimmt, sei sie der nationalsozialistischen Herrschaft verbunden gewesen. Ihre moralische Integrität sei darüber unbeeinträchtigt geblieben.

Nun sind die Bindungen, die das Gesetz dem Juristen auferlegt, diesem zwar eine alltägliche Erfahrung. Indessen veranschaulicht das Leben Fritz Bauers die Entfaltungsmöglichkeiten moralischer Freiheit gerade im Rahmenwerk des Rechts. Hier zeigt sich, was mit Mut, mit argumentativem Scharfsinn und nicht zuletzt mit einem unermüdlichen Arbeitseifer juristisch erreicht werden kann. Es liegt deshalb auf der Hand, dass man Fritz Bauers Biografie Vorbildhaftes entnehmen kann und nicht zuletzt auch Maßstäbe für eine Kritik, die sich das professionelle Wirken von Juristinnen und Juristen als ihren Gegenstand nimmt.

Der Demokrat und Patriot Fritz Bauer hat an der deutschen Geschichte mitgeschrieben und sie zum Guten hin beeinflusst. Es sollte uns ein gemeinsames Anliegen sein, die Erinnerung an sein Leben festzuhalten und sein Verdienst in würdigem Andenken zu bewahren. Das vorliegende Buch leistet hierzu einen wichtigen Beitrag.

*Prof. Dr. Andreas Voßkuhle,*
Präsident des Bundesverfassungsgerichts

Karlsruhe, im Mai 2013

# 1

## Der Deutsche, der Eichmann vor Gericht brachte: Sein Geheimnis

Die schwere Eichentür in der Frankfurter Gerichtsstraße gibt kaum einen Laut von sich, als der 27-jährige Michael Maor sie öffnet und unbemerkt in das dunkle Gebäude hineinschlüpft. Den Weg haben sie ihm vorher genau aufgezeichnet. Rechts die steinerne Treppe hinauf, bis zum zweiten Stock, wo sich eine Fläche öffnet wie ein prunkvoller Vorplatz aus grünem Linoleum. Mondlicht scheint darauf. Der Blick fällt auf eine einzelne weiße Tür, die sich wie auf einem Podest vom Rest des Stockwerks abhebt, links und rechts davon wachen Säulen aus Marmor, die in der Dunkelheit nicht rotbraun aussehen, sondern schwarz. Du kannst es gar nicht verfehlen, haben sie ihm gesagt.

Der Auftrag des israelischen Ex-Fallschirmspringers: Fotografiere die Akte, die links auf dem Tisch liegt. Der Tisch steht im Büro des Frankfurter Generalstaatsanwalts Fritz Bauer. Es riecht nach Zigarren, die langen Gardinen sind zugezogen, an den Wänden hängt moderne Kunst. Und links auf dem Schreibtisch, von allen anderen Papieren säuberlich getrennt, liegt ein Stapel. »Das waren NS-Unterlagen, Tätigkeitsberichte, auch Fotos«, erinnert sich Maor, »und überall Hakenkreuze.«

Es ist die Akte Adolf Eichmanns, des rasend ehrgeizigen Cheforganisators des Holocaust, der den millionenfachen

Mord an den Juden bis ins kleinste bürokratische Detail geplant hat. Nur wenige Wochen nach dem nächtlichen Einsatz, am Abend des 11. Mai 1960, wird der israelische Geheimdienst Mossad den NS-Verbrecher in seinem Unterschlupf in Buenos Aires kidnappen, Eichmann wird betäubt und verkleidet in einer Uniform der Fluglinie El Al in der ersten Klasse eines Passagierflugzeugs nach Israel geflogen werden, es wird zu einem der bedeutendsten Strafprozesse des 20. Jahrhunderts kommen, zu einem prägenden Moment für die noch junge israelische Gesellschaft. Aber die entscheidende Spur liegt in Frankfurt.

Hier ist 1957 der Brief eingegangen, mit dem alles begonnen hat. Ein Mann namens Lothar Hermann, ein in Deutschland geborener Jude, der vor den Nazis nach Argentinien geflohen ist, schreibt darin, er habe entdeckt, dass Eichmann unter falschem Namen in einem Vorort von Buenos Aires lebe. Ein Zufall hat ihn darauf gebracht: Seine Tochter hat sich ausgerechnet in den Sohn des Massenmörders verliebt. Es gibt zu dieser Zeit noch kaum Stellen, an die sich der erschrockene Vater überhaupt wenden könnte: Die israelische Regierung konzentriert sich noch ganz auf die dringlichen Aufgaben der Landesverteidigung, die Amerikaner haben die Verantwortung für die Bestrafung von NS-Tätern unlängst an die Deutschen abgegeben, und in der deutschen Justiz sind viele Richter und Staatsanwälte selbst verstrickt. Nur in Frankfurt lässt der Generalstaatsanwalt bereits auf eigene Faust nach Eichmann fahnden.

Jener Generalstaatsanwalt Fritz Bauer ist eine Ausnahmegestalt, deshalb bekannt bis hin nach Argentinien und Israel: ein Sozialdemokrat jüdischer Herkunft, der 1936 gerade noch fliehen konnte und nach 1945 ausgerechnet in den Zweig des deutschen Staatsdienstes zurückgekehrt ist, der am stärksten von braunen Seilschaften durchsetzt ist, in die Strafjustiz, um für die Bestrafung von NS-Verbrechern zu kämpfen. Hierhin also hat Lothar Hermann die brisante Eichmann-Nachricht geschickt.

Gerade hat der israelische Agent in Fritz Bauers dunklem Büro seine Fotoausrüstung aufgebaut, da zuckt er zusammen: »Plötzlich hörte ich Schritte, und Licht fiel durch den Türritz.« Michael Maor versteckt sich eilig hinter dem Schreibtisch, der Mensch auf dem grünen Linoleum draußen nähert sich mit langsamen, seltsam schlurfenden Schritten. Es scheint, als ziehe er irgendetwas hinter sich über den Boden.

Maor verharrt – bis ihm klar wird, dass es die Putzfrau sein muss. »Offenbar war sie ein bisschen schlampig«, glaubt er, denn die Frau erspart sich die Arbeit im verqualmten 60-Quadratmeter-Büro des Generalstaatsanwalts und schlurft weiter. Das Licht hinter ihr erlischt wieder.

Die Eichmann-Akte, deren Inhalt in dieser Nacht an den Mossad übergeht, ist nicht zufällig offen auf dem Schreibtisch liegen geblieben. Fritz Bauer selbst hat den nächtlichen Besucher eingeladen. Es ist eher eine klammheimliche Übergabe denn ein Einbruch – so diskret, dass niemand davon erfährt, nicht einmal Bauers engster Kreis von Juristen.

Schon oft hat Bauer erleben müssen, wie NS-Verdächtige vor ihrer Verhaftung gewarnt wurden durch Beamte, die brisante Informationen heimlich durchstechen. Bei der Polizei gibt es zahllose solcher undichter Stellen, die Fernschreiberleitungen dort, bei denen eine Meldung viele Augenpaare passieren muss, sind für Bauers kleines Team von Ermittlern in NS-Sachen deshalb tabu, wie sich Joachim Kügler, einer von ihnen, erinnert: »Wenn ich in meiner ganzen Zeit im Auschwitz-Prozess mal ein Fernschreiben aufgeben wollte, bin ich auf den Großmarkt gegangen und habe einen Gemüsehändler bemüht.«

Diskretion ist das oberste Gebot. Warnungen bekommen abgetauchte NS-Verbrecher in den 1950er- und 1960er-Jahren systematisch zugespielt, sogar über eine eigene Postille, den *Warndienst West*, den die Hamburger Dienststelle des Deutschen Roten Kreuzes – unter der Leitung eines ehemaligen SS-Obersturmbannführers – an Traditionsverbände der Wehrmacht und SS in verschiedenen Ländern verschickt. Die Quelle dafür sitzt direkt im Bonner Regierungsviertel, es ist die 1950 gegründete Zentrale Rechtsschutzstelle für NS-Verdächtige, die bis 1953 im Justiz-, danach im Außenministerium angesiedelt ist und von einem ehemaligen Staatsanwalt am NS-Sondergericht Breslau geleitet wird. Als Fritz Bauers Team einmal dem aktivsten Mann des nationalsozialistischen Euthanasie-Programms auf der Spur ist, Reinhold Vorberg, und bei einem Bonner Gericht die Erlaubnis zu diskreten Ermittlungen beantragt, da gibt sogar der Richter persönlich die sensible Information an einen örtlichen Rechtsanwalt heraus – und Vorberg kann nach Spanien fliehen.

Im Staatsapparat bilden frühere NS-Beamte nicht nur einzelne Netzwerke, sondern inzwischen wieder eine breite Front. Durch die Amnestiegesetze von 1949 und 1954 ist die Mehrheit der von den deutschen Gerichten bestraften NS-Täter bereits begnadigt. Ihre Strafen sowie die Urteile der Spruchgerichte sind aus den Strafregistern gestrichen. Anfangs hatten die Alliierten wie die deutschen Demokraten noch auf einen klaren Bruch gehofft. Eine Bereinigung zumindest des Staatsapparates. Doch seither haben die Beamtenverbände das Recht für fast alle früheren NS-Beamten erstritten, wieder eingestellt zu werden. Den

Gerichten und Ministerien bis unterhalb der Staatssekretärsebene sieht man es an. Die Parteigänger des NS-Regimes sind in Justiz und Verwaltung in den 1950er-Jahren beinahe vollständig eingerückt.

Bei der Suche nach Eichmann will die deutsche Polizei nicht helfen, das hat der Leiter der Auslandsabteilung des Bundeskriminalamts, der frühere SS-Untersturmführer Paul Dickopf, Fritz Bauer bereits im Juli 1957 wissen lassen. Die Taten Eichmanns seien politischen Charakters, weshalb eine Fahndung laut Interpol-Statut nicht möglich sei. Von den 47 leitenden Beamten des BKA im Jahr 1958 sind 33 frühere SS-Angehörige, und als Fritz Bauer sie im Jahr 1960 an einen runden Tisch bittet, um sich für die Ermittlungen gegen mutmaßliche Auschwitz-Täter abzusprechen, da schicken sie ausgerechnet einen Abteilungsleiter vor, der einst als SS-Sturmbannführer in Russland für die Verschleppung von Zivilisten in Konzentrationslager verantwortlich war. So ist zu dieser Zeit die Lage: Polizisten, die in der Bundesrepublik zum Teil wieder in leitenden Positionen tätig seien, hätten in geradezu »erschreckendem Ausmaß« an NS-Verbrechen mitgewirkt, resümiert im Jahr 1960 der Leiter der frisch gegründeten Zentralen Stelle zur Aufklärung nationalsozialistischer Verbrechen in Ludwigsburg, Oberstaatsanwalt Erwin Schüle. Dass auch er selbst einst Mitglied in der NSDAP und in Hitlers Schlägertrupp SA war, wie erst später bekannt wird, ist da eine fast schon passende, traurige Pointe.

Sogar in Buenos Aires sind untergetauchte Nazis von wachsamen, gut vernetzten Kameraden umringt. Das macht die Fahndung nach Eichmann zu einer besonders schwierigen Aufgabe. Der deutsche Botschafter in Argentinien, ein Mann namens Werner Junker, der schon für die Nazis Diplomat war, pflegt regen Kontakt zur rechten

Exilszene, auch zu persönlichen Bekannten Eichmanns. Fritz Bauer kann zwar nicht wissen, dass der Bundesnachrichtendienst bereits seit 1952 über Eichmanns Tarnnamen und Wohnort in Argentinien verfügt, was die Agenten für sich behalten – »b(itte) alles zu Eichmann sorgfältig sammeln«, vermerken die Nachrichtendienstler in einer Akte, die erst Jahrzehnte später geöffnet werden wird, »wir brauchen das noch«. Aber er weiß bereits genug, um von ihnen keine Hilfe zu erwarten und sich schon gar nicht in die Karten schauen zu lassen: Im deutschen Vernichtungskrieg gegen die Sowjetunion leitete Reinhard Gehlen die Ostspionage – und nun den Geheimdienst der Bundesrepublik. Um sich schart er dort alte Kameraden.

Wie Bauer es schafft, Adolf Eichmann, den prominentesten noch lebenden Nazi, in Haft und vor Gericht zu bringen, das ist deshalb eine Geschichte davon, wie er es trotz alledem schafft – und es ist eine Geschichte von notgedrungen einsamen Entscheidungen. Anfang November 1957 trifft Bauer sich erstmals an einem unbekannten Ort mit dem Vertreter des Staates Israel in Deutschland, Felix Schinnar, um ihn über die Spur zu Eichmann nach Buenos Aires zu unterrichten. Nur der hessische Ministerpräsident Georg August Zinn, ein befreundeter SPD-Genosse, sei eingeweiht, betont Bauer bei dieser Begegnung. Dabei müsse es unbedingt bleiben. Zu viel stehe auf dem Spiel. Bauer plant, den strafvereitelnden deutschen Apparat stillschweigend zu umgehen.

Kurz darauf, im Januar 1958, geht auf seinen Tipp hin erstmals ein Mossad-Agent in Buenos Aires auf die Suche nach Eichmann. Doch das mutmaßliche Eichmann-Haus in der Calle Chacabuco 4261 erweist sich als klein und ärmlich; einen Unterschlupf für einen mächtigen Nazi stellt man sich anders vor. Der israelische Agent kehrt ernüchtert zurück, ohne die Sache genauer geprüft zu haben.

Bauer drängt danach weiter: Bei einem zweiten Treffen mit einem israelischen Verbindungsmann am 21. Januar 1958, diesmal in Frankfurt, lässt er sich das Versprechen geben, dass der Mossad die Spur zu Bauers Tippgeber Lothar Hermann zurückverfolgen werde. Bauer stellt dem israelischen Agenten dafür sogar ein getürktes Dokument aus, mit dem sich der Israeli als vermeintlicher Beamter des Generalstaatsanwalts ausweisen soll.

Auch diese zweite Mossad-Mission endet jedoch in einer Enttäuschung. Wie sich herausstellt, ist Lothar Hermann fast blind, auch wohnt er schon seit Jahren nicht mehr in Buenos Aires, sondern einige Stunden entfernt in der Stadt Coronel Suarez. Auf sein Wort will sich der Mossad lieber nicht verlassen. Überhaupt verspürt man dort nur noch wenig Lust, sich von Fritz Bauer noch ein drittes Mal zu einer Lateinamerika-Expedition drängen zu lassen. Die Buenos-Aires-Spur steht damit kurz davor zu erkalten – wenn Bauer nun nicht eine seltsame Nervosität wahrnehmen würde.

Der deutsche Botschafter in Buenos Aires teilt Bauer am 24. Juni 1958 mit, seine Nachforschungen nach Adolf Eichmann seien sämtlich ergebnislos verlaufen. Zugleich aber: Es sei auch nicht wahrscheinlich, dass Eichmann sich in Argentinien aufhalte. Vielmehr sei er vermutlich im Orient. Dieselbe merkwürdige Botschaft hört Bauer nun auch von einem zweiten Altrechten: Der BKA-Abteilungsleiter Paul Dickopf sucht Fritz Bauer sogar eigens in dessen Büro auf – was er sonst nie tut –, um ihm von einer Suche in Argentinien abzuraten. Dort sei Eichmann definitiv nicht. Bauer sieht sich in seinem Gefühl, auf der richtigen Fährte zu sein, eher bestärkt, und als schließlich, drittens, auch der Leiter der Zentralen Stelle in Ludwigsburg, Oberstaatsanwalt Erwin Schüle, sich im August 1959 meldet und mitteilt, auch er habe erfahren, dass Eichmann sich nicht in Südamerika, sondern vielmehr im Nahen Osten befinde, da besinnt sich Bauer auf eine List.

Auf der einen Seite wiegt er die Nervösen in Sicherheit. In einer Reihe von Pressemitteilungen erweckt Bauer von Herbst 1959 an den Eindruck, als konzentriere er seine Ermittlungsbemühungen tatsächlich ganz auf den Nahen Osten. In einer ersten, wie die Eichmann-Expertin Bettina Stangneth schreibt, »offensichtlich komplett erfundenen« Pressemitteilung erklärt Bauer, man gehe davon aus, dass Eichmann im Stab eines Scheichs als »Beauftragter westdeutscher Firmen tätig« sei, wobei es freilich des Juristen Höflichkeit verbiete, diese Firmen beim Namen zu nennen. Selbst der Mitarbeiter Bauers, der in Frankfurt offiziell für die Eichmann-Akte zuständig ist, ein Oberstaatsanwalt, tappt völlig im Dunkeln, als er dem hessischen Justizminister Anfang Oktober 1959 die Auskunft gibt, Eichmann habe sich wohl bis vor Kurzem in Ägypten aufgehalten.

Am Tag vor Weihnachten 1959 lädt Bauer sogar mit großer Geste zu einer Pressekonferenz, danach schicken die Nachrichtenagenturen eine Sensationsmeldung über den Draht: »Über die zuständigen Bonner Ministerien wird Generalstaatsanwalt Bauer schon Anfang 1960 ein Ersuchen um Auslieferung Eichmanns an das Emirat in Kuwait richten.« Es mag zwar alles nur gespielt sein – die Pressekonferenz ist reine Inszenierung, mit dem Mossad abgestimmt –, aber es wirkt. Auch in argentinischen Zeitungen kann man nun lesen, auf welchen Abwegen der Frankfurter Generalstaatsanwalt angeblich wandelt. Es wirkt wie eine Entwarnung.

Auf der anderen Seite treibt Bauer die Israelis an, sich im Stillen weiter an Eichmann heranzupirschen, jetzt erst recht. Die Regierung in Jerusalem zögert noch. Sie hat politische Bedenken. Eine Ergreifung Eichmanns in Argentinien ohne den offiziellen diplomatischen Vorlauf – der jede Chance auf einen Erfolg zunichte machen würde – wäre international ein Affront, eine Verletzung der argentinischen Souveränität; schwirig für den jungen jüdischen Staat, der Anerkennung sucht. Fritz Bauer reist mehrmals zu Gesprächen nach Israel, um die Entscheidungsträger dort umzustimmen: im März 1958, im Sommer 1959 und ein drittes Mal Anfang Dezember 1959. Schließlich greift er sogar zu einer Drohung. Er, Bauer, werde nicht davor zurückschrecken, entgegen seines eigenen Kuwait-Theaters doch noch einen Auslieferungsantrag an Argentinien zu stellen, wenn die Israelis nicht endlich ihre Unschlüssigkeit überwänden. Dann jedoch wäre Eichmann gewarnt.

Am 6. Dezember 1959 notiert Israels Ministerpräsident David Ben-Gurion in sein Tagebuch: »Ich habe vorgeschlagen, (Fritz Bauer) möge niemandem etwas sagen und keine Auslieferung beantragen, sondern uns seine Adresse geben. Wenn sich herausstellt, dass er dort ist, werden wir ihn fangen und hierher bringen.« Damit ist die Entscheidung gefallen. »Isser wird sich darum kümmern«, fügt Ben-Gurion noch hinzu. Isser Harel, der israelische Geheimdienstchef, leitet persönlich die Mossad-Operation.

Fritz Bauer versorgt die Israelis weiter mit Beweismitteln gegen Eichmann – dafür bestellt er den 27-jährigen Michael Maor nachts in sein Büro. Aber welche Fortschritte der Mossad macht, das erfährt er von nun an nicht mehr. Nach Wochen der Funkstille, am 22. Mai, ruft ein israelischer Kontaktmann schließlich bei Bauer in Frankfurt an, er bittet um ein Treffen am nächsten Tag und verspricht, dass er »vielleicht« eine gute Nachricht haben werde. Man verabredet sich in einem Frankfurter Restaurant. Doch zur vereinbarten Uhrzeit taucht der Israeli nicht auf. Bauer steigert sich von Minute zu Minute in eine größere, fieberhafte Unruhe hinein, halb aus Vorahnung, halb aus Besorgnis – bis nach einer halben Stunde der Israeli, die Hände noch ölig von einer Reifenpanne, zur Tür hereinkommt und sofort mit der Nachricht herausplatzt.

Fritz Bauer habe bei der Umarmung Tränen in den Augen gehabt, schreibt Isser Harel in seinen Erinnerungen. Erst zweieinhalb Stunden später erfährt auch der Rest der Welt, dass Eichmann verhaftet und bereits in Israel eingetroffen ist; durch eine Erklärung David Ben-Gurions, der um 16 Uhr Ortszeit in Jerusalem vor die Knesset tritt.

Dass hinter all dem die Initiative eines einsamen deutschen Staatsanwalts steckte, erfährt die Welt nicht. Bauer will es so. Er hütet das Geheimnis eisern, denn er, der an allen Vorschriften vorbei gehandelt hat, wäre sein Amt in Deutschland sonst auf der Stelle los.

Der Jerusalemer Generalstaatsanwalt Haim Cohn schreibt Bauer: »Ich brauche nicht zu sagen – und sowieso kann ich es brieflich nicht –, wie sehr wir Ihnen verbunden sind, nicht nur in Dankbarkeit, sondern auch in dem Bewußtsein der Gemeinsamkeit des Zieles und des Erfolgs.«

Wie sehr muss es Bauer quälen, als 1960 die ganze Welt nach Jerusalem schaut, wo der Eichmann-Prozess in einem riesigen Theatersaal auf die Bühne kommt. Der Prozess wird von der israelischen Justiz als Medienereignis inszeniert, als eine Auseinandersetzung mit dem Holocaust, die das bis dahin herrschende Schweigen in der Gesellschaft aufbricht. Davon hat auch Fritz Bauer geträumt, wie er seinen Mitarbeitern in Frankfurt einmal anvertraut, wobei er nur bedauere, dass das israelische Gericht zur Todesstrafe greifen wolle, auch weil Eichmann dann künftig nicht mehr als Zeuge zur Verfügung stehe.

Nur kurz macht Bauer den Versuch, die Adenauer-Regierung dazu zu bewegen, zumindest einen symbolischen Auslieferungsantrag an Israel zu stellen – einfach um zu dokumentieren, dass eine Anklage Eichmanns dringender aus dem Munde der Deutschen kommen müsste als aus dem Munde der Israelis. Aber Bonn lehnt ab. Und Bauers Versuch imponiert nicht einmal denen, die ihm wohlgesinnt sind: Fritz Bauer sei »Jude, also gilt die ganze Sache ja nicht«, schreibt Hannah Arendt damals an ihren Freund Karl Jaspers.

»Ich habe gehört, Sie hätten Eichmann gefangen«, sagt einmal ein junger Frankfurter Freund zu ihm. Da hat Bauer offenbar nicht ganz an sich halten können mit seinem Eichmann-Geheimnis, er hat es einer Freundin zugeflüstert, woraufhin auch sie es offenbar nicht ganz für sich behalten hat. »Wo haben Sie das her?«, fragt Bauer den Freund erschrocken.

Darauf will der zwar nicht antworten. Aber allein schon der Umstand, dass Bauer nicht abstreitet, sagt ihm viel.

»Wie steht's denn mit Simon Wiesenthal?«, hakt der junge Freund nach. »Es heißt doch immer, er habe die Spur von Eichmann aufgetrieben.« Da lacht Bauer leicht und sagt: »Ja, er nennt sich ja auch Eichmann-Hunter. So kann er sich auch nennen, gefangen hat er ihn allerdings nicht. Gejagt, ja.«

Wie groß Bauers Rolle im Zentrum der Jagd auf Eichmann wirklich gewesen ist, erfährt die Welt erst im

August 1968, als die israelische Zeitung *Ma'ariv* das Geheimnis lüftet und ein Vertrauter Ben-Gurions, der Schriftsteller Michael Bar-Zohar, die Geschichte bestätigt. Die Israelis haben so lange gewartet, bis Fritz Bauer keine Nachteile mehr erleiden kann; bis er gestorben ist.

Das ganze Drama, das sich zu Lebzeiten Fritz Bauers weithin im Verborgenen abspielte, wird dann erst Jahrzehnte später langsam aufgedeckt. Das ist verblüffend. So viele positive Identifikationsfiguren hat die deutsche Nachkriegsgeschichte nicht aufzuweisen. So viele Beispiele für Zivilcourage hat auch die Juristenschaft nicht.

Fritz Bauer hat es virtuos verstanden, von der kleinen Bühne des Gerichtssaals aus große politische Debatten zu entfachen – am meisten sicherlich in dem von ihm initiierten großen Frankfurter Auschwitz-Prozess 1963 bis 1965, »der sich in vieler Hinsicht wie eine Ergänzung zum Prozeß in Jerusalem liest«, wie Hannah Arendt damals schrieb. Vor allem in diesem Zusammenhang ist Bauers Name heute bekannt: Nicht nur den Eichmann-, auch den Auschwitz-Prozess hätte es ohne ihn nicht gegeben. Der Mann, der die Deutschen mit ihrer Geschichte konfrontierte, hatte dabei auch selbst eine faszinierende Geschichte, doch haben die beiden hervorragenden wissenschaftlichen Arbeiten über ihn – Matthias Meuschs 2001 erschienene Dissertation *Von der Diktatur zur Demokratie. Fritz Bauer und die Aufarbeitung der NS-Verbrechen in Hessen (1956–1968)* und Irmtrud Wojaks 2009 erschienene Habilitationsschrift *Fritz Bauer 1903–1968. Eine Biographie* – sie einem breiteren Publikum nur wenig zugänglich machen können. Und vor allem sind weiße Flecken geblieben.

Auf Formularen nennt Bauer sich in der Nachkriegszeit »glaubenslos«, über seine Jugend schweigt er beharrlich, zu anderen Juden hält er sogar auffallend Distanz – deshalb nahm man bislang an, Fritz Bauer, der aus einer assimilierten jüdischen Familie stammte, habe nie viel mit seiner jüdischen Herkunft verbunden. Neue Quellen erzählen jedoch eine andere Geschichte. Als Heranwachsender hat er zum Judentum durchaus ein lebendiges Verhältnis, in der kleinen jüdischen Welt Württembergs engagiert er sich gern, und noch 1945 nennt er sich selbst stolz einen Juden. Erst als er 1949 aus dem Exil nach Deutschland zurückkehrt, beginnt er, diesen Teil seiner Biografie peinlich vor der Öffentlichkeit zu verbergen – was viel über das damalige Klima in der Bundesrepublik aussagt.

Bauers Studienjahre in der Weimarer Republik, während derer er sich in einer jüdischen Studentenverbindung engagierte und seine Bundesbrüder zum Widerstand gegen den zunehmenden Campus-Antisemitismus aufstachelte, waren bisher großteils unbekannt. Auch die heftigen Auseinandersetzungen mit Antisemiten, in die Bauer bereits als junger Amtsrichter geriet, schlummerten bislang unentdeckt in Gerichtsakten.

Tief im Kopenhagener Staatsarchiv, zusammengehalten von einem rot-weißen Faden, liegen seit Jahrzehnten auch Berichte darüber, wie Bauer als junger Mann im Exil wegen homosexueller Handlungen verhaftet wurde. Dem Generalstaatsanwalt Fritz Bauer hätte diese Nachricht später, wäre sie je bekannt geworden, zum Verhängnis werden können – noch in den 1960er-Jahren wurde Homosexualität in Deutschland als Straftat verfolgt. Relevant ist sie heute nur noch deshalb, weil Bauer hier ein Geheimnis zu hüten hatte; ein weiteres. Vielleicht auch, weil sich seine antiautoritäre Ader dann noch ein bisschen besser verstehen lässt.

Halb Politiker, halb Bohemien, begrüßte er 1958 die Häftlinge in einem hessischen Gefängnis mit: »Meine Kameraden!« – unerhört in der Adenauerzeit. Als ihm einmal bei einer Podiumsdiskussion die Frage gestellt wurde: »Was kann man tun, um den allgemeinen Aggressionsdrang abzubauen, der unser Unglück ist?«, da rief Bauer in den Saal zurück: »Mehr Sexualität! Auch in der Literatur! Ich bin gegen das Verbot des Marquis de Sade!« Und als einmal gegen Ende der 1950er-Jahre einige Verleger, Ministerialbeamte und Journalisten zusammensaßen, um auf Einladung des SPD-Ministerpräsidenten Georg August Zinn über einen Entwurf für ein modernes hessisches Pressegesetz zu beraten, da kamen die radikalsten Vorschläge im Sinne einer kompromisslos verwirklichten Pressefreiheit in dieser Runde von dem dauerrauchenden, schlagfertigen Juristen mit dem leicht ungeordneten Haar – woraufhin ein ahnungsloser Journalist irgendwann fragte: »Verzeihung, von welcher Zeitung kommen Sie?«

Das war die Rolle seines Lebens: der Ankläger, der nicht aus Härte oder Vergeltungsdrang streitet. Sondern aus verzweifelter Liberalität. Er hat sein Land etwas aufgehellt in einer Zeit, in der es noch immer sehr düster war. Er hat es nachhaltig verändert, als Ankläger und als Strafrechtsreformer. Um zu begreifen, wie es dazu kam, kommen im Folgenden aber nicht nur Dokumente zu Wort, bekannte wie bislang unbekannte, sondern vor allem auch Zeitzeugen, die Fritz Bauer erlebt, die ihn teils geliebt, die unter seiner Verletzlichkeit und Unfähigkeit zu echter Nähe gelitten und die sich am Ende teils auch gegen ihn gewandt haben.

Nachts klingelt in seiner Wohnung oft das Telefon: »Judenschwein verrecke!«, bellen Unbekannte in den Hörer. Von Frühjahr 1964 an müssen die Räume, in denen der Auschwitz-Prozess stattfindet, vor jedem Prozesstag nach Sprengstoff abgesucht werden, Bauers Büro erhält eine Bombendrohung. Die Drohbriefe, die sich bei ihm häufen, füllen Aktenmappen, beschriftet mit »Zustimmende Zuschriften« oder »Irre Zuschriften.« Doch als die Schriftstellerin Ingrid Zwerenz ihn einmal gegen Ende der 1960er-Jahre für ein Buchprojekt bittet, anonyme Droh- und Schmähbriefe einzusenden, da signalisiert Fritz Bauer, dass er die Anfeindungen sogar mit Humor nehmen könne. Während Heinrich Böll, Günter Grass, Martin Walser und andere abwinken oder mitteilen, sie würden Hasspost prinzipiell sofort in den Papierkorb sortieren, schickt Fritz Bauer mit freundlichen Grüßen ein besonders skurriles Exemplar ein. Es ist eine Postkarte, beidseitig eng mit Schreibmaschine beschrieben. Der Absender nennt sich »Kölner Kreis«. Als Adressat steht auf der Karte »Oberstaatsanwalt Bauer«. Als Anschrift steht darunter nur »Charakterkopf I a, Frankfurt«.

Vielleicht findet Bauer Gefallen daran, dass der Postbote mit diesen wenigen Informationen genug anzufangen wusste, um das Schreiben zuzustellen. Vielleicht lässt ihn aber auch nur der krude Text der Karte schmunzeln. »Wir stellen uns unter einem Staatsanwalt einen Mann vor«, so lehrmeistert der anonyme Verfasser dort, »der für Ordnung, Moral und Sauberkeit im Staat eintritt!« Fritz Bauer aber tue das genaue Gegenteil.

# 2

Ein jüdisches Leben:
Worüber der umstrittenste Jurist
der Nachkriegszeit nie spricht

### Ein Feuerkopf verstummt:
### Dr. Bauers gesammeltes Schweigen

Frage an Fritz Bauer, den Mann, der die Deutschen mit Auschwitz konfrontiert hat: »Haben Sie als Kind oder als junger Mann unter Antisemitismus zu leiden gehabt?« Die Frage hängt für einen kurzen Moment in der Luft, bevor die vielen Fernsehzuschauer Bauers freundlichen, schwäbisch gefärbten Bass mit der Antwort hören. Es ist eine unschuldige Frage. Aber eine gefährliche.

Um eine Gruppe von Cordsesseln in Bauers Frankfurter Büro sind Lampen aufgebaut, die den Moment ausleuchten. Es ist August 1967, man sitzt neben einem dunklen, wilden Gemälde des Frankfurter Expressionisten Siegfried Reich an der Stolpe. Fritz Bauer, weißes, flammendes Haar und Hornbrille, fläzt etwas verdreht im Sessel, was ein Hosenbein hochrutschen und eine helle Socke und etwas Männerbein aufblitzen lässt, und natürlich raucht er, was bei nachdenklichen Gesprächen dieser Art das Genussmittel der Wahl ist, eine kleine Zigarre. Er muss dem deutschen Fernsehpublikum nicht mehr vorgestellt werden. Sein Name steht stellvertretend für eine Abrechnung mit der NS-Vergangenheit in einer Schärfe, die vielen Deutschen zu weit geht. Zu dieser Zeit ist er der bekannteste und, den Drohbriefen und dem jüngst aufgedeckten Mordkomplott nach zu urteilen, auch meistgehasste Staatsanwalt des Landes. Erst im vergangenen Jahr haben zwei Rechtsextreme geplant, ihn, »den Hauptverantwortlichen für die Kriegsverbrecher-Prozesse«, gemeinsam mit Willy Brandt und dem Schriftsteller Günter Grass umzubringen. Unter anderem der Umstand, dass Bauer eine Westentaschenpistole besitzt, hat ihr Komplott verkompliziert.

Rachsüchtig nennen sie ihn. »Wenn man Sie, Herr Dr. B., einmal im Fernsehen angesehen hat, dann spürt man, daß Sie durch und durch mit grenzenlosem Haß erfüllt sind«, schreibt der Verfasser eines typischen Schmähbriefs. Ein anderer: »Haben Sie in Ihrer blinden Wut denn noch nicht verstanden, daß einem sehr großen Teil des deutschen Volkes die sogenannten Nazi-Verbrecher-Prozesse lang aus dem Hals hängen! Gehen Sie doch dorthin, wohin Sie gehören!!!« Doch die Frage, ob Bauer auch von persönlichen Motiven angetrieben wird, stellen sich nicht nur einzelne Verrückte. Deshalb ist die Antwort zu seinen persönlichen Erfahrungen mit dem Antisemitismus so heikel. Deshalb wägt er seine Worte jetzt sehr genau.

Er könnte dem Fernsehpublikum erzählen, wie er als jüdischer Student von Sportklubs und Studentenverbindungen ausgeschlossen wurde; wie er sich als 28-jähriger Amtsrichter gegen Angriffe der NS-Presse als »Jude Bauer« verteidigen musste; wie er von 1933 an nicht mehr als Jurist arbeiten durfte; wie seine Familie enteignet und zweimal in die Flucht getrieben wurde; wie ihm als Jude noch nach dem Krieg die Rückkehr in den deutschen Staatsdienst als »inopportun« erschwert wurde. Aber stattdessen erzählt er eine einzige unschuldige Episode aus der Grundschulzeit. Ein paar Mitschüler hätten ihn, den Bebrillten, in der ersten Klasse verprügelt, aus Eifersucht über ein Lob des Lehrers. Wobei im Rahmen ihrer kindlichen Beschimpfungen auch der Satz gefallen sei: »Deine Familie hat Jesus umgebracht.«

Das ist alles. Der Umstand, dass Kinder im christlichen Religionsunterricht aufschnappen, »die Juden« hätten Jesus getötet, beginnt natürlich nicht mit dem Nationalsozialismus und endet auch nicht mit ihm. Im Vergleich zu dem, was Bauer noch zu berichten hätte, ist es fast schon eine Petitesse.

Wenn es um seine persönlichen Erfahrungen als Jude geht, schweigt er lieber. Die schwedische Polizei hatte am 24. Oktober 1943 als Grund von Fritz Bauers Flucht aus seinem ersten Exilland Dänemark notiert: »Judenverfolgung«. Doch auf die Frage »Politisch, rassisch oder religiös Verfolgter« antwortet er nach 1949 stets nur ausweichend: »Politisch Verfolgter«, und als ihn 1960 der Bürgermeister seiner Heimatstadt Stuttgart bittet, einige persönliche Erinnerungen für eine geplante Ausstellung über die Verfolgung »jüdischer Mitbürger« in Stuttgart beizutragen, da lehnt Bauer sofort ohne Begründung ab und teilt noch vorsorglich mit: »Ich glaube nicht, daß ein Mitglied meiner Familie die Absicht haben dürfte, von sich zu berichten.«

Der Ablauf des TV-Interviews auf den Cordsesseln ist mit der Interviewerin abgesprochen. Nicht nur er, sondern auch sie, Renate Harpprecht, ist eine jüdische NS-Überlebende: Im Alter von 21 Jahren hatte sie bereits die Konzentrationslager Auschwitz und Bergen-Belsen durchlitten, von ihrer Befreiung durch die Briten im April 1945 ist ihr, wie sie Jahre später erzählt, noch die drückende Hitze in der Lüneburger Heide und der süßliche Gestank Tausender verwesender Leichen in Erinnerung. Bauer hat also Gelegenheit gehabt, sich seine Antwort zurechtzulegen, und weiß sich jemandem gegenüber, der seine Erlebnisse versteht. Doch vor den Fernsehkameras im August 1967 bringen beide, Harpprecht wie Bauer, nichts zur Sprache, was die enorme biografische Kluft zwischen ihnen und den meisten anderen Deutschen sichtbarer machen könnte. Vielmehr nutzt Bauer die Gelegenheit sogar, um das glatte Gegenteil zu betonen: Wenn überhaupt, dann mache ihn seine Lebensgeschichte für die Sorgen der Deutschen sogar besonders verständnisvoll. »Damals mit sechs Jahren«, so führt er seine Erzählung über die Grundschulhänselei zu Ende, »begann ich unter dem zu leiden, was man eigentlich heute Kollektivschuld nennt.« Das Wort klingt nach. Die Botschaft: Was heute so viele Deutsche von den NS-Prozessen befürchten, das lehne auch ich schon seit frühester Kindheit aus eigener leidvoller Erfahrung ab. Der Vergleich ist schrecklich schief. Doch das Signal ist stark.

Dass Fritz Bauer jüdisch ist, ist ein Thema in diesen Jahren; für anonyme Briefschreiber und Anrufer in der Nacht, die ihm Rachsucht unterstellen, aber auch für Politiker und Journalisten. Selbst für seine Freunde wird es zu einer der ersten Eigenschaften, die ihnen später zu ihm einfallen. »Fritz Bauer war ein herrlicher Feuerkopf«, erinnert sich Bauers politischer Mitkämpfer, der zeitweilige Berliner FDP-Justizsenator Jürgen Baumann. »Ein großartiger Mann. Ein dreiviertel Jude war er, glaube ich. (Wie Baumann auf die Qualifikation »dreiviertel« kommt, ist nicht ersichtlich, da alle Großeltern Bauers jüdisch waren, R.S.) Damit ist er ein Jude. Eigentlich war er Sozialist.«

Dabei bezeichnet sich Bauer auf Formularen seit 1949 als »glaubenslos«.

Als Mitte der 1960er-Jahre ein junger Freund Fritz Bauers die unschuldige Frage stellt: »Sind Sie eigentlich Jude?«, da antwortet Bauer nur kühl: »Im Sinne der Nürnberger Gesetze: Ja.« Deutlicher könnte er kaum sagen, dass er darin eine ärgerliche Fremdzuschreibung sieht. Ob er überhaupt jemals ein Verhältnis zum Judentum gehabt hat, das über das hinausgeht, was ihm der Antisemitismus aufgezwungen hat, fragt sich der junge Freund danach. Schließlich gibt es auch andere berühmte Beispiele für Deutsche, die sagen, erst Hitler habe sie zu Juden gemacht.

»Im Sinne der Nürnberger Gesetze: Ja«: Wie fremd hätten diese Worte allerdings auf Fritz Bauers Großvater gewirkt, den Mann, der die Kaiserzeit hindurch die jüdische Gemeinde in Tübingen zusammenhielt, der Gebete sang und auf seinen Knien einen aufmerksamen, einen sogar begeisterten jungen Zuhörer für seine Erzählungen aus Thora und Talmud hielt: den Enkel Fritz. Der Grund für Fritz Bauers Schweigen nach 1945 liegt jedenfalls nicht darin, dass er nichts zu erzählen hätte.

## Eine Familie, die dazugehören will: Kindheit in der Kaiserzeit

Im Eckhaus der Großeltern am Ende eines gepflasterten Tübinger Sträßchens eröffnet sich für den kleinen Buben eine magische Welt. »Alles, auch alles hatte seine Reize«, erinnert er sich später. »Wie viele Geheimnisse gab es nicht in der Kronenstraße 6.« Für Fritz Max Bauer, der am 16. Juli 1903 in Stuttgart zur Welt gekommen ist, ist dieses Tübinger Eckhaus mehr noch als sein eigenes Elternhaus der Ort, an dem er all das Schöne aufsaugt, das seiner Familie etwas bedeutet. »Alles lag in einem seltsamen Zwielicht. Dabei waren es die einfachsten Dinge der Welt, häufig nur Dinge, die eine oder zwei Generationen zurücklagen.«

Hier »hat die ›Religion‹ immer ihren tieferen, inneren Sinn gewonnen«, erinnert sich Fritz Bauer in einem Brief an seine Mutter im Jahr 1938, »das Alte Testament wurde angesichts der Generationen, die bildhaft auf mich niedersahen, ja angesichts der alten Möbel, nicht zuletzt angesichts Großvaters, der namentlich in der Zeit nach dem Tod der lieben Großmutter einen alttestamentarischen Eindruck auf mich machte, ganz anders lebendig als in der Schule.« Die Regale hier stehen voller Bücher, Fotoalben und geheimnisvoller Bildbände, *Blumen aus Jerusalem* heißt einer. Und das Gelobte Land ist auch in Düften präsent: »Olivenblüten, Orangenblüten und was der Orient an Blumen hervorbringt, war zu Büscheln gefaßt und wie in einem Herbarium aufbewahrt«, erinnert sich Bauer. Die Ortsbezeichnungen, die der junge Fritz unter den Büscheln liest, weisen ins damalige Palästina: »Erinnerung an Samaria«, »Blüten vom Ölberg«, »Veilchen von Nazareth und Tiberias«. Die Tatsache, dass er sich noch als Erwachsener im Jahr 1938 an diese biblischen Ortsnamen erinnern kann, spricht dafür, dass sie ihm schon als Junge etwas gesagt haben.

Sobald Fritz Bauer über das Fensterbrett der Großeltern hinausragt und nach außen sehen kann, tut er es mit großen Augen. Kleine bunte Häuser drängen sich am Ufer des Neckar, wie er später schwärmt, »ineinander geschachtelte Dächer, Fenster mit Blumen und Wäsche und alles von der schwäbisch-stolzen und trutzigen Stiftskirche überragt.« In der Wohnung flitzt der Junge, der schon bald eine kleine, metallumrandete Brille trägt, zwischen dem schweren, großbürgerlichen Mobiliar der Großeltern mütterlicherseits herum, zwischen Gegenständen aus dunklem Holz und teurem Leder, die den Glanz vergangener Zeiten verströmen oder, wie die verblasste Chrysanthemen-Tapete im Gästezimmer, auch ihre Schrulligkeit. Hier turnt er über das hinkende Sofa, »dessen Eingeweide zeitlebens durch einen schweren Stoff mit bunten Blumen verdeckt waren«, und stets folgt ihm dabei seine Schwester Margot, die knapp drei Jahre jünger ist. Fritz Bauer hat auch viele Cousins und Cousinen, denn seine Mutter hat fünf Geschwister; aber die meisten von ihnen sind früh nach Amerika ausgewandert. In Bauers Erinnerung ist es stets nur die Schwester Margot, mit der er spielt. Und nichts ist für beide aufregender als die Verheißungen im Stockwerk unter der großelterlichen Wohnung.

Hier betreiben die Großeltern ein Bekleidungsgeschäft, eine gute Adresse in Tübingen. Gelegentlich dürfen Fritz und Margot darin allein bleiben, als seien sie die Herren über die gesamte Warenpracht. Insgeheim sind sie froh, wenn in solchen Momenten nicht gerade ein Kunde hereinkommt, »wußte doch keiner was Kluges zu reden, falls wirklich jemand mit einem Wunsche kam«. Stattdessen können sie sich dann ganz dem widmen, was sie als Kinder am meisten fasziniert: Eine große Kiste mit der Aufschrift »Berufskleidung«, die eines Tages verschlossen im Laden steht, bleibt davon besonders in Erinnerung. Das Wort weckt die Phantasie. Fritz und Margot, die oft Kunden ein- und ausgehen sehen, stellen sich darunter mindestens eine stolze Offiziersuniform vor, mit goldenen Knöpfen, glänzenden Schulterstreifen, edlem Stoff, der Pracht eines Soldaten eben, wie auch Fritz Bauers Vater Ludwig einer war. Oder die Uniform eines jener »Polizisten mit Pickelhaube, Schleppsäbel und martialischem Schnurrbart«, die dem jungen Fritz, wie er später bekennt, »als das Großartigste auf Erden erschienen«. Die Geschwister öffnen die geheimnisvolle Kiste und beginnen, sie auszuleeren.

Als sich vor ihnen lediglich lauter einfarbige Kittel und Schürzen auftürmen, ist die Enttäuschung groß.

So früh haben sie die Weltsicht der Familie verinnerlicht: Die Familie, in der Fritz und Margot Bauer aufwachsen, tut sich nicht durch Skepsis gegenüber der autoritären Monarchie mit ihren Schleppsäbeln und Schnurrbärten hervor, die sie als Juden diskriminiert, sondern im Gegenteil durch betonte Treue und Bewunderung. Fritz Bauers Tübinger Großvater, der grauhaarige Gustav Hirsch, dessen sanfte Augen über einen buschigen Schnurrbart blicken, ist ein angesehener Kaufmann in dem nationalkonservativ dominierten Universitätsstädtchen. Er ist in dieser Stadt auch »Politiker«, wie Fritz' Mutter ihrem staunenden Sohn einmal erklärt: Gustav Hirsch arbeitet als Schriftführer und Kassierer im Vorstand der gemeinnützigen Bürgerstiftung Tübingen mit. Man bringt dort Trinksprüche auf den württembergischen König aus, man organisiert allerlei Geschäfte der Stadt, man zeigt sich als Bürger – und zu den Männern mit den Pickelhauben und den glänzenden Schulterstreifen pflegt man selbstverständlich eine respektvolle Nähe. Gustav Hirsch leitet als Synagogenvorsteher auch das Gemeindeleben der Juden in Tübingen. Es ist ein Amt, das er im Jahr 1900 von seinem Vater Leopold übernommen hat und das er seinerseits im Jahr 1925 weitergeben wird an seinen ältesten, ebenfalls Leopold genannten Sohn, den Onkel von Fritz Bauer. Damit ist Gustav Hirsch der erste Ansprechpartner für die staatliche Israelitische Oberkirchenbehörde; Rabbiner und jüdische Religionslehrer sind zu dieser Zeit Beamte. In den Augen des Enkels Fritz ist Gustav Hirsch ein Mensch, der »Hinz und Kunz mit Rat und Tat« beisteht und seine Umwelt mit »weitausholenden Erörterungen vieler Dinge zwischen Himmel und Erde« beeindruckt. Der Junge ist voller Bewunderung. »Auch meint die Wissenschaft«, so schreibt er 1938 an seine Mutter, »der Großvater spiegele sich im Enkel.«

Erst seit den 1860er-Jahren haben Juden in Württemberg überhaupt die Chance, die Bürgerrechte zu erlangen; Anträge darauf sind aber weiterhin individuell beim Gemeinderat zu stellen. Gustav Hirsch hat die Bürgerrechte erst mit 27 Jahren erworben, im Jahr 1875. In ganz Deutschland stellen Juden zu dieser Zeit einen Bevölkerungsanteil von weniger als einem Prozent. Da ihnen die Landwirtschaft lange verboten gewesen ist, leben sie vor allem in größeren Städten, wo sie dann teils einen etwas größeren Prozentsatz ausmachen, etwa in Hamburg oder Berlin. In Tübingen aber, zwischen Weinbergen und einer Universität, die erst seit 1819 jüdische Studenten zulässt, besteht die gesamte jüdische Minderheit in Fritz Bauers Kindheitstagen aus nur wenigen Familien, 139 Menschen zählen im Jahr 1910 dazu, bei einer Gesamtbevölkerung von rund 19 000.

Im Staatsapparat des württembergischen Königs sind Juden weiterhin an vielen Stellen unerwünscht, was allen Träumen, die der »Politiker« Gustav Hirsch vielleicht haben mag, Grenzen setzt. So hat er erlebt, wie sein Bruder Robert sich nach dem zweiten juristischen Staatsexamen in Tübingen 1884 so lange vergebens um eine Stelle als Amtsrichter bemüht hat, bis ihm im Februar 1886 der württembergische Justizminister persönlich von weiteren Bewerbungen abgeraten hat; denn er nehme

»Anstand an seiner Konfession«. Gerade weil die Emanzipation der Juden unvollständig ist, legen jene besonderen Wert darauf zu beweisen, dass sie keineswegs anders sind als ihre christlichen Nachbarn: Gustav Hirsch hält seine sechs Kinder zu Bildung und Fleiß an, so wie es schon sein Vater getan hat, der Gustav und seine sieben Brüder jeden Tag auf den weiten Weg zu einem Gymnasium im nächsten Ort schickte und ihnen vorlebte, dass sie ihr deutsches Vaterland mindestens so sehr zu verehren hätten wie die Nachbarn, die ihnen das Deutschtum absprechen wollten. Im selben Geist lebt Gustav Hirschs Tochter Ella auch mit ihrem Ehemann – und den Kindern Fritz und Margot.

Bei Tisch, so erinnert sich Fritz Bauer, gilt der Ausspruch: »Setz dich hin und halt's Maul. Wenn der Papa spricht, hast du nichts zu sagen.« Noch Jahrzehnte später plagen ihn »manchmal Albträume, wenn ich daran denke, wie ich am Sonntagmittag die Frechheit besaß, meinen linken Arm zu bewegen statt ihn brav am Tisch zu haben«. Bauers Eltern sind ein ungleiches Paar. Die Mutter ist eine zarte Erscheinung und erzieht die beiden Kinder liebevoll, sie hört ihnen zu, »sie hat alles verstanden, was Fritz gemacht hat«, erinnert sich die Schwester Margot. Später, als die Mutter an Krebs erkrankt, schreibt Fritz Bauer ihr jeden Tag bis zu ihrem Tod im Jahr 1955. »Wenn er sich irgendjemandem gegenüber geöffnet hat«, meint die Schwester, »dann gegenüber der Mutter.« Aber der Vater, Ludwig Bauer, der während der Woche fast immer geschäftlich unterwegs ist, bringt am Wochenende Strenge ins Haus.

Fritz Bauer wird auf das traditionsreiche Eberhard-Ludwigs-Gymnasium für Knaben geschickt, ein Haus mit einer wilhelminischen Fassade wie eine Trutzburg. Die

Grünanlage davor ist vollständig der Geometrie unterworfen. Der Schwerpunkt der Schule liegt auf Griechisch und Latein, viele der Schüler sind Söhne von Pfarrern, Kaufleuten, Beamten, Industriellen und Adligen. Darunter ist auch der Spross des württembergischen Freiherrn Konstantin von Neurath, der später Außenminister unter Hitler wird, ein Junge, »der so begabt war«, erinnert sich Fritz Bauer, »dass er sogar in Geografie Nachhilfe bekam«. Auch die Söhne des Grafen von Stauffenberg, damals Oberhofmarschall des württembergischen Königs, werden auf das Gymnasium geschickt, wo Bauer ihnen in der Theatergruppe begegnet.

Der Nimbus des Klaviers als Inbegriff deutscher Bürgerlichkeit – in dieser Epoche wird er begründet, und so ist es keine Frage von Neigung oder Interesse, dass die Kinder Fritz und Margot Bauer zum Klavierunterricht geschickt werden. Neun oder zehn Jahre alt, klopfen sie an der Tür des Fräuleins Heimberger, setzen sich auf den kleinen Drehstuhl und spielen: Czernys *Schule der Geläufigkeit* zum Beispiel, ein zwar monotones, dafür umso schwierigeres, schnelles Stück, das die Finger trainieren soll und deshalb staubtrocken zu exekutieren ist, ohne das Pedal, das die einzelnen Töne sonst mit warmem Nachhall gnädig verwischt. Auf diese Weise wird jeder noch so kleine Fehler hörbar. »Nach wenigen Augenblicken, wenigen Stunden war ich schon böse«, erinnert sich Fritz Bauer. Das Fräulein Heimberger »hatte die Unverschämtheit besessen, einen Mann, nämlich mich, zu prügeln. Sie schlug nämlich den Takt auf meinem Arm, und ich hatte das Gefühl, das sei meiner unwürdig. Nach einiger Zeit hatte ich auch Czerny und ähnliche Dinge satt.«

Beim Stöbern zu Hause findet der junge Fritz Bauer etwas viel Aufregenderes: ein Notenheft, das seinem Vater gehört. »Da gab es jedenfalls ganz unten am Klavier, soweit meine Händchen reichten, tiefe und dunkle Töne und das Rauschen des Rheins, die ganze Schönheit des Rheingolds. Hier erging ich und ergötzte mich und ich hatte das Gefühl, hier in die tiefsten Tiefen deutscher Musik eingedrungen zu sein.« Es handelt sich um die Ouvertüre zum *Rheingold*, einem Werk des Komponisten Richard Wagner, der zwar mit einem antisemitischen Aufsatz von sich reden gemacht hat – *Das Judenthum in der Musik*, zuerst veröffentlicht 1850, erweitert und neu veröffentlicht 1869 –, der sich aber zeitlebens der Bewunderung ausgerechnet vieler Juden nicht erwehren konnte. Darunter offenbar auch Ludwig Bauer, 1870 als zweites von fünf Kindern einer jüdischen Familie im ländlichen Ellwangen geboren.

Seine Geschichte ist die eines Aufstiegs durch äußerste Disziplin. Noch eine Generation zuvor durften Juden vielfach nicht mit neuen, sondern nur mit alten Kleidern handeln. Jetzt betreibt Ludwig Bauer in Stuttgart gemeinsam mit seinem Bruder Julius einen gut gehenden Handel mit Stoffen am laufenden Meter. Fünf Mitarbeiter hat ihr Betrieb, und als Mitgesellschafter bringt Ludwig Bauer in den 1930er-Jahren ein Jahreseinkommen von 40 000 Reichsmark nach Hause, eine überaus stolze Summe. Ein Staatssekretär verdient zur selben Zeit gerade 26 500 Mark, ein Arzt im Durchschnitt 12 500. Ludwig Bauer hat es zu Wohlstand gebracht. Seine elf Jahre jüngere Frau Ella bewahrt, obwohl man im Alltag bescheiden lebt, in ihrer Schmuckschatulle eine goldene Damenarmbanduhr von 14 Karat und einen Brillantring auf. Als 1914 die Nachricht vom Ausbruch des Ersten Weltkriegs eintrifft, da genießt die Familie gerade einen Badeurlaub im vornehmen belgischen Blankenberge, mit »vier, fünf riesigen

Rohrplattenkoffern«, wie sich Fritz Bauer erinnert. Die Mutter widmet sich in einem changierenden Kleid dem Tango, die Kinder sammeln Seesterne am Strand.

Als der Erste Weltkrieg ausbricht, vernimmt man das mit derselben bizarren Gelassenheit wie Millionen anderer Deutscher. Der damals elfjährige Fritz Bauer erinnert sich später, wie der Kriegsausbruch lediglich die Unpässlichkeit mit sich gebracht habe, dass infolge der verfrühten Abreise aus dem Strandurlaub die Koffer zurückgeblieben seien. »Aber die Familie Bauer war überzeugt, dass es der deutschen Kriegsmacht gelingen wird, sehr schnell Belgien zu erobern. Und eigentlich war die Eroberung Belgiens der Versuch der Eroberung unserer Koffer … Der Glaube der Bauers an die Eroberung von Größerem, von Antwerpen und so weiter, insbesondere auch der Glaube an die Eroberung unserer Koffer, wurde nicht enttäuscht. Ich möchte annehmen, im Oktober oder November traf die Nachricht der Reichsbahn ein: Die Koffer sind in Stuttgart eingetroffen!«

Für echte Kriegsbegeisterung ist Ludwig Bauer möglicherweise zu klug. »Im 20. Jahrhundert gibt es keinen Krieg«, pflegt der Mann, der die liberale *Frankfurter Zeitung* liest, zu sagen, »das ist ganz unmöglich, wir sind fortgeschrittene Menschen, Krieg ist ausgeschlossen.« Doch seinen Kindern lebt er vor, dass zu einer Existenz als anerkannter Bürger nicht nur Fleiß und Tüchtigkeit gehören, sondern auch demonstrativer Patriotismus. Schon als 22-Jähriger im Jahr 1894, zu einer Zeit also, als Juden noch nicht Offiziere werden konnten, hat Ludwig Bauer sich freiwillig zum Militär gemeldet, ein Jahr lang hat er damals die Uniform der 11. Kompanie des württembergischen Grenadier-Regiments »Königin Olga« getragen, bevor er sich in Stuttgart in die Geschäftswelt begeben hat. Nun, als der Krieg ausbricht, meldet er sich erneut zum Militär und kommt wieder zum selben Regiment. Die Hoffnung, dass der Krieg die sozialen Grenzen zwischen jüdischen und nichtjüdischen Deutschen verwischen werde, bewegt jetzt viele Juden. Als ihnen das württembergische Kriegsministerium die lang ersehnte Erlaubnis erteilt, als jüdische Soldaten vor einem Geistlichen ihrer eigenen Konfession vereidigt zu werden, da feiern sie es bereits voreilig als Ende einer Benachteiligung: Die Zeremonie, bei der jüdische Rekruten im Beisein eines Rabbiners auf den Degen eines Reichswehr-Offiziers vereidigt werden, findet am 16. Juli 1916 in der Ludwigsburger Synagoge statt.

Als sich insgesamt 520 Stuttgarter und Cannstatter Juden an die Front melden, ist neben Ludwig Bauer auch Leopold Hirsch darunter, Fritz Bauers Onkel, der Sohn des Tübinger Synagogenvorstehers. Die Namen von 98 jüdischen Gefallenen werden später auf einem eigenen Ehrenhain des israelitischen Friedhofs in Stuttgart eingraviert – auch als ein sichtbares Zeichen gegen die bald aufkommende Unterstellung, Juden hätten sich gedrückt. Denn statt der erhofften Gemeinschaft im Schützengraben zieht die sich abzeichnende deutsche Niederlage bald eine neue Suche nach Sündenböcken nach sich. Die Diskriminierung der Juden wird schärfer. Von Oktober 1916 an muss die kleine jüdische Minderheit die große, drohende Ankündigung des preußischen Kriegsministers ertragen, man werde im Militär eine peinlich genaue »Judenzählung« durchführen. Deren Ergebnisse werden dann nie offengelegt.

Dass der Schüler Fritz Bauer jüdisch ist, wissen am Gymnasium alle. Zu Beginn jedes Schuljahres fragt der Lehrer Namen und Religionszugehörigkeit der ganzen Klasse ab. Als der Krieg die Versorgungslage in Stuttgart verschlechtert, beginnen ein paar Mitschüler einen Schwarzhandel mit Zucker und altem Gold, und Bauers Mitschüler Fred Uhlman erinnert sich: »Nur eine kleine Gruppe von Jungen nahm an solchen Aktivitäten teil und darunter waren keine Juden. Was hätte das für einen Aufstand gegeben, wenn ein jüdischer Junge darin verwickelt gewesen wäre!« Mit anderen Worten: Man stand unter besonderer Beobachtung. Als Fritz Bauer in dieser Zeit vor die Wahl gestellt wird, ob er Hebräisch oder Englisch erlernen möchte – den Schlüssel zu den alten biblischen Texten, die in der Tübinger Familie seiner Mutter so lebendig sind, oder die Sprache des internationalen Handels –, wählt Bauer Englisch.

Er steht auch nicht beiseite, als seine Mitschüler die Wände ihres Klassenzimmers mit Europakarten schmücken, auf denen sie den je aktuellen Frontverlauf einzeichnen. Als er einmal mit Scharlach im Bett liegt, betrübt ihn das vor allem deshalb, weil er so nicht mehr in der Lage ist, die schwarz-weiß-roten Fähnchen auf der riesigen Europakarte vorwärts zu rücken, die er in gleicher Weise jetzt auch in seinem eigenen Zimmer zu Hause aufgehängt hat. »Zunächst«, so Bauer, »war es die Schuld von Scharlach, später leider Gottes auch die Schuld von der Marneschlacht, die verlorenging.« Dabei ist es aufschlussreich, mit welchen Worten Bauer seinen kindlichen Nationalismus im späteren Rückblick umschreibt. Der Schüler Fritz, so erzählt er, war so überzeugt national, »wie es das Gymnasium verlangte«.

Unter der Strenge des Vaters mag der Junge leiden, seine Haltung aber versteht er gut.

## Chanukka und Bar Mitzwa: Erziehung zum Selbstbewusstsein

Als Fritz Bauer, sechs oder sieben Jahre alt, einmal zu Hause wissen möchte, was eigentlich Gott sei, da gibt seine Mutter Ella ihm keine Definition, sondern erklärt dem Buben, er solle sich einfach ein Prinzip merken: Was du nicht willst, das man dir tu', das füg' auch keinem andern zu.

Ein Zeichen dafür, dass man der Religion fernstand? Nicht unbedingt, diese Worte können auch schlicht dafür stehen, dass die Mutter – »sie war klug«, sagt Fritz Bauer – es verstand, die Quintessenz ihres Glaubens kindgerecht zu erklären. Es gibt die berühmte Anekdote von Rabbi Hillel, dem prägenden jüdischen Religionsgelehrten, der einige Jahrzehnte vor der Geburt Jesu von einem Nichtjuden herausgefordert wurde: »Wenn du mir die ganze Thora auf einem Bein stehend rezitieren kannst, dann trete ich zum Judentum über.« Worauf Hillel sich auf ein Bein stellte und sagte: »Was du nicht willst, das man dir tu', das füg' auch keinem andern zu. Alles andere sind Erläuterungen. Und jetzt geh und lies selbst.«

Ella Bauer, die Tochter des Tübinger Synagogenvorstehers, scheint ihren fragenden Sohn nicht nur aus Verlegenheit auf diese Goldene Regel verwiesen zu haben, sondern auch aus Belesenheit – die Weisheit des Rabbi Hillel im Hinterkopf.

Das Elternhaus, so erinnert sich Fritz Bauers Schwester Margot, »war liberal-jüdisch, es wurden Feste gefeiert«. Zu Pessach im Frühling sitzen Ludwig, Ella, Fritz und Margot Bauer also zu Hause an der Tafel und gedenken bei vielen Gängen, Wein und Liedern des Auszugs aus

Ägypten; zu Neujahr im Herbst tunken sie Apfelschnitze in Honig; zum Lichterfest Chanukka im Winter zünden sie acht Tage lang Kerzen an, jeden Abend eine mehr, bis acht Flämmchen leuchten. Bei alledem bleiben die Kinder Fritz und Margot zwar traurig darüber, dass es eines nie gibt in diesem Haus: Weihnachten, das Fest der christlichen Nachbarn. Es mag sein, dass die Wärme der jüdischen Feste im Haus des strengen Ludwig Bauer nicht ausreicht, um ihnen als hinreichender Ersatz zu erscheinen. Die jüdischen Feste, so erinnert sich Margot, habe man gefeiert, »weil eine Großmutter noch gelebt hat«, was wohl auch bedeutet: eher nicht mit großer Leidenschaft. Aber bemerkenswert ist doch, mit welcher klaren Ablehnung die Eltern auf den Wunsch der Kinder nach einem Weihnachtsbaum reagieren. Die Vorstellung, dass man den Kindern zuliebe Weihnachten als deutsches, nicht unbedingt als christliches Fest betrachten und mitfeiern könne, hat eigentlich gerade Konjunktur unter assimilierten Juden zu dieser Zeit; selbst im Wiener Haus von Theodor Herzl steht eine geschmückte Tanne.

Die Bauers aber sagen Nein. Die religiösen Rituale des Judentums werden bei ihnen weiterhin allein geehrt. Zwischen Chanukka und Pessach wird nicht noch Weihnachten gezwängt. Deutscher Patriotismus und jüdisches Selbstbewusstsein schließen sich nicht aus – darauf beharrt Ludwig Bauer schließlich, und so lässt er an keinem von beidem Abstriche zu.

»Überhaupt erschien es uns, als ob die Propheten nie anders als schwäbisch gesprochen hätten«, erzählt ein Stuttgarter Jude, der in Fritz Bauers Kindertagen dem Religionslehrer Meyer in der großen Stuttgarter Synagoge an der Hospitalstraße lauscht. Die Synagoge, würfelförmig und mit buntem Glas und maurischen Mosaiken verziert, steht nur 500 Meter vom Rathaus entfernt, die Namen der Straßen in der Umgebung erinnern an das reiche Geisteserbe der Schwaben, an Hölderlin, Schiller, Mörike, Hegel und Hesse, und innen blicken die Sitzreihen nach vorn auf ein Vorleserpult, was eher an eine Kirche erinnert denn an eine typische Synagoge, in der das Pult in der Mitte steht. Der Traum von Bürgerlichkeit, den die Juden in Württemberg erst seit wenigen Jahrzehnten träumen können, ist hier bereits mit Händen zu greifen: Adam und Eva im Paradies, die Irrungen der zwölf Söhne Jakobs, Moses' Befreiung der Juden aus der ägyptischen Sklaverei – dass all diese biblischen Geschichten in der schwäbischen Mundart zum Leben erwachen, spiegelt eine Geisteshaltung wider.

Seit 1918 gibt es in Stuttgart zwar eine kleine Gruppe von Zionisten. Für ihre Treffen reicht aber noch immer ein einzelner Raum in einer Gastwirtschaft aus, und in nur einer Handvoll Wohnungen hängen ihre kleinen blauen Büchsen mit aufgemalten hebräischen Buchstaben, die zur Spende für den Landkauf in Palästina auffordern. Die meisten Stuttgarter Juden halten die Idee, dass sie ihre Heimstatt je an einem anderen Ort suchen könnten als in Stuttgart, für schlichte Torheit. Im Gegenteil betonen sie sogar besonderen Patriotismus. Als einmal jüdische Flüchtlinge aus Russland in der Stadt auftauchen – verarmt, verängstigt, geflohen vor blutigen Pogromen –, da weckt es bei den Stuttgarter Juden die Angst, man könne sie mit den Fremden gleichsetzen. Die Flüchtlinge kommen aus der Welt der Schtetl, wie sie der Künstler Marc Chagall verewigt hat: Die Männer tragen Bärte, lange Schläfenlocken, Pelzmützen, man erkennt sie im Stadtbild von Weitem. »Leute, die nicht richtig Deutsch sprechen«, so erklärt 1919 ein alteingesessener Stuttgarter

Jude mit einer Schärfe, die Nervosität verrät, »geschweige denn Schwäbisch können, haben kein Recht, in einer deutschen Gemeinde zu reden.«

Eine der bestimmenden Figuren der jüdischen Gemeinde ist Otto Hirsch. Er wird 1930 Präsident des Oberrats der Israelitischen Religionsgemeinschaft Württembergs und 1933 auch der Reichsvertretung der Deutschen Juden. Zugleich steht er als Jurist in Diensten des Landes Württemberg. Als Junge hat er einst dasselbe elitäre Gymnasium besucht wie Fritz Bauer. Die Stuttgarter Familie Hirsch ist groß und weitverzweigt – und der junge Fritz Bauer zählt zur Verwandtschaft. Zwar hat die Familie von Fritz Bauers Mutter, die ebenfalls Hirsch heißt und ihrerseits in der Tübinger jüdischen Gemeinde den Ton angibt, einen anderen Ursprung. Die Stuttgarter Hirschs stammen aus Künzelsau und sind bereits 1857 nach Stuttgart gezogen, während die Tübinger Hirschs aus Wankheim stammen. Aber durch Heirat sind die beiden Familien längst verknüpft: Eine Cousine von Fritz Bauers Mutter, Minna (die Tochter des Juristen Robert Hirsch), ist mit dem Bruder des prominenten Stuttgarters Otto Hirsch verheiratet.

Zwar sind alle Unterlagen über die Gemeindemitgliedschaft von Fritz Bauers Eltern 1938 mitsamt der Synagoge in Flammen aufgegangen, aber dass sie dazugehörten, steht außer Zweifel. Denn für jüdische Gemeinden gilt bis in die Weimarer Zeit hinein jene Rechtslage, die noch heute für die beiden christlichen Amtskirchen gilt: Sie sind Körperschaften des öffentlichen Rechts, die auf dem Prinzip der Zwangsmitgliedschaft beruhen und von ihren Mitgliedern Kirchensteuer einziehen. Das heißt, Ludwig und Ella Bauer sind automatisch, qua Bekenntnis, Mitglieder der Stuttgarter Israelitischen Religionsgemeinde, solange sie nicht aktiv austreten, und »jeder, der aus der

Gemeinde ausschied«, so schreibt der Historiker Michael Brenner in seinem Standardwerk *Jüdische Kultur in der Weimarer Republik,* »schied damit aus dem Judentum aus«. Das heißt, er wurde von den Einwohnermeldeämtern nicht mehr als israelitisch geführt. Fritz Bauer registriert sich jedoch noch 1922 als Student an seinem Studienort München als »israelitisch«, was ihm nicht möglich wäre, wenn seine Eltern nicht mehr eingetragene Gemeindemitglieder wären. Wenn in der Familie schon jüdische Feste gefeiert werden, dann ist es zumindest wahrscheinlich, dass Ella und Ludwig Bauer ihren Sohn Fritz auch wenigstens einmal, anlässlich seines 13. Geburtstags, in die Stuttgarter Synagoge schicken, um dort die Bar Mitzwa zu feiern, sich also zum ersten Mal an das Pult der Synagoge hinaufrufen zu lassen, um aus der Thora vorzulesen. Eine Bar Mitzwa ist damals so üblich wie bei Fritz Bauers christlichen Schulkameraden die Kommunion oder Konfirmation. Und solange die mütterliche Familie Hirsch in Tübingen – das Rückgrat der dortigen Gemeinde – einen Ruf als fromm zu verlieren hat, wäre es sogar ein kleiner innerfamiliärer Affront, wenn man sich der Konvention verweigerte.

Daran, dass der religiöse Funke auf Fritz Bauer dann nie überspringt, besteht kein Zweifel. Immer wenn im Gymnasium Religionsunterricht auf dem Stundenplan steht, werden er und seine wenigen jüdischen Mitschüler zusammengerufen, ein Rabbiner kommt, um sie zu unterrichten. Hier lernt der Schüler die Geschichten aus dem Alten Testament kennen, Noahs Arche, David und Goliath, die zehn Gebote, aber das Schulfach legt er vor dem Abitur ab. Mit 18 Jahren hält er einen Vortrag vor befreundeten Kommilitonen, in dem er stattdessen Nietzsches Individualismus und Atheismus lobt. Mit 33 Jahren wird er noch deutlicher, als er in einem Zeitungsartikel ein Theaterstück des dänisch-jüdischen Schriftstellers Henri Nathansen empfiehlt, *Hinter den Mauern,* in dem es um die Liebe eines jüdischen Mädchens zu einem christlichen Jungen geht und um die Frage, ob Kinder zu guten Christen oder zu guten Juden erzogen werden sollten. »Menschen sollen sie werden«, zitiert Bauer den Schriftsteller. Aber das heißt nicht, dass Fritz Bauer in diesen Jahren je Abstand von der jüdischen Umwelt suchen würde, in der er aufgewachsen ist.

Es gibt durchaus einige junge Sozialisten, die aus politischer Überzeugung aus der jüdischen Gemeinde austreten – ein Beispiel ist der Kieler Jurist Rudolf Katz, der 1930 austritt und nach dem Krieg eine Karriere bis hin zum Vizepräsidenten des Bundesverfassungsgerichts machen wird. Fritz Bauer tut dies nicht. Noch 1928 registriert er sich in der Justiz offiziell mit der Religionszugehörigkeit israelitisch. Auch nimmt Bauer sogar auffallend oft Einladungen aus Kreisen der jüdischen Gemeinde an. Regelmäßig spricht er in Stuttgart vor den Jugendlichen eines jüdischen Freizeitclubs, des Berthold-Auerbach-Vereins, der während des Ersten Weltkriegs Spenden für das Rote Kreuz gesammelt hat. Fritz Bauer, der als sozialdemokratischer Redner von sich reden macht, gilt in Stuttgart bald als »der einzige Jude«, der öffentlich auftritt und »durch sein Wissen großen Eindruck« macht, wie sich sein damaliger Freund Helmut Mielke erinnert. Der brillante junge Jurist, der mit nur 27 Jahren zum Amtsrichter ernannt worden ist und damit den Traum lebt, der seinem Großonkel Robert Hirsch noch versagt war, ist gerade »bei den Juden«, so Mielke, »sehr bekannt«. Lediglich diejenigen, die auf etwas spezifisch Jüdisches in seinen Reden warten, werden enttäuscht – stets will der junge Bauer seine Zuhörer nur für die Sache der Demokratie und des Sozialismus erwärmen.

Wenn er möchte, dann beherrscht er das religiöse Vokabular durchaus. Das zeigt er etwa, als der Verein jüdischer Handwerker ihn einmal einlädt, zu einer bestimmten Fragestellung zu sprechen. Der Verein mit seinem Vorsitzenden Julius Landauer kümmert sich darum, jugendlichen Arbeitslosen in Stuttgart eine Ausbildung zu verschaffen. An einem Abend möchte Landauer seinen Schützlingen aufzeigen, wie das, was sie alle verbindet, nämlich ihre jüdische Herkunft, sie in ihrer proletarischen Solidarität bestärken könne. »Der Redner betonte den sozialen Gedanken der Thora«, notiert die Historikerin Maria Zelzer über Fritz Bauers Auftritt. »Dr. Bauer machte zwar nicht die Propheten zum Wortführer des Proletariats, doch bezeichnete er als Quelle und Hort des sozialen Gedankens die jüdischen Propheten. Im wahren Judentum sei die Brücke zum Sozialismus.«

Seiner jüdischen Umwelt bleibt Bauer auch verbunden, als er 1936 ins Exil geht. Den für Toleranz werbenden Satz des dänischen Dramatikers Henri Nathansen, man solle Kinder nicht lediglich zu guten Christen oder zu guten Juden erziehen, sondern »Menschen sollen sie werden«, schreibt er 1936 nämlich nicht in irgendeiner Zeitung, sondern in der *CentralVereins-Zeitung* – der *Allgemeinen Zeitung des Judentums,* die vom damaligen Central-Verein deutscher Staatsbürger jüdischen Glaubens herausgegeben wird, dem Vorläufer des heutigen Zentralrats der Juden. Als Skandinavien-Korrespondent dieser Zeitung arbeitet Bauer sich im Exil in die Geschichte der dänischen Juden ein, er stellt seinen Lesern voller Zuneigung den norwegisch-jüdischen Dichter Henrik Wergeland vor, den man seines politischen Engagements und seines Vornamens wegen als zweiten, ebenbürtigen Heinrich neben Heine betrachten könne, wovon auf dem Erlöserfriedhof in Oslo auch ein schönes Ehrengrab künde. »Dankbare Juden jenseits der norwegischen Grenze«, so schreibt Bauer, »haben dieses Denkmal errichtet.«

Es sind Sätze, aus denen alles andere als Kälte oder Distanz spricht. Unreligiös zwar, kennt der junge Fritz Bauer in seinem Gastland doch die Debatten zwischen Zionisten und den Befürwortern der Assimilation, er weiß von den Positionen des Kopenhagener Oberrabbiners Dr. Friediger ebenso wie des jüdischen Professors Josephson aus Lund zu berichten, und noch kurz vor dem Ende seines Exils, im Jahr 1947, bezeichnet er, ganz ähnlich wie 1930 vor seinen jugendlichen Zuhörern im Stuttgarter Handwerker-Verein, die alttestamentarischen Propheten emphatisch als »die ersten Sozialisten«, weil sie von einem »sozialen Friedensreich« geträumt hätten. Auch vor einer nichtjüdischen Leserschaft macht Bauer sein Judentum ungefragt zum Thema, als er im August 1945 in der *Sozialistischen Tribüne* in lockerem Ton beschreibt, wie ein 15-jähriger Hitlerjunge ihn jüngst im dänischen Flüchtlingslager gefragt habe: »Du, Fritz, bist du eigentlich Deutscher, Jude oder staatslos?«

»Ja, Günther, du wirst lachen, ich bin zugleich Deutscher und Jude und staatenlos.«

Es spricht Selbstbewusstsein aus diesen Worten. Viele Jahre nach Fritz Bauers Tod, in der Ruhe eines Schweizer Hotels, merkt seine Schwester Margot sogar einmal an, die Fülle an farbigen Zitaten, die ihr Bruder in seine Essays und Bücher einzuflechten gepflegt habe, kenne sie als Stilmittel aus dem orthodoxen Judentum. »Das hat Fritz übernommen.« Margot mag sich irren. Der auffällig farbige Schreibstil ihres Bruders, mit dem er sich nach dem

Krieg in die großen rechtspolitischen Debatten der jungen Bundesrepublik einmischt, in zahlreichen Essays und Aufsätzen, mag eine andere Inspirationsquelle haben als die Welt der Rabbiner, die er in der Stuttgarter Jugend kennengelernt hat. Aber dass Margot es ihrem Bruder zutraut, sagt doch schon etwas aus – über das Bild, das sie von Fritz Bauer im Privaten hat. Eine harte, kalte Abgrenzung von der gemeinsamen jüdischen Erziehung hat jedenfalls sie offenbar nie bei ihm erlebt. Erst nach 1945, als er allein, ohne seine Familie, nach Deutschland zurückgekehrt ist, hat sich Bauer nach außen hin ganz anders gegeben – »glaubenslos« und verschwiegen.

# 3
# Bildungsjahre 1921–1925: Die Talente erwachen

## 23 Freunde

Alles ist vorbereitet. Als der Jurastudent Fritz Bauer an einem Abend im November 1922 mit 22 Freunden, fast ausschließlich Juden, im Wirtshaus »Burg Raueck« in der Nähe des Münchner Marienplatzes zusammenkommt, liegen wie immer die Liederbücher vor ihnen: bierfleckige Einladungen zur Ausgelassenheit, darin Lieder wie *Kommt Brüder trinket froh mit mir* oder *O alte Burschenherrlichkeit*, deren Reime für gewöhnlich aus gut befeuchteter Kehle geschmettert werden. »Doch trotz allen Willens zu fröhlichem und heiterem Zusammensein lastete die Schwere der Zeit und des Verantwortungsbewußtseins auf jedem Einzelnen zu stark, als daß durch feierliche Gepränge über den Ernst der Lage hinwegzutäuschen gewesen wäre«, beschreibt einer der Kommilitonen diesen Abend. »Besonders beeinflußte noch die trostlose, allen unseren Ideen zuwiderlaufende politische Tätigkeit der hier herrschenden Kreise unser aller Stimmung.«

Seit Monaten herrscht in der Stadt eine politische Gewitterschwüle. Erst im Juni ist der deutsche Außenminister Walther Rathenau in Berlin erschossen worden, gerade als er begonnen hatte, Menschen für die unpopuläre junge

Demokratie zu begeistern. »Nie vorher und nie nachher hat die deutsche Republik einen Politiker hervorgebracht, der so auf die Phantasie der Massen und der Jugend wirkte«, schwärmt noch Jahrzehnte später der Journalist Sebastian Haffner, vier Jahre jünger als Fritz Bauer. »Es war zu spüren, daß er, wäre er nicht deutscher Außenminister von 1922 gewesen, auch ein deutscher Philosoph von 1800, ein internationaler Finanzkönig von 1850, ein großer Rabbi oder ein Anachoret hätte sein können.« Rathenau entstammt einer assimilierten jüdischen Familie, zu der viele aufsehen können, sein Vater Emil, der »Bismarck der Elektroindustrie«, hat elektrisches Licht und Straßenbahnen in die meisten deutschen Städte gebracht. Auch Fritz Bauer bewundert ihn. Er wird seiner juristischen Doktorarbeit später ein Zitat Walther Rathenaus voranstellen.

Umso tiefer sitzt der Schock. Am 24. Juni 1922 wird Rathenau auf einer baumgesäumten Straße im Grunewald aus einem anderen Auto heraus beschossen und getötet. Die Tat ist nur der berühmteste Vorfall aus einer ganzen Serie von politischen Morden, nur einer von insgesamt 354 seit Einführung der Demokratie in Deutschland; ein Statistik-Dozent an der Universität Heidelberg, Emil Julius Gumbel, führt Buch. Die Suche nach den Mördern weist in Richtung rechter Burschenschaften. An der Universität Berlin muss sogar der geplante Gedenkgottesdienst für Rathenau abgesagt werden, weil das Rektorat fürchtet, es könne die jubelnden Burschenschafter nicht unter Kontrolle halten. »Wir waren tief erschüttert«, erinnert sich Fritz Bauer, »und wir hatten den Eindruck, dass die Weimarer Demokratie, an der unser Herz hing, um der Grundrechte willen, dass sie gefährdet war.«

Die »politische Tätigkeit der hier herrschenden Kreise«,

wie Bauers Verbindungsbruder im November 1922 schreibt, ist eine gewaltsame. Ein Münchner Kommilitone namens Rudolf Heß – noch besucht er Vorlesungen, reicht schriftliche Arbeiten ein, hält Vorträge in Übungen und Seminaren – schart an der Universität eine Gruppe Burschenschafter um sich, die zu brutalen Überfällen ausrücken, berauscht vom Erfolg von Mussolinis Marsch auf Rom Ende Oktober 1922. Auch Hermann Göring ist zur selben Zeit an der Münchner Universität eingeschrieben, unter anderem für Staatswissenschaften. Die Stadt München habe für die Nazis besonders günstigen Boden geboten, erinnert sich der Schriftsteller Ernst Jünger, damals ein junger Star der Rechtskonservativen, »günstiger als Berlin. Die Bevölkerung ist impulsiver; sie hatte die Räterepublik gehabt. Ich sah Arbeiter, entlassene Soldaten in Röcken aus feldgrauem Tuch, Burschen mit Gesichtern, wie Leibl sie gemalt hat. Die Leute aus den Bergen kamen in die Stadt. Sie hingen alle gebannt an (Hitlers) Wort.«

Rudolf Heß' »Sturm-Abteilung« (SA) erkennt man im Universitätsviertel an ihren Windjacken mit Hakenkreuzarmbinden, dazu Wickelgamaschen; die braunen Hemden sind noch nicht eingeführt. »Ich erlebte in München die Unruhen«, erinnert sich Fritz Bauer, »das erste Auftauchen der NSDAP Hitlers.« Der Student Bauer sieht »die riesigen Plakate in München, knallrot, beispielsweise mit der Unterschrift oder Aufschrift, die jeder lesen konnte, was niemand heute bestreiten soll: ›Den Juden ist der Zutritt verboten.‹« Die 11. Hundertschaft der SA, die Heß bis Anfang 1923 kommandiert, besteht komplett aus Studenten, und die prügelnden Burschen können sich im Herbst 1922 auf dem Campus als strahlende Sieger fühlen: Erst vor wenigen Wochen haben völkische Gruppen die Mehrheit in den reichsweiten Gremien der Studenten errungen. In Bayern haben sie sogar ihre größte Bastion, wie sich 1921 beim Studententag in Erlangen gezeigt hat. Die wenigen Studenten, die sich, wie Fritz Bauer und seine Studentenverbindung, noch gegen die neue Mehrheit stemmen, haben im August in München den Reichsbund Republikanischer Studenten gegründet und daraufhin die Brutalität der Wickelgamaschen kennengelernt.

Zu dieser bedrückenden Lage wird sich an dem dunklen Novemberabend 1922 an der Biertafel der »Burg Raueck« auch Fritz Bauer zu Wort melden. Er ist ein noch recht neues Gesicht in dieser Runde. Erst vor Kurzem ist Bauer aus Heidelberg nach München gezogen. Die Münchner Kommilitonen kennen ihn als jemanden, der sich für griechisches Theater und Goethe begeistert, der im Literaten- und Künstlerviertel Schwabing wohnt, wo gerade Bertolt Brecht geheiratet hat. In die »trostlose Stimmung«, die Bauers Kommilitone beschreibt, passt er allerdings nicht ganz hinein.

Entschlossen, zornig, polemisch, jetzt auch gegenüber seiner eigenen Studentenverbindung, platzt es aus Fritz Bauer heraus: Es sei »vieles, viel zu vieles selbstverständlich geworden«, erklärt er den Bundesbrüdern bei Gelegenheit auch schriftlich, »es scheint keine großen Fragen zu geben, die die Gemüter bewegen könnten. Und das bedauerliche ist, daß die meisten dies für das Ideal halten, daß sie glauben, dies sei das Ziel und die Harmonie sei erreicht. Man ruht aus und kämpft nicht mehr, lebt von der Tradition, erhebt das ›Gesetz vom Beharrungsvermögen‹ zum Nationalgott und ... wird so weiterwursteln, bis man eines schönen Tages erkennt, daß die Kugel infolge eigener Schwere und Klumpheit, Mangel an Elastizität liegen bleibt, während die Umwelt sich bewegt, sich ständig wandelt.« Mit »langweiligen Schlagworten« –

Bauer zitiert als Beispiel einen bekannten Ausspruch seiner eigenen liberalen Studentenverbindung – »und so manch anderem Requisit aus der Fuxenstunde«, dem verbindungsinternen Unterricht, »wird die Welt von 1923 nicht bewegt«. Fritz Bauer fordert zur »Parteinahme« auf, zum politischen Kampf. Dazu sollte die Studentenverbindung gut sein. »Turnen können wir auch woanders.«

Die 22 Freunde wählen den 19-Jährigen an diesem Abend zu ihrem neuen Vorsitzenden.

### Eine jüdische Studentenverbindung

Als Fritz Bauer eineinhalb Jahre zuvor, im Frühjahr 1921, mit 17 Jahren, an seinem ersten Studienort Heidelberg ankommt, haben die Burschenschaften gerade ihre »Eisenacher Beschlüsse« verabschiedet. Die Aufnahme von »Juden und Judenstämmlingen« ist demnach verboten. Mitgliedern ist auch die Heirat mit »einem jüdischen oder farbigen Weib« untersagt; ein erster, privater »Arierparagraf«, wie Fritz Bauer später sagen wird. Viele Verbindungen, die sich nicht in das stramme Korsett der Burschenschaften fügen, diskutieren jetzt eigenständig, ob sie es den Burschen gleichtun wollen. Die schlagende Verbindung Allemannia zum Beispiel, deren prunkvolle Villa am Fuße des Heidelberger Schlossbergs liegt, inmitten hoher Bäume mit Blick auf die Sandsteinbögen der Karl-Theodor-Brücke, streitet besonders intensiv: In der Vereinszeitung erscheinen viele Artikel für und wider die Gleichberechtigung von Juden – aber wohl nur deshalb, weil diese Verbindung besonders viele Juden zu ihren »Alten Herren« zählt. In den meisten übrigen Verbindungshäusern vollzieht sich der Rechtsruck reibungsloser.

Das Leben rund um die Universität, die eigentlich einen Ruf als liberale Oase am Neckar genießt, wird für jüdische Studenten kleiner, begrenzter. Auch für das Erstsemester Fritz Bauer.

Nichts zwingt ihn, mit Sehnsucht auf die Verbindungshäuser zu schauen, die mit ihren bunten Fahnen und Wappen das Universitätsviertel prägen. Er könnte es halten wie vier von zehn Studenten zu dieser Zeit: sich ein Quartier in einem namenlosen Wohnheim bei einer »Studentenmutter« suchen und die Kneipen der Stadt auf eigene Faust erkunden. Für seine Entscheidung, die Gemeinschaft einer Verbindung zu suchen, liefert Fritz Bauer mit 18 Jahren eine etwas pathetisch klingende Begründung: »Voraussetzung und Veranlassung ... ist der Trieb zur Gemeinschaft, ist der Wille, sich zur Arbeit an der gemeinsamen Aufgabe – Freund neben Freund – zusammenzuscharen, ist jener Sozialismus, der herausgeboren ist aus dem Gefühl der Unmöglichkeit und Lächerlichkeit eines krassen Individualismus.« Denn »der einzelne Mensch vermag erst in fester Verbindung mit Gleichgesinnten wirklich Positives zu leisten«.

Die verbindungsfreien Studenten sind zu dieser Zeit diejenigen, die in der sozialen Hierarchie der Universität unten stehen. Manche von ihnen haben versucht, in eine Verbindung aufgenommen zu werden, und sind abgewiesen worden, manche wollen allein sein. Bauer will das offenbar nicht, auch er sucht den Rückhalt einer Studentenverbindung, und er findet ihn – was bleibt jetzt anderes übrig? – bei einer der wenigen jüdischen Verbindungen, die sich als Gegenreaktion auf den wachsenden Antisemitismus gebildet haben.

Nicht zu übersehen ist auf dem Heidelberger Campus die jüdische Verbindung Bavaria mit ihren blau-weißorangefarbenen Bändern und orangefarbenen Mützen: eine kleine, aber selbstbewusste Minderheit, die bald jede fremde Korporation in der Universitätsstadt, die mit antisemitischen Sprüchen von sich reden macht, zum Fechtduell mit schweren Säbeln auffordert (und dementsprechend sehr viel ficht, bis 1923 das Rektorat einschreitet). Sehr viel gemäßigter und bedeckter tritt dagegen die kleine Gruppe auf, der sich Fritz Bauer im Mai 1921 anschließt. Die Freie Wissenschaftliche Vereinigung (F.W.V.), die an neun Universitäten im Reich besteht, ist dezidiert liberal und überkonfessionell. Sie ist stolz auf ihr Wappen in Blau-Rot-Silber. In buntem »Wichs« mit Mütze und Band in diesen Farben sieht man den Studenten Fritz Bauer aber trotzdem nie, denn auf dem Campus gelten die »F.W.V.er« als schwarze Verbindung – schwarz wie die Alltagsanzüge und Krawatten der Herren Studenten (die sich siezen). Auf Bänder oder Mützen verzichten sie. Auch bei ihren Tanzabenden mit Damen kommt zur Abendgarderobe kein militärinspirierter Zierrat hinzu. Die F.W.V.er behandeln die wenigen Studentinnen, die zu dieser Zeit erstmals an den Universitäten auftauchen, vergleichsweise respektvoll. Bei gemeinsamen Veranstaltungen mit der Akademisch-wissenschaftlichen Frauenvereinigung trifft man sich auch einmal auf Augenhöhe. Fritz Bauer gewinnt hier Freunde, die er einige Male sogar mit ins Elternhaus nach Stuttgart bringt.

In Heidelberg steht die Biertafel in einer »Ritterhalle« unter Kronleuchtern. Die Verbindungsbrüder trinken im Hinterzimmer eines Brauhauses in der Leyergasse 6. Bauers erstes Semester beschließen sie mit einer »herrlichen Pfirsichbowle«, wie es in einem Bericht heißt: »Nach der Kneipe ging es unter großem Hallo auf die Schloßterrasse, wo wir einen selten schönen Blick auf das vom Mondenschein beleuchtete Schloß hatten. Leider war für manchen von uns das Bild etwas benebelt.« Über die Gepflogenheiten in der liberalen Verbindung schreibt der pazifistische Schriftsteller Kurt Hiller, der 1907 in Heidelberg zum Doctor iuris promoviert worden ist: »Weniger Raufereien, das ist wahr; kaum weniger Saufereien.« Hiller schildert, wie ihm bei seinem ersten Besuch bei den F.W.V.ern ein »junger Frauenarzt mit möhrenfarbenem Ziegenbart« mit dem Ausruf »In die Kanne!« entgegengetreten sei – »mit dem Befehl also, in einem Zuge eine ganze Molle Bier mir einzupumpen.« Hiller ist entsetzt. »Selbst nach der Bier-Ethik dieser akademischen Spießer hatte ich doch gar nichts begangen.«

Ob Bauer bei den derberen Aktivitäten der Bundesbrüder mithält, ist allerdings offen, denn Jahre später, als ein junger Freund Bauers, der Student Heinz Meyer-Velde, einmal von Kommilitonen gedrängt wird, einer Göttinger Verbindung beizutreten, und klagt: »Da muss ich so viel Bier trinken!«, da deutet Bauer nur an: »Das kann man auch umgehen ...« Auf einem Foto aus der Studienzeit sieht man Fritz Bauer auf einem Tanzabend, die Frauen tragen zum Partykleid den neuesten Charleston-Federschmuck, die Männer schwarze Fliegen, einer hat sich ein paar alberne Lebkuchenherzen ans Revers gesteckt. Bauer ist der Einzige, der nicht in die Kamera schaut, auch zu den Damen, die in seiner Nähe sind, nimmt er keinen rechten Kontakt auf. Aber am Rande steht er deshalb nicht. Spätestens bei den Debatten, die in der Hitze des Rittersaals aufkommen, macht er sehr bald auf sich aufmerksam.

»Das intellektuelle Leben schwebt wie eine ätherische Zugabe, ein sich aus der Gärung entwickelnder, wohlriechender Duft über dem weltlichen Treiben«, zitiert der

18 Jahre alte Fritz Bauer aus den Schriften des Philosophen Arthur Schopenhauer. Mit dem Enthusiasmus für die Welt der Philosophen und Literaten ist er bei seinen Bundesbrüdern gut aufgehoben. Modern, human und fortschrittlich sind die Ideale der F.W.V.er. »(N)eben der Weltgeschichte«, so zitiert Bauer Schopenhauer, »geht schuldlos und nicht blutbefleckt die Geschichte der Philosophie, der Wissenschaft und der Künste.« Die F.W.V.er bleiben den Fechtböden fern, stattdessen treffen sie sich an einem Freitagabend zum Beispiel, um sich Referate über große Männer vorzutragen. Der Bundesbruder Robert Salomon referiert über Dostojewski, der Bundesbruder Hans Heinsheimer über Lessing, der Bundesbruder Hans Horkheimer über den romantischen Dichter Christian Dietrich Grabbe – und schon im ersten Semester macht auch Fritz Bauer hier mit einem Vortrag Eindruck.

»Vom Standpunkte des Deterministen aus«, so beschreibt ein Kommilitone den Auftritt Bauers, der »geschichtsphilosophische Betrachtungen« anstellt, »entwickelte er uns seine Betrachtungen über den Wert und Sinn der Geschichte, über die Entstehung und Verlauf, wie auch über den Zusammenhang der verschiedenen Kulturperioden usw.« Den Kern seiner materialistischen Geschichtsauffassung hat Bauer später auch mit einem größeren Publikum geteilt, gern mit einem Brecht-Zitat: »Erst kommt das Fressen, dann kommt die Moral.« Denselben Gedanken, so Bauer, habe schon Schiller ähnlich formuliert: »Würde des Menschen. Nichts mehr davon. Zu essen gebt ihm, zu wohnen, habt ihr die Blöße bedeckt, gibt sich die Würde von selbst.«

Im Kreise der Bundesbrüder lösen die selbstbewussten Ausführungen Bauers Verblüffung aus. »Da seine Ausführungen auf keinen Widerspruch stießen, so konnte leider keine Diskussion über dies interessante Thema entstehen«, notiert der Berichterstatter. Bauers Festigkeit imponiert.

Noch vor Beginn seines zweiten Semesters lässt man ihn bereits für die Gruppe sprechen. In der Vereinszeitschrift darf er das Unbehagen seiner Bundesbrüder angesichts des zunehmenden Drucks von rechts auf den Begriff bringen. Bauer schreibt von »Kurpfuschern«, die »bewährte Dozenten ihrer politischen Gesinnung halber von ihren Lehrstühlen vertreiben«. Eine »politisierte Hochschule«, so Bauer, »ist unsinnig, ebenso unsinnig wie politisierte Wissenschaft, ebenso paradox wie etwa der Begriff ›sozialdemokratischer Stickstoff‹ oder ›deutschnationaler Strafprozeß‹, denn wenn eines das Wesen der Wissenschaften und Lehranstalten ausmacht, so ist es doch sicherlich ihre Unabhängigkeit von den Ereignissen des Tages und der Stunde, ihre Freiheit und Losgelöstheit von Politik und Partei.«

Die Wissenschaft, schreibt der 18-Jährige, sei nicht dazu da, dem Staat zu dienen, wie viele in der »deutschen Hochschule der Gegenwart« meinten. »Die rauhe Hülse um den Kern des Lebens und nichts weiter ist der Staat. Er ist die Mauer um den Garten menschlicher Früchte und Blumen.« Der Staat genieße seine »moralische Daseinsberechtigung« »gerade um der Pflege und des Fortschritts der Wissenschaft und überhaupt um der Schaffung von Kulturgütern willen«. Schon zu Beginn seines zweiten Semesters wird Fritz Bauer zum Schriftführer der Verbindung gewählt.

Wenn Bauer an der Biertafel referiert, wird es nie langweilig. »Praktische Vernunft bei Goethe« lautet der Titel eines kurzen Abendvortrags von ihm, und auch wenn manche Bundesbrüder Bauers Gegenüberstellung der

Ethiken Goethes und Kants als vermeintliche Gegensätze nicht überzeugt, so schwärmt doch am Ende selbst ein Kritiker: Es »kann von seinem Vortrag mit Fug und Recht gesagt werden, daß er durch die Lebendigkeit der Darstellung, durch die Einführung in die verschiedensten Weltanschauungen und durch die Großartigkeit der Linienführung ganz im Bannkreis der Goetheschen Sphäre lag und schlechthin prächtig genannt werden darf«. Besprechungen in der Vereinszeitung sind natürlich immer wohlwollend, ein Lob wie dieses ist dennoch selten – ebenso wie andererseits die kaum verhüllte Irritation über den zweiten Vortrag des immer selbstbewusster werdenden Fritz Bauer. Unter dem schlichten Titel »Dekadenz« rechnet Bauer da in einem wilden Ritt durch die Kulturgeschichte mit den Werten soldatischen Gehorsams ab, mit Selbstbeschränkung und Stromlinienförmigkeit – Tugenden, so meint Bauer, die letztlich stets in den kulturellen Niedergang führen müssten. Ein Bundesbruder notiert: »Natürlich sind Ausführungen dieser Art immer getragen von der rein persönlichen Note des Vortragenden und so ist es nur selbstverständlich, daß das, was (Bauer) z. B. unter Religion, Gott, Christentum, Geschichte verstand, starken Widerspruch hervorrief.«

Der Jurastudent Walter Einstein kündigt als Gegenrede zu Fritz Bauer einen eigenen Vortrag an, so notiert die Vereinszeitung, denn Einstein »vertrat umgekehrt die Ansicht, daß draußen im großen Leben wie hier im kleinen Kreis der F.W.V. nicht ausgeprägte Individualität, nicht unbedingte Wahrung der Originalität anzustreben sei – sofern eine vorhanden ist –, sondern Selbstaufgabe in dem andern, dem besseren Selbst, dem Führer, um sein eigenes Ich überhaupt erst zu finden. Denn dem Führer sich unterordnen, heißt der Idee dienen; sein eigenes Ich nur gelten lassen, bedeutet das Chaos und Unterordnung unter den Führer als Dienst an der Idee ermöglichte die Gemeinschaft.« Walter Einstein wird bald gemeinsam mit Bauer nach München ziehen, er teilt mit Bauer das Studienfach und bald auch den Vorsitz des Münchner F.W.V.: Man scheint sich gar nicht schlecht verstanden zu haben. So scharf bei der F.W.V. debattiert wird, so sportlich nehmen es die Beteiligten offenbar auch.

Das erklärt, warum Fritz Bauer, der gegen Religion, Staat und Kant polemisiert, sich mit seinen kontroversen Auftritten trotzdem Sympathien einträgt. An einem besonders bierseligen Abend löst einer der Bundesbrüder großes Gelächter aus, als er ein paar der markantesten Kommilitonen aus dem Kreis der Heidelberger F.W.V.er imitiert: »Richard Sternheimer, der pathetische Zitatenschatz; Hans Schwarzens gottdurchdrungenes Ich; Walter Einsteins asthmatische Jurisprudenz, Fritz Bauers temperamentvolle Schsch-seligkeit …« (Der Schwabe Bauer spricht das »s« gelegentlich als »sch« aus.)

## »Bekenntnis zum Deutschtum«: Zwist mit Zionisten

Inwiefern sich Bauers Studentenverbindung als jüdisch versteht, ist ein sensibles Thema. Die Zeitschrift *Der Jüdische Student* schreibt naserümpfend: »Die Freie Wissenschaftliche Vereinigung besteht nun zwar ganz oder fast ganz aus Juden, aber gerade sie ist es, die aufs energischste wie gegen etwas Verächtliches dagegen protestiert, eine jüdische Korporation zu sein.«

Bauers Verbindung F.W.V. bezeichnet sich nach außen hin als »paritätische« Verbindung, das heißt als eine

Gruppe, die Protestanten, Katholiken und Juden gleichermaßen offensteht. De facto finden sich aber fast nur noch jüdische Studenten bei ihr ein – zumal die wachsenden Anfeindungen von außen dazu führen, dass die F.W.V.er mit ihren schwarzen Alltagsanzügen schon bald dieselbe Diskriminierung zu spüren bekommen wie die Mitglieder der zionistischen Verbindung Bavaria mit ihren orangefarbenen Mützen.

Die deutsch-völkischen Verbindungen sind groß und schlagkräftig, eine einzige Boykottdrohung von ihnen genügt in Heidelberg, um ihren privaten Arierparagrafen nicht nur Gastwirten, sondern auch Vereinen aufzuzwingen. So erlebt Fritz Bauer, wie ein studentischer Sportclub ihn als Juden abweist. Das Kanu, das er sich mit einem nichtjüdischen Freund teilen wollte, um den Neckar zu befahren, muss er wieder verkaufen. Die völkische Mehrheit unter den Heidelberger Verbindungen setzt zu Beginn seines Studiums auch durch, dass Wirte im Studentenviertel vielfach »judenfreie« Gaststätten garantieren.

Die F.W.V.er beharren weiter darauf, vollwertige, patriotische Deutsche zu sein. Das Andenken ihrer im Ersten Weltkrieg gefallenen Bundesbrüder ehren sie mit einer eigenen Gedächtnisstiftung, das Deutschlandlied singen sie mit allen drei Strophen, ihr Wahlspruch lautet: »Einigkeit, Recht, Freiheit!« Im Entwurf eines politischen Credos, an dem Fritz Bauer in München mitwirkt, wird von den Bundesbrüdern zwar eine »tolerante Lebensgestaltung« gefordert – zugleich aber ein »Bekenntnis zum Deutschtum«.

Bauers Bundesbrüder verschweigen ihre Religionszugehörigkeit zwar nicht, auch Bauer nicht, wenn er danach gefragt wird. Aber sie halten an der Idee fest, dass Religion Privatsache bleiben sollte. Wenn sich andere jüdische

Studenten trotzig zu zionistischen, ausschließlich jüdischen Verbindungen zusammenschließen, dann finden die F.W.V.er das, wie ein Altvorderer formuliert, allenfalls menschlich »entschuldbar« – aber »unheilvoll ist doch ihre Wirkung auf die von uns vertretene Solidarität aller deutschen Studenten«. Bei einer hitzigen Diskussion in großer Runde lehnt es die Mehrheit der F.W.V.er ab, bei Hochschulwahlen gemeinsam mit Zionisten anzutreten. Der politische Gegensatz sei zu groß, finden sie. Die F.W.V.er sähen den Fortschritt schließlich in einem erhofften »Hand-in-Hand-Gehen« zwischen jüdischen und nichtjüdischen Deutschen, die Zionisten hingegen in der »Sezession«. Bauer und seine Heidelberger Bundesbrüder schrecken auch davor zurück, bei den Wahlen zur studentischen Selbstverwaltung unter dem Etikett einer gemeinsamen »Jüdischen Liste« anzutreten, die der deutsch-völkischen Mehrheit mit vereinter Kraft wenigstens ein oder zwei Sitze in den Gremien abtrotzen könnte. Erst als die übrigen jüdischen Verbindungen in Heidelberg – Bavaria und Ivria – im Jahr 1924 bereit sind, unter dem neutraler klingenden Namen »Nationalfreiheitliche Gruppe« anzutreten, sind auch die F.W.V.er bereit, mit ihnen gemeinsame Sache zu machen.

Gegen den zunehmenden Campus-Antisemitismus hilft es freilich nichts. Bald wird die F.W.V. aus dem hochschulpolitischen Interessenverband der Heidelberger Verbindungen ausgeschlossen, so wie alle jüdischen Verbindungen. Und durch das Beharren der F.W.V., religionsneutral zu sein, verärgert sie zugleich die übrigen jüdischen Verbindungen. »Wer für die Verteidigung der jüdischen Ehre in den Kampf ziehen soll«, so die bereits erwähnte Zeitschrift *Der Jüdische Student,* »dem darf diese nicht gleichgültig oder, wie wir es mit Empörung sehen mußten, gar lächerlich sein.« So sind die F.W.V.er eingezwängt – zwischen Deutschnationalen, die ihnen einreden, sie seien im negativen Sinne anders, und Zionisten, die ihnen nahelegen, sie sollten dies stolz für sich annehmen. Der F.W.V.-Bundesbruder Alfred Apfel, der später zu einem der prominentesten politischen Anwälte der Weimarer Republik wird, erinnert sich: »Uns beunruhigten die Angriffe der zionistischen Studenten, wenn sie uns, die wir viele Juden in unseren Reihen hatten, unerträgliche Anwandlungen von Assimilation vorwarfen, während sie ihrerseits dem deutschen Antisemitismus einen betonten jüdischen Nationalismus entgegensetzten.«

»In freien Stunden saßen Gleichgesinnte zusammen und dachten über das jüdische Schicksal nach«, erinnert sich ein jüdischer Verbindungsstudent in Heidelberg an diese Zeit. »Die Köpfe redeten sich heiß im Kampf mit den Problemen, die ringsum aufschossen. Und die, die am tiefsten kämpften und litten, die gingen allein oder zu zweit des Nachts am Neckar entlang oder durch die engen lieben Gassen. Wir wollten uns klar werden über uns selbst. Wir waren enttäuscht, bitter und einsam, zwischen den christlich inkorporierten Kommilitonen, die rasch einer Propaganda verfielen, die nur zu begreifliche Empfindungen geschickt umbog, und denen, die im Zionismus die Lösung für sich zu finden meinten.«

### Tübingen, die Höhle des Löwen

Wenn er an Tübingen denke, den Ort, an dem er 1924 sein Studium abschließt, dann kämen ihm ausschließlich schöne Bilder in den Sinn, so schreibt Fritz Bauer rückblickend in einem Brief an seine Mutter: »der betriebsame

Markt mit Duft und Lärm, die idyllische Stille der Alleen«. Bauer liebt seine Mutter sehr, und da die Mutter Tübingerin ist, sind alle Komplimente an die Stadt natürlich indirekt auch Komplimente an sie, ein wenig blumige Übertreibung nimmt da nicht wunder. Doch wenn Fritz Bauer in seine Schwärmerei für Tübingen sogar noch den »Humanismus der Aula« mit einschließt, dann lässt spätestens dies stutzen.

Die Aula beherbergt das Herz der Landesuniversität. An diese Universität muss Fritz Bauer im Sommer 1923 wechseln, um als württembergisches Landeskind sein Examen ablegen zu können. Bevor er sein erstes Staatsexamen mit der Note »gut« besteht, womit er zu den Besten seines Jahrgangs gehört, verbringt er hier zwei letzte Semester: in einem streng klassizistischen Kasten mit scharfen Kanten und Kupferdach. Es herrscht ein schneidiger Ton. Die Professoren sind stolz darauf, dass keine andere deutsche Universität ihre Studenten derart geschlossen für den Kriegseinsatz mobilisieren konnte. Es kursieren Geschichten von geheimen Wehrübungen und versteckten Waffen. Auf der Wilhelmstraße vor der Aula, von den Studenten »Rennbahn« genannt, paradieren abends die Korporierten mit Säbel und Schärpe, ihr Antisemitismus ist so berüchtigt, dass Fritz Bauer es nach dem Abitur erst nicht gewagt hat, sich hier einzuschreiben. Auf die Geselligkeit seiner F.W.V.-Bundesbrüder kann er hier nicht mehr zählen, es gibt sie in Tübingen nicht. Im Wintersemester 1923/24 studieren überhaupt nur zehn Juden an der gesamten Universität, vier von ihnen an der juristischen Fakultät.

Die Aula: Bauers mit Tübingen vertraute Mutter weiß natürlich, von welchem Gebäude die Rede ist, und wenn der Sohn ihr vom »Humanismus der Aula« schreiben kann, ohne dass sie die offensichtliche Flunkerei gleich bemerkt, dann muss man annehmen, dass er auch in seinem Tübinger Jahr nie über das Klima an Deutschlands damals reaktionärster Hochschule geklagt hat. Fred Uhlman, der ein Jahr vor Bauer hier studiert hat, erinnert sich an die Beklemmung der wenigen jüdischen Studenten, die sich bemühten, bloß nicht aufzufallen. Nicht so jedoch Fritz Bauer. Es ist der Sommer des Jahres 1923, erst vor wenigen Wochen hat er seine F.W.V.-Bundesbrüder wütend zur »Parteinahme« aufgefordert, weil mit der bloßen Rede von Toleranz »die Welt von 1923 nicht bewegt« werde, jetzt setzt der Jurastudent Bauer sich in Tübingen in Vorlesungen zu evangelischer Theologie – als einziger Nichtchrist. Dass Fritz Bauer jüdisch ist, muss hier noch schneller auffallen als an irgendeinem anderen Ort auf dem Campus. Verschämt ist etwas anderes.

Mit der kleinen katholischen Minderheit auf dem Campus gäbe es immerhin eine Gemeinsamkeit: Katholiken, die erst seit 1918 die Chance zum Aufstieg in höhere Staatsämter haben, stehen der Republik vergleichsweise aufgeschlossen gegenüber, was sie zu einem hochschulpolitischen Bündnispartner der liberalen und jüdischen Verbindungen macht. Aber Bauer setzt sich nicht zu ihnen, sondern zu den Protestanten, und er bleibt und schreibt sich im kommenden Semester erneut für entsprechende Vorlesungen ein, »Dogmengeschichte« und »Neutestamentliche Theologie« beispielsweise.

Fritz Bauer, der in späteren Jahren seine theologischen Kenntnisse gezielt zur politischen Argumentation nutzen wird, hat gewiss bessere Gründe dafür, als jemandem etwas zu beweisen. Aber ob er es mitbeabsichtigt oder nur billigend in Kauf nimmt – die Botschaft »Ich habe keine Angst, ich habe mich nicht zu verstecken« schwingt bei solchen Auftritten unweigerlich mit.

## Eine Doktorarbeit, über die sich Industriebarone freuen

Der Stuttgarter Bürgersohn Fritz Bauer, mit seinem glänzenden, 1925 abgelegten Examen in der Tasche, könnte es sich bequem machen. Er hätte lukrativere Möglichkeiten, als nun den beschwerlichen Weg in die Strafjustiz zu gehen, das heißt sich in Auseinandersetzungen zu begeben, die nach Bierdunst und Schießpulver riechen. Die Welt der Handelskammern und Firmenzentralen, der gestärkten Kragen und polierten Manschettenknöpfe, steht ihm ebenso offen – und dass er an dieser Verlockung zumindest nicht ganz ohne zu zögern vorbeigeht, das zeigt die Geschichte seiner Doktorarbeit.

Sie beginnt in Heidelberg im Sommersemester 1923, als die Lehrbücher der Studenten an einem Tag 55 000 Mark kosten und am nächsten 70 000. Die Universität ist vergleichsweise leer, immer weniger Familien können sich ein Studium leisten, im Oktober sackt die Mark fast jede Woche auf ein Zehntel ihres vorherigen Werts, die Ersparnisse der Mittelklasse werden pulverisiert. Das Satireblatt *Simplicissimus* zeigt auf seinem Titel einen Mann mit zerbeultem Anzug, der völlig erschöpft auf einer Bank zusammengesunken ist: »Der Herr hat gewiß einen sehr aufreibenden Beruf?!«, fragen zwei Damen. »Ja, ich bin Gerichtsvollzieher.« Zu den Ursachen der Krise lauscht der begüterte Jurastudent aufmerksam dem Wirtschaftsrechtsdozenten Karl Geiler. Bauer hat sich gerade Geilers neues Buch gekauft, *Gesellschaftliche Organisationsformen des neueren Wirtschaftsrechts,* und er unterstreicht und malt darin herum, besonders an den Stellen, die von Kartellen und Trusts handeln, jenen Konglomeraten, die in der Wirtschaft viel Macht an sich gezogen haben.

Was der Student hier liest, klingt eigentlich wie eine hoffnungsvolle Geschichte. Um die Wende zum 20. Jahrhundert herum haben viele deutsche Unternehmen über ruinösen Wettbewerb geklagt; es hat sich unter ihnen der Gedanke verbreitet, dass es dem Gemeinwohl diene, bei der Festsetzung von Preisen zu kooperieren anstatt sich gegenseitig zu unterbieten. Auf dieser Grundlage sind große Zusammenschlüsse herangewachsen, etwa im Erzgebirge der Sächsische Holzstoff-Fabrikanten-Verband oder im Ruhrgebiet das Rheinisch-Westfälische Kohlen-Syndikat. Manche haben die Form eines Kartells, manche die Form eines angloamerikanischen Trusts (nach dem Vorbild des US-amerikanischen Standard Oil Trust). Kartell bedeutet: Verschiedene Unternehmen derselben Branche treffen eine Absprache, um Preisunterbietungen zu verhindern; sie bleiben aber Konkurrenten, jeder wirtschaftet für sich. Ein Trust ist ein noch engerer Zusammenschluss, eine Vorform des Konzerns: Jedes Einzelunternehmen der Gruppe arbeitet für sich, aber alle Gewinne werden in einen gemeinsamen Pool eingezahlt.

Der berühmteste Trust in Deutschland ist die IG Farben. In dieser »Interessengemeinschaft Farbenindustrie« haben sich zu Beginn des 20. Jahrhunderts die größten Akteure der deutschen Chemieindustrie zusammengetan. Entstanden ist das größte Chemieunternehmen der Welt, seine Macht wird von 1928 an versinnbildlicht durch den steinernen Koloss der Firmenzentrale, eine neoklassizistische, sechsstöckige Bürobatterie aus goldgelbem Kalkstein, zu deren Füßen die Stadt Frankfurt liegt. Der Verwaltungsrat der IG Farben lässt sich in Öl porträtieren; Mitarbeiter sprechen vom »Rat der Götter«.

Die Justiz lässt die neuen Chemie- und Kohlebarone zunächst gewähren. Als die Wirtschaft 1922 abstürzt, erwägen Richter jedoch erstmals, die Industriellen dazu zu zwingen, sich wieder dem freien Wettbewerb zu stellen. Denn gerade jetzt, als der Student Fritz Bauer sich für sie zu interessieren beginnt, zeigen die Kartelle auch ihre dunkle Seite: Die Zusammenschlüsse ermöglichen es den Unternehmen, die Preise besonders schnell, weil konzertiert, in die Höhe zu treiben. Der politische Argwohn ihnen gegenüber verstärkt sich noch, als dringend benötigtes Kapital aus den USA ins Land kommt. Die amerikanischen Investoren sehen die Verflechtungen der deutschen Industrie mit größtem Befremden. In ihrer Heimat ist der Standard Oil Trust gerade durch ein neues, ordoliberales Wirtschaftsrecht zerschlagen worden.

Kartelle zerschlagen oder gegen den amerikanischen Druck verteidigen? In diese Debatte hinein, die bereits viele deutsche Juristen bewegt, kommt 1927 Fritz Bauers Doktorarbeit mit dem, wie er später zugibt, »etwas mittelalterlich langen Titel«: *Die rechtliche Struktur der Truste. Ein Beitrag zur Organisation der wirtschaftlichen Zusammenschlüsse in Deutschland unter vergleichender Heranziehung der Trustformen in den Vereinigten Staaten von Amerika und Rußland.* Bauer nimmt darin die Trusts – er bildet den eingedeutschten Plural »Truste«, was sich aber nicht durchsetzen wird – gegen den ordoliberalen Druck von außen in Schutz, und er verneigt sich eingangs mit einem langen Zitat vor Walther Rathenau, dem Mann, der in den letzten Jahren des Krieges als Wirtschaftslenker erfolgreich auf Syndikate gesetzt hatte.

Bei den Trusts handele es sich um ein wirtschaftliches Modell, so meint Bauer, das einen »dritten Weg« weisen könne zwischen der »individualistische(n) Wirtschaftsgesinnung und ihre(m) Schlachtruf ›laissez faire, morbleu, laissez faire‹«, wie sie in den USA herrsche, und einer autoritären Planwirtschaft, wie sie in der Sowjetunion praktiziert werde. Wenn sich einzelne Firmen zu Trusts zusammenschlössen, um sich gegenseitig zu helfen, so vereinten sie damit »die Spontanität und Autonomie des Liberalismus mit der Rationalität des Sozialismus«, und »dies alles, ohne daß die private Unternehmerinitiative in das Prokrustesbett eines bürokratischen Schematismus gezwängt und die in dem Gewinnstreben des homo oeconomicus liegenden motorischen Kräfte ausgeschaltet wären«. Es ist eine klassisch sozialdemokratische Position; Bauer glaubt an einen dritten Weg zwischen freiem Markt und staatlicher Bevormundung.

Zugleich ist es aber eine Position, die man in den Firmenzentralen mit Freude gelesen haben wird, präsentiert der idealistische junge Doktorand doch Argumente dafür, dass man die deutschen Kohle- und Chemiebarone weiter gewähren lassen sollte. Wer eine solche Position in der juristischen Debatte stark macht, der darf sich Hoffnungen auf eine Karriere in ihren Diensten machen. Und wer so fleißig ist wie Fritz Bauer, erst recht: Der Doktorand legt mehr als 200 Seiten vor, während juristische Dissertationen gemeinhin zu dieser Zeit noch mit weniger als der Hälfte auskommen. Er zeigt, dass er die Konventionen seiner Zunft respektiert und beherrscht, er gliedert exakt, argumentiert behutsam, ist höflich auch gegenüber solchen Professoren, deren Sichtweise er widerlegen möchte, und er vollbringt all dies in nur einem Jahr, während er tagsüber bereits als Referendar am Gericht in Stuttgart arbeitet. Der Doktorvater zeichnet die Arbeit mit »magna cum laude« aus, die Fachwelt nimmt beeindruckt Notiz. Fritz Bauer stehen 1927 viele Türen offen.

Es sind reizvolle Perspektiven. Gerade entsteht in Deutschland ein neuer Typus von Jurist. Wirtschaftsanwälte sind Männer mit geschliffener Rhetorik, die neuerdings in Firmenzentralen und Handelskammern ein- und ausgehen und sich dennoch ihre Unabhängigkeit bewahren. Sie verstehen sich nicht als Glücksritter, sondern als Citoyens mit politischer Haltung. Sie bringen Ordnung und intellektuelle Orientierung in eine noch weitgehend unregulierte Wirtschaft. Man trifft sie in juristischen Reformkommissionen ebenso wie bei Opernpremieren, in liberalen Debattierzirkeln ebenso wie auf Podien in Universitäten. Auf Fotos aus dieser Zeit lächelt Max Hachenburg, ein berühmter Wirtschaftsanwalt der Weimarer Zeit, gütig, seine Krawattennadel und Manschettenknöpfe blitzen, sein Hemd hat einen modisch abgerundeten Kragen. Von tiefem patriotischem Ernst ist derselbe Max Hachenburg erfüllt, als er in den Reichswirtschaftsrat berufen wird, eine Art Weimarer Expertenparlament mit beratender Funktion. Hachenburg freut sich über die »Intelligenz und Energie« der Honoratioren, die er dort trifft, wie er in seinen Memoiren schreibt – darunter auch ein Mitglied des IG Farben-»Rats der Götter«.

Man könnte sich Bauer gut vorstellen in dieser Welt. Das Wirtschaftsrecht ist noch frisch und wenig entwickelt. Hier haben Talente eine Chance, die im Staatsdienst rasch an eine gläserne Decke stoßen; viele begabte jüdische Juristen finden hier eine Nische. Max Hachenburg beispielsweise, der gern Professor geworden wäre, aber stattdessen aus der Not des in Hochschul-Berufungskommissionen virulenten Antisemitismus eine Tugend gemacht hat – »Die Rechtsanwaltschaft führt zu der unmittelbarsten Berührung mit dem wirtschaftlichen Leben des Volkes«, schwärmt er ostentativ –, ist der Neffe des Mannheimer Stadtrabbiners. Auch Bauers Doktorvater Karl Geiler könnte Bauer hineinhelfen in diese Welt. Geiler steht unter den Heidelberger Professoren etwas am Rande. Er ist ein Praktiker wie Max Hachenburg, der über die dynamischen Entwicklungen auf dem neuen Gebiet des Wirtschaftsrechts lediglich als Honorarprofessor berichten soll, nicht als Ordinarius. Geiler pflegt gute Kontakte zur Industrie, besonders zu den Jenaer Zeiss-Werken. Gemeinsam mit dem prominenten Anwalt Max Hachenburg kommentiert er das Handelsgesetzbuch. Seine Frau ist Jüdin, sein Anwaltssozius auch, und der Bensheimer-Verlag, in dem er die Schriftenreihe herausgibt, in die auch Fritz Bauers Dissertation aufgenommen wird, wird als »jüdischer« Verlag später arisiert. Zwischen Geiler und Fritz Bauer muss es eine vertrauensvolle Beziehung gegeben haben, denn Geiler schreibt in einer warmherzigen Empfehlung an die Fachwelt, dass er den jungen Bauer »besonders gern« fördere. »Schon der Stil« des Doktoranden Bauer »und die Art, wie er seine Gedanken zu formulieren versteht, beweisen eine erfreuliche Geisteshaltung«.

Bauer hat schon bald ein Angebot einer Mineralölfirma in der Tasche. Dass er sich stattdessen entscheidet, in die Niederungen der Strafjustiz zu gehen und den politischen Kampf aufzunehmen, lässt seine Eltern verblüfft zurück. Es ist der in seinen turbulenten Studienjahren gewonnene Glaube daran, dass es ohne Kampf nicht mehr gehen wird: Bauer beschreibt sich rückblickend als einen jungen Mann, »der sich damals auf die Rosinante eines Don Quijotte schwang, die er für ein Trojanisches Pferd halten mochte, und sich in das Getümmel der Rechtspflege stürzte, in der Absicht to make the best of it«.

# 4
# Richter in der Weimarer Republik: Im Kampf gegen das aufziehende Unheil

## Es pocht am Dienstzimmer

Die zackigen Schritte der Polizisten hört man immer häufiger auf diesen Gängen. Als sich die Geräusche am 23. März 1933 dem Dienstzimmer des 29-jährigen Amtsrichters Fritz Bauer nähern, mag er deshalb bis zum letzten Moment denken, es habe wieder einen seiner Genossen erwischt. Sozialdemokraten werden jetzt fast täglich durch die Säle gezerrt. Das Amtsgericht in der Stuttgarter Archivstraße – hinter einer scharfkantigen Sandsteinfassade – ist ein Schlüsselort der Repression in der Stadt geworden. Der Gerichtskomplex steht im politischen Herzen des Staates Württemberg, der halb so groß ist wie das heutige Baden-Württemberg, und das Amtsgericht darin, zuständig für kleine und mittlere Kriminalität, grenzt gleich an die nächsthöhere Instanz, das Landgericht, einen wilhelminischen Justizpalast mit einer aus Holz gezimmerten Guillotine in einem der beiden Lichthöfe. Seit Monaten werden Linke in das Amtsgerichtsgefängnis gebracht, ob mit oder ohne Strafurteil. Ohne Strafurteil nennen es die neuen Machthaber Schutzhaft. Vor einer Woche sind die Zellen erstmals so voll gewesen, dass die Inhaftierten in ein improvisiertes Konzentrationslager ausgelagert wurden.

Die Männer mit den Handschellen, die vor Fritz Bauers Dienstzimmer stehen bleiben, tragen die Uniform der württembergischen Polizei. Sie gehören zur Abteilung Politische Polizei, die direkt dem Innenminister unterstellt ist. Nachdem die Nationalsozialisten aus den Reichstagswahlen am 5. März gestärkt hervorgegangen sind und mithilfe der Kampffront Schwarz-Weiß-Rot im Reichstag erstmals die Schwelle zur absoluten Mehrheit überspringen konnten, stehen die Stuttgarter Polizisten im Dienste eines neuen Chefs, des bisherigen SA-Gruppenführers »Südwest« Dietrich von Jagow, der Fritz Bauer bereits kennt. Solange Jagow der Anführer der lokalen SA-Schlägertruppe war, hieß sein direkter Gegenspieler auf der Linken: Amtsrichter Dr. Fritz Bauer. Bauer leitete zwischen 1931 und 1933 die SPD-nahen Saalschutz-Truppen Reichsbanner Schwarz-Rot-Gold in Stuttgart.

Es klopft. Als die Polizisten Fritz Bauer in seinem Dienstzimmer verhaften, hören die anderen Richterkollegen aus ihren Büros heraus den Krach. Einige kommen heraus. Sie bleiben im Türrahmen stehen. Bauer, der Jüngste aus ihrem Kreis und trotz seiner erst drei Jahre im Amt bereits eine politische Reizfigur, wird an ihnen vorbeigeführt. Die Blicke bleiben stumm. Niemand sagt etwas, während er abgeführt wird.

## Ein Roter unter Schwarz-Weiß-Roten: Parallelwelt Justiz

Bauers Richterkollegen werden ihn auch im Alltag der vorangegangenen Jahre eher unverwandt angesehen haben – nicht weil er jüdisch ist, was jeder im Amtsgericht weiß, da es Bauer in jedem Personalfragebogen angeben muss. (Da gäbe es noch andere, Robert Bloch zum Beispiel: Beide Männer, Bauer und Bloch, sind Stuttgarter Kaufmannssöhne, beide sind Junggesellen, beide haben im selben Jahr am Amtsgericht angefangen, wobei Bloch fünfzehn Jahre älter ist und zuvor am Amtsgericht Waiblingen war.) Ein Exot ist der junge Fritz Bauer vielmehr deshalb, weil er gegen Ende der 1920er-Jahre der einzige Richter in Stuttgart mit SPD-Parteibuch ist.

Stuttgart, das ist zu dieser Zeit eine Metropole, in der Sozialisten und Künstler den Aufbruch üben. »Unter den Lindenbäumen sind heute nicht die Seufzer Schumanns, sondern das Schmettern des Jazz zu hören«, beschreibt 1927 der russische Schriftsteller und Journalist Ilja Ehrenburg in seinem Reisebuch *Visum der Zeit* die Atmosphäre; »im Stadtpark gibt es eine ›Vorführung der Sommermoden‹. Das riesengroße Café ist überfüllt: Kleinbürger, Handlungsgehilfen, Kontoristen, Doktoren und Buchhändler der zwanzig Musterbuchhandlungen bringen hier ihren Tagesverdienst durch.« Die aufregendsten Architekten der Stunde, Ludwig Mies van der Rohe und Walter Gropius, errichten von 1927 an die wagemutige Weißenhofsiedlung, dreißig bauliche Kunstwerke ganz in Weiß – »hell, weit und menschenfreundlich«, findet Fritz Bauer diesen Stil. Und auch politisch ist die Metropole ein Ort der Moderne. Stuttgart ist gegen Ende der 1920er-Jahre ein kleiner republikanischer Klecks inmitten des bäuerlichen, deutschnational wählenden Württemberg. Die SPD, der sich Bauer schon als Schüler angeschlossen hat, ist die stärkste Kraft. Die Nazis sind lange eine kleine Splittergruppe. Noch bei der Kommunalwahl 1928 erzielen sie nur 1,1 Prozent.

Die Stuttgarter Richter jedoch gehören zu einer anderen Welt. »Studentischen Verbindungen mit stark elitären Vorstellungen entwachsen und dem Reserveoffizier-Corps zugehörig, waren sie in ihrem ganzen Habitus konservativ-autoritär«, erinnert sich Fritz Bauer, der Ende 1928 – nach ein paar Monaten in der Staatsanwaltschaft – als Hilfsrichter anfängt. »Der Kaiser war gegangen, die Generäle, Beamten und Richter blieben.« Als die Nationalsozialisten sich von 1930 an darauf verlagern, ihren Kampf stärker auf die Straße zu tragen, mit Kundgebungen und Aufmärschen, da reagieren Polizei und Justiz mit Nachsicht. Sie greifen nicht annähernd so streng durch wie im Umgang mit den Kommunisten. Man sieht weg – auch aus Sympathie, meint Fritz Bauer. Denn die meisten seiner Richterkollegen hegten Abscheu gegen die »von ›gottlosen‹ und ›vaterlandslosen‹ Gesellen« geschaffene Republik. »Die Juristen liebten sie nicht«, erinnert sich Bauer, »unter dem Deckmantel richterlicher Unabhängigkeit sabotierten sie den neuen Staat.«

Nur einmal, ganz am Anfang, als Bauer gerade 25 Jahre alt ist und soeben sein dreijähriges Referendariat beendet hat, kommt er selbst mit der politischen Justiz in Berührung. Im Herbst 1928 haben zwei Jugendliche Post vom Staatsanwalt bekommen. Sie hätten an einem Sonntagnachmittag in Stuttgart »mindestens 10« Exemplare der Zeitung *Die Rote Jungfront* an Passanten verkauft, wirft ihnen der Ankläger vor. Er fordert eine und zwei Wochen Gefängnis. Als die beiden Kommunisten dagegen Einspruch einlegen, kommt der Fall vor einen Richter. Doch der Staatsanwalt ist so leichtsinnig, nicht selbst in den Gerichtssaal zu kommen, um seine Anklage zu vertreten, sondern stattdessen den Neuling am Gericht in seinem Namen vorzuschicken. Und der Neuling, Fritz Bauer, mildert die Strafforderung seines etablierten Kollegen ab. Man lässt ihn dann nie wieder in die Nähe von politischen Prozessen.

Im Amtsgericht werden die politischen Delikte bald bei einem einzigen Richter namens Frauenknecht gebündelt. Ein 22 Jahre alter Maurer, der in der Stuttgarter Gewerbeschule die Zeitung *Der Rote Schulkamerad* verteilt und zu einem Schülerstreik »gegen den Hungerangriff der deutschen Kapitalisten« aufgerufen hat, wird von ihm für eine Woche ins Gefängnis geschickt. Haftstrafen verhängt Richter Frauenknecht auch für die Betätigung im seit Mai 1929 verbotenen Roten Frontkämpferbund sowie selbst für antifaschistische Worte: »Daß in dem Vortrag der Worte ›Schlagt die Faschisten, wo Ihr sie trefft‹ eine Aufforderung zu Gewalttätigkeiten gegen andere wegen ihrer politischen Betätigung … zu erblicken ist, bedarf keiner weiteren Ausführung«, urteilt er. Die Strafe ist eine Woche Gefängnis.

Als unterdessen ein Stuttgarter SA-Mann am 8. November 1930 einen jungen kommunistischen Arbeiter namens Hermann Weißhaupt mit Messerstichen in den Unterleib tötet, gibt es nur eine geringe Gefängnisstrafe, die nach der Machtübernahme der Nationalsozialisten 1933 ganz erlassen wird. Es herrscht, wie Bauer rückblickend schreibt, eine »nahezu methodische Ungleichheit der Rechtsprechung in der Auseinandersetzung mit rechts (z. B. Kapp- und Hitlerputsch, Hitlers ›Legalitäts‹eid, Boxheimer Dokumente) und links (etwa Bayerische Räterepublik)«.

Die politische Einäugigkeit der deutschen Justiz in diesen Jahren – Bauer nennt sie eine »juristische Ouvertüre« zur NS-Herrschaft, weil rechte Kräfte dadurch ermutigt worden seien – entwickelt sich fast zu einer Binsenweisheit. Carl von Ossietzky, Erich Mühsam und Kurt Tucholsky sind nur ein paar der unterhaltsamsten Kritiker, die sie, von den Fesseln der kaiserlichen Pressezensur befreit, zum Thema ihres Spotts machen. Eine Karikatur der Satirezeitschrift *Simplicissimus* stellt 1931 zwei Richter als uralte, langsame Echsen mit lederner Haut dar; zwei mächtige Erscheinungen mit weiten Talaren, schwarzen Baretten und dunkel eingebundenen Gesetzbüchern. »Unbegreiflich, warum sich die Leute so aufregen«, sagt der eine Richter zum anderen, »auf einen unschuldig Verurteilten kommen doch mindestens zehn Schuldige, die frei herumlaufen!«

Im selben Jahr verteidigt der jüdische Anwalt Alfred Apfel, ein Mitglied von Bauers Studentenverbindung »F.W.V.«, die Freiheit der von Ossietzky geleiteten Zeitschrift *Weltbühne* vor dem Reichgericht in Leipzig. Es geht um einen Artikel mit dem Titel »Windiges aus der deutschen Luftfahrt«, die »frohe Gewißheit« des *Weltbühne*-Autors, dass die Anklage wegen Landesverrats »wie eine Seifenblase zerplatzen« werde, prallt hier auf die harte Realität: Das höchste deutsche Gericht zeigt für die neugewonnene Freiheit der Presse nicht die geringste Sympathie.

Die schärfste Kritik am reaktionären Geist der Richterschaft aber kommt von der SPD. Ihr führender Rechtspolitiker Gustav Radbruch hat, als er 1921 Reichsjustizminister wird, vor allem das Ziel, den alten Ungeist aus der Justiz zu vertreiben. Er ruft junge Leute dazu auf, in den Justizdienst einzutreten. Seine Partei droht offen damit, die Spitzen der deutschen Rechtsprechung nach Artikel 104 der Weimarer Reichsverfassung einem personellen Revirement zu unterziehen, wenn sich deren republikfeindliche Haltung nicht bessere. Unter Richtern herrscht eine echte Angst davor, dass die Partei dazu die Macht erhält – weshalb der nationalkonservativ ausgerichtete Deutsche Richterbund alles daran setzt, die SPD rechtspolitisch zu diskreditieren.

Fritz Bauer bekennt sich in dieser Zeit nicht nur klammheimlich dazu, dass er – dem Aufruf Gustav Radbruchs folgend – die Justiz von innen heraus verändern will. Wenige Jahre nachdem im sozialdemokratischen *Vorwärts* zur Gründung eines prorepublikanischen Konkurrenzvereins zum allmächtigen Deutschen Richterbund aufgerufen worden ist, meldet Bauer 1928 in Württemberg einen Landesverband des »roten« Republikanischen Richterbundes an. Nur drei Prozent der Richter bekennen sich je zu ihm. Mitherausgeber der Vereinszeitschrift *Die Justiz* ist Gustav Radbruch, der die Kritikunfähigkeit der herrschenden Justiz anprangert und davor warnt, ihre »reflexmäßigen Abwehrbewegungen« würden ins Verderben führen.

Der rebellische junge Richter Bauer, der für die SPD und die Republik wirbt, bemüht sich unterdessen ganz besonders darum, im Gerichtsalltag keinen Ärger zu verursachen. Er zeigt hier einen Wesenszug, der ein Leben lang zu seiner beeindruckenden Zähigkeit beitragen wird: Er geht taktisch besonnen vor, schon als junger Mann. Er wählt aus, welche Schlachten er schlägt und welche nicht. Und er bemüht sich, nicht zu überreizen. Zwar geht er politisch einen Weg gegen den Strom, auch schon als junger Richter. Aber nie so, dass er darüber in die Gefahr gerät, seine Robe – und das heißt seine Einflussmöglichkeit – zu verlieren. Fritz Bauer wird nach nur zwei Jahren als Hilfsrichter für Jugendsachen 1930 auf eine Amtsrichter-Planstelle gehoben, eine außergewöhnlich rasche Beförderung damals. Wenn Beobachter in späteren Jahren sagen, Bauer sei damit sogar zum jüngsten Amtsrichter der Weimarer Republik aufgestiegen, dann lässt er das unwidersprochen, auch wenn es eine republikweite Kartei, die eine solche Feststellung ermöglichen würde, nicht gibt. Es ist ein glatter, von politischen Abneigungen nicht gebremster Aufstieg, eine Blitzkarriere: Nachts überlässt man ihm den Richterbereitschaftsdienst, tags die Elendskriminalität der Metropole. Er ist jetzt nicht mehr Jugendrichter, sondern er führt ein Buchstabenreferat, wie es die Richter nennen, er ist, gerade 27-jährig, zuständig für alle Angeklagten, deren Nachnamen mit den Buchstaben Brb-Bz, G und Se-Sz beginnen. Und er verhängt die Strafen dort so, wie es an diesem Gericht üblich ist. Er versucht nicht, die Härten der damaligen Gesetze mit Geschick abzumildern. Er vermeidet es, sich als Linksausleger am Amtsgericht angreifbar zu machen.

Das zeigt sich, als die Polizei einen arbeitslosen Klavierbauer vorführt, der gebettelt haben soll. Es handelt sich um den juristisch vertrackten Fall eines »versteckten« Bettelns, wie Bauer ausführt: Der arbeitslose Klavierbauer hat nicht einfach nur gebettelt, sondern er hat zunächst um Arbeit gebeten. Erst nachdem ein örtlicher Unternehmer ihn abgewiesen hat, hat er ersatzweise um »eine Unterstützung« gebeten. Weil dies juristisch ein Grenzfall ist, hätte Bauer durchaus Möglichkeiten, ihm entgegenzukommen. Er könnte den Arbeitslosen mit etwas gutem Willen freisprechen; die nächste Instanz würde das Urteil dann möglicherweise wieder kassieren, aber auf den Versuch kommt es an. »Eine Haftstrafe von 2 Tagen erschien angemessen«, urteilt Bauer knapp; er bejaht die Schuld ohne Umschweife.

Genauso in einem anderen Fall. Ein verarmter Bauarbeiter hat an einem Herbsttag in Vaihingen fünf Distelfinken mit einer Leimrute gefangen und sie auf dem Nordbahnhofgelände den dort beschäftigten Arbeitern zum Kauf angeboten. Heimische Vögel dürfen nicht ohne Erlaubnis gefangen und gebraten werden, auch auf dem

Höhepunkt der Massenarbeitslosigkeit ist das Gesetz hier unerbittlich. »Andererseits«, so urteilt Fritz Bauer, »war nicht zu verkennen, dass der A(ngeklagte) aus Not gehandelt hat.« Dennoch: »Eine Haftstrafe von 14 Tagen erschien angemessen.«

### »Deckt das Justizministerium das Verhalten des Juden Bauer?«

»Wegen des Gebrauchs des Worts ›Jude‹ allein hätte ich keinen Strafantrag gestellt«, so erklärt Fritz Bauer. »Ich fühle mich hierdurch nicht beleidigt.« Im Publikum des Gerichtssaals drängen an diesem 25. September 1931 Nationalsozialisten und Antifaschisten, die Braunhemden der SA und die Grünhemden des prorepublikanischen Reichsbanners; sowohl die NS- als auch die SPD-Parteizeitung haben ihre jeweilige Leserschaft mobilisiert. Fritz Bauer sitzt ausnahmsweise nicht auf der Richterbank, sondern im Zeugenstand. Mit dem Rücken zum Publikum. Es geht um ihn. Gegenstand des Verfahrens ist eine mutmaßliche üble Nachrede gegen den Amtsrichter Dr. Bauer, und das heißt: sein guter Ruf. Es ist der erste politische Skandal, in den Bauer, gerade 28-jährig, verwickelt ist, und es ist das erste Mal, dass er um seine Existenz in der Justiz ernsthaft bangen muss. Über die Gerichtsverhandlung schreibt der Stuttgarter *NS-Kurier* nachher schadenfroh: »Je länger sie dauerte, desto tiefere Schatten legten sich über die zu Anfang so strahlende Physiognomie des Herrn Bauer. Und bis zum Schluß waren es bereits ganz dunkle Wolken geworden.«

Das ist passiert: Der 23-jährige Adolf Gerlach ist am 1. Juni 1931 Chefredakteur des lokalen *NS-Kurier* geworden und hat am 5. Juni einen Artikel über Fritz Bauer veröffentlicht, der unter der Schlagzeile erschienen ist: »Ein jüdischer Amtsrichter mißbraucht sein Amt zu Parteizwecken«. Adolf Gerlach behauptet darin, die sozialdemokratische Zeitung *Schwäbische Tagwacht* verfüge immer wieder über intime Einblicke in die Gerichtsakten bekannter Stuttgarter Nationalsozialisten. Der Hintergrund könne nur sein, dass Fritz Bauer heimlich vertrauliches Aktenmaterial an seine Genossen bei der Zeitung durchreiche. »Die Erklärung«, schreibt Gerlach, »ist ein Wort und das heißt: Jude! Wir richten an den Herrn Justizminister Beyerle die Frage: Deckt das Justizministerium das Verhalten des Juden Bauer?«

Der Angriff macht Fritz Bauer nervös – wie sich herausstellt, nicht ohne Grund. Er wehrt sich gerichtlich. Bauer stellt Strafantrag gegen Gerlach wegen übler Nachrede. Der württembergische Justizminister Josef Beyerle, ein Mann der katholischen Zentrumspartei, springt dem jungen Amtsrichter der guten Form halber bei und stellt ebenfalls Strafantrag. In Wirklichkeit aber ist er höchst verärgert über Bauer. Noch Jahre später, als Beyerle nach 1945 in sein Ministeramt zurückkehrt, wird er auf Bauer, den Ärger machenden jungen Roten, schlecht zu sprechen sein.

Vor Gericht räumt Bauer nun zwar ein, dass er einmal einem *Tagwacht*-Journalisten, den er möglicherweise von SPD-Treffen her kenne, Details über einen Prozess erzählt habe. Diese Details seien aber vorher schon in öffentlicher Verhandlung zur Sprache gekommen. Um einen Nationalsozialisten sei es in dem betreffenden Prozess auch nicht gegangen, sondern vielmehr um einen international tätigen Hochstapler namens Siegfried. Mit Prozessen gegen Nationalsozialisten habe er, Fritz Bauer, überhaupt nie etwas zu tun gehabt, und der Hochstapler Siegfried »dürfte schwerlich Nationalsozialist sein«, schreibt Bauer aufgebracht. »Seinem Aussehen nach ist er Jude!« Solche Ausfälle unterlaufen Bauer sonst nicht.

Die Solidarität von Bauers Richterkollegen reicht gerade so weit, wie es dem Wunsch des Justizministers entspricht. Sie nehmen ihren jungen Kollegen gegen die Anschuldigung des *NS-Kuriers* in Schutz, er habe die Objektivität der Stuttgarter Justiz durch seine SPD-Parteiinteressen kompromittiert. Aber die Richter lassen Bauer zuerst wie einen gewöhnlichen Laien den Zeugeneid ablegen, vor einer Richterbank, auf der auch zwei Schöffen aus dem Volk sitzen. Und sie rüffeln ihren jungen Kollegen anschließend öffentlich. »Wenn auch das Gericht der Ansicht war«, dass Fritz Bauers Auskünfte an den Redakteur der *Tagwacht* »mit den bestehenden Vorschriften unvereinbar« seien, so sei dem Kollegen Bauer zumindest nicht nachzuweisen, dass er »zu Parteizwecken«, also böswillig, gehandelt habe. So heißt es im Urteil. Mit dieser Begründung entscheidet das Gericht letztlich für Fritz Bauer und gegen Adolf Gerlach, aber es ist eine denkbar schwache Ehrenerklärung für den jungen Richterkollegen. Fritz Bauers ausdrücklichen Wunsch, die Erwähnung seines Judentums im *NS-Kurier* nicht auch noch im Gerichtssaal zum Thema zu machen, da er sich davon ja nicht beleidigt fühle, übergehen die Richterkollegen zugleich. Vielmehr werten sie die »durch nichts gerechtfertigte viermalige Wiederholung« des Wortes »Jude« in Adolf Gerlachs Artikel als Formalbeleidigung, wobei es nach ständiger Rechtsprechung auch keine Rolle spiele, ob sich der Beleidigte beleidigt fühle oder nicht. »Der Ausdruck ›jüdischer Amtsrichter‹ ist eine Beleidigung«, triumphiert der *NS-Kurier* höhnisch.

Das Urteil ist der Auftakt zu einer Demission. Als der Präsident des Amtsgerichts Ende 1931 routinemäßig nach Versetzungswünschen fragt, bittet Fritz Bauer, wie schon im Jahr zuvor, sein Strafrichterreferat behalten zu dürfen. Doch stattdessen versetzt der Präsident ihn jetzt auf einen politisch harmloseren Zivilrichterposten, also an einen Ort, wo Fritz Bauer weder Gefängnisstrafen aussprechen noch überhaupt in Angelegenheiten entscheiden kann, die das öffentliche Interesse berühren. Der neue Posten kommt für Bauer einem Abstellgleis gleich. Hier analysiert er fortan im Stillen Mietverträge, Kaufverträge und Schadenssummen. Hier bleibt er so lange, bis schließlich 1933 ohnehin alle jüdischen Richter von der Strafrechtspflege ausgeschlossen und auf Zivilrichterposten versetzt werden, als Vorstufe zu ihrem sukzessiven Rauswurf.

## Im Duo mit Kurt Schumacher: Straßenkampf gegen die SA

Fritz Bauer wendet sich nach dieser krachenden Niederlage – und während die Nationalsozialisten in Stuttgart von 1931 auch zunehmend mit Aufmärschen auf sich aufmerksam machen – an Kurt Schumacher, mit »dem inneren Drang, irgendetwas zu tun«, wie er später sagt. Schumacher ist der Kopf der SPD in Stuttgart. Er betreibt die Parteizeitung *Schwäbische Tagwacht*. »Akademiker brauchen wir nicht«, antwortet Schumacher. »Arbeiter wünschen keine Akademiker zu sehen.« Aber Fritz Bauer könne es ja mal probieren. Bauer erinnert sich: »Und er schickte mich dann in einen Club der Jungsozialisten, die ungeheuer radikal waren, wo ich dann eine Rede hielt und gut ankam, das muss ich sagen.«

Schon als Student waren seine Vorträge in Kommilitonenkreisen für ihren Unterhaltungswert geschätzt worden. In Stuttgart, so notieren es die Feindbeobachter von der SA, bedient sich der junge Amtsrichter nun einer »verständlichen, sehr populären Ausdrucksweise«. Der Redner Fritz Bauer ist von mitreißendem Ernst. Ein späterer Weggefährte, der Justizpolitiker Jürgen Baumann, beschreibt das einmal anhand einer Anekdote: Bauer kommt in den 1960er-Jahren in den Bundestag, um vor der SPD-Fraktion über die Strafrechtsreform zu sprechen. Der erste Redner tritt auf, dann der zweite, schließlich Bauer. »Das war herrlich«, erzählt Baumann. »Er hatte solch eine tiefe, röhrende Stimme. Dort saßen die ganzen Bundestagsabgeordneten der SPD, alles feine Herren. Und er fing an: ›Genossen, Genossinnen!‹ Die fuhren richtig zusammen. Ein elektrischer Kontakt unterm Stuhl hätte nicht schlimmer wirken können. Das war Fritz Bauer.«

Schumacher und Bauer, der Preuße und der Schwabe, geben ein eigenwilliges Duo ab: Beide sind sie promovierte Juristen, aus bildungsbürgerlichem Hause, und beide gewinnen sie in Stuttgart nun die Sympathien der Arbeiterschaft, die sie zum bewaffneten Widerstand gegen die Nazis aufrufen. Schumacher ist ein junger Kriegsversehrter mit nur einem Arm und unzähligen Granatsplittern im Körper. »Er hatte ein Gesicht wie ein verschrumpelter Apfel, Lippen so dünn, als wären sie mit einer Rasierklinge in sein Gesicht geschnitten worden, und eiskalte, grüne Augen«, erinnert sich Fred Uhlman, ein Stuttgarter Rechtsanwalt, an Schumacher. »Wie Churchill rauchte er unaufhörlich oder zog an einer Zigarre. Man spürte seine Willenskraft und seinen unbedingten Glauben an die absolute Richtigkeit seiner Sache.« Schumachers Reden sind leidenschaftlich und von schneidender

Schärfe. »Die ganze nationalsozialistische Agitation ist ein dauernder Appell an den inneren Schweinehund im Menschen«, schmettert er in einer berühmten Reichstagsrede am 23. Februar 1932 der NSDAP entgegen. Den Nationalsozialisten sei zum ersten Mal »in der deutschen Politik die restlose Mobilisierung der menschlichen Dummheit gelungen«.

Fritz Bauer ist jetzt ständig mit Kurt Schumacher unterwegs, gemeinsam fahren sie zu Auftritten, halten politische Reden, wie sich Bauer erinnert: »Er redete, ich redete an jedem Wochenende, manchmal drei, vier oder fünf Mal. Es galt unter anderem, den Kampf aufzunehmen für die Weimarer Verfassung und teilweise auch den Kampf gegen die Extreme in der Weimarer Zeit.«

»Frei«, ruft ein Mann in einem verrauchten Stuttgarter Saal im April 1931, und aus Hunderten Kehlen erschallt die Antwort: »Heil!«.

»Frei« – »Heil!« – »Frei« – »Heil!«

Mit diesem dreifachen Salut, einem Schlachtruf, der das antifaschistische Gegenstück zum »Sieg Heil« der Nazis bilden soll, verabschieden die Kameraden des Stuttgarter Reichsbanners Schwarz-Rot-Gold im April 1931 ihren Ortsvorsitzenden Kurt Schumacher. Das Reichsbanner ist eine »Republikschutzorganisation«, eine paramilitärische Gruppe, und Schwarz-Rot-Gold – dieser Farbcode genügt damals, um als politisches Statement für die Demokratie verstanden zu werden. Es sind die Farben des Hambacher Fests, sie bilden den Gegensatz zu den Farben des Kaiserreichs, Schwarz-Weiß-Rot, die auf Druck der Deutschnationalen bei der Gründung der Weimarer Republik beibehalten worden sind; der Beginn eines anhaltenden Flaggenstreits. Viele der Arbeiter, die Kurt Schumacher im Saal zujubeln, tragen Uniform: aufgeplusterte grüne Reiterhosen, schwarze Stiefel mit hohem Schaft und Hemden aus grobem Stoff, dazu Schiebermützen, wie sie für Fabrikarbeiter typisch sind. Die Nazis verspotten das Reichsbanner als »schwarz-rot-senftenen Judenschutz«, seitdem sich dort neben den Gewerkschaften auch einige jüdische Turn- und Jugendvereine angeschlossen haben, um den Schlägertruppen der SA auf der Straße entgegenzutreten.

Fritz Bauer wird binnen weniger Monate der Nach-Nachfolger Schumachers an der Spitze des Reichsbanners in Stuttgart. Schumacher pendelt seit seiner Wahl in den Reichstag im September 1930 zwischen Stuttgart und Berlin, doch er ist nicht aus der Welt, in Stuttgart hält er weiterhin feurige Reden, und an einem Abend im Juni 1932 teilt er sich die Bühne dabei nur noch mit einem einzigen weiteren Redner: Fritz Bauer. »Stürmisch begrüßt eröffnete Kamerad Dr. Bauer die Versammlung«, schreibt die SPD-nahe *Schwäbische Tagwacht* über diesen Abend.

An der Geselligkeit der Arbeiter nimmt der neue Ortsvorsitzende Fritz Bauer zwar nicht recht teil. Bauer, der es sich nicht erlauben kann, morgens im Amtsgericht seine Pflichten schleifen zu lassen, geht bei Feiern frühzeitig nach Hause, wie sein SPD-Genosse Helmut Mielke später erzählt. Er sei »nicht ganz so gesellig« gewesen. »Der Fritz war ein bisschen ein Außenseiter.« Doch seine Entschlossenheit und seine rhetorische Wucht beeindrucken: Der 29-jährige bebrillte Amtsrichter hält die Truppen zusammen. Als die Mitglieder des Reichsbanners an einem kalten Sonntagnachmittag im Frühjahr 1933 mit Fahnen und Uniformen durch die Straßen von Ludwigsburg ziehen, ist er anschließend auf dem vollbesetzten Marktplatz ihr Hauptredner.

Der Jurist erklärt den Reichsbanner-Männern, wie sie

sich bei Vernehmungen durch Polizei oder Gerichte verhalten sollen, und er appelliert an ihren Kampfgeist. »Mit einem eindringlichen Appell an alle Reichsbannerkameraden«, notiert die *Tagwacht,* »schloß Dr. Bauer die Versammlung. ›Freiheit!‹ scholl es ihm donnernd als Antwort entgegen und die erhobenen Fäuste bewiesen, daß sein Aufruf kampfbereite Herzen gefunden hatte.«

Von den abendlichen Strategiebesprechungen steigt im Hotel Zeppelin am Stuttgarter Bahnhof Zigarrenrauch auf. Bauer schlägt vor, Reichsbanner-Kasernen zu errichten angesichts des Ernstes der Lage. 1931 haben sich rechts die Reihen geschlossen, DNVP, Stahlhelm und NSDAP haben ihre Wehrverbände zur Harzburger Front vereinigt. Das Reichsbanner – mit zwischen einer halben und einer Million Mitgliedern im Reich – schließt sich auf der anderen Seite mit einigen freien Gewerkschaften und Arbeiterturnvereinen zur Eisernen Front zusammen, was ebenbürtig klingen soll, aber nur dürftig über das wahre Problem hinwegtäuschen kann: Das linke Lager bleibt gespalten. Stuttgarts Kommunisten bekämpfen die Sozialdemokraten als »Sozialfaschisten«. »Wenn Kurt Schumacher auf einer Geburtstagsfeier ein Glas Champagner trank«, erinnert sich Fred Uhlman, dann »schrieben die Kommunisten, daß man ihn betrunken und krank aufgefunden hätte, ›weil er zu viele Austern und zu viel Kaviar gegessen hat.‹«

Die verhängnisvolle Spaltung der Linken wird unübersehbar, als Fritz Bauer wenige Tage vor der Reichstagswahl am 5. März 1933 zu einer letzten Demonstration der Stärke aufruft. Insgesamt 25 000 Mann marschieren, angeführt von Schumacher und anderen sozialdemokratischen Führern, durch die Straßen von Stuttgart. An der Spitze einige Tausend Reichsbannerleute, dann die Mitglieder der Gewerkschaften, dahinter ein Block von einigen Tausend Frauen – und genau an dieser Stelle durchschneiden die Kommunisten den Zug und spalten die letzte freie Demonstration in Stuttgart in zwei Hälften.

Einen Tag vor der Reichstagswahl wartet alles gespannt, erwartet wird ein Triumph Hitlers. Vier SPD-Genossen werden in das Amtsgericht gebracht, weil sie zwei Tage zuvor in den Senderaum des Stuttgarter Rundfunks eingedrungen seien und in die Direktsendung gerufen hätten: »Nieder mit Hitler, es lebe die Freiheit, wählt SPD!« Einer von Fritz Bauers Richterkollegen schickt die vier Sozialdemokraten im Schnellverfahren ins Gefängnis. Nur für einige Wochen, heißt es im Urteil, doch wie viel Verlass darauf am nächsten Tag noch sein wird, weiß niemand. Am Abend kommt aus Angst vor weiteren Verhaftungen die ganze Spitze der Stuttgarter SPD vorsorglich in der Rechtsanwaltskanzlei von Fred Uhlman, der damals noch Manfred Uhlmann heißt, in der Archivstraße zusammen: In der Straße, in der auch das Amtsgericht liegt, glaubt man, von Nazis im Siegestaumel am wenigsten vermutet zu werden. Man schläft auf dem Boden, auf Stühlen und auf dem Sofa, die Waffen vorsichtshalber griffbereit.

Eine Woche später hat die Gleichschaltung der Bundesländer bereits begonnen. In Württemberg übernimmt eine NS-Regierung. Justizminister Beyerle wird durch den Nazi Christian Mergenthaler ersetzt, der zugleich das Kultusministerium übernimmt. Am 23. März 1933 klopft es im Amtsgericht an Fritz Bauers Dienstzimmer.

# 5

## Konzentrationslager und Exil bis 1949

### Im Konzentrationslager

Als Kurt Schumacher im Juli 1933, wenige Wochen nach Fritz Bauer, im Konzentrationslager auf dem Heuberg südlich von Stuttgart eingeliefert wird, brüllt ein Wachmann ihn an: »Mensch, häng' dich doch gleich auf, heraus kommst du hier nie!« Worauf Schumacher erwidert: »Nein, die Verantwortung dafür müssen Sie schon selbst übernehmen.«

»Ich erinnere mich noch«, erzählt Fritz Bauer später, »wie er 1933, als er von der spalierbildenden Wachmannschaft des Lagers mit Brennesseln blutig geschlagen war und der Lagerleiter höhnisch die Frage an ihn richtete: ›Warum, Schumacher, sind Sie hier?‹, ohne Zögern antwortete: ›Weil ich zur besiegten Partei gehöre.‹ Die freimütige Antwort hat sogar dem Lagerleiter die sonst übliche ordinäre Schimpfrede verschlagen.«

Kurt Schumacher verhält sich im Konzentrationslager, als hinge er an etwas Größerem als an seinem Leben. Der Kriegsversehrte, Einarmige, der zu seiner Schikane im Kasernenhof Kieselsteine auflesen und in einen Eimer sammeln muss, nur um diesen anschließend auszuleeren und wieder von vorn zu beginnen, provoziert. Als ein Wachmann ihm einmal lauthals vorhält, dass er bei einer

Saalschlacht im Anschluss an eine Schumacher-Veranstaltung schwer verletzt worden sei, da äußert Kurt Schumacher Bedauern – »aber nur darüber, dass der Kerl damals nicht krepiert sei«, wie sein Biograf Peter Merseburger notiert. Fritz Bauer sucht das Gespräch mit Schumacher. Beide sind noch nicht lange inhaftiert, »und ich gebe ohne weiteres zu«, erinnert sich Bauer, »ich zählte die Stunden, wann die Freiheit kam. Er sagte zu mir: ›Ich bleibe hier, bis der Nazismus vorüber ist, der Nazismus wird vorüber sein, wenn es zu dem Kriege kommt, der unumgänglich ist. Ich rechne mit zehn, elf Jahren, so lange bleibe ich hier.‹ Ich muß sagen, ich habe nie im Leben einen Menschen gefunden, auch jetzt nicht als Jurist, der mit einer solchen Klarheit, mit einer solchen Härte des Willens, sich selber ein Urteil zudiktierte, zehn, elf Jahre.«

Auf dem Heuberg nimmt die Stuttgarter SA grausame Rache. Noch ist das System zur Demütigung und Erniedrigung nicht in die satanische Ordnung gebracht, die später etwa in Auschwitz herrschen wird, noch hat nicht die SS das Sagen, sondern in diesem Fall die württembergische Polizei; faktisch sind das Tausende SA-Schläger, die eilig mit der Uniform der Hilfspolizei ausgestattet worden sind. Es sind dieselben Männer, die zuvor bei Straßen- und Saalschlachten dem Reichsbanner gegenübergestanden haben. Jetzt rechnen sie ab – mit Schumacher, mit dem Reichsbanner-Landesvorsitzenden Karl Ruggaber und mit dem Reichsbanner-Ortschef Fritz Bauer, der hinter Stacheldraht noch den Anzug trägt, in dem er in seinem Dienstzimmer im Amtsgericht verhaftet wurde. Das Kommando auf dem Heuberg führt der SA-Mann Karl Buck aus Stuttgart-Degerloch, ein kräftiger Mann mit Hitler-Bärtchen, der nach dem Krieg wegen seiner Verbrechen als Kommandant des Konzentrationslagers Schirmeck im Elsass von einem französischen Gericht zum Tode verurteilt, später aber begnadigt und schon 1957 in ein beschauliches Leben im Stuttgarter Umland entlassen wird.

Fritz Bauer und die anderen sozialdemokratischen Anführer werden auf dem Heuberg – von den übrigen Häftlingen getrennt – in den Strafbauten 19 und 23 kaserniert, wo sie regelmäßig gewaltsamen Verhören mit verschiedenen Prügelinstrumenten ausgesetzt sind. »Die Gefangenen werden in drei Klassen geteilt«, erinnert sich sein Mithäftling Ernst Plank, der nach 1945 Richter am Oberlandesgericht Stuttgart wird. »Die erste Klasse sind die Ueberläufer oder die auf dem Wege der Besserung befindlichen, die eine bessere Behandlung erhalten. In der 2. Klasse sind die Funktionäre, denen sie nichts Konkretes nachweisen können und an denen sie ihre nationale Erneuerungsmethode erproben. Die Behandlung in der 2. Klasse gleicht der früheren Gefängnishaft, nur ist die Behandlung strenger, das Essen schlechter und die politischen Gefangenen früher gewährten Vergünstigungen fallen hier weg. In der 3. Klasse sind die sogenannten Führer! Dort befindet sich Buchmann von der KPD, Amtsgerichtsrat Dr. Bauer vom Reichsbanner, der Sozialdemokrat Engelhardt und der Redakteur Max Hammer von der KPD-O, der Kommunistischen Partei-Opposition. In dieser Klasse ist die Behandlung am schlechtesten, sie ist faktisch auf physische und psychische Vernichtung der Betreffenden eingestellt.«

Man stellt sie in einer langen Reihe mit dem Gesicht zur Wand auf, tritt sie in die Kniekehlen, schlägt ihre Köpfe an die Wand. Gelegentlich rücken SA-Leute einem von ihnen mit der Schere zuleibe. Dabei, so erinnert sich später ein Häftling, »mußte er in die Kniebeuge gehen, während ein SA-Mann die Prozedur des Haareschneidens vornahm.

Wenn der Gefangene dabei erschöpft umfiel oder sich sonst nicht mehr in der Kniebeuge halten konnte, blieben Teile der Kopfhaut an der Schere hängen.«

Von den acht Monaten Erniedrigung, die Fritz Bauer im Konzentrationslager erleidet, erzählt er selbst nur eine einzige kleine Begebenheit. Bauer muss im Konzentrationslager den »Zwölfzylinder« reinigen, die verdreckte Grube unter dem Plumpsklo. Und Bauer verrät dieses eine Detail nur, um sogleich seine Überlegung illustrieren zu können, wonach die Schikane im KZ doch beide Seiten entwürdigt habe: den Häftling Fritz Bauer (was Sinn der Übung war), aber ebenso den jungen Wachmann, dessen Aufgabe es gewesen sei, Bauer dabei stundenlang zu beaufsichtigen. Ein philosophischer Gedanke. Die beiden Freunde, denen Bauer dies in den 1960er-Jahren erzählt, hinterlässt er etwas ratlos.

Über das, was Bauer von März 1933 an auf dem Heuberg erleidet, möchte er sein Leben lang nicht sprechen. Dass er in der Öffentlichkeit kein Thema daraus macht, hat nach dem Krieg durchaus eine gewisse Logik: Der Jurist, der dafür streitet, die Verbrechen des Nationalsozialismus in Deutschland vor Gericht zu bringen, beharrt darauf, dass nicht Rache, sondern Recht sein Antrieb sei. Wenn er in der Öffentlichkeit persönlich werden würde, würde er seinen politischen Gegnern in den 1950er- und 1960er-Jahren nur Munition liefern. Aber selbst im privaten Gespräch verstummt er. »Sehr ungern« sei er auf das Thema eingegangen, erinnern sich seine Freunde Gisela und Heinz Meyer-Velde. Man habe es zu meiden verstanden, erzählt sein Freund Wolfgang Kaven. Es schickte sich nicht, über das eigene Leid zu sprechen, vermuten die Freunde. Es lag Bauer nicht, sich zu beklagen.

Umso deutlicher sticht dann heraus, dass Bauer rückblickend von einer anderen Sache freimütig erzählt, aus eigener Initiative und sogar mehrfach. Bauer kommt, anstatt auf sich selbst, immer wieder auf Kurt Schumacher zu sprechen, dessen Unbeugsamkeit im Konzentrationslager ihn schier fassungslos gemacht habe. Kurt Schumacher und Fritz Bauer – die Wege der beiden Kampfgenossen, die es in Stuttgart mit den Nationalsozialisten aufgenommen haben, trennen sich auf dem Heuberg. Schumacher bleibt bis Kriegsende in Gefangenschaft, Bauer hingegen findet nach acht Monaten einen Ausweg. Im September 1933 wird er als Teil einer Gruppe »besonders gefährlicher« Funktionäre von KPD und SPD in das alte Ulmer Garnisonsgefängnis in der Frauenstraße verlegt, weil das Hauptlager auf dem Heuberg überfüllt ist.

Bauer kommt in eine Einzelzelle hinter dicken Stahltüren, wo ihn verschärfter Arrest erwartet, doch das erweist sich als unerwartetes Glück. Das Kommando führen hier nicht SA-Hilfspolizisten, sondern altgediente württembergische Beamte, und deren Chef ist ein Oberwachtmeister namens Gnaier, der »nicht begriff«, erinnert sich Bauer später, »wie es möglich sei, einen Richter lediglich wegen seiner sozialdemokratischen Überzeugung und der Leitung des Reichsbanners Schwarz-Rot-Gold zu verhaften«. Der Oberwachtmeister macht Bauer ein unglaublich klingendes Angebot. »Da er selber mit den Geschäften nicht fertig wurde, überließ er mir die Behandlung von Gnadengesuchen und die Zensur von Briefen«, so Bauer. »Bei dieser Gelegenheit stahl ich unter anderem meinen Pass, der in meinen Akten war, und sandte ihn – mit meiner Zensur – nach Hause.«

Als die württembergische NS-Regierung im November 1933 eine große Zahl von »Schutzhäftlingen« entlässt, um

Platz für neue Kasernen zu schaffen, darf auch Fritz Bauer sich zu den Entlassenen zählen.

Seiner Familie erzählt er, dass er dies seinen Freunden in der Justiz zu verdanken habe, die sich für ihn eingesetzt hätten. Das ist gut möglich. Es ist bekannt, dass etwa Bauers SPD-Genosse Manfred Uhlmann dem Konzentrationslager entgehen kann, weil er just an dem Tag, als Bauer verhaftet wird, einen Tipp von einem befreundeten Richter bekommt. Der Stuttgarter Richter Gottlob Dill, der dasselbe Gymnasium besucht hat wie Uhlmann und Bauer, sagt einem Mittelsmann: »Wenn Sie Uhlmännle sehen, sagen Sie ihm, daß es in Paris jetzt sehr schön ist. Sagen Sie ihm: jetzt.« Auch vom Präsidenten des Landgerichts, Martin Rieger, ist bekannt, dass er sich noch 1942 bei der Gestapo einsetzt, um die Verschleppung von Fritz Bauers ehemaligem jüdischem Amtsrichterkollegen Robert Bloch nach Auschwitz zu verhindern. Es kann da sein, dass auch Fritz Bauer auf ein Stück Restsolidarität bauen konnte.

Aber dies allein genügt nicht. Ein politischer »Schutzhäftling«, der die Freiheit wiedererlangen will, muss 1933 in jedem Fall auch den neuen Machthabern die Treue erklären – ohne seine Unterschrift unter einer Unterwerfungserklärung geht es nicht. Teils müssen diese entwürdigenden Erklärungen handschriftlich verfasst werden, teils gibt es Vordrucke. Eine Unterwerfungserklärung von gleich acht Sozialdemokraten aus dem Ulmer Garnisonsgefängnis wird tatsächlich am 13. November 1933 im *Ulmer Tagblatt* veröffentlicht unter der Überschrift »Treuebekenntnis einstiger Sozialdemokraten«. Und an vorderster Stelle der Unterzeichner stehen die beiden Reichsbanner-Führer Karl Ruggaber und Fritz Bauer.

»Wir sind von dem Willen der Regierung überzeugt,

dem deutschen Volke Arbeit und Brot zu schaffen; wir wissen, daß dieser Kampf um das Leben des deutschen Volkes kriegerische Absichten ausschließt. ... Wir stehen in dem deutschen Kampf um Ehre und Frieden vorbehaltlos auf der Seite des Vaterlandes.« Der offene Brief, der an die nationalsozialistischen Führer der württembergischen Regierung gerichtet ist, schließt »in Loyalität und Hochachtung«.

Das ist etwas, von dem Bauer später nie erzählt: eine Demütigung, die er über sich ergehen lässt, um Schlimmerem zu entgehen.

Kurt Schumacher hingegen ist einer der wenigen württembergischen Gefangenen, die eine solche Unterwerfungserklärung stets verweigern, unbeugsam bis zur Selbstaufgabe. Deshalb bleibt Schumacher in Haft, als Bauer entlassen wird; das ist der Grund, weshalb sich ihre Wege trennen. Wenn Bauer in späteren Jahren von Kurt Schumacher spricht, dann kann man neben Bewunderung deshalb auch Demut heraushören: »Ich, der kleinmütig die Stunde der Freiheit ersehne«, formuliert Bauer, habe in »den Tagen der Weimarer Republik, später nach dem Zusammenbruch des NS-Staates, nicht zuletzt aber im Konzentrationslager ... (Schumachers) bergeversetzenden Glauben und seinen Mut bewundert.«

Alle Fragen nach seinem eigenen Leid wischt er unterdessen beiseite.

## Dänemark 1936: Wie ein Delinquent auf Bewährung

Von Freiheit kann keine Rede sein. Nach seiner Freilassung aus dem Konzentrationslager lebt Fritz Bauer, der gedemütigte Sozialdemokrat, in Stuttgart wie ein Delinquent auf Bewährung: Regelmäßig muss er bei der Polizei vorsprechen, Gebühren in Höhe von 2,60 Mark pro Hafttag für seine »Verpflegung, Unterkunft und Bewachung« im Konzentrationslager abbezahlen, den Kopf unten halten. Seine Stelle als Amtsrichter haben ihm die Nationalsozialisten schon während seiner Haft genommen, mithilfe eines neuen Gesetzes, mit dem die Beamtenschaft gesäubert wird. Die übrigen sechs jüdischen Richter in Stuttgart hat dasselbe Schicksal kurze Zeit später ereilt, im August 1933. An eine Existenz als Anwalt ist jetzt nicht zu denken, denn jüdischen Anwälten ist das Betreten von Gerichtsgebäuden seit dem Frühjahr 1933 verboten, im Sommer 1933 werden auch ihre Zulassungen kassiert. Stattdessen muss Fritz Bauer in der Stofffirma seines Vaters aushelfen, um überhaupt arbeiten zu können – »eine schreckliche Zeit für ihn«, wie sich seine Schwester Margot erinnert.

Von 1935 an definiert nicht mehr das Bekenntnis, sondern das Nürnberger Reichsbürgergesetz, wer als Jude gilt. Hiernach ist Jude, wer von mindestens drei »volljüdischen« Großeltern abstammt, und »jüdischer Mischling«, wer von einem oder zwei »volljüdischen« Großeltern abstammt. Ein weiterer Jurist wird daraufhin aus dem Stuttgarter Justizdienst entlassen. Ein Fünftel der Juden der Stadt, 1000 Menschen, entscheiden sich unter dem Druck der Boykotte und schikanösen Sondergesetze in den ersten beiden Jahren der NS-Herrschaft, ihre Heimat zu verlassen. Darunter ist auch Bauers Schwester Margot. Mit ihrem Ehemann Walter Tiefenthal, einem Stoffhändler, siedelt sie 1934 nach Kopenhagen über, um dort ein neues Leben zu beginnen. Und Fritz Bauer darf ihnen als Textilkaufmann 1936 folgen.

Als er am 15. März 1936 den Zug in Richtung Dänemark nimmt, liegt das Land vollständig unter dichten Wolken. An seinem Fenster zieht das entmilitarisierte Rheinland vorbei, das Hitler vor wenigen Tagen mit der Wehrmacht besetzt hat; eine Demonstration wiedererwachender Stärke. Seine Möbel hat Bauer bereits für 150 Reichsmark nach Dänemark vorgeschickt, zum Abschied am Stuttgarter Bahnhof ist ein Freund gekommen, Carlo Schmid, der nach dem Krieg eine Karriere bis hin zum SPD-Kandidaten für das Amt des Bundespräsidenten machen wird. Carlo Schmid versucht zum Abschied, Bauer aufzumuntern: Das alles werde vorübergehen. Gerade erst ist Bauer in Stuttgart wieder für einen Tag verhaftet worden. Wir haben Sie im Auge, hat man ihm am 1. Februar 1936 eingeschärft. Wenn wir Sie noch einmal bei etwas sehen, das nach politischer Konspiration aussieht, dann bringen wir Sie zurück ins KZ. Bauer hält seit seiner Entlassung aus dem Konzentrationslager Kontakt zu einem Netzwerk von Sozialdemokraten, er frequentiert auch weiter die alten Treffpunkte. Als seine alten Kollegen in der Justiz jetzt auch noch ein Strafverfahren gegen ihn einleiten – weshalb, das behält Bauer später für sich –, entsteht eine Lage, die »ein weiteres Verbleiben zu Hause sinnlos machte«, wie Bauer sich erinnert.

In Kopenhagen wartet erneut das Leben eines Vorverurteilten auf ihn. Während die Eheleute Tiefenthal sich hier erfolgreich eine Existenz aufbauen, wird Bauer von den dänischen Behörden von Beginn an als Unruhestifter misstrauisch beäugt. Jeden Donnerstag muss er sich bei der Fremdenpolizei melden. Auch wird er beschattet: Die Beamten folgen ihm unauffällig bei Spaziergängen. Sie suchen Belastendes – und sind bereits fündig geworden.

Homosexueller Verkehr ist in Dänemark, anders als in Deutschland, zwar grundsätzlich legal. Aber als Fritz Bauer schon im ersten Monat nach seiner Ankunft eine Nacht mit einem Dänen verbringt, konfrontieren die dänischen Uniformierten ihn barsch: Ob er etwa in verbotene schwule Prostitution verwickelt sei? Ein richtiges Strafverfahren wird nicht daraus. Fritz Bauer bestreitet nicht den (legalen) Verkehr, wohl aber, dass er dafür (verbotenerweise) bezahlt habe. »Von der Straße aus konnte man beobachten, dass der Deutsche sich ausgezogen hat, ohne sich einen Pyjama anzuziehen«: Der dänische Polizist, der diesen Satz in seinen Bericht schreibt, beobachtet Fritz Bauers Fenster noch nachts um 2.30 Uhr. Die Fremdenpolizei stellt Bauer mit großem Aufwand nach, obwohl sie am Ende nichts gegen ihn in der Hand hat.

Trotzdem versucht sie, ihn mit ihren Erkenntnissen unter Druck zu setzen. Er habe noch einen zweiten homosexuellen Kontakt aufgenommen – was er denn zu seiner Verteidigung vorzubringen habe?

Diesen zweiten Kontakt bestreitet Bauer gänzlich. Aber er nutzt die erneute Attacke zugleich taktisch, um seinen Antrag auf eine dänische Arbeitserlaubnis in Erinnerung zu bringen: »Wenn ich arbeiten dürfte, würde es mich von meinem Drang abhalten«, hält er den Beamten entgegen.

Wie ernst meint er das? Identifiziert er sich wirklich als Homosexueller, und wenn ja, hält er das tatsächlich für etwas Schämenswertes, für einen »Drang«? Fritz Bauers Worte fallen als Teil einer juristischen Auseinandersetzung mit übelmeinenden Behörden – dieser Kontext ist wichtig. Wie viel Wahrheit Fritz Bauer da in seine Worte legt und wie viel Berechnung, bleibt offen. Denn andere, ähnliche Äußerungen, auf die sich die Annahme stützen könnte, Bauer sehe sich tatsächlich selbst als schwul, sind nicht bekannt: Von Kontakten Bauers in die schwule Szene vor 1936 ist nichts bekannt, und auch nach 1936 beobachtet die dänische Fremdenpolizei keine homosexuellen »Verbindungen« Bauers mehr. Also eine Episode? Bauers lebenslange Einsamkeit in Liebesdingen wird später noch deutlicher, festhalten lässt sich nach der schmachvollen Konfrontation mit der dänischen Fremdenpolizei zunächst nur, dass Bauer der Willkür der Behörden selbst in seinem Exilland – der Demokratie Dänemark – von Beginn an ausgeliefert ist. Eine Erfahrung, die wohl wenige andere Strafjuristen von Bedeutung gemacht haben – und die seinen Blick auf die Justiz sicher langfristig mitprägt.

## Qualen der Abgeschiedenheit

Aus Dänemark will Bauer so schnell wie möglich weiterziehen. Aber die Versuche, ein Visum für die USA zu erlangen, wo bereits einige Verwandte seiner Mutter leben, scheitern mehrmals. Wenn er Artikel für die deutsch-jüdische Leserschaft der *C.V.-Zeitung* schreibt, dann hat er zwar nur die wärmsten Worte für sein gegenwärtiges Exilland übrig: »Die Dänen genießen das Glück ihres Lebens mit einer ungrüblerischen Selbstverständlichkeit.« Aber privat verrät er, warum es ihn dennoch frustriert. »Ich lebe hier ziemlich an der Peripherie der Dinge ... Infolge des Fehlens eines regulären Passes fürchte ich, weitgehend an Dänemark gefesselt zu sein.«

»Werter Herr Professor!«, schreibt Fritz Bauer am 21. September 1937 an Max Horkheimer in New York. Bauer hat die Hoffnung, aus der Ferne Anschluss an Horkheimers aus Frankfurt emigriertes Institut für Sozialforschung zu finden.

Seit anderthalb Jahren hält er sich jetzt bereits mit harmlosen Feuilletontexten für die *C. V.-Zeitung* über Wasser, deren Skandinavien-Korrespondent er geworden ist, sowie als Handelsvertreter für Gardinenstoffe und Hemden. Wie wenig Begeisterung er für Letzteres aufbringt, zeigt sich vielleicht am ehesten daran, dass er später nie durch hochwertige, sondern nur durch praktisch hochgekrempelte Hemden auffällt, von denen er oft die Zigarettenasche abstreifen muss. Fritz Bauer, ein Textilkaufmann? Er sei ein Bücherwurm, ungeeignet für das praktische Leben, findet sein Schwager, der Textilunternehmer Walter Tiefenthal. Für eine Arbeit als Anwalt fehlen unterdessen die dänischen Examina. Für eine Arbeit an der Universität hat Bauer die falsche Herkunft. Zwar stößt er mit seinem rechtspolitischem Spezialgebiet, den modernen Resozialisierungs- und Präventionsideen von Gustav Radbruch und Franz von Liszt, in der akademischen Welt sogar auf großes Interesse: Der jüdische Kopenhagener Strafrechtsprofessor Stephan Hurwitz, an den Bauer sich wendet, ist angetan, so wie überhaupt diese Konzepte viel Anklang finden in Skandinavien. Aber gerade das Strafrecht ist ein Bereich, in dem sich souveräne Staaten selbst in Friedenszeiten Ratschläge von außen verbitten. Der Professor muss Fritz Bauer deshalb klarmachen, dass er auf eine Dozentenstelle nicht zu hoffen braucht. Ein Deutscher hat hier keine Chance.

So wendet sich Bauer an den acht Jahre älteren Horkheimer. Sie kennen sich bereits, zumindest dem Namen nach. Sie sind beide in der kleinen Welt der Stuttgarter jüdischen Gemeinde aufgewachsen. Horkheimers Vater hat dort Kunstwolle hergestellt, Bauers Vater mit Stoffen am laufenden Meter gehandelt. Von dem Fabrikantensohn Max, der früh aus der Heimat auszog, um eine akademische Karriere in Frankfurt zu verfolgen, hat Bauer zu Hause schon früh gehört. Und umgekehrt sprach man in Max Horkheimers Stuttgarter Elternhaus achtungsvoll vom jüdischen Stoffhändlersohn Fritz, der es so jung bereits zum Amtsrichter gebracht habe. An diese gemeinsame Herkunft erinnert Bauer nun, als er sich 1937 an Horkheimer wendet und sich um eine Mitarbeit an dessen New Yorker Institut bewirbt.

An Selbstbewusstsein mangelt es ihm dabei offenbar nicht: »Vielleicht sind Sie bereits in New York von Freunden von mir attackiert worden«, schreibt Bauer dem werten Herrn Professor jovial, »war dies nicht der Fall, so steht Ihnen dieses zweifelhafte Vergnügen voraussichtlich noch bevor.« Die Tatsache, dass Horkheimers Mitarbeiter Friedrich Pollock in seiner Habilitationsschrift aus Bauers Doktorarbeit zitiert hat, hat Bauer Mut gemacht. »(W)obei ich vorläufig unterstelle, dass die Bücher des Literaturverzeichnisses auch einmal gelesen wurden!«, fügt Bauer schnippisch hinzu – da hält er bereits die Absage von Max Horkheimer in Händen.

Das Budget des Instituts reiche leider nicht aus, teilt der Professor mit. Den Namen Pollock schreibt Bauer in seiner flapsigen Erwiderung sogar noch falsch, worauf Horkheimer nicht mehr persönlich zurückschreibt, sondern nur noch einen Mitarbeiter antworten lässt. Bauer könne gern skandinavische Bücher zur Rezension in der Institutszeitschrift vorschlagen. Mehr nicht. Es ist, kurz gesagt, eine Qual für den Ruhelosen, Rastlosen.

## Die Deutschen rücken näher

Ein sonniger Tag in einem Kopenhagener Park, wenige Wochen nach Fritz Bauers Ankunft im Exil. Gerade bricht der Sommer des Jahres 1936 an, im fernen Berlin lädt Hitler glanzvoll zu den Olympischen Spielen. Über die deutsche Remilitarisierung des Rheinlandes – einen offenen Bruch des Versailler Vertrages – sieht das Ausland großzügig hinweg, wodurch sich das Regime in Berlin bestätigt fühlt. Der linke Stuttgarter Anwalt Richard Schmid ist nach Kopenhagen gekommen und unterhält sich viele Stunden lang mit Fritz Bauer. Es herrscht eine bedrückte Stimmung, erinnert sich Schmid, denn so sehr Fritz Bauer auch froh sein darf, der Gestapo entkommen zu sein, so absurd ist seine Situation nun im Exil: In Dänemark, so erklärt Bauer dem Besucher, höre man nur allenthalben die Frage: Was haben Sie denn gegen Hitler?

Die dänischen Behörden weigern sich, Fritz Bauers Eltern Zuflucht zu gewähren. All seine Bittbriefe fruchten nicht. In Dänemark nimmt man die Bedrohung nicht ernst, selbst dann noch nicht, als in der Nacht vom 9. auf den 10. November 1938 die Stuttgarter Synagoge in Flammen aufgeht. Den Brand hat, um den »spontanen Volkszorn« zu unterstreichen, fachmännisch der Leiter der Stuttgarter Brandwache II gelegt, im Anschluss sind Geschäfte und Wohnungen von Stuttgarter Juden demoliert worden, mehrere Hundert Juden sind in der Nacht festgenommen und in die Konzentrationslager Welzheim und Dachau verschleppt worden. Darunter ist auch Fritz Bauers Onkel, der neue Tübinger Synagogenvorsteher Leopold Hirsch. 1939 kann er in Richtung Südafrika entkommen, wohin ihm einige Gemeindemitglieder folgen. Das

Bekleidungsgeschäft in Tübingen, in dem Fritz Bauer als Kind so gern spielte, hat er da bereits an die »Arisierung« verloren, so wie auch der Vater von Fritz Bauer seinen Stoffhandel.

Dennoch dauert es noch weitere Monate, bis hinein ins Jahr 1939, bis Bauers Eltern, 69 und 59 Jahre alt, endlich von dänischer Seite die Erlaubnis bekommen, Zuflucht im Norden zu suchen. Es vergehen weitere Monate, bis auch die deutsche Seite zustimmt: »Dem Ludwig Israel Bauer u. Ehefrau Ella Sara geb. Hirsch, Stuttgart-W, Gustav-Siegle-Str. 9, wird bescheinigt, dass sie z. Zt. mit keinerlei Steuern, Strafen, Gebühren u. Kosten im Rückstand sind«, hält das Finanzamt Stuttgart-Nord am 1. Dezember 1939 fest. »Judenvermögensabgabe u. Reichsfluchtsteuer sind bezahlt bzw. sichergestellt.« Als Fritz Bauer am 1. Januar 1940 seine Eltern am Kopenhagener Bahnhof abholt, hat man sich fünf Jahre lang nicht gesehen.

»Ich selber und eine Reihe anderer Emigranten hatten von den Liquidierungen in Polen usw. gehört«, erinnert Bauer sich später an diese Jahre. »Es war schwer, selbst politische Menschen in Dänemark von diesen Gerüchten, Nachrichten usw. zu überzeugen. Sie wurden in aller Regel für schlechthin unwahrscheinlich gehalten.« Nur wenige Wochen später haben die Nationalsozialisten die Familie auch schon wieder eingeholt: Am 9. April 1940 marschiert die Wehrmacht in Dänemark ein.

Die Nationalsozialisten hoffen anfangs, Dänemark als Verbündeten zu gewinnen. Deshalb bleibt die dänische Regierung formal im Amt. Aber die neuen Herrscher wollen alle Nazi-Gegner ausschalten. Als ein deutscher Besatzungssoldat und ein dänischer Polizist gemeinsam an der Tür der Familie Tiefenthal klopfen, um Fritz Bauer zu verhaften, da ist er bereits untergetaucht – er weiß, was ihn erwartet. Der vierjährige Sohn der Tiefenthals ruft zwischen den Beinen der Erwachsenen hindurch in Richtung der Uniformierten, er wisse wohl, wo der Onkel Fritz sei. Aber der Junge tut es auf Dänisch – was der deutsche Soldat nicht versteht und dem Dänen die Gelegenheit gibt wegzuhören.

»Sie haben ihn dann in Korsør auf der Straße gefangen«, erinnert sich Margot Tiefenthal. So kommt Fritz Bauer im September 1940 doch noch in Haft, in das Kopenhagener Westgefängnis und anschließend, gemeinsam mit anderen deutschen Nazi-Gegnern, in das Barackenlager Horserød auf der Insel Sjælland, acht Kilometer vor der Küste. Es sind nur zwei primitive Baracken hinter Stacheldraht, durch die der Wind pfeift, das neutrale Schweden ist in Sichtweite, doch unerreichbar. Die Familie darf Fritz Bauer hier jeden Sonntag besuchen – aber zweieinhalb Monate lang, bis zu seiner Freilassung im Dezember, muss Bauer stets befürchten, dass er nach Deutschland in ein Konzentrationslager deportiert wird, so wie es jedem zweiten Häftling hier ergeht.

## Schweden 1943: An der Seite Willy Brandts

Er hat eine letzte Idee, wie er seinen prekären Status in Kopenhagen etwas absichern könnte. Mit einer befreundeten Dänin, einer Kindergärtnerin namens Anna Maria Petersen, deren Vater Holsteiner ist, schließt er eine Scheinehe, wie sich seine Schwester Margot erinnert. Als Religion geben sie am 4. Juni 1943 vor dem Kopenhagener Standesamt die evangelisch-lutherische dänische Volkskirche an. »Liebe Anna Maria, danke für Deinen Brief und alles andere. Lis wird Dir von mir erzählen. Du wirst noch von mir hören, alles Gute, Fritz«: Die knappen Worte, mit denen er sich im Oktober 1943 schon wieder verabschiedet, geben eine Ahnung davon, wie distanziert die Beziehung bleibt.

Man hat nie zusammen gewohnt, man hat sich nie der Familie vorgestellt. Ihren Zweck kann die Scheinehe nicht lange erfüllen. Als die Nazis im Herbst 1943 den Plan fassen, alle Juden aus Dänemark zu deportieren, da kommt es plötzlich nicht mehr auf die feinen Abstufungen des dänischen Ausländerrechts an, da hilft auch die Ehe mit einer Dänin nicht mehr. Da hilft nur noch die Flucht.

Als der von den deutschen Besatzern geplante Überraschungsschlag vorab verraten wird, setzen Fritz Bauer und seine Familie in der Nacht zum 13. Oktober 1943 mit dem Motorboot eines dänischen Fischers nach Schweden über, nach acht Tagen in einem Kellerversteck: Fritz Bauer, seine Eltern, seine Schwester Margot, ihr Mann und die beiden kleinen Söhne. Nur so verhindern sie, dass die mörderische Gewalt sie einholt, die die in Stuttgart zurückgebliebenen Verwandten bereits getroffen hat. Fritz Bauers Tante Paula Hirsch und sein Cousin Erich Hirsch sind bereits mit der ersten großen Deportationswelle im Dezember 1941 gemeinsam mit 1013 weiteren Stuttgarter Juden nach Riga deportiert und ermordet worden.

»Hier herrscht Eifersucht und seit Jahren ein alles vergiftender Kampf um die paar Posten, die es gab und gibt«: So beschreibt Bauer die Welt der sozialistischen Emigranten, die er 1943 in Stockholm vorfindet. Die Stadt ist eines der Zentren der deutschsprachigen Emigranten. Etwa 120 frühere Abgeordnete und Aktivisten der SPD leben hier, Willy Brandt und auch der spätere österreichische Kanzler Bruno Kreisky gehören dazu. In unzähligen Kreisen, Gruppen und »Internationalen«, die sich laufend spalten, neu bilden und überlappen, diskutiert und plant man eifrig für die Zeit nach Hitler, wie ein Bienenschwarm ohne feste Form, und mittendrin: Fritz Bauer, der seine Familie nach der gemeinsamen Ankunft in Schweden im südschwedischen Göteborg zurücklässt und nach Stockholm weiterzieht, um bloß nicht noch mehr von diesen »giftigen« Debatten zu verpassen.

Bauer tritt gleich mehreren Gruppen bei: dem Internationalen Wirtschaftspolitischen Arbeitskreis, dem Freien Deutschen Kulturbund, dem Arbeitsausschuss deutscher antinazistischer Organisationen. Ein Genosse besorgt ihm ein Stipendium des Sozialwissenschaftlichen Instituts, das seine wirtschaftliche Existenz sichert. Der eloquente Redner gewinnt rasch an Ansehen. Im Dezember 1944, als der gesamte Stockholmer Bienenschwarm erstmals einen gemeinsamen Vorstand bestimmt, wird Bauer in das neunköpfige Führungsgremium gewählt. Gemeinsam mit dem jungen Parteilinken Willy Brandt soll er auch die Exil-Zeitschrift *Sozialistische Tribüne* aus der Taufe heben; Bauer als Chefredakteur, Brandt als einer seiner zwei Mitherausgeber. Bauer hält den zehn Jahre jüngeren Brandt nicht nur für sympathisch und tüchtig, sondern auch für außergewöhnlich begabt: »Er ist ein Mann, der in internationalen Kreisen leicht Freunde gewinnt«, schreibt er an seinen alten Kampfgefährten Kurt Schumacher. »Es gibt Genossen, die ihn für einen ›Windhund‹ halten, weil er manchmal smart ist wie ein Amerikaner«, so Bauer. »Daran ist etwas richtiges, er ist in der Emigration ein an den Westen, insbesondere Amerika assimilierter Journalist geworden. Wenn unsere Genossen ihn kritisieren, so sind es im allgemeinen zweit- und drittrangige Journalisten, die da leider nicht mitmachen können, aber es gerne wollten.« Als Fritz Bauer nach Kriegsende voller Tatendrang nach Dänemark aufbricht, um Tuchfühlung mit den Amerikanern aufzunehmen, da kommt Willy Brandt ihn zu Neujahr 1946 noch einmal besuchen. Und später, im Jahr 1955, als Brandt Präsident des Abgeordnetenhauses von Berlin ist, wird er versuchen, den Freund als Generalstaatsanwalt nach Berlin zu holen.

### Wie Fritz Bauer seine Doktorarbeit zerreißt

Wenn er seine alte wirtschaftsrechtliche Doktorarbeit zur Hand nimmt, »ein längst vom Zahn der Zeit angefressenes Opus«, wie Fritz Bauer schon 1938 in einem Brief an Max Horkheimer gesteht, dann gleicht dies inzwischen einer Reise zurück in eine Zeit der Unschuld. So milde wie 1925 wird Fritz Bauer die Kapitäne der Wirtschaft nie wieder beurteilen können. Zu viel ist seither geschehen.

Eher aus Not beschäftigt sich Bauer im Exil wieder mit Ökonomie. Mit seiner Ausbildung als deutscher Strafrechtler ist hier nichts anzufangen. Wenn er geistige Arbeit finden will, dann muss er sich also ein anderes Feld suchen. Und auf diesem Feld muss Bauer sich nun vor allem selbst radikal korrigieren – was er sich nur langsam eingesteht.

1941 veröffentlicht er in Kopenhagen zunächst ein Buch für den akademischen Alltag. Mit *Penge* (»Geld«) zeigt er, dass er nicht nur Textilien verkaufen, sondern auch lehren und forschen kann; auf knapp 300 Seiten, auf Dänisch. Es ist ein Lehrbuch über Geldpolitik, wie es einer volkswirtschaftlichen Vorlesung zugrunde liegen könnte, fein gegliedert, enzyklopädisch, deskriptiv. Die Einleitung klingt donnernd, Bauer trägt große Zitate aus der Weltliteratur zusammen, von Sophokles über Shakespeare bis hin zu Goethes Faust. »Geld regiert die Welt«, hebt er an.

Viele der brillantesten Dichter würden von »Gold und güldenen Dingen« erzählen, gemeint sei aber stets nur die Macht, die darin verkörpert sei. Bauer erklärt, wie Geld entstanden ist, warum das Entscheidende an den güldenen Dingen »nicht Metall, sondern Glaube« ist und wie Geld an Wert gewinnen oder verlieren kann. Mit Thesen hält er sich zurück. Lediglich ein kurzer Vorschlag für eine Alternative zum Goldmechanismus findet sich am Ende des Buchs, und er wirkt schmal im Vergleich zum darauffolgenden ausladenden Literaturverzeichnis. Es ist eine Fleißarbeit, aus der eher die verzweifelte Suche nach einer Anstellung spricht – gleich nach seiner Ankunft in Schweden 1943 lässt Bauer das Buch auch ins Schwedische übersetzen – als einen Mitteilungswunsch.

Ganz anders der Ton, zu dem Bauer 1945 in Schweden findet, umgeben von anderen Sozialisten. Ende 1932, so schreibt er in seinem Buch *Ökonomisk Nyorientering* (»Ökonomische Neuorientierung«), sei die Krise in Deutschland schon beinahe überwunden gewesen, die Nazis über ihren Zenit hinaus, ihre Parteikasse leer. Erst »Großgrundbesitzer, Vertreter der Großindustrie und des Bankwesens« hätten die NSDAP saniert und Hitlers Ernennung zum Kanzler »forciert. Hiermit erhielt der Mann die Macht, der auf die offenherzigste Weise Krieg und Deutschlands Expansion gepredigt hatte.« Auf Initiative der IG Farben sind damals auf einen Schlag Industriespenden in Höhe von drei Millionen Reichsmark an die Wahlkämpfer von NSDAP und DNVP geflossen, wobei die IG Farben für den höchsten Einzelbetrag aufgekommen ist, 400 000 Mark. The cartels made Hitler, and Hitler made war, heißt es in den USA, die Kartelle brachten Hitler an die Macht und Hitler brachte den Krieg. Fritz Bauer erklärt nun rückblickend, warum es so kommen musste.

Seine Theorie ist eine marxistische, wie er an anderer Stelle offenlegt. Trusts und Kartelle, die sich die Macht nähmen, die Preise in ihrem Marktsegment künstlich hochzuhalten, stünden früher oder später immer vor demselben Problem: Wenn sie mehr Waren absetzen wollten, müssten sie dazu entweder die Preise senken oder aber das Einkommen der Arbeiter erhöhen – zu beidem hätten sie aber, was ihnen nicht zu verdenken sei, wenig Lust. Neue Absatzmöglichkeiten gebe es dann nur im Ausland. »Sie müssen Käufer außerhalb des eigenen Landes finden. Diese Situation entsteht in allen kapitalistischen Ländern.« Die Folge sei ein Kampf um Einflusszonen. Die wirtschaftlichen Zusammenschlüsse verschiedener Staaten belagerten sich. »Man balgt sich um Kolonien, um industriell weniger entwickelte Länder, Südamerika, China, Indien, die Länder im Vorderen Orient, im Balkan. Dabei geraten sich die Kapitalisten der verschiedenen Länder leicht in die Haare, sie raufen sich alle um den gleichen Knochen.« Als Hitler 1939 »Lebensraum« verlangt habe, so schreibt Bauer, da sei dies »nur ein anderes Wort für Absatzmärkte und Kapitalanlagen im Ausland« gewesen. Als Beispiele für Hitlers Steigbügelhalter aus der Industrie nennt Fritz Bauer den Stahlkonzern Thyssen und das Rheinisch-Westfälische Kohlensyndikat. Die IG Farben, für die Ende Oktober 1942 in Monowice eigens das Konzentrationslager Buna als Nebenlager von Auschwitz in Betrieb genommen wurde, wo bis 1945 bis zu 30 000 überwiegend jüdische Häftlinge zu Tode kommen, erwähnt er nicht ausdrücklich.

Es sei eine Illusion anzunehmen, dass es nun ausreiche, Hitler und seinen Kreis zu entfernen, schreibt Bauer. Vielmehr müsse die gesamte Situation, die den Nazismus hervorgebracht habe, verändert werden; die Industrie müsse »pazifiziert« werden. Das gelte nicht nur für Deutschland. Den Willen, die Probleme der Großindustrie durch Krieg zu lösen, habe man zuletzt in Deutschland gefunden, schreibt Bauer. Aber die Probleme finde man auch im restlichen Europa. »Man kämpft nicht gegen den Kapitalisten, sondern gegen das kapitalistische System, das einer Maschine gleicht, die nicht zufriedenstellend arbeitet und die man durch eine bessere und effektivere Maschine zu ersetzen können glaubt. Der wichtigste Einwand gegen den Sozialismus ist, dass er die Initiative des Einzelnen ertötet und die Freiheit begrenzt. Sicher ist, dass die Freiheit begrenzt wird. Es ist wie mit der Straßenverkehrsordnung: man kann natürlich, wenn einmal Einbahnstraßen, der Rechtsverkehr und Geschwindigkeitsgrenzen eingeführt sind, nicht mehr herumkutschieren, wie es einem gerade in den Kopf kommt. Die Einschränkungen, so unangenehm sie für die einzelnen Autofahrer oder Fußgänger auch sein mögen, kommen aber anderen zugute.«

In seinem 1948 veröffentlichten Buch *Monopolernes Diktatur* (»Diktatur der Monopole«) geht Bauer sogar noch weiter. Jede Form von wirtschaftlicher Machtkonzentration sei von Übel, selbst jene durch internationale Übereinkünfte. Den Gedanken entfaltet Bauer, indem er ein Bild seines Schreibtischs zeichnet und nach und nach jeden Gegenstand auf diesem Schreibtisch beleuchtet und dabei die »Monopolkapitalismen« oder Kartelle benennt, die hinter dessen Produktion und Vertrieb stehen. So beschreibt er einen Stoß Bücher neben seiner Underwood-Schreibmaschine, um den dänischen Verlegerverbund anzuprangern, der den Buchmarkt durch Preisdiktat in Form von Mindestpreisabsprachen und Begrenzung des Angebots kontrolliere. Das Papier auf Bauers Tisch ist in seiner Beschreibung verknüpft mit verschiedenen skandinavischen Kartellen für Papier. Die elektrische Lampe ist ebenso das Produkt von Kartellen wie die elektrischen Leitungen, der Messingfuß der Lampe, die kunstvolle Ausformung des Lampenfußes, der Lampenschirm, die Färbung des Lampenschirmstoffes und die Glühbirne in der Lampe. Auch der Schreibtisch selbst steht exemplarisch für das »internationale Holzkartell«, das die Exportquoten von Holz festlegt. Und selbst der Radiergummi erinnert Bauer an eine düstere Geschichte von Marktmacht und deren Missbrauch: Das 1934 zwischen Großbritannien, Indien, Holland und Frankreich abgeschlossene International Rubber Regulation Agreement habe die Produktion von Gummi begrenzt, die Neupflanzung von Gummibäumen verboten und so auch die Gummipreise bestimmt. Bauer geht so weit zu sagen, »es fehlte nicht viel und der ganze Krieg nach Pearl Harbor wäre verloren worden aus Mangel an Natur- und synthetischem Gummi«.

»Die sozialistische Antwort heißt Planwirtschaft«, bekennt er im Jahr 1947: Wenn es irgendwo eine Konzentration wirtschaftlicher Macht geben dürfe, dann allenfalls beim Staat. »Man duldet nicht«, schreibt Fritz Bauer, »dass die Autos, Radfahrer usw. auf der Straße fahren, wie es ihnen gerade passt. Man wünscht deswegen auch nicht, dass die, die in der Wirtschaft des Landes arbeiten, produzieren, wie es ihnen gerade in den Kopf kommt, dass sie beliebige Preise festsetzen, dass sie Kapital oder Waren ins Ausland schaffen, wie es einem jeden von ihnen nun einmal beliebt.«

Bauer vermag nun selbst dem Versuch der Sowjetregierung, in der DDR eine Planwirtschaft zu errichten, Positives abzugewinnen. »Die Verhältnisse in Deutschland werden auf lange Zeit hinaus eine Planwirtschaft notwendig machen, gleichgültig ob man ein Freund der Planwirtschaft ist oder freie Initiative bevorzugt.« Die Menge an Butter, Schlachtvieh oder Getreide, die ostdeutsche Landwirte beim Staat abzuliefern hätten, nehme »natürlich« auch Rücksicht auf den Bedarf und den Ernteausfall, schreibt Bauer, als nach Kriegsende der Schutt beiseitegeräumt wird. »Aus den ostdeutschen Erfahrungen auf dem Gebiet der Planung wird ganz Deutschland eine Menge lernen können, übrigens eine Reihe anderer Länder dazu.«

Als die Alliierten zur Zerschlagung der deutschen Kartelle und Trusts ansetzen, pflichtet Fritz Bauer ihnen bei: »Die internationalen Monopolherren« – Bauer verspottet sie als »Patrioten mit beschränkter Haftung« – »haben während des ganzen Krieges zusammengearbeitet. Während des ersten und noch mehr während des zweiten Weltkrieges sind (sie) im neutralen Ausland zusammengetroffen«, schreibt er 1947 in der Exil-Zeitung *Deutsche Nachrichten*. Und als die Adenauer-Regierung 1952 auf amerikanischen Druck hin alle Kartelle verbietet und zur Überwachung des Verbots ein Bundeskartellamt erschafft, da kritisiert Bauer die Regierung lediglich noch dafür, dass sie nicht gründlich genug zulange. Bauers Aufsatz in der Zeitschrift *Geist und Tat*, dem Theorie-Organ der SPD-Linken, trägt den Titel »Das Land der Kartelle«.

Sein eigenes Jugendwerk, die Doktorarbeit von 1925, zitiert er nun nicht einmal mehr selbst. So fremd ist ihm die Stimme des wohlgeratenen, industriefreundlichen Studenten von damals geworden.

## »Inopportun«: Als Jude in der Politik nach 1945 nicht erwünscht

Als die Nazis am 8. Mai 1945 kapitulieren, brennt Fritz Bauer vor Tatendrang. Nach neun Jahren in der Emigration verabschiedet er sich sofort von seinen Exil-Genossen, um in Richtung Deutschland aufzubrechen. Bereits am 9. Mai 1945 hält er vor großem Publikum im Plenarsaal des Stockholmer Gewerkschaftshauses eine programmatische Abschiedsrede. Darin ruft er dazu auf, den Aufbau eines demokratischen Deutschland, den man hier oben in Schweden lange nur theoretisch debattiert hat, entschlossen in die Hand zu nehmen. Bauer lässt Schweden hinter sich, obwohl seine Eltern und seine Schwester zurückbleiben; der Vater ist an Blutkrebs erkrankt und stirbt im Dezember 1945. Bei einem ersten Reisestopp in Dänemark wendet Bauer sich sogleich an die Amerikaner, er sucht eine Aufgabe beim Wiederaufbau. Er möchte mit einem Auftrag nach Deutschland gehen.

Doch in Kopenhagen folgen dann noch einmal vier quälend lange Jahre, während derer Fritz Bauer zum Warten und zum bloßen Zuschauen verdammt ist – und während derer die vielleicht schmerzhafteste Erkenntnis nach diesem gesamten verlorenen Jahrzehnt dämmert.

Überall um Bauer herum bekommen alte deutsche Weggefährten jetzt wichtige Aufgaben beim Wiederaufbau: In Frankfurt am Main, so erfährt Bauer, ist sein liberaler, weltgewandter Doktorvater Karl Geiler im Oktober 1945 von den Amerikanern als parteiloser Ministerpräsident von Hessen eingesetzt worden. In Tübingen hat die französische Militärregierung seinen alten Freund Carlo Schmid als ersten Regierungschef des Bundeslandes Württemberg-Hohenzollern eingesetzt. In Stuttgart ist der mit Bauer befreundete sozialistische Rechtsanwalt Richard Schmid Generalstaatsanwalt geworden. In Hannover führt Kurt Schumacher die Bundes-SPD. In Lübeck, so hört Fritz Bauer, hat sein junger Exil-Genosse Willy Brandt mit seinen gerade 33 Jahren das Angebot der Alliierten erhalten, Bürgermeister seiner Heimatstadt zu werden; was er nur ausschlägt, um auf die größere Bühne zu steigen, in den Bundestag zu Kurt Schumacher. Und für Fritz Bauer selbst soll kein Platz sein?

Als Kurt Schumacher im Mai 1946 zum SPD-Vorsitzenden gewählt wird, schreibt Bauer ihm aus seinem Kopenhagener Wartestand heraus: »Ich habe natürlich grosse Lust, einmal zu sehen, wie die Dinge in Deutschland liegen. Ich hatte im Mai-Juni vorigen Jahres«, also unmittelbar nach der deutschen Kapitulation, »schon mit den Amerikanern wegen einer Reise nach Stuttgart verhandelt; sie selber liessen mich ein Dutzend Fragebogen ausfüllen (sie waren am Juristen interessiert). Ich habe aber nie einen positiven Bescheid bekommen. Der Grund ist mir unbekannt. Ich nahm aber an (auf Grund einer Reihe privater Gespräche mit Herren der Legation), dass sie keine Juden wünschen oder – richtiger formuliert – ihre mehr oder minder öffentliche Arbeit inopportun halten. Das gehört zu den Dingen, die ich gerne selber einmal kontrollieren will.«

Bauer sucht das Gespräch, er streckt seine Hand aus, er bietet sich an. Er macht deutlich, dass er seinem »persönlichen Schwebezustand ein Ende setzen« will, dass er eine Rolle im Staatsdienst sucht, »(i)ch denke an irgendeine Stellung in der Justiz oder einem Ministerium, Justiz- oder Wirtschaftsministerium«. Vergebens. Den besiegten Deutschen nun jüdische Politiker vorzusetzen: Das wollen die

Alliierten, mit denen Bauer spricht, offenbar nicht riskieren. Das erscheint ihnen nicht als klug, um die Deutschen für sich und das neue System zu gewinnen.

Wie hart muss ihn das treffen: Fritz Bauer, den Patrioten, der den Tag herbeigesehnt hat, an dem der Spuk vorbei sein würde. Der schon von seinen jüdischen Kommilitonen in Studententagen ein »Bekenntnis zum Deutschtum« gefordert hat. Der in seiner Stockholmer Rede am 9. Mai 1945 ein großes, ganz Deutschland meinendes Wir intoniert hat: »Wir anerkennen die Verpflichtung Deutschlands zum Schadenersatz für die in seinem Namen begangenen Kriegsverbrechen … Niemand von uns verlangt Mitleid für das deutsche Volk. Wir wissen, dass das deutsche Volk erst in jahre-, jahrzehntelanger Arbeit sich die Achtung und Sympathie … erwerben muss.« Nicht an wütende junge Juden wie den jugendlichen Ralph Giordano richten sich diese Worte, der 1945 durch seine zerstörte Heimatstadt Hamburg streift und auf Rache an den Deutschen sinnt, »eingesponnen in das Netz der Vergangenheit, in die Unzahl ihrer Bilder, von denen er keines je vergessen könnte«. Nein, Bauers Wir, das meint »wir Deutschen«.

Von Deutschland überfallene Länder wie Polen, Holland oder die Sowjetunion hätten noch viel größere Trümmerberge abzutragen, ermutigt Bauer seine Landsleute in einem Artikel für die *Deutschen Nachrichten* im September 1945: »Der Optimismus dieser Völker muss uns ein Vorbild sein.« Wenn Deutschland nun an seine Nachbarländer Gebiete abtreten müsse, dann solle man sich an den Satz erinnern, mit dem sich hundert Jahre zuvor die Dänen in derselben Situation behalfen: Was wir nach außen verloren haben, müssen wir nach innen gewinnen. »Die gleiche Parole muss heute für Deutschland gelten …

Das neue Deutschland muss ein Reich sozialer Gerechtigkeit werden. ... Seine Arbeiter und Bauern, seine Techniker und Architekten können das Schiller-Wort wahr machen: ›und neues Leben blüht aus den Ruinen‹!«

Und trotzdem – zu jüdisch.

Im Sommer 1949 wird der Kölner jüdische Arzt Dr. Lewin zum Chefarzt der Städtischen Frauenklinik Offenbach gewählt, aber auf Initiative des Bürgermeisters und mit Zustimmung des SPD-Oberbürgermeisters sofort wieder abgesetzt, da einem jüdischen Arzt, dessen Familie von den Nazis ermordet worden sei und der selbst aus dem KZ komme, Offenbachs Frauen nicht anvertraut werden könnten. Der Arzt werde sein Amt sicher mit den »Ressentiments seiner Rasse und dem Rachegefühl des KZ'lers« antreten, hält man ihm entgegen. Zumindest bestehe die Gefahr, dass die Bevölkerung so denke. Kurt Schumacher ist darüber entsetzt und weist seine Offenbacher SPD-Genossen gleich scharf zurecht: »So eine neusozialdemokratische Rassenlehre des Opportunismus dürfen wir niemals dulden.« Schumacher sieht 1949 die ernste Gefahr, »daß besorgt tuende Leute mit Hinblick auf die ›politische Unerzogenheit des deutschen Volkes‹ z. B. von Kandidaten jüdischer Abstammung eine geringere Anziehungskraft bei Wahlen, ja die Gefahr einer Abstoßung der Wähler, herleiten möchten. Ganz abgesehen davon, daß dies falsch ist – denn ein Mensch antisemitischer Überzeugung wählt unter keinen Umständen sozialdemokratisch –, kann man bei diesen besorgten Biedermännern nie ganz dahinterkommen, was ihr eigentliches Motiv ist.« Die Kluft zwischen jüdischen und nichtjüdischen Deutschen ist mit dem Ende der Hitler-Zeit nicht überwunden, sondern so tief wie noch nie. Weit verbreitet ist die Meinung, die wenigen überlebenden

Juden in der Bundesrepublik müssten nach den Ereignissen der vergangenen zwölf Jahre wenn nicht auf Rache sinnen, so doch jedenfalls ganz andere Interessen haben als ihre nichtjüdischen Landsleute. Ein jüdischer deutscher Außenminister wie einst Walther Rathenau, ein jüdischer bayerischer Ministerpräsident wie einst Kurt Eisner: auf lange Sicht nicht mehr vorstellbar.

Die Erfahrung der Zurückweisung und des Misstrauens, die der Kölner Dr. Lewin und der Stuttgarter Fritz Bauer gemacht haben, lässt nicht nur diese beiden schnell ihre Lehren ziehen. In den ersten Deutschen Bundestag, dessen knapp 500 Mitglieder 1949 zusammentreten, ziehen drei jüdische Abgeordnete ein – aber der eine, Jakob Altmaier, ist von Kurt Schumacher speziell für die Aufgabe ins Rennen geschickt worden, als Bindeglied zu den jüdischen Gemeinden und dem Staat Israel zu fungieren. Der andere, der höher hinaus will, versteht es, besser gar nicht erst von seinem Judentum zu sprechen: Der Hamburger SPD-Politiker Peter Blachstein nennt sich, nachdem er in seiner Jugend noch in jüdischen Vereinen aktiv war, im Parlamentshandbuch nun »glaubenslos« und bezeichnet sich als lediglich »politisch Verfolgter«. Und der Sozialdemokrat Rudolf Katz, der in seiner Jugend der jüdischen Gemeinde den Rücken gekehrt hat und 1947 schleswig-holsteinischer Landesjustizminister und 1951 sogar an das Bundesverfassungsgericht entsandt wird – »[u]nter den ätherischen Primadonnen der Karlsruher Justizpaläste wirkte er beinahe wie ein Volkstribun«, erinnert sich der *Spiegel,* »streitbar, leutselig, robust« –, nennt sich von nun an evangelisch.

Fritz Bauer gibt jetzt ebenfalls »glaubenslos« an. Auch betont er, er habe während des Exils nie Kontakt zur jüdischen Gemeinde oder der deutsch-jüdischen Emigration gehabt. Seine Tätigkeit als Skandinavien-Korrespondent der jüdischen *C. V.-Zeitung,* für die er Kontakte ins jüdische Leben knüpfen musste, lässt er dabei ebenso unter den Tisch fallen wie seine Exil-Freundschaft zu dem jüdischen Anwalt Erich H. Jacoby aus Berlin, der in Dänemark geplant hatte, seine Verlobte in einer traditionell jüdischen Zeremonie zu ehelichen, kurz bevor die Wehrmacht einmarschierte. Zu anderen Juden hält er nun kühl Distanz.

Rudolf Katz bietet Fritz Bauer in Schleswig-Holstein die politisch unauffällige Stellung eines Präsidenten des Verwaltungsgerichts an. Aber: »Ich bin dem nicht näher getreten«, erzählt Bauer einem Freund, »weil mir jede verwaltungsgerichtliche Erfahrung fehlt, im Übrigen auch weil ich vermute, dass die Leute mit einer solchen Stellung eine präsidentielle Würde verbinden, die ich nicht habe.«

In Hannover ermutigen ihn einige Genossen dazu, sich bei der Justizverwaltung zu bewerben, als Generalstaatsanwalt oder Präsident eines Strafsenats. Andererseits sind die Vorbehalte gegen Bauer mit Händen zu greifen. Bauer wirbt unter seinen Genossen für Wohlverhalten gegenüber den Alliierten – womit er sofort den Zorn mancher Parteirechter auf sich zieht. Schlimm, dieses Eintreten für »Wiedergutmachung und Potsdamer Beschlüsse«, ätzt einer in einem Brief über Bauer und dessen politisch Gleichgesinnte. »Dabei machen sie sich zu Schleppenträgern des übelsten Nationalismus – der anderen.« Es gehe jetzt »auf Hauen und Stechen ... mit diesen wurzellosen Botokuden, die keine Juden sein möchten ..., keine Deutschen sind und sich nicht getrauen, offen Bolschewisten zu werden«, schreibt der frühere Braunschweiger Reichsbannermann Hans Reinowski an den früheren Reichstagsabgeordneten Kurt Heinig. Heinig wiederum nennt Bauer einen »russischen Quisling«, also Kollaborateur.

Bauer plädiert dafür, die deutschen Gebietsverluste infolge des verlorenen Krieges zu akzeptieren. »Dieses ewige den Russen in den Arsch kriechen«, lästert da ein deutscher Genosse über ihn, »ist richtig zum Kotzen.«

Auf Bauers Bewerbung hin wird ihm vonseiten der SPD-Regierung nur mitgeteilt, dass der einflussreiche Posten des Generalstaatsanwalts in Hannover schon anderweitig reserviert sei. »Wahrscheinlich«, so vermutet Bauer, sei es die Absicht des Verantwortlichen, »mir eine mehr untergeordnete und deswegen mehr kontrollierte Stellung anzubieten.«

# 6
## Die Rehabilitierung der Männer des 20. Juli: Sein Verdienst

### Der Emigrant gegen die Nazi-Wiedergänger: Der Remer-Prozess 1952

800 Menschen drängen sich an diesem Abend im Frühjahr 1951 in dem viel zu kleinen Saal. Weitere 400 warten draußen, wo sie von einem roten Lautsprecherwagen mit aufgemaltem Parteiabzeichen unterhalten werden. Am Eingang stehen Ordner der Sozialistischen Reichspartei (SRP) mit roten Armbinden, schwarzen Hosen und langen Schaftstiefeln. Reichsfront nennt sich die für Saalschlachten gerüstete Ordnertruppe, Reichsjugend ihr Nachwuchsverband mit den olivgrünen Hemden und kurzen Hosen. Über dem Gedränge im Saal hängt Tabakrauch in dichten Schwaden, aus Lautsprechern rauscht der *Badenweiler-Marsch,* zu dessen Klängen einst Adolf Hitler die Waffen-SS paradieren ließ, gefolgt von *Preußens Gloria.*

»Die Niedersachsen sind die Preußen des 20. Jahrhunderts«, ruft der 39-jährige Otto Ernst Remer in den Saal, dass die Lautsprecher pfeifen, »in messianischem Lodengewand«, wie der *Spiegel* damals notiert, mit grünem Filzhut und gespreiztem Reichsadler mit dreißig schwarzen Federn am Jackettaufschlag. »Hier ist der Kristallisationskern eines künftigen gesamtdeutschen Reiches«, setzt der heftig gestikulierende Redner nach. Und die Menge – jubelt wie befreit.

»Es war das Klima der nationalsozialistischen Versammlungen um die Jahreswende 1931/32«, meint der Reporter der *Welt*. Elf Prozent der Stimmen holt der SRP-Mann Otto Ernst Remer, der gegen die »Diskriminierung« der alten NS-Parteigenossen zu Felde zieht, am Wahlsonntag, dem 6. Mai 1951. 16 Mandate bekommt die SRP im niedersächsischen Landtag. Darunter sind sogar vier Direktmandate. In 35 niedersächsischen Gemeinden erreicht die SRP die absolute Mehrheit.

Der Bundesvorsitzende der SRP, Fritz Dorls, der von der »revolutionären Technik« der Gaskammern schwadroniert, sitzt im fernen Bonn. Er ist einer von zwei SRP-Abgeordneten im ersten Deutschen Bundestag, der sich zu diesem Zeitpunkt noch nicht durch eine Fünfprozent-Hürde schützt. Aber die wahre Hochburg der Nazi-Wiedergänger liegt in Niedersachsen, die internationale Presse nennt die SRP deshalb schlicht Remer-Partei.

Die Partei ist ein echter Machtfaktor, was Konrad Adenauer Sorgen bereitet. Zwar beschließt die Adenauer-Regierung, vor dem Bundesverfassungsgericht ein Parteiverbot der SRP zu beantragen. Aber die CDU ist zugleich auf Integration aus: Die Mandatsträger der SRP unter anderem in Niedersachsen will der Kanzler zur Union hinüberlocken – ein Kalkül, das nur deshalb nicht aufgeht, weil das Bundesverfassungsgericht gleichzeitig mit dem Verbot der SRP am 23. Oktober 1952 auch deren Mandate kassiert.

Dass Otto Ernst Remer, eine schlaksige Gestalt mit hoher Stirn, im Kreis der Gestrigen den Ruf eines Helden genießt, hängt mit seiner Rolle am 20. Juli 1944 zusammen. Als kleiner Major hat er damals das Wachregiment in Berlin zu befehlen, als sich die Nachricht verbreitet, auf Hitler sei in seinem Quartier Wolfsschanze in Ostpreußen ein Bombenanschlag verübt worden. Remer hat die Aufgabe, das Regierungsviertel abzuriegeln, mit Joseph Goebbels mittendrin. Er stellt rasch fest, dass die Verschwörung bereits in sich zusammengesackt ist, nachdem sich herausgestellt hat, dass Hitler überlebt hat: So bleibt Remer wenig mehr, als dem bang wartenden Goebbels die gute Nachricht zu überbringen. »Der kleine Goebbels möchte dem Riesenkerl am liebsten um den Hals fallen«, besingt diesen Moment allerdings der NS-Propagandist und spätere *Spiegel*-Korrespondent Wilfred von Oven in seinem 1950 im Buenos Aires erschienenen Buch *Mit Goebbels bis zum Ende*. Aus dem schmächtigen Otto Ernst Remer wird in der hymnischen Verklärung »ein baumlanger, hagerer, braungebrannter Offizier, das Ritterkreuz mit Eichenlaub am Kragen der Feldbluse«. Hitler rühmt den kleinen Major Remer als Helden des Tages. Er befördert ihn aus Dankbarkeit zum Generalmajor, überträgt ihm die Führer-Begleit-Brigade, und Goebbels' Propaganda macht ihn zum *Wochenschau*-Star: Nicht Stauffenberg, sondern der über sich hinauswachsende kleine Major soll das Gesicht des 20. Juli werden.

»Er ist einer von Hunderten, ein Staubkörnchen unter Tausenden«, beschreibt ein Beobachter 1952 treffend diesen Werdegang: »Da war ein Lichtstrahl vorübergehuscht, und plötzlich war dieses Staubkörnchen sichtbar geworden. Ein Zufall hat den Major aus der dunklen Masse hervorgehoben. Aus Versehen geriet er in die große Geschichte. Nun möchte er im Licht bleiben.«

Remer brüstet sich nach dem Krieg mit seiner Tat. Er ruft, indem er auf die Verschwörer des 20. Juli 1944 schimpft, die Solidarität der alten Waffenbrüder wach. »Die Verschwörer sind zum Teil in starkem Maße Landesverräter gewesen, die vom Auslande bezahlt wurden«, ruft Remer kurz vor seinem spektakulären niedersächsischen Wahlerfolg in einen vollgepackten Saal. »Sie können Gift darauf nehmen, diese Landesverräter werden eines Tages vor einem deutschen Gericht sich zu verantworten haben«, formuliert Remer an jenem 3. Mai 1951 im Braunschweiger Schützenhaus.

Braunschweig. So kommt Fritz Bauer ins Spiel, der bereits seit 1950 Braunschweiger Generalstaatsanwalt ist.

Als Robert Lehr, Adenauers CDU-Innenminister, der selbst dem Widerstand angehörte, bei der Staatsanwaltschaft Strafanzeige gegen Remer wegen Verleumdung der Widerstandskämpfer als »Landesverräter« erstattet, da blockt der dortige Bearbeiter zunächst ab: Man sehe »keine Aussichten auf sicheren Erfolg« und empfehle daher, die Anzeige zurückzunehmen. Lediglich weil das niedersächsische Justizministerium vorsorglich angeordnet hat, alle Vorgänge, die mit Remer zu tun haben, nach oben zu berichten, erfährt Fritz Bauer von Lehrs Strafanzeige, bevor sie sang- und klanglos in den Akten verschwindet. Und Bauer – greift zu.

Seinen kleinen Stab von Juristen versetzt er in aufgeregte Bewegung. Noch Jahre später, als Fritz Bauer aus der niedersächsischen Provinz in die Metropole Frankfurt am Main befördert wird, werden seine Braunschweiger Mitarbeiter sarkastische Glückwünsche an die Kollegen in Hessen senden: Nun seien sie an der Reihe, Dr. Bauer zu ertragen. Bauer treibt die Juristen zur Eile an. »Baldigst« solle Remer angeklagt werden, verlangt er von seinen Mitarbeitern. »Wenn ich an Fritz Bauer denke, dann kommt es mir heute noch hoch«, erinnert sich später ein älterer

Braunschweiger Staatsanwalt im Gespräch mit einem jungen Referendar namens Helmut Kramer.

Schließlich diktiert Fritz Bauer einem seiner Oberstaatsanwälte die Anklageschrift in den Block – doch als dieser, ein vormaliger SA-Rottenführer namens Erich Günther Topf, sich weiter sträubt, die Behauptung Remers, die Männer des 20. Juli seien »Verräter«, nicht nur als Beleidigung, sondern auch als objektive Lüge zu werten, und als er seine Einwände dagegen auch noch handschriftlich unter dem Stichwort »Bedenken« in der Akte fixiert, da holt Bauer selbst die Robe aus dem Schrank. »Wegen der grundsätzlichen Bedeutung des Prozesses«, wie es heißt, werde der Generalstaatsanwalt persönlich die Anklage führen.

## Generalstaatsanwalt in Braunschweig 1950

Es ist eine eher kleine Bühne, auf der Fritz Bauer 1952 steht, ein überschaubares Amt. Umso mehr spricht es für seine großen Ambitionen, welche Aufmerksamkeit er mit dem Remer-Prozess schon kurz nach seiner Rückkehr nach Deutschland auf sich zieht.

Bauer kommt, als er im April 1949 endlich wieder Fuß fassen darf in Deutschland, in ein Provinzgericht unweit der Zonengrenze, und kurz darauf in ein Amt, das er ironisch als »Sinecure« umschreibt, sorglos, ohne allzu viel echte Verantwortung. Die Innenstadt von Braunschweig ist im Krieg vollkommen zerstört worden. Trümmer sind allgegenwärtig. Aus den Geröllbergen, die erst nach Jahrzehnten ganz abgetragen sein werden, erheben sich erste Waschbetonkästen. In einem Brief an Max Horkheimer, der auf Einladung Bauers im Braunschweiger Schwurgerichtssaal einen Vortrag über Wandlungen des Menschenbildes halten soll, scherzt Bauer 1954: »Sie schreiben, Sie freuten sich, die schöne Stadt Braunschweig kennenzulernen. Offenbar hat man Ihnen Prospekte aus dem Mittelalter geschickt; meines Wissens ist Heinrich der Löwe bereits vor einigen Jahren gestorben.«

»Sinecure«: Fritz Bauer wird einer von insgesamt 19 Generalstaatsanwälten, die sich über die junge Bundesrepublik verteilen, »General«, wie sie in der Justiz sagen. Sein Schreibtisch steht im Oberlandesgericht Braunschweig. Im föderalen System der Staatsanwaltschaft ist er einer der Provinzfürsten: Er führt die Aufsicht über die Strafverfolger in seinem gesamten Gerichtsbezirk. Die Staatsanwälte unter ihm gehen ihrer Arbeit selbstständig nach; als Generalstaatsanwalt kann Fritz Bauer eingreifen, muss aber nicht. Er kann den Staatsanwälten Leitlinien vorgeben, sie bei dem einen Delikt zur Strenge, bei den anderen zur Milde anhalten, und noch der entfernteste Ankläger in einem Dorfgericht innerhalb seines Einzugsbereichs ist gegebenenfalls an seine Weisungen gebunden. Die Unabhängigkeit der Justiz gilt für Richter, für Staatsanwälte gilt sie nicht. Für sie gilt eine strikte Behördenhierarchie. Welchen Geist der Generalstaatsanwalt den stets auslegungsbedürftigen Strafgesetzen in seinem Gebiet auch einhauchen möchte, er kann es per Order an die Staatsanwälte tun, oder er kann einzelne Fälle, an denen sich das justizpolitische Interesse besonders entzündet, auch direkt an sich ziehen und sie als Chefsache selbst ausfechten. Um ein Musterbeispiel für die Untergebenen abzugeben. Oder um eine Botschaft ins Land hinaus zu senden.

Über Fritz Bauer steht der niedersächsische Justizminister Otto Krapp. Er führt die Zentrumspartei in Niedersachsen, den kleinen Koalitionspartner des SPD-Ministerpräsidenten Hinrich Wilhelm Kopf. Der Justizminister ist ein Mann, der sein Jurastudium drei Jahre später als Bauer beendet hat und anschließend Rechtsanwalt und SA-Mitglied gewesen ist. Den Rückkehrer Bauer heißt er mit einem etwas bizarren Gruß im Justizdienst willkommen: Am 1. April 1950 erhält Bauer eine Urkunde zu seinem 25-jährigen Dienstjubiläum. Die vielen Jahre seit seiner Entlassung im Frühjahr 1933 aufgrund eines NS-Gesetzes hat man bei der Berechnung dieser Zeit rücksichtsvoll außen vor gelassen, um Bauer nicht zu benachteiligen gegenüber den Kollegen, die ihre Karrieren ungebrochen fortsetzen konnten.

Und das sind viele. Das niedersächsische Justizministerium gesteht im Jahr 1949 ein, dass die personelle Besetzung der Justiz im Wesentlichen dasselbe Bild abgebe »wie vor dem Zusammenbruch«, und auch der Rückkehrer Bauer gibt sich keinen Illusionen hin. »Es kann ... angenommen werden«, vermutet Bauer im Hinblick auf die deutschen Obergerichte, »daß zwei Drittel bis drei Viertel dieser Richter auch im nazistischen Unrechtsstaat in der Justiz tätig waren und daß diese so gut wie ausnahmslos entweder Parteimitglieder oder Militärrichter waren (Militärrichter konnten nicht zugleich der NSDAP angehören).« Bauer hat seit 14 Jahren nicht mehr juristisch arbeiten können. Bevor er nun in Braunschweig Generalstaatsanwalt werden darf, muss er zunächst ein Jahr lang als Vorsitzender Richter einer Strafkammer seine Fachkompetenz beweisen.

»Vorderhand«, so schreibt Bauer zwei Wochen nach seiner Rückkehr nach Deutschland an seinen Freund Kurt Schumacher, »fühle ich mich – viel mehr als ich erwartet hatte – wieder zu Hause. Die Menschen, sogar meine Kollegen, sind überaus freundlich und entgegenkommend.« Auf das einschränkende »vorderhand« folgt höflicherweise keine genauere Ausführung – Fritz Bauer ist Kurt Schumacher dankbar dafür, dass er ihn überhaupt nach Braunschweig in ein Amt hinein vermittelt hat; zuvor war er schließlich vier Jahre lang mit allen Stellengesuchen abgeblitzt.

Erst Jahre später, an ganz anderer Stelle, trägt Bauer nach: Die Ablehnung der Remigranten sei groß gewesen; man habe das vom ersten Augenblick an bemerkt. »Die Emigranten erinnerten an Dinge, die man verdrängen wollte. Die Leute hatten Angst vor Fragen, die man etwa an sie richten könnte.«

Als am 23. Mai 1949 das Grundgesetz in Kraft tritt, könnte es ein Moment der Freude sein, »(a)nlässlich der schwarzrotgoldenen Beflaggung am heutigen Tage«, so schreibt Bauer an Schumacher, »habe ich unseres alten Reichsbanners gedacht«. Aber es gibt kaum jemanden, mit dem er den Moment teilen könnte. Von Bauers gesamter weitverzweigter Familie lebt niemand mehr in Deutschland; die Kernfamilie ist in Skandinavien geblieben, viele Onkel, Tanten und Cousins sind in die USA, manche nach Lateinamerika oder Südafrika ausgewandert, einige ermordet worden.

Ähnlich steht es mit Freunden und Weggefährten: Fritz Bauers einstiger jüdischer Richterkollege Robert Bloch aus Stuttgart ist am 13. Juli 1942 nach Auschwitz deportiert worden, mit einem Vernichtungstransport, von dem niemand zurückkehrt. Auch von den Mitgliedern von Fritz Bauers alter Studentenverbindung, der liberalen jüdischen F.W.V., sind viele ermordet worden. Von den Entkommenen ist fast niemand nach Deutschland zurückgekehrt. Leo Herz etwa, jener »Frauenarzt mit möhrenfarbenem

Ziegenbart«, über dessen Trinksitten sich einst der pazifistische Schriftsteller Kurt Hiller so geärgert hat, lebt nun in London als Leo Hart. Andere haben es nach New York, Los Angeles oder Buenos Aires geschafft, einige nach Palästina. Bauer erfährt davon, weil ein früherer Bundesbruder, Ernst Rosenthal, gerade von London aus eine Wiederbelebung des Netzwerks versucht.

Als Fritz Bauer Post von Rosenthal bekommt, erfährt er auch, wie sich die Wege vieler seiner Studienfreunde im Lager Theresienstadt gekreuzt haben: »Das war ein Hallo, als plötzlich ... Karl-Wolfgang Philipp (genannt ›Bindestrich‹) nebst seiner jungen Frau mit einem Transport aus Holland zu uns stiessen«, berichtet der Bundesbruder Erich Simon. Karl-Wolfgang Philipp war, wie Bauer, aktiver Bundesbruder in Heidelberg 1922/23, Fritz Bauer kannte ihn dort als Ersten Vorsitzenden. Man habe in Theresienstadt regelmäßige Zusammenkünfte gehalten, kann er nun lesen, »nach alter FWV-Weise«, »wobei wir die FWVer-Einstellung aufrecht erhielten, ... negativ zu den KCern« – den im sogenannten Kartell-Convent organisierten, schlagenden jüdischen Verbindungen – »die unter den Akademikern der Siedlung durchaus die Mehrheit hatten«.

Sogar ein juristischer Abendzirkel sei in Theresienstadt gepflegt worden, »der stets von rund 100 Personen besucht war, wo die kompliziertesten Probleme internationaler vergleichender Rechtswissenschaft erörtert wurden«. Hunger, Krankheit und Deportationen kosteten die meisten Bundesbrüder letztlich das Leben. Einmal habe ein F.W.V.er in Theresienstadt am Sarg eines anderen leise gewünscht: »Schlafe wohl, alter treuer bierehrlicher Freund!« Der Bundesbruder, den sie »Bindestrich« nannten, sei schon kurz nach seiner Ankunft weiter in ein Vernichtungslager deportiert worden. »Ob es einmal wieder zu einer F.W.V. an einer Universität kommt«, resümiert 1948 der Verfasser des Berichts, Erich Simon, »lässt sich heute noch nicht entscheiden. Aber die Erinnerung an die F.W.V. soll leben, auch die an die F.W.V. Theresienstadt.«

Lediglich einem seiner früheren Heidelberger Bundesbrüder, so erfährt Bauer nun, ist es gelungen, im deutschen Staatsdienst wieder Fuß zu fassen. Der Bundesbruder Richard Neumann ist von den Alliierten als Generalstaatsanwalt in Berlin eingesetzt worden.

Berlin aber liegt fern. Der Süden von Niedersachsen, wo Fritz Bauer 1950 als Generalstaatsanwalt antritt, ist außerhalb der völlig zerbombten Stadt Braunschweig ein ländliches Umfeld, Rübenäcker und Pferdewiesen. Eine Welt, in der Sätze wie dieser, aus dem Redekonzept der Sozialistischen Reichspartei, die von 1949 an vor allem in Niedersachsen um Wählerstimmen wirbt, gut verfangen: »Glaubt man, den Antisemitismus zu besiegen dadurch, dass Emigranten in amerikanischer oder englischer Uniform 1945 einströmten, die man an den Nasen erkannte?«

Es ist dieses Umfeld, in dem Fritz Bauer als »General« nur ein denkbar kleines Territorium abbekommt. Jeder Generalstaatsanwalt in der Bundesrepublik herrscht über ein Gebiet von der Größe des Einzugsgebiets eines Oberlandesgerichts, und da Flächenländer wie Bayern, Nordrhein-Westfalen und eben Niedersachsen mehrere Oberlandesgerichte über ihre Weiten verteilen, muss Bauer sich das Bundesland noch mit zwei weiteren Generalstaatsanwälten teilen. Bauer, in Braunschweig, ist derjenige mit dem kleinsten, obendrein am dünnsten besiedelten Bezirk, also auch mit den geringsten Mitteln.

Die Aufarbeitung der NS-Verbrechen ist in der Braunschweiger Justiz durchaus schon ein Thema, als Bauer hier ankommt. Gerade steht Dietrich Klagges vor einer Strafkammer, unter den Neonröhren des Schwurgerichtssaals drängen sich an einem Wintermorgen zahlreiche Journalisten, um ihn zu sehen. Klagges, der von zwei Uniformierten hereingeführt wird, war von 1933 bis 1945 Ministerpräsident des Landes Braunschweig. Nach einem aufwendigen Prozess, in dem 250 Zeugen gehört werden, verurteilen ihn drei von Bauers Richterkollegen 1950 zu lebenslanger Freiheitsstrafe. Bauer wird später als Generalstaatsanwalt alle Mühen haben, dieses klare Urteil in der Revision zu verteidigen. Auch kleinere NS-Chargen stehen in der Anfangszeit gelegentlich vor Gericht. Aber es sind wenige. Immer hängt es von Zufällen ab. Davon, ob die Westalliierten Druck machen (was sie nur zu Anfang tun), ob sich die Öffentlichkeit über einen Fall besonders erregt (was bald nachlässt) und ob die Staatsanwaltschaft den politischen Willen dazu aufbringt, daraufhin einen Prozess zu initiieren. Fritz Bauers Vorgänger im Amt des Braunschweiger Generalstaatsanwalts, Curt Staff, hat zwar den Prozess gegen Dietrich Klagges angestrengt – aber er hat seine Leute dazu förmlich drängen müssen, nachdem sie eigentlich schon 1945 von den Alliierten dazu aufgefordert worden waren.

Derjenige, der bremst, darf eher auf eine Karriere hoffen als derjenige, der aufklärt. Das zeigt sich auch, als der Bundesgerichtshof, die Spitze der deutschen Strafjustiz, 1958 in einer Untersuchung eine ganze Reihe offizieller Äußerungen zitiert, die illustrieren, dass die Bundesrepublik kein einziges der Nürnberger Urteile juristisch anerkenne, der Bundestagsabgeordnete und zwischenzeitliche Bundesjustizminister (1956–57) Hans-Joachim von Merkatz von der Deutschen Partei bezeichnet die Nicht-Anerkennung dieser Urteile sogar als Frage der »deutschen

Würde«. Und während Merkatz konsequent von »mutmaßlichen« Kriegsverbrechen spricht, ist auch beim Bundesgerichtshof im Hinblick auf die Strafsprüche der Alliierten nur von »sogenannten« Kriegsverbrechern die Rede. Die wenigen Ausnahmefälle, bei denen in dieser Zeit ein früherer SS- oder Gestapo-Täter vor einen deutschen Richter treten muss, erinnern Beobachter unterdessen vor allem daran, was inzwischen zum Regelfall geworden ist: dass Abertausende in Positionen der Macht zurückkehren, in die Polizei, in Ministerien, bald auch in die neu gegründete Bundeswehr.

»Die Beamten«, so erinnert sich Fritz Bauer später, »einschließlich der Richter und Staatsanwälte mit dem Bundesgerichtshof an der Spitze, betrachteten sich als den ruhenden Pol in der Erscheinungen Flucht und sahen in ihrer Seßhaftigkeit und Unabsetzbarkeit eine Garantie für die Kontinuität der deutschen Geschichte. Nach einem berühmten Satz von Kant soll jedem Juristen jede jetzt vorhandene Verfassung und, wenn diese höheren Ortes abgeändert werde, die nun folgende immer die beste sein. Mit dieser Philosophie wurde der deutsche Beamte zu einem auswechselbaren Funktionär, einem Rechtshandwerker ohne Überzeugung und Gewissen herabgewürdigt, der, wenn er nur lang genug lebte, in seinem bescheidenen Erdenwallen bis 1918 seinem Kaiser und König, weiter bis 1933 einer formalen Republik, sodann bis 1945 einem Gangsterregime und nach seinem Zusammenbruch einem an den Menschenrechten orientierten demokratischen und sozialen Rechtsstaat jeweils nach Eidesleistung ›gewissenhaft‹ dienen konnte.«

## »Die Frage wirkt sofort elektrisierend«: Ein Land diskutiert den Widerstand

Als Fritz Bauer 1952 in Braunschweig gegen Otto Ernst Remer antritt – der jüdische Remigrant gegen den Star der Nazi-Wiedergänger –, da steht vor dem Landgericht in der Braunschweiger Münzstraße an jedem Morgen schon eine Stunde vor Saalöffnung eine lange, dicke Menschenschlange. Das Gericht lässt Einlasskarten drucken. Die SRP kündigt sich mit 25 Zuschauern an, darunter die gesamte 16-köpfige Landtagsfraktion sowie der Bundes- und Landesvorstand. »Otto Ernst Remer auf der Anklagebank zieht seine Stirn in Falten, lächelt, flüstert mit vorgehaltener Hand mit seinen Verteidigern«, notiert ein Prozessbeobachter. Wann immer er die Chance erhält, erhebt er sich von seinem Platz und hält eine kleine Ansprache, wobei die eine Hand lässig in der Jackentasche zurückbleibt und die andere zackig durch die Luft fährt. Das Gerichtsgebäude liegt teils noch in Trümmern, durch die Gänge dröhnen Hammerschläge, während im Saal der Vorsitzende Richter Ruhe fordert und immer wieder in Richtung der Zuschauerbänke mahnt, von Beifallsäußerungen abzusehen.

Der 20. Juli kommt vor Gericht: So verstehen es bundesweit die Zeitungen, die über den bevorstehenden Prozess berichten. Die Anklage gegen Remer sei nur ein formaler Anlass. Die juristische Petitesse der üblen Nachrede – ein Delikt am unteren Ende der Skala – bilde lediglich den Hintergrund, vor dem sich die eigentliche, viel größere Auseinandersetzung im Braunschweiger Gerichtssaal entfalten solle. Üble Nachrede setzt nämlich (anders als Beleidigung) juristisch voraus, dass eine unwahre Tatsache behauptet worden ist. Das Gericht muss also auch darüber diskutieren, ob Remers Aussage, die Attentäter des 20. Juli seien Verräter gewesen, sachlich wahr oder unwahr ist. Um diese Frage geht es, und deshalb wird es ein großer Prozess.

Zwar ist die junge Republik, die sich nach Adenauers Willen wieder bewaffnen soll, dringend auf der Suche nach historisch unbelasteten Vorbildern und Traditionen. Der Aufstand des militärischen Gewissens in der Gestalt der Männer des 20. Juli böte sich da an. Aber es gibt auch die ehemaligen Wehrmachtssoldaten, die ihrem Eid auf Hitler bis zuletzt treu geblieben sind – das sind Millionen, und je heller die Figur Stauffenberg gezeichnet wird, umso dunkler muss daneben die Masse der Deutschen erscheinen, die nicht rebelliert haben. Die SPD im Bundestag möchte die Legalität von »aus Überzeugung« geleistetem Widerstand gern per Gesetz klarstellen, doch die CDU kalkuliert: Damit überließe man es den kleinen Koalitionspartnern FDP und Deutsche Partei, den mächtigen Soldatenvereinen eine parlamentarische Stimme zu geben. Fritz Bauer ist nicht der erste Jurist, der sich in dieser Situation den SRP-Mann Otto Ernst Remer vornimmt. Er ist auch nicht der Erste, der den 20. Juli 1944 vor Gericht zum Thema macht. Aber er ist der Erste, der es in derart großem Stil tut, dass das ganze Land hinschaut und den im Gerichtssaal vorgetragenen Argumenten lauscht. Bauer lädt die Presse ein, zu der er seit seinen ersten Tagen in Braunschweig ein gutes Verhältnis aufgebaut hat, und er organisiert ein derart großes Aufgebot an deutschem Geist – es kommen der Bundesminister für Vertriebene, der Präsident des Bundesamtes für Verfassungsschutz, Kirchenleute und Militärs –, konzentriert in einem einwöchigen Prozess, dass vom Gerichtssaal tatsächlich so etwas wie Breitenwirkung ausgeht.

Schon kurz nach Bauers Schlussplädoyer in Braunschweig, das von den Medien ins ganze Land hinausgetragen wird, weiht der Berliner Oberbürgermeister Ernst Reuter ein Denkmal für Stauffenberg im Bendlerblock ein. Die Witwe Stauffenbergs, bislang von der Offizierswitwenrente ausgeschlossen, wird aus der staatlichen Ächtung befreit, ihr Mann rehabilitiert. Theodor Heuss bekennt sich vor Berliner Studenten zum deutschen Widerstand und spricht von den »Helden« des 20. Juli, den Männern, die »durch das Blut ... die Scham ... weggewischt« haben, »in die Hitler uns Deutsche gezwungen hatte«. Zwar wird es noch bis in die 1960er-Jahre hinein dauern, bis das regelmäßige Gedenken im Bendlerblock beginnt und das Porträt des Hitler-Attentäters Stauffenberg erstmals auf einer Sonderbriefmarke erscheint. Aber das Jahr 1952 markiert unzweifelhaft eine Zäsur. Nur 38 Prozent der Deutschen befürworten, als sie kurz vor Prozessbeginn befragt werden, die Taten der deutschen Widerstandskämpfer. Am Ende des geschichtspolitisch turbulenten Jahres 1952, das im Braunschweiger Gerichtssaal beginnt, sind es bereits 58 Prozent.

Wie stark die Menschen auf den Remer-Prozess reagieren, ist im Gerichtssaal deutlich zu spüren, wie ein Beobachter notiert: »(D)a wird sehr breit erörtert, ob nicht die Verschwörer des 20. Juli Divisionen für ihren Staatsstreich zurückgelassen hätten, während die Front aus Mangel an Soldaten verblutete. Man spürt, daß das hier das Publikum anspringt; selbst die Polizisten im Saale tauschen ihre Erinnerungen aus der Kriegszeit aus. Die Frage, ob es ›Sabotage‹ gegeben habe, wirkt sofort elektrisierend.« Sie soll hier mit juristischer Verbindlichkeit geklärt werden. Wenn der Generalstaatsanwalt Fritz Bauer obsiegt, dann ist auch jeder andere Bürger in Deutschland gewarnt, dass er die Widerstandskämpfer in den Reihen des Militärs nicht mehr ungestraft »Verräter« nennen darf.

Dabei hat Bauer juristisch ein schwaches Blatt in der Hand. Der Vorwurf der üblen Nachrede gegen Otto Ernst Remer steht auf wackeligen Füßen. Denn die Aussage, die Hitler-Attentäter seien Verräter gewesen, lässt sich auf verschiedene Weisen verstehen: umgangssprachlich, moralisch, keineswegs nur eng-juristisch. Da ist Platz für die Meinungsfreiheit. Als 1950 der Bundestagsabgeordnete der Deutschen Partei Wolfgang Hedler wegen ähnlicher Aussagen wie Remer – etwa, die Widerstandskämpfer seien »Lumpen« und »Verräter« – in Kiel vor Gericht gestanden hat, da hat der Richter zwar einen Mangel an Taktgefühl Hedlers gerügt, letztlich aber geschlossen, es handle sich um eine politische Meinung des Abgeordneten, über die das Gericht ebenso wenig zu urteilen habe wie über die Widerstandskämpfer. Das Ergebnis: ein Freispruch, weil das scharfe Schwert des Strafrechts in einer Demokratie nicht dazu da sei, im Meinungskampf zu richten. Auch Theodor Heuss äußert 1952 die Auffassung, die Gerichte, »so sachlich ihre Verfahren und so redlich ihr Bemühen um Rechtsfindung sein mögen, sind für solche Geschichtsurteile, die keine Gerichtsurteile sind, unzuständig«.

Selbst einer der Historiker, die Fritz Bauer um eine Aussage als Sachverständiger in Braunschweig bittet, Hans Rothfels, äußert sich so. Remers Behauptung, die Hitler-Attentäter hätten sich zu einem »Verrat« entschlossen, müsse nicht unbedingt eine objektive Lüge darstellen. »Ich darf als bekannt unterstellen, dass mir das Andenken der Widerstandskämpfer außerordentlich hoch steht und daß ich ihre tendenziöse Verunglimpfung tief bedaure«, schreibt Rothfels an Bauer. »Zum Juristischen habe ich als

Laie kein Urteil. Aber wenn ich von der Verteidigung, wie mit Sicherheit anzunehmen ist, über die Tatsachen befragt werde, so sehe ich nicht, wie ich bestreiten könnte, daß im positiv rechtlichen« – also allein am seinerzeitigen Gesetz orientierten – »Sinn die Männer des 20. Juli Hochverräter waren und einige von ihnen ... auch Landesverräter ...«

Die Sache wird für Fritz Bauer noch schwieriger dadurch, dass sich Remer mit seiner Ansicht, die Widerstandskämpfer hätten sich eines »Verrats« schuldig gemacht, in Niedersachsen sogar auf offizielle Gerichtsdokumente berufen kann. »Es lässt sich nicht widerlegen, dass die Todesurteile« des NS-Marinerichters Manfred Roeder gegen 56 Widerstandskämpfer »rechtmäßig waren«, schreibt ein Lüneburger Oberstaatsanwalt. Denn die Militäropposition habe ein »ungeheures Maß an Schuld auf sich genommen. ... Blut deutscher Soldaten« sei »unnütz und unschuldig durch ihre Verratshandlungen geflossen«. Die Worte stammen übrigens von Erich Günther Topf, just jenem Oberstaatsanwalt, den Fritz Bauer kurz zuvor von Braunschweig nach Lüneburg strafversetzt hat.

Dass es nur eine einzige Wahrheit und nur eine einzige strafrechtlich akzeptable Sichtweise auf den deutschen Widerstand gebe – auf dieser Ansicht basiert die Anklage des Generalstaatsanwalts Fritz Bauer, doch auf diese Ansicht wollen sich 1952 die Braunschweiger Richter der Dritten Großen Strafkammer jedenfalls nicht festlegen lassen. (Die Gegenmeinung, wonach die Widerstandskämpfer unmoralisch gehandelt hätten, ist dann durchaus noch lange lebendig in Deutschland: Die 30 000 Männer, die von der Wehrmachtsjustiz wegen »Kriegsverrats« hingerichtet wurden, werden erst 2010 rehabilitiert, weil sich bis dahin die Union im Bundestag dagegen sträubt. Der

CSU-Abgeordnete Norbert Geis erklärt dort: »Auch in einem ungerechten Krieg müssen Rechtsregeln gelten, kann nicht das Verbrechen des Verrats generell als gerechtfertigt abgesegnet werden.«) Die Braunschweiger Richter greifen der Debatte nicht vor, und sie erklären nicht von vornherein eine Position darin für strafbar, wie es Fritz Bauer beantragt hat. Ob die Männer des 20. Juli Verrat geübt hätten, das sei nicht nur eine Frage von Paragrafen, urteilen die Richter, sondern auch von moralischen Wertungen, die grundsätzlich jedem selbst überlassen seien. Otto Ernst Remer, so kann man ihr Urteil zusammenfassen, habe da seine Meinung. Lediglich in der Form habe er überzogen. Weshalb er zwar wegen Beleidigung zu drei Monaten Freiheitsstrafe verurteilt wird, nicht aber wegen übler Nachrede (was eine objektive Lüge voraussetzt). Ebenso vorsichtig – oder andersherum betrachtet: freundlich gegenüber der Meinungsfreiheit – entscheidet später auch der Bundesgerichtshof.

Aber wichtig für den Umschwung der Mehrheitsmeinung im Jahr 1952 sind nicht die juristischen Kautelen eines Urteils, sondern die Szenen eines Prozesses, die sich der Öffentlichkeit einprägen. Deshalb ist dieses milde Urteil für Bauer keine Niederlage. Bauer präsentiert in Braunschweig hochkarätige Fürsprecher für sein Argument, dass die Taten der Widerstandskämpfer nicht nur legitim, sondern auch legal gewesen seien. In die öffentliche Debatte kommt dadurch Bewegung – mehr als in die juristische Debatte innerhalb der Dritten Großen Strafkammer. Schon seit Sommer 1951, als die Planungen für den Prozess gerade erst beginnen, befeuert Fritz Bauer diese Debatte mit öffentlichen Äußerungen.

Die Widerstandskämpfer im Militär hätten keineswegs ihren soldatischen Eid gebrochen, erklärt er etwa – denn es sei davon auszugehen, dass der Hitler-Eid ohnehin »unsittlich« war. »Eine eidliche Verpflichtung zum unbedingten Gehorsam nicht gegenüber Gott, Gesetz oder Recht oder Vaterland, sondern gegenüber einem Menschen ist in der deutschen Rechtsgeschichte vor Hitler unbekannt und unsittlich«, formuliert Fritz Bauer dies später noch einmal. Wie ein sittenwidriger Vertrag nach dem Bürgerlichen Gesetzbuch null und nichtig ist, so sei auch der Hitler-Eid unwirksam. Niemand brauche sich gebunden zu fühlen. Das soll den Millionen »Eidtreuen« im Land den nachträglichen Bruch erleichtern, es soll ihnen eine Brücke bauen. Doch es löst Missverständnisse aus – und einen Sturm der Empörung. »Deutschland diskutiert die Eid-Frage«, titelt die *Neue Zeitung* im November 1951, und nur wenige Tage zuvor schreibt die *Süddeutsche Zeitung*: »Ginge es nur nach der Anzahl der gewechselten Worte, so müßte man glauben, das deutsche Volk habe sich am vergangenen Wochenende für nichts anderes interessiert als für die Stellung des Soldaten in der Welt.«

Dass sich unter der »Sturmflut der Briefe«, die Fritz Bauer nun über sein Büro hereinbrechen sieht, auch die ersten Morddrohungen befinden, scheint nicht weiter ins Gewicht zu fallen. Nach den Jahren im Exil, abgeschieden an der Peripherie, wirkt die Schärfe der Auseinandersetzung plötzlich wie das pure Leben. Bauer sprüht im Gerichtssaal vor Schlagfertigkeit, als »sprudelnden« und »unter den Stichen des Verteidigers immer wieder hochschießenden Generalstaatsanwalt« erlebt ihn ein Reporter, und anschließend liest er in seinem Büro noch alle Briefe und beantwortet viele persönlich. Eines der ankommenden Schreiben ist auf offiziellem Bundestagspapier geschrieben und nur mit »ein Abgeordneter« unterzeichnet: »Wer einen Eid geschworen hat, darf ihn nicht brechen, sonst ist er ein Meineidiger, ein Verräter und ein Verbrecher am Volke ... Wenn ich auf die Staatsverfassung oder auf den obersten Landesherren einen Eid geschworen habe, bei dem ich Gott zum Zeugen anrufe, dann muß ich ihn unter allen Umständen halten, sonst bin ich eidbrüchig, ein Hoch- und ein Landesverräter.«

Ein Vater, dessen Sohn in den Reihen der Wehrmacht gefallen ist, entrüstet sich in einem Brief, Fritz Bauer würde die Soldaten entehren. Worauf Bauer antwortet: »Um Ihnen, die Sie Ihren Sohn im Krieg verloren haben, zu zeigen, in welche Konflikte Hitler und sein Soldateneid junge Menschen gebracht hat, darf ich vielleicht den Brief eines einfachen Bauers an seine Eltern zitieren ... Er trägt das Datum vom 3. 2. 1944. ›Liebe Eltern! Ich muß Euch eine traurige Nachricht mitteilen, dass ich zum Tode verurteilt wurde, ich und Gustav G. Wir haben es nicht unterschrieben zur SS, da haben sie uns zum Tode verurteilt ... Wir beide wollen lieber sterben, als unser Gewissen mit so Greueltaten beflecken. Ich weiß, was die SS ausführen muss. Ach liebe Eltern, so schwer es für mich und Euch ist, ... verzeiht mir und betet für mich. Wenn ich im Krieg fallen würde und hätte ein böses Gewissen, das wäre auch traurig für Euch ...‹«

Fritz Bauer verbleibt mit freundlichen Grüßen.

Ein anderer Briefschreiber appelliert: »Herr Generalstaatsanwalt, ich weiß nicht, wie das Urteil gegen Herr Remer ausfallen wird. Ich habe eine Bitte, kein Urteil zu fällen, weil Herr Remer als Soldat am 20. Juli 1944 gegenüber Volk und Führung seine Pflicht getan hat. Ein solches Urteil wäre für alle ehemaligen Soldaten unverständlich.«

Das hat Bauer freilich auch nicht vor. Nicht Otto Ernst Remers Gehorsam am 20. Juli 1944 soll angeklagt, sondern lediglich der Ungehorsam der Hitler-Attentäter verteidigt werden gegen Schmähungen. Und um die Deutschen von der moralischen Richtigkeit des Widerstands gegen das NS-Regime zu überzeugen, umgarnt Bauer das Publikum jetzt mit dem Angebot einer annehmbaren Identifikationsfigur: Claus Schenk Graf von Stauffenberg; deutschnational, Aristokrat, jahrelang Hitler treu ergeben.

## »Mein Mitschüler Stauffenberg«: Ein Plädoyer, das Geschichte schreibt

»Meine Herren Richter!«, beginnt das Plädoyer. Es wird, so staunt der Reporter der *Zeit*, ein Auftritt, bei dem Fritz Bauer beinahe vergessen lässt, dass der Angeklagte Remer überhaupt im Saal ist. Es wird eine grundsätzliche, rhetorisch sehr versierte Rede, die sorgsam auf die eigentliche Zielgruppe abgestimmt ist: die Deutschen draußen vor den Radios und an den Zeitungsständen. Bauer spricht viel in der Wir-Form. Allein fünfmal verwendet er das Wort Vaterland.

»Es ist nicht die Absicht der Staatsanwaltschaft, dem seinerzeitigen Major Remer deswegen den Prozess zu machen, weil er sich am 20. Juli 1944 dem Widerstandskampf versagt hat. Zur Aburteilung steht, dass das Vorstandsmitglied der SRP Remer die Widerstandskämpfer des 20. Juli verleumdete und beschimpfte, indem er sie Hoch- und Landesverräter hieß.«

»Was am 20. Juli 1944 vielen noch dunkel vorgekommen sein mag, ist heute durchschaubar, was damals verständlicher Irrtum gewesen sein mag, ist heute unbelehrbarer Trotz, böser Wille und bewusste Sabotage unserer Demokratie.«

»Das Ziel dieses Prozesses ist nicht, Zwietracht zu säen, sondern Brücken zu schlagen und zu versöhnen, freilich nicht durch ein faules Kompromiß, sondern durch die Klärung der Frage: ›Waren die Männer des 20. Juli Hoch- und Landesverräter?‹ durch ein demokratisches, unabhängiges Gericht. Die Bundesrepublik und das Land Niedersachsen bringen dieser Strafkammer in Braunschweig das Vertrauen entgegen, unabhängig und gerecht die Frage zu entscheiden.«

»Die Frage, ob die Männer des Widerstandskampfes vom 20. Juli Hoch- und Landesverräter waren, ist schon einmal entschieden worden. Sie wurde unter Missbrauch strafprozessualer Formen vom Volksgerichtshof in Berlin durch Freisler bejaht, bis, gestatten Sie das Wort, die ›Vorsehung‹ Freisler während seiner Scharfrichtertätigkeit erschlug.« Bauer spielt darauf an, dass Hitlers oberster Scharfrichter Roland Freisler während eines amerikanischen Bombenangriffs von einem herabstürzenden Balken im Gerichtsgebäude getötet wurde.

»Heute geht es um eine ›Wiederaufnahme‹ dieses Verfahrens. Es ist Aufgabe der Staatsanwaltschaft, Aufgabe der Richter des demokratischen Rechtsstaates, die Helden des 20. Juli ohne Vorbehalt und ohne Einschränkung zu rehabilitieren, aufgrund der Tatsachen, die uns heute bekannt sind, aufgrund des damals und heute, des ewig geltenden Rechts.«

»Die Staatsanwaltschaft beantragt, den Angeklagten zu verurteilen wegen eines Vergehens der üblen Nachrede und wegen eines Vergehens der Verunglimpfung des Andenkens Verstorbener im Sinn der Paragrafen 186 und 189 des Strafgesetzbuches.«

Bauers erstes Argument: Ungehorsam gegen menschenverachtende Gesetze ist christlich. »Ich könnte mir die

Sache einfach machen«, hebt Bauer vor dem vollgepackten Braunschweiger Gerichtssaal an, »und kurzerhand auf die Gutachten der drei theologischen Sachverständigen verweisen. Sie haben übereinstimmend erklärt, dass nach dem Standpunkt der evangelischen und der katholischen Moraltheologie den Männern des 20. Juli kein Vorwurf des Landesverrats zu machen sei, da sie den Willen gehabt haben, ihr Land nicht zu verraten, sondern zu retten.« Ganz so einfach, wie Bauer tut, ist die Sache nicht: Tatsächlich hat er recht lange suchen müssen, bevor er drei Theologen in den Zeugenstand rufen konnte, die Professoren Hans Joachim Iwand und Ernst Wolf, zwei Köpfe der Bekennenden Kirche, und Professor Rupert Angermair vom katholischen Priesterseminar in Freiburg. Diese drei sind in der Minderheit in ihren Kirchen; noch 1946 hat sich die Leitung der hannoverschen Landeskirche nachträglich gerechtfertigt, dass man nie gegen die Nationalsozialisten rebelliert habe: Der nationalsozialistische Staat sei eine Obrigkeit im Sinne der Zwei-Reiche-Lehre gewesen, von der Kirche zu respektieren. Zwar sei sie unchristlich, ja antichristlich gewesen, aber »(t)rotzdem haben wir ihr in äußeren Dingen den schuldigen Gehorsam erwiesen. ... Wir ... glauben uns darin mit der Heiligen Schrift und der Lehre Martin Luthers in Einklang zu befinden.« Fritz Bauer übergeht das bewusst. Nicht diese Botschaft soll eine Bühne bekommen, sondern die Gegen-Botschaft, auch wenn man die Theologen dafür bislang mit der Lupe suchen muss.

Bauers zweites Argument: Ungehorsam ist patriotisch. Der Tatbestand des Landesverrats setzte im Jahr 1944 juristisch voraus, dass der Täter beabsichtigte, das »Wohl des Reiches zu gefährden« oder »schwere Nachteile für das Reich herbeizuführen«. Aber, so Bauer: »Meine Richter,

Sie haben eine Reihe von Zeugen gehört. Ich glaube, es gibt niemanden in diesem Saal, der den Mut hätte zu sagen, einer der Widerstandskämpfer hätte nicht mit der heiligen Absicht gehandelt, seinem deutschen Vaterlande zu dienen. Stauffenberg starb mit den Worten auf den Lippen: ›Es lebe das heilige Deutschland!‹ Am 20. Juli war der Krieg endgültig verloren. Am 20. Juli war das deutsche Volk total verraten, verraten von seiner Regierung, und ein total verratenes Volk kann nicht mehr Gegenstand eines Landesverrats sein. Genauso wenig, wie man einen toten Mann durch einen Dolchstoß töten kann. Das ist noch nicht einmal ein untauglicher Versuch. Der Krieg war schon lange vorher verloren«, sagt Bauer, der dafür den Göttinger Professor Percy Schramm als Zeugen präsentiert hat, den Mann, der von 1943 bis 1945 im Wehrmachtsführungstab das Kriegstagebuch des Oberkommandos führte, »und die Widerstandskämpfer haben es gewusst«.

»Jeder Versuch, den Krieg zu verhüten«, so beschwört Bauer sein deutsches Publikum an den Zeitungskiosken und Radiogeräten, »jeder Versuch, den Krieg abzukürzen, bedeutete eine Ersparnis deutscher Menschenleben, deutscher Wohnungen, ein Plus deutscher Weltgeltung.« Und dabei hätten sich die Widerstandskämpfer nicht einmal gegen geltendes Recht erheben müssen. Denn nicht nur sei schon das Ermächtigungsgesetz von 1933 verfassungswidrig gewesen, weil die dafür nötige Zweidrittelmehrheit im Reichstag nur möglich war, nachdem die Regierung in verfassungswidriger Weise die kommunistischen Mandate für ungültig erklärte. »(D)er nationalsozialistische Staat war seinem Inhalt nach ein Unrechtsstaat. Dies ist für den Juristen unseres Rechtsstaates nichts Neues. Seit 1945 haben sämtliche Gerichte, das Schwurgericht in diesem Saal, der Oberste Gerichtshof in Köln und der Bundesgerichtshof ausgesprochen, dass das Dritte Reich ein Gewalt- und Willkürsystem gewesen ist.«

»Hitler war nicht nur, das muss leider Gottes gesagt werden, der oberste Kriegsherr kraft Usurpation«, also widerrechtlicher Machtaneignung, »sondern auch der oberste Kriegsverbrecher, der größte Verbrecher, den wir nach unserem Strafgesetzbuch besessen haben. Ich verweise auf die Entscheidung des Bundesgerichtshofes in Zivilsachen Band 3, Seite 107, die letzte Entscheidung unseres obersten Gerichtshofes zu diesem Thema. Hier heißt es: ›Das Gesetz findet dort seine Grenzen, wo es in Widerspruch zu den allgemein anerkannten Regeln des Völkerrechts oder zu dem Naturrecht tritt oder der Widerspruch des positiven Gesetzes zur Gerechtigkeit ein so unerträgliches Maß erreicht, dass das Gesetz als unrichtiges Recht der Gerechtigkeit zu weichen hat. Wird der Grundsatz der Gleichheit bei der Satzung des positiven Rechts überhaupt verleugnet, dann entbehrt das Gesetz der Rechtsnatur und ist überhaupt kein Recht.‹ Diese Worte des Bundesgerichtshofes gelten für die gesamte Gesetzgebung des Dritten Reiches. Ich stelle deswegen den Satz auf: Ein Unrechtsstaat wie das Dritte Reich ist überhaupt nicht hochverratsfähig.«

»Ein Unrechtsstaat, der täglich Zehntausende Morde begeht, berechtigt jedermann zur Notwehr gemäß Paragraf 53 Strafgesetzbuch. Jedermann war berechtigt, den bedrohten Juden oder den bedrohten Intelligenzschichten des Auslandes Nothilfe zu gewähren. Insoweit sind alle Widerstandshandlungen durch den Paragraf 53 Strafgesetzbuch gedeckt.«

Die Krönung von Bauers Plädoyer aber ist sein drittes Argument: Ungehorsam gegen einen Tyrannen sei so urdeutsch wie nur irgendetwas. Dies in Richtung der Deutschnationalen, deren Getöse zumal in Niedersachsen gerade wieder anschwillt. »In diesem Saal ist einmal seitens der Verteidigung das Wort gefallen, wir sprechen hier deutsches Recht. Jawohl, hier sprechen wir deutsches Recht. Deswegen halte ich es für meine Verpflichtung, gerade darauf hinzuweisen, was altes deutsches, germanisches Recht ist. Ich erinnere an das stolze Wort des *Sachsenspiegels*: ›Der Mann muss auch wohl seinem König, wenn dieser Unrecht tut, widerstehen und sogar helfen, ihm zu wehren in jeder Weise, selbst wenn jener sein Verwandter oder Lehnsherr ist. Und damit verletzt er seine Treupflicht nicht.‹«

»Wenn es um den 20. Juli geht, dann ist es Zeit, sich an das germanische Widerstandsrecht zu erinnern und an die alte deutsche Demokratie. Da erzählt uns zum Beispiel Snorri Sturluson folgende herzhafte Geschichte: ›Als der König gegen den Wunsch seines Volkes keinen Frieden mit den Norwegern schließen will, redet der greise Gesetzsprecher von Tiundaland: Dieser König lässt keinen mit sich sprechen und mag nichts hören, als was ihm selbst wohlgefällig zu hören ist. Deshalb wollen wir Bauern, dass du, König Olaf, Frieden schließt. Willst du aber unser Begehren nicht erfüllen, so werden wir dich töten und nicht länger Unfrieden und Ungesetzlichkeit dulden; denn so haben es unsere Voreltern gemacht. Sie stürzten fünf Könige in einen Brunnen bei Mulathing, weil sie so von Hochmut erfüllt waren wie du gegen uns.‹ Das ist die kernige Sprache der deutschen Vergangenheit. Der Untertaneneid im deutschen Staatsrecht ging auf Treue, aber Gehorsam oder gar unbedingter Gehorsam war den Deutschen ein fremder Begriff. Gehorsam, sagten die Germanen, gilt für Sklaven, der Freie ist nur zur Treue verpflichtet, und Treue setzt Gegenseitigkeit voraus.«

»Die Gedankengänge des deutschen Rechts decken sich mit dem, was unsere Theologen über die theologische Situation gesagt haben. Das Widerstandsrecht hat sich über die Magna Charta zum Ständestaat weiterentwickelt. In der Magna Charta wurde das Widerstandsrecht des Volkes bei den 25 Baronen Englands konzentriert und monopolisiert. Sie waren die Vorläufer des Ständestaats, der konstitutionellen Monarchie und der parlamentarischen Demokratie. Das Widerstandsrecht des Volkes und des Einzelnen ruhte, weil ihre Rechte von den Ständen und dem Parlament wohl gehütet waren. Es gibt kein Widerstandsrecht im Rechtsstaat, solange die Menschenrechte gewahrt werden, solange eine Möglichkeit zur Opposition besteht und einem Parlament Gelegenheit zur Gesetzgebung gegeben ist, solange unabhängige Gerichte walten und die Gewalten geteilt sind. Das Widerstandsrecht erwacht aber wieder zu lebendiger Wirklichkeit, wenn eine dieser Voraussetzungen in Wegfall tritt.«

»Die konstitutionelle Monarchie und die Demokratie Deutschlands ließ das Widerstandsrecht ruhen. Es ist eine Ironie des Schicksals, dass es Adolf Hitlers *Mein Kampf* war, der dieses Widerstandsrecht wieder in das Bewusstsein der deutschen Bevölkerung brachte. Der Zeuge Kleffel hat außerordentlich dramatisch geschildert, wie Goerdeler – nach dem Recht des Widerstandskampfes befragt – an seinen Bücherschrank trat und aus *Mein Kampf* die Worte zitierte: ›Staatsautorität als Selbstzweck kann es nicht geben, da in diesem Falle jede Tyrannei auf dieser Welt unangreifbar und geheiligt wäre.‹«

»Es ist aber nicht meine Absicht, Hitler das letzte Wort zu lassen. Das Schönste über das Widerstandsrecht von Volk und Mensch hat Schiller im *Tell* gesagt:

›Nein, eine Grenze hat Tyrannenmacht.
*Wenn der Gedrückte nirgends Recht kann finden,*
*Wenn unerträglich wird die Last,*
*greift er Hinauf getrosten Mutes in den Himmel*
*Und holt herunter seine ewgen Rechte,*
*Die droben hangen unveräußerlich*
*Und unzerbrechlich wie die Sterne selbst.*
*Der alte Urstand der Natur kehrt wieder,*
*Wo Mensch dem Menschen gegenüber steht;*
*Zum letzten Mittel, wenn kein anderes mehr*
*Verfangen will, ist ihm das Schwert gegeben.*
*Der Güter höchstes dürfen wir verteid'gen*
*Gegen Gewalt.*‹«

»Meine Herren Richter«, schließt Fritz Bauer, »wenn ich nach vielen, langen Jahren vor Ihnen heute wieder die Rütli-Szene beschwöre, gehen meine eigenen Gedanken zurück zum humanistischen Gymnasium in Stuttgart.« Dort habe der junge Fritz Bauer den *Wilhelm Tell* im Schultheater aufgeführt – übrigens gemeinsam mit dem vier Jahre jüngeren Claus Schenk Graf von Stauffenberg, »zu dessen Mitschülern ich mich rechnen darf«. Genau in diesem stolzen Geiste Schillers sehe Bauer sich noch heute dem Mitschüler Stauffenberg verbunden – »eingedenk unseres guten alten deutschen Rechts«.

Es ist eine unverlangte kleine Selbststilisierung Bauers, mit der er sein Plädoyer beschließt, ganz so, als seien »wir Schüler« in Stuttgart eine Gemeinschaft der Gleichen gewesen, mit dem jungen Fritz mittendrin. Ganz so, als habe nicht auch der aristokratische Mitschüler Stauffenberg später dem Diktator zugejubelt. Und vor allem ist es das glatte Gegenteil dessen, wovor die Amerikaner Bauer 1945 gewarnt haben: ein öffentlicher Auftritt als Jude.

Ein bestimmtes Strafmaß für Otto Ernst Remer fordert Bauer am Ende überhaupt nicht, so nebensächlich ist die Figur für sein eigentliches Anliegen gewesen; dass die drei Monate Gefängnis wegen Beleidigung, die das Gericht gegen Remer ausspricht, ihm viel bedeuten, ist kaum anzunehmen. Remer entzieht sich seiner Strafe ohnehin durch die Flucht ins Ausland. Entscheidend ist etwas anderes. Die große Debatte, die Bauer von der kleinen Bühne des Braunschweiger Landgerichts aus entfacht hat, verfehlt ihre Wirkung im Land nicht.

# 7
## »Mörder unter uns«:
## Psychogramm eines Anklägers

### Wozu Strafe?

In der Welt der juristischen Ideen ist er ein Antiautoritärer, ein Verfechter von Besserung und Wiedereingliederung statt Buße und Vergeltung. Wo von einem Täter keine Gefahr mehr ausgehe, da brauche er auch keine Strafe mehr zu bekommen; so argumentiert Fritz Bauer in den rechtspolitischen Debatten der Nachkriegszeit. »Verweichlichung« haben sie dieses Konzept in der Weimarer Zeit geschimpft. »Kein Vernünftiger straft, weil gefehlt wurde, sondern damit nicht mehr gefehlt werde«, hat Bauer in seiner 1957 veröffentlichten Streitschrift *Das Verbrechen und die Gesellschaft* entgegnet. Für diese Idee wirft er sich in den 1950er- und 1960er-Jahren – die zur Weichenstellung für den jungen Rechtsstaat werden – so radikal in die Bresche wie kein zweiter deutscher Jurist.

Er scheut die schrillen Töne nicht. Weil die Justiz sich nach 1945 zwar der Vorbeugung verschrieben hat, aber gleichzeitig nicht darauf verzichten will, Vergeltung zu üben, sprüht Bauer vor Spott: Die sogenannte doppelspurige Konzeption des bundesrepublikanischen Strafgesetzbuchs – Richter sollen die Schuldigen strafen und die Gefährlichen sichern – sei »eine Sphinx«, schreibt er einmal, »halb Löwe, halb Mensch«. Innerhalb der SPD leitet Bauer in den Nachkriegsjahren den Arbeitskreis zur Strafrechtsreform, und er fordert dort, endlich radikal aufs Ganze zu gehen: eine vollständige Abkehr von jeder Vergeltung von Vergangenem. In den Gefängnissen soll es nur noch darum gehen, den Inhaftierten zu bessern. Auch bei der Entscheidung, ob und für wie lange ein Krimineller überhaupt hinter Gitter kommt, soll der Richter nur nach Gesichtspunkten der Prävention entscheiden, gleichgültig, ob das eine sehr kurze Haft bedeutet, weil von dem Täter keine Wiederholungsgefahr ausgeht, oder eine sehr lange Haft, weil diese Gefahr groß ist. Strafrichter sollen nur noch nach vorn schauen, sonst nichts.

Bauers Lebensthema in der Praxis ist dann jedoch – der Blick in die Vergangenheit.

Wie passt das zusammen? Welchen tieferen Grund können NS-Verfahren wie die Frankfurter Auschwitz-Prozesse überhaupt haben, wenn nicht Vergeltung, Sühne oder, das Synonym ist moderner: Schuldausgleich? Eine Gefahr geht von den ehemaligen NS-Tätern nicht mehr aus. Die Gehorsamen verhalten sich unauffällig, im neuen System wie im alten. An vielem hat es ihnen in ihrem Leben gemangelt, an Normtreue aber nie. Auch um ihre Wiedereingliederung in die deutsche Gesellschaft (»Resozialisierung«) muss man sich nach 1945 keine Sorgen machen.

Die Bundesrepublik kennt buchstäblich Legionen von Mördern, die umstandslos in ein Leben als Apotheker oder Postbote zurückkehren und sich nie wieder etwas zuschulden kommen lassen. Gegen die Einschätzung, dass diese Menschen mit dem Gesetz in Einklang leben, gibt es zwar auch Einwände: »Tatsächlich«, so meint etwa der Politikwissenschaftler Joachim Perels, »wird die These, die

NS-Täter seien in der Bundesrepublik zu rechtstreuen Bürgern geworden, ... durch ihr – fast durchgängiges – Verhalten im Auschwitz-Prozess widerlegt. Die allermeisten Angeklagten, die schwerster Massenverbrechen und sadistischer Einzelhandlungen überführt wurden, erklärten sich in ihren Schlussworten für nicht schuldig.« Aber das ist auch schon das gewichtigste Argument: dass frühere NS-Täter nach 1945 oft kein Schuldbewusstsein zeigten. Vor einem rechtsstaatlichen Gericht, vor dem sie bis zu einem Schuldspruch als unschuldig gelten, haben sie dazu freilich ein verbrieftes Recht. An ihrer gegenwärtigen und zukünftigen Gesetzestreue wird man kaum allein deshalb zweifeln dürfen, weil sie davon Gebrauch machen. Wenn man unter Resozialisierung die Wiedereingliederung in ein äußerlich gesetzestreues Leben versteht – und nichts anderes darf ein Rechtsstaat verlangen –, dann muss man sich im Deutschland der 1960er-Jahre eher ehrlich eingestehen: nicht mehr nötig. Und wenn sich Fritz Bauer dennoch bemüht, diese Männer von ihrer verbrecherischen Vergangenheit einholen zu lassen, wenn er sie dazu sogar aus ihrer unauffälligen bürgerlichen Existenz herausreißt, gesicherte Existenzen vernichtend, widerspricht er dann nicht seiner eigenen modernen Strafphilosophie des Nur-nach-vorn-Schauens?

Viele, und bei Weitem nicht nur ewiggestrige Juristen, werfen ihm genau dies vor. Zumal Bauer sehr beharrlich ist. Nein, auch im Fall von KZ-Schergen dürfe der Gesichtspunkt der Vergeltung keine Rolle spielen, erklärt er im August 1963 einem Reporter, so wie auch »die meisten Staatsanwälte, die nun seit Jahren mit dieser grauenhaften Materie beschäftigt sind, sicherlich frei davon (sind), weil natürlich auch sie wissen, dass mit Rache und Vergeltung Millionen Menschen nicht mehr zum Leben gebracht werden können; dass die Tränen nicht auf diese Weise gestillt werden«. Vergeltung, das kann sich hier ohnehin niemand ernsthaft erhoffen, denn welche irdische Strafe wäre schon ein »Ausgleich« für den Völkermord in Auschwitz; was bedeuten schon, so ein provokantes Schlagwort, das 1962 die Runde macht, »zehn Minuten Gefängnis pro Opfer«? Was macht es, so fragt Bauer, für einen Unterschied, »ob 40 Mann mehr in die Strafanstalten kommen oder nicht«?

Viele sind irritiert darüber, dass Bauer aus seinen Worten dann keine Konsequenzen zieht. Selbst ein junger Bewunderer und Helfer Bauers, der Universitäts-Assistent Herbert Jäger, meint, dass Bauers radikale Ansicht, wonach Strafen nur zum Zwecke der Vorbeugung legitim seien, ausgerechnet in den Fällen versage, die ihm in der Praxis am meisten am Herzen lägen. Auch Theodor W. Adorno spricht von einem philosophischen Widerspruch, der im Grunde nicht zu kitten sei. »Theoretisch reflektierte Justiz«, so Adorno, der Fritz Bauer in seinem Text eigentlich lobt, dürfte diesen Widerspruch andererseits »nicht scheuen«.

Dabei geht es Bauer durchaus um Prävention – nur nicht im herkömmlichen Sinne. Bauer denkt dabei nicht daran, individuellen KZ-Schergen den Preis ihrer Verbrechen vor Augen zu führen, damit sie solche Verbrechen nicht erneut begehen. Sondern: Wenn die pechschwarze Vergangenheit des Nationalsozialismus in das grelle Licht eines Gerichtssaals gezerrt wird, dann ist das Beste, was man sich von so einem Prozess erhoffen kann, eine Lehre für die Zukunft – für das Publikum. Dieses Ziel seiner Strafprozesse betont Fritz Bauer mit großer Verve, mal hart – die Prozesse »können und müssen dem deutschen Volk die Augen öffnen für das, was geschehen ist und ihm einprägen wie man sich zu benehmen hat« –, mal sanfter – der gerichtliche Blick in den Abgrund des Völkermords könne wertvollen »historischen, rechtlichen und moralischen Unterricht ... darstellen«.

Dieser Unterricht sei bitter nötig, meint Bauer. »Sie können Paragrafen machen, Sie können Artikel schreiben, Sie können die besten Grundgesetze machen«, erklärt er 1964 einer Gruppe von Studenten. »Was Sie brauchen, sind die richtigen Menschen, die diese Dinge leben.« Bauer teilt die Deutschen, die den Nationalsozialismus getragen haben, in drei Gruppen ein: erstens die Pflicht-und-Gehorsams-Fraktion, zweitens die Mitläufer aus Bequemlichkeit und drittens die Gruppe der Überzeugten, bereit, »eine anti-humane« Weltanschauung für sich anzunehmen – »wahrscheinlich die größte Gruppe, was heute in Diskussionen gerne vergessen wird«, sagt Bauer. »Die Frage ist, was machen wir mit diesen Leuten? Und die Frage ist doch nicht nur eine Frage der 22« Angeklagten im Frankfurter Auschwitz-Prozess, »sondern das ist die Frage für 50 Millionen Deutsche, oder genauer gesagt« – Bauer denkt auch an die Deutschen in der DDR – »für 70 Millionen.« Das konkrete Strafverfahren, in dem es immer nur um einen Einzelfall gehe, sei eigentlich nur ein Anlass, ein Aufhänger für diesen Unterricht. Wenn die Zuschauer dabei genug lernten, so Bauer, dann müsse man die Lektion auch gar nicht oft wiederholen. Dann könne es schon mit sehr wenigen Prozessen dieser Art sein Bewenden haben – so wie auch die Israelis alle ihre Aufmerksamkeit auf den einen Prozess gegen Adolf Eichmann gerichtet und sich anschließend nicht auf weitere Jagden begeben haben. »Die Verjährung bräuchte man gar nicht verlängern«, sagt Bauer, »wenn aus den wenigen Prozessen, die wir bislang haben, die richtige Lehren gezogen würden.«

Damit kittet er den Widerspruch, den ihm viele ankreiden. Damit offenbart er andererseits aber auch, dass der Antiautoritäre durchaus eine harte Seite hat. Im Grunde, so räumt Fritz Bauer nämlich ein, seien die 22 Angeklagten im Auschwitz-Prozess »wirklich nur die ausgewählten Sündenböcke«. Man braucht eben ein paar von ihnen auf der Anklagebank, um den Menschen im Zuschauerraum eine Lehre zu vermitteln, doch sie spielten, gesteht Bauer, »nur die Rolle eines Mittels zum Zweck«.

## »Ich habe gewusst, wohin ich gehören möchte«: Der Traum vom humanen Strafrecht

Es ist die grundsätzliche Neuausrichtung allen Strafens auf das Ziel der Vorbeugung, ein revolutionärer Gedanke unter linken Strafrechtlern im 20. Jahrhundert, die überhaupt erst Bauers Leidenschaft für die Justiz entfacht hat. Über das Rechtssystem wird in der frühen Weimarer Zeit so lebhaft debattiert wie nie zuvor – im Parlament, aber auch an den Fakultäten. Deutschland hat in den zurückliegenden Jahrzehnten eine Bevölkerungsexplosion erlebt, aus Kleinstädten sind Millionenstädte geworden, in denen sich eine neu entstandene Bevölkerungsschicht drängt, die Industriearbeiterschaft. Je mehr sich deren Elend verschärft, umso bedrohlichere Ausmaße nimmt die Kriminalität an – woraufhin der Staat zahlreiche neue Gefängnisse, Zucht- und Arbeitshäuser hochgezogen hat. »Brutstätten des Lasters« und »Hochschulen des Verbrechens« nennt sie der Berliner Strafrechtsprofessor Franz von Liszt, der Cousin des gleichnamigen Komponisten, verächtlich. Liszt macht sich um die Jahrhundertwende mit einem Aufschrei bemerkbar. »Eine Strafe, die das Verbrechen fördert«, ätzt er, das »ist die letzte und reifste Frucht« der traditionellen deutschen Strafjustiz mit ihrer »vergeltenden Gerechtigkeit«.

Liszt ist ein Altvorderer von Bauers Studentenverbindung gewesen. Grußworte an seine jungen Bundesbrüder – »Rastlos voran – das muß unsere Losung sein« – hat er gern mit dem für Ehrenmitglieder reservierten Namenszusatz »F.W.V. E.M.« unterzeichnet. Der SPD-Politiker Gustav Radbruch – eng befreundet mit Bauers Doktorvater Geiler – ist ein Schüler Liszts. Als Bauer sein Jurastudium aufnimmt, hat Radbruch gerade das Reichsjustizministerium für die SPD erobert. Man kann jetzt fast täglich in der Zeitung lesen, wie er dafür kämpft, das radikale Umdenken, das Liszt verlangt, in praktische Politik zu übersetzen. Und der Student Bauer – verfolgt es begeistert.

Der Student Bauer verschlingt die Bücher Radbruchs. »Das *Corpus juris* war zu dick, um in die Frühjahrslandschaft Heidelbergs mitgenommen zu werden«, erinnert er sich. Radbruchs literarisch glänzende *Einführung in die Rechtswissenschaft* von 1910 aber »las ich bewegt, begeistert in den Wäldern rings um das Schloß«. Bauer unterstreicht Radbruchs stärkste Thesen darin dick. (Den Umgang, den Bauer zeitlebens mit Büchern pflegt, nennt sein Freund Manfred Amend später einmal »für einen Bibliophilen schwer erträglich«.) Bauer erinnert sich: »Ich habe gewusst, wohin ich gehören möchte.«

Radbruch und Liszt wenden sich gegen eine mächtige Tradition in der deutschen Rechtswissenschaft. Den Philosophen Immanuel Kant, Georg Wilhelm Friedrich Hegel und ihren vielen Anhängern in der konservativen Juristenschaft geht es im Umgang mit Kriminalität allein darum, Schuld zu vergelten – in einem feierlichen, symbolischen Akt, der von Fragen nach Sinn, Zweck oder sozialen Folgen möglichst reinzuhalten ist. Kant und Hegel nennen diesen Akt des Strafens eine sinnbildliche »Wiederherstellung« des Rechts: klar, logisch, streng. Eine Straftat, so sagen sie, leugne das Recht. Die Strafe gleiche dies symbolisch wieder aus. Hegel bringt das auf die berühmte Formel, die Straftat sei eine »Negation« des Rechts, die Strafe die »Negation der Negation«. Die Zuchthäuser des Landes mögen heillos überfüllt sein, das Strafsystem immer neue kaputte Biografien verwalten – trotzdem sollten sich die Richter nicht von pragmatischen Überlegungen der Kriminalpolitik beirren lassen, von der öffentlichen Meinung etwa oder von den sozialen oder individuellen Nöten, die einen Menschen zur Tat getrieben haben mögen und die ihn, wenn sich an seiner Lage nichts ändert, wieder dazu treiben könnten. Ob die Strafe bewirkt, dass künftig weniger Taten begangen werden? Oder – wenn sie den Delinquenten tiefer ins Elend stürzt – sogar mehr Taten? Das dürfe keine Rolle spielen beim feierlichen Akt der Schuldvergeltung, meinen Kant und Hegel – denn dieser Akt diene schließlich einer höheren, einer »metaphysischen« Sache, dem Recht selbst.

Schon im November 1921, in seinem ersten Studienjahr, kritisiert Fritz Bauer den Philosophen Immanuel Kant vor den Mitgliedern seiner Studentenverbindung deshalb so scharf, dass einige Kommilitonen Kant dagegen in Schutz nehmen. Der Student Bauer ärgert sich über die konservative deutsche Strafjustiz, die »Kants Sprung in die Metaphysik« folgt und »stolz (ist) auf ihren als ›Idealismus‹ bezeichneten Mangel an Realismus«. Ihm fällt dazu später eine Spottgeschichte des englischen Essayisten G. K. Chesterton ein, in der ein Richter sagt: »Ich verurteile Sie zu drei Jahren Gefängnis in der festen Überzeugung, daß das, was Ihnen wirklich nottut, ein dreiwöchiger Aufenthalt an der See ist.«

Wenn es einen Sinn haben soll, dass sich der Staat mit den Unrechtstaten zwischen seinen Bürgern auseinandersetzt, so wenden Liszt und Radbruch ein, dann doch allein den, solche Taten in Zukunft zu verhüten. Prävention statt Vergeltung: Das ist der Gedanke, der Fritz Bauers Begeisterung für das Strafrecht entflammt. »Franz von Liszt hat das Wort geprägt, Sozialpolitik sei die beste Kriminalpolitik«, schreibt Bauer, »und Radbruch hat kritisch gemeint, es sei des Strafrechts fragwürdige Aufgabe, gegen den Verbrecher nachzuholen, was die Sozialpolitik für ihn zu tun versäumt habe. Bitterer Gedanke, wie oft die Kosten des Verfahrens, vor der Tat angewendet, genügt hätten, das Verbrechen zu verhindern!«

Als Reichsjustizminister möchte Radbruch die Gerichte dazu anhalten, auf den Menschen hinter der Tat zu blicken, um ihn auf diese Weise »bessern« oder »sichern« zu können, was nicht unbedingt weniger Härte bedeutet, aber doch mehr Nutzen für die Gesellschaft verspricht. Ist der Delinquent bloß ein Gestrauchelter? Oder ist er ein Triebtäter, der so lange weggesperrt werden muss, wie er gefährlich bleibt? Aus der bloßen Kriminalstatistik, so argumentiert Liszt, »ergibt sich ja, daß der Hang zum Verbrechen ... mit jeder neuen Verurteilung wächst. Ich kann die weitere These hinzufügen ..., daß je härter die Vorstrafe nach Art und Maß gewesen ist, desto rascher der Rückfall erfolgt. Ich kann das auch so ausdrücken: Wenn ein Jugendlicher oder auch ein Erwachsener ein Verbrechen begeht und wir lassen ihn laufen, so ist die Wahrscheinlichkeit, daß er wieder ein Verbrechen begeht, geringer, als wenn wir ihn bestrafen. Ist das Gesagte richtig (und es wird nicht gelingen, die Tragweite der mitgeteilten Ziffern abzuschwächen), so ist damit der völlige Zusammenbruch, der Bankrott unserer ganzen heutigen Strafrechtspflege in schlagender Weise dargetan.« Wissenschaftlich haltbar ist Liszts Umgang mit Zahlen aus heutiger Sicht zwar nicht, denn eine Korrelation zwischen der Härte der Strafe und der Höhe der Rückfallquote bedeutet noch lange nicht, dass mehr Strafe mehr Rückfälle verursachen würde – es ist ja umgekehrt auch möglich, dass besonders rückfallgefährdete Täter vom Richter zutreffend als solche erkannt und deshalb von vornherein auch härter bestraft werden. Wertvoll bleibt aus Sicht der heutigen Kriminologie aber, dass Liszt überhaupt den Ruf nach einer empirischen Überprüfung der Ergebnisse der Strafjustiz in die Debatte eingebracht hat.

Es wird noch bis in die 1960er-Jahre dauern, lange nach Radbruchs Tod, bis sich der Primat der Prävention in Deutschland zu einem großen Teil in der Gesetzgebung durchsetzt. Zu dieser Zeit wird es ein publizistisch aktiver Staatsanwalt sein, der maßgeblich das Wort dafür führt: Fritz Bauer. Er fügt den Vordenkern Liszt und Radbruch bis dahin zwar keine eigene philosophische Variante hinzu, aber einige eloquente, nicht selten amüsante Zuspitzungen, die politisch überzeugen sollen.

Die traditionelle Annahme Kants und Hegels, jedes Delikt geschehe aus einem freien – eben bösen – Willen heraus, weshalb man berechtigt sei, ihm mit dem Zorn eines Rächers entgegenzutreten, findet der Publizist Fritz Bauer überall im Leben der Menschen widerlegt: »Alle großen Tragödien und Romane wissen um den Einfluß von Alter und Geschlecht, Abstammung und Charakter«, schreibt er. »Sie schildern die Leidenschaften, die die Menschen erfassen, und die Umwelt, in die sie verstrickt sind. Alles ist notwendiger Stoß und notwendiger Gegenstoß, und tragisch ist gerade die Unerbittlichkeit und Unabwendbarkeit, die Folgerichtigkeit des Schicksals.«

Die deutsche Justiz mache es sich zu leicht, meint er. Sie wolle nicht wissen, welchen Anteil die Gesellschaft an den Taten Einzelner habe. »Die Konzeption des freien Willens bot sich einer Menschheit an, die seit Jahrtausenden von Vergeltungstrieben bewegt wird«, schreibt Bauer. »Sie wurde fast süchtig aufgegriffen, und sie wird hartnäckig bewahrt. Sie ist eine Ideologie, geeignet und bestimmt, ein Vergeltungsstrafrecht zu legitimieren und das schlechte Gewissen zu besänftigen, das aus der Aggressivität des Vergeltungstriebs der Menschheit erwächst.« Fritz Bauer zitiert Nietzsche, der das ganze Konzept des freien Willens als eine Ausgeburt des Strafen-Wollens und Schuldig-Finden-Wollens beschreibt, und er fordert: Der Richter müsse nicht über Schuld und Sühne philosophieren, Kriminalrecht sei letztlich Therapeutik, »nicht metaphysische Spekulation und Pharisäertum; es hat nichts mit Moral und Moralisieren zu schaffen«. »Wenn auch jede Tat determiniert ist, so waltet kein unerbittliches Fatum über den Menschen«, schreibt er. »Die Menschen werden durch Anlage und Umwelt zu ihren Handlungen disponiert, sie sind nicht zum Verbrechen ein für allemal prädestiniert. Die Umwelt ist immer wandelbar. Die Umwelt besteht aus Menschen, die helfen können.«

Eher denkt Bauer an soziale Ungleichheit, Frustration, Zerrüttung als Ursachen krimineller Karrieren: »Die gesetzwidrige Tat ist Symptom und Fingerzeig einer tieferen Problematik, bestenfalls ihre aus den Wassern ragende Eisbergkuppe.« Er zitiert Lichtenberg: »Es ist eine Frage, ob wir nicht, wenn wir einen Mörder rädern, in den Fehler des Kindes verfallen, das den Stuhl schlägt, an dem es sich stößt.« Von Gustav Radbruch gibt es den schönen Satz, ein guter Jurist könne nur sein, wer mit schlechtem Gewissen Jurist sei. Dieses Radbruch'sche schlechte Gewissen, so meint Fritz Bauer, komme vielleicht genau daher, dass die deutschen Strafjuristen wider besseres Wissen unterstellten, der vor ihnen stehende Dieb, Betrüger oder Mundräuber habe einfach aus freien Stücken gehandelt – infolge des »welt- und menschenfernen, ja menschenfeindlichen Rationalismus eines Kant und Hegel«.

»Samuel Butler«, so schreibt Bauer, »hat in seinem im Stil von Swifts ›Gulliver‹ geschriebenen Roman ›Erehwon or over the Range‹ ein Land Erehwon (Nowhere, rückwärts gelesen, Niemandsland) mit angelsächsischem Sarkasmus beschrieben. Dort werden Kranke wegen ihrer Krankheit verurteilt. Da steht beispielsweise ein junger Mann wegen Auszehrung vor Gericht. Er ist sogar rückfällig, weil er im Vorjahr Bronchitis hatte und schon früher an Kinderkrankheiten litt. Das Verteidigungsvorbringen dieses Täters, er stamme von kranken Eltern und habe neulich einen schweren Unfall gehabt, wird von dem hohen Gericht zurückgewiesen, weil das Gericht bei der Nachprüfung solcher bei Angeklagten üblichen Ausflüchten vom Hundertsten ins Tausendste käme und dann nicht mehr in der Lage wäre, ein Urteil zu sprechen.«

## Die Speerspitze des Fortschritts: Jugendrichter 1928

Stuttgart, Ende der 1920er-Jahre. Der Junge, der an diesem Tag vor seinen Richter treten muss, macht ein langes Gesicht. »Mit mir will sich sowieso kein anständiger Mensch mehr abgeben«, sagt er.

Richter Fritz Bauer antwortet: »Halten Sie mich für einen anständigen Menschen?«

»Ja.«

Daraufhin verabredet sich Bauer mit dem Jungen im feinsten Café Stuttgarts.

Ein andermal lässt Bauer sich aus der Haft heraus einen Jugendlichen vorführen. Der Richter sitzt in seinem Dienstzimmer und raucht, vielleicht eine seiner filterlosen, sehr starken Zigaretten der Marken Roth-Händle oder Reval, die im Badischen produziert werden – »Wer Reval raucht, der isst auch kleine Kinder«, heißt es damals. Der Jugendliche fragt, ob er auch eine Zigarette haben könne, und Bauer greift in seine Hemdtasche und schenkt ihm die ganze Schachtel. »Aber lassen Sie sich nicht erwischen.« In der Haft ist Rauchen nämlich verboten.

Wenn Fritz Bauer diese Geschichten später im Freundeskreis erzählt, spricht Stolz daraus – der Stolz darauf, dass mit dem Jugendstrafrecht in den 1920er-Jahren der Glaube an das Gute im Menschen in die Strafjustiz eingekehrt sei. Das Jugendstrafrecht ist eine neue Erfindung, die erst der Reichsjustizminister Gustav Radbruch 1922 an die Gerichte heranträgt, in der Justiz behandelt man dieses Herzensanliegen der SPD seither kühl, am Amtsgericht Stuttgart lässt man es den unerfahrensten Kollegen erledigen: Fritz Bauer. Und der – brennt dafür: erst als Jugendstaatsanwalt, dann von Ende 1928 an als bescheiden besoldeter Hilfs-Jugendrichter.

Das Jugendstrafrecht ist der erste Erfolg in jener Revolution, die Gustav Radbruch eigentlich der gesamten Strafjustiz verordnen will. Es zielt auf Prävention statt auf Vergeltung. Mit dieser Zielsetzung hat Radbruch 1922 zwar auch eine Reform des Erwachsenenstrafrechts angestrebt (zugleich sollten Todesstrafe und Zuchthaus abgeschafft, der Ehebruch entkriminalisiert und das Sittenstrafrecht liberalisiert werden). Aber dieses Projekt ist im Parlament zermahlen worden. Auch Radbruchs Vorstoß, die Gefängnisse nicht mehr allein auf Abschreckung, sondern auch auf Resozialisierung einzuschwören, durch »Reichsgrundsätze«, die 1923 an alle Gefängnisdirektoren geschickt wurden, ist von der Praxis unterlaufen worden. Nur mit dem Jugendstrafrecht hat es bisher geklappt.

Es ist ein Aufbruch. Für den jungen Fritz Bauer, der von den modernen Ideen Radbruchs begeistert ist, gilt es, der skeptischen Mehrheit in der Justiz zu zeigen, wie ein neues, präventiv ausgerichtetes Strafrecht aussehen könnte. Im Jugendstrafrecht, so schwärmt er, sei bereits verwirklicht, was er und andere Vertreter eines Präventionsstrafrechts »für alle Täter ohne jede Altersgrenze anstreben«. Der Jugendrichter tritt nicht als zorniger Vergelter auf, sondern er erstellt eine Diagnose wie ein Arzt, und er entscheidet danach in großer Freiheit, was die beste Medizin sei. Arbeitsstunden, Auflagen, Weisungen: Der Jugendrichter kann fast alles, was er erzieherisch für geboten hält, im Urteil anordnen. Seine Aufgabe, so erinnert sich Fritz Bauer, »war weniger, sich mit den Schwierigkeiten zu befassen, die die jungen Menschen machten, als die Schwierigkeiten zu sehen und zu behandeln, die sie haben«.

Viele der älteren Richter halten das für Feigheit vor dem Verbrechen – »Die Knochenerweichung ist die Krankheit unserer Zeit«, schimpft 1928 ein pensionierter Senatspräsident – sowie für handwerklich schlechte Jurisprudenz. Kein anderer Bereich des Rechts lebt so sehr von Klarheit, Vorhersehbarkeit und Logik wie das Strafrecht. Aber mit dem roten Radbruch halten hier plötzlich Flexibilität und Kreativität Einzug. Das Recht, so liest man jetzt in Fachzeitschriften, ist für den Jugendrichter keine unbedingte Leitschnur mehr, sondern eher ein Werkzeugkasten, aus dem er sich nach seiner eigenen Weisheit und Lebensklugheit bedienen soll, getreu dem Richter-Ideal Radbruchs, wonach »auf ein Lot Jurisprudenz ein Zentner Menschen- und Lebenskenntnis« kommen müsse. Das neue Rechtsgebiet gilt als hemmungslos flexibel, diejenigen jungen Juristen, die es mit Freude praktizieren, stehen daher nicht eben im Ruch fachlicher Brillanz. Noch viele Jahre später, als Fritz Bauer 1948 eine Stelle in der Nachkriegsjustiz sucht und einen altgedienten Gerichtspräsidenten für sich gewinnen will, meidet er das Wort Jugendstrafrecht. In seinem Lebenslauf berichtet er lieber nur vage von »strafrichterlicher Tätigkeit«. Doch die Grundidee verteidigt er sein Leben lang.

Auch wenn das Jugendstrafrecht anfangs ein Vokabular nutzt, das wenig menschenfreundlich klingt – da werden die Angeklagten in »gutgeartete« und »abzuschreibende« Jugendliche eingeteilt –, und auch wenn man spätestens mit dem Ausbau des Jugendstrafrechts von 1933 an ahnen kann, wie fließend die Übergänge von Erziehung zu Umerziehung sein können, lässt Bauer auf das Ideal der präventiven Strafjustiz nichts kommen. Einmal in den 1960er-Jahren führt er in einer Diskussion mit Studenten die USA als leuchtendes, positives Beispiel für dieses Ideal an: »Zwischen dem Urteil und dem Strafvollzug«, so Bauer, liege in den avantgardistischsten amerikanischen Strafanstalten »eine Epoche von etwa drei, vier Monaten, wo die Leute gründlich untersucht werden, wo fünfundzwanzig junge Damen und Herren in weißen Jacken herumlaufen wie im Krankenhaus und mit sämtlichen möglichen Tests an ihnen herumarbeiten, um festzustellen: Wo liegt denn nun eigentlich die Ursache für die Kriminalität. Handelt es sich hier um Menschenfeindschaft, handelt es sich etwa wirklich um angeborenen Sadismus und so weiter, und entsprechend ist natürlich auch die Behandlung im Strafvollzug.« Das halten da längst nicht mehr alle Progressiven für eine humane Vision.

Es ist eine zweischneidige Angelegenheit mit dem Präventionsgedanken: Der französische Philosoph Michel Foucault beschreibt in seinem 1977 auf Deutsch erschienen Buch *Überwachen und Strafen,* wie autoritär gerade ein auf Resozialisierung ausgerichtetes Gefängnis sein kann. Unter dem Ruf nach Resozialisierung werde der Häftling sogar noch gründlicher unterworfen. Nicht nur körperlich erfährt er, wie seit jeher in Gefängnissen, Zwang. Auch sein Geist, sein Charakter soll umgeformt werden.

Für die Linke beginnt damit eine Phase der Selbstreflexion und der Selbstkritik und ein Abschied von dem ungetrübten Glauben an die Menschenfreundlichkeit der präventiven, erzieherischen Strafen à la Radbruch. Es ist ein Wandel, den Fritz Bauer nicht mehr miterlebt, eine Entwicklung, die er nicht mehr mitmacht. Vielleicht das berühmteste Beispiel für die Verwirklichung des Präventionsideals in der Strafjustiz ist die Sicherungsverwahrung, die von den 1990er-Jahren an ihre große Zeit erlebt: Sie ermöglicht es dem Staat, Häftlinge hinter Gittern zu behalten, nachdem sie ihre Strafe verbüßt haben, solange die Anstalt sie weiterhin für gefährlich hält – potenziell bis an ihr Lebensende. Je misstrauischer die Anstalt, je ängstlicher die Gutachter, umso schlechter die Chancen für Inhaftierte; Prävention pur. Es sind solche Auswüchse, die dazu führen, dass die Forderung nach einem Schuldstrafrecht mit seinen klaren, vorhersehbaren Grenzen heute eher von progressiver, linker Seite erhoben wird. Auch die Humanistische Union, die Bürgerrechtsorganisation, deren Vorstandsmitglied Fritz Bauer im Jahr 1963 wird, setzt sich von den 1990er-Jahren an sehr kritisch mit der Praxis der Sicherungsverwahrung auseinander. Doch auch das erlebt Fritz Bauer nicht mehr.

## Das Nürnberger Tribunal 1945, leuchtendes Vorbild und abschreckendes Beispiel

Wie man einen Gerichtssaal zum Klassenzimmer der Nation macht, das hat Fritz Bauer 1945 gut studieren können. Die Alliierten haben es vorgemacht. Europa, das ist im Herbst 1945 ein Gräberfeld, Millionen Menschen sind versprengt, verwirrt, verstört oder allein auf Erden zurückgeblieben, und die Propaganda der verschiedensten Regime und politischen Gruppen brodelt noch immer oder schon wieder. Inmitten dieses Chaos reißen die Alliierten im größten Gerichtssaal des Nürnberger Justizpalasts eigens eine Wand ein, um Platz für die Weltpresse zu schaffen, und sie bereiten dort die Bühne für eine Erforschung nicht nur von individueller Schuld, sondern auch von historischen Dimensionen.

24 Nürnberger Hauptangeklagte: »So viele, wie auf zwei Bänke passen«, wird einer der amerikanischen Ankläger in den Nürnberger Nachfolgeprozessen, Benjamin B. Ferencz, viele Jahre später einmal bei einem Besuch in Nürnberg scherzen. Es hätten ebenso gut auch 33 sein können oder 77, so eine Zahl kann notgedrungen nur willkürlich sein. Aus der Not wissen die Alliierten in Nürnberg allerdings eine Tugend zu machen. Das wird Bauer später im Frankfurter Auschwitz-Prozess nachahmen. Die Alliierten nutzen die Chance, um der Welt-

öffentlichkeit eine klare, verstehbare Erzählung dessen zu geben, was sich in Europa gerade zugetragen hat – mithilfe einer Miniatur.

Die 24 Männer, die sie für die Anklage auswählen, sind ein Querschnitt durch die Elite des Regimes. Die Angeklagten stehen stellvertretend für jene Kräfte, die aus Sicht der Ankläger Europa in den Abgrund gerissen haben. Ihre Gruppe ist genau austariert: Nicht nur Nationalsozialisten sind darunter, sondern auch alte Nationalkonservative, Hitlers Steigbügelhalter – und nach längeren internen Diskussionen haben die amerikanischen, britischen, sowjetischen und französischen Ankläger beschlossen, auch die Geldgeber und Industrieführer des NS-Systems mit auf die symbolträchtige Anklagebank zu setzen, repräsentiert durch zwei Bankiers und einen Industriellen. Das ist den Staatsanwälten sogar so wichtig, dass sie, als der Industrielle Gustav Krupp in Krankheit verfällt, erwägen, ihn schlicht durch einen anderen Industriellen auszuwechseln, seinen Sohn Alfried. Als die Ankläger dies vorschlagen, sperren sich die Richter zwar aus formalen Gründen dagegen. Aber allein schon die Idee zeigt, wie sendungsbewusst sie denken.

Die Nürnberger Miniatur aus 24 Angeklagten ist klein genug, um Übersichtlichkeit zu schaffen. Und sie ist eindringlich genug, um sich ins kollektive Bewusstsein und Gedächtnis einzuprägen. Es ist kein Zufall, dass »das Nürnberger Urteil sechzig Jahre später ein fester Anker in der Erziehung unserer Kinder ist«, wie der amerikanische Völkerrechtler Mark Drumbl schreibt, anders als in späteren Jahrzehnten übrigens die Haager Mammutprozesse gegen weitaus willkürlicher ausgewählte 164 Kriegsverbrecher aus dem zerfallenen Jugoslawien. Der Nürnberger Prozess ist so fokussiert wie nur möglich. Und er ist, trotz seines Umfangs, von der ersten Minute an präzis auf eine Botschaft hin zugespitzt.

Bauer hat diesen Prozess herbeigesehnt. Schon 1944, als er in seinem schwedischen Exil von der Entscheidung der Alliierten hört, die Spitzen des NS-Regimes nach Kriegsende vor ein Tribunal zu stellen, hat er ein Buch mit dem programmatischen Titel *Die Kriegsverbrecher vor Gericht* geschrieben *(Krigsförbrytarna inför domstol)*. Das Buch, juristisch akkurat und in seinen Wertungen sogar eher konservativ, soll vor allem die Zweifler in Europa von der Richtigkeit eines solchen Tribunals überzeugen. Bauer bringt das Buch im Oktober 1945 auch auf Deutsch heraus, kurz bevor im Nürnberger Justizpalast die Anklageschrift verlesen wird. Er bemüht sich darin, das Anliegen der Alliierten einem breiten Publikum verständlich zu machen. Auf den Vorwurf der Siegerjustiz – »Man hört oft, die Alliierten seien Richter in eigener Sache und auch Partei in dem Rechtsfall« – entgegnet Bauer, das sei zwar richtig, aber keineswegs etwas Ungewöhnliches: Auch der Dieb werde ja nicht von Dieben abgeurteilt, sondern von Besitzenden. Wenn Bauer an manchen Stellen in völkerrechtliche Details hinabsteigt, dann fördert er dabei zwar nichts zutage, was die Rechtsexperten der Alliierten nicht schon wüssten, aber er hilft seinen deutschen und skandinavischen Lesern, es zu verstehen: »Ist es erlaubt, Geiseln festzunehmen und zu töten?« Oder, im Hinblick darauf, dass die Wehrmacht beim Rückzug aus bewohnten Gebieten systematisch Nahrungsvorräte vernichtet und Öfen mit Handgranaten zerstört hat: »Ist die Taktik der verbrannten Erde erlaubt?«

Doch wer Bauers Buch liest, dem dämmert auch bereits, wie sehr es ihn verblüffen und verstören muss, als in Nürnberg der Holocaust nur eine untergeordnete Rolle spielt.

»Kein Verbrechen, das im Kriege begangen wurde«, so schreibt Bauer, »dürfte schwerer sein als diese Massenausrottung, da sie ein Beweis für die zynischste Verachtung des Menschenlebens ist.« Von den Gräueln habe er im Exil durch eine russische Note vom 6. Januar 1942 erfahren. »Auf dem jüdischen Friedhof in Kiew wurde eine grosse Anzahl Juden zusammengetrieben, darunter viele Frauen und Kinder jeden Alters. Bevor sie niedergeschossen wurden, zog man sie nackt aus und prügelte sie mit bestialischer Grausamkeit. Die erste Gruppe Juden, die erschossen werden sollte, musste sich in ein Grab legen, mit dem Gesicht gegen den Boden gekehrt, worauf die unglücklichen Opfer von deutschen Maschinengewehrsalven niedergemacht wurden. Dann schaufelten die Deutschen eine dünne Schicht Erde über die Leichen und legten die nächste Gruppe der zum Tode Verurteilten darauf, worauf das Maschinengewehrfeuer wieder begann.« Für die deutsche Ausgabe erweitert Fritz Bauer sein Buch noch um einen Bericht des Korrespondenten des *Daily Express* in Moskau, Alaric Jacob. Der Reporter beschreibt einen Rundgang durch das am 23. Juli 1944 befreite Vernichtungslager Majdanek. In einem Krematorium liegen noch an die 50 Leichen, die die Deutschen offenbar zu verbrennen versucht haben, bevor sie geflohen sind. »Einige Körper waren zerschnitten worden, um leichter in die Öfen gequetscht werden zu können. Neben diesen Öfen war ein Zinktisch mit fliessendem Wasser. Hier wurden den Leichen die Goldplomben herausgebrochen.«

Im Nürnberger Prozess gegen die Hauptkriegsverbrecher geht es indessen weniger um Konzentrationslager als um Schlachtfelder. Der Vorwurf, auf den sich die alliierten Ankläger konzentrieren, besteht darin, dass Deutschland einen Angriffskrieg geführt habe. Der Zweite Weltkrieg sei nicht einfach nur ein weiterer Krieg zwischen konkurrierenden Mächten gewesen wie der Erste, sondern ein einseitiges Verbrechen, verübt durch einen Staat und gestoppt durch die Nothilfe von anderen. Das ist die Botschaft, der Kern der Anklage. Einige osteuropäische Staaten haben dagegen vorab protestiert. Der amerikanische Chefankläger Robert Jackson hat ihnen daraufhin erklärt: »Es ist wahrscheinlich schwierig für jene von Ihnen, die unter dem unmittelbaren Angriff der Nazis gelebt haben, die unterschiedliche öffentliche Psychologie zu verstehen, mit der jene von uns, die in der amerikanischen Regierung waren, es zu tun hatten. Der Umstand, der uns zur Parteinahme in diesem Krieg bewegt hat, war, dass wir den deutschen Griff zu kriegerischen Mitteln von vornherein für illegal hielten, für einen illegitimen Angriff auf die internationale Ordnung und den Frieden.«

Das war der entscheidende Grund für die Alliierten gewesen, überhaupt ein solches Tribunal einzurichten: »To give meaning to the war against Germany«, wie es Jacksons wichtigster Berater, Telford Taylor, in einem Memorandum im Juni 1945 formuliert. »Um die menschlichen Verluste, die wir erlitten haben, für wertvoll zu erklären, ebenso wie die menschlichen und sachlichen Zerstörungen, die wir verursacht haben. Um … dem Krieg eine Bedeutung zu geben für die Menschen der Alliierten Nationen und, auch darauf besteht Hoffnung, für einige Menschen in den Nationen der Achse.« Das Argument der Amerikaner: Wenn die Verbrechen der Nationalsozialisten bloß summarisch bestraft würden, würde »Deutschland einfach einen weiteren Krieg verloren haben«, wie es ein Beamter der US-Regierung, Murray Bernays, formuliert. »Das deutsche Volk wird weder die Barbaren kennenlernen, die es unterstützt hat, noch wird es ein Verständnis für den kriminellen Charakter ihres Verhaltens und das Urteil der Welt darüber bekommen.« Die Idee vom Gerichtssaal als Ort, an dem das künftige Geschichtsverständnis geprägt würde, hat dann zur großen Verblüffung des britischen Premiers auch Stalin überzeugt.

Aber so sind in Nürnberg vor allem diejenigen Geschichtslektionen abgehalten worden, welche die Regierungen in Großbritannien, Amerika, der Sowjetunion und Frankreich brauchten. Großbritannien hat sich dafür eingesetzt, dass die deutschen Kriegsverbrechen gegen britische Städte zur Sprache kommen. Die Sowjetunion hat sichergestellt, dass das Nürnberger Tribunal die Regime Hitlers und Stalins als klare militärische und moralische Gegensätze darstellt, ohne ein Wort über den Hitler-Stalin-Pakt zur Aufteilung Polens im August 1939 zu verlieren. Zwar hat öffentlicher Druck in den USA und Großbritannien am Ende doch noch dazu geführt, dass der Holocaust zumindest mit in die Liste der Anklagepunkte aufgenommen wurde, doch mehr als eine Marginalie wurde im Gerichtssaal nie daraus. »Die Problematik der KZ-Prozesse«, so kritisiert Fritz Bauer später, »passte nicht ins Konzept.«

Und Bauer hat noch einen zweiten Kritikpunkt. »Deutsche Antinazisten bedauern«, so kommentiert er auf der Höhe des Prozesses in der Emigranten-Zeitung *Deutsche Nachrichten,* »dass die Verurteilung der nazistischen Verbrecher durch alliierte und nicht durch deutsche Gerichte erfolgt. Sie bedauern dies, nicht weil sie meinten, die alliierten Richter ließen es an Sachlichkeit und Gerechtigkeit fehlen, oder weil sie meinten, dies sei mit dem deutschen ›Prestige‹ unvereinbar. Es gibt wichtigere Dinge als nationale Prestigefragen. Sie bedauern es, weil deutsche Gerichte Gelegenheit gehabt hätten, klar und deutlich der

Weltöffentlichkeit zu zeigen, dass das neue Deutschland wieder ein Rechtsstaat geworden ist, der mit einer rechtlosen Vergangenheit bricht und die nazistische Vorstellung, Macht sei Recht, verflucht. Ein Rechtsstaat ist ein Staat, in dem nicht der Staat Recht hat, sondern in dem das Recht und das Rechte vom Staat gepflegt wird.« Wie sehr Bauer seinem präventiven, zukunftsorientierten Strafkonzept treu geblieben ist, zeigt er an dieser Stelle deutlich. Eine Abrechnung mit der Vergangenheit soll es nicht etwa deshalb geben, weil das alte Deutschland sie verdient hat. Sondern weil ein neues Deutschland sie braucht.

»Wir zweifeln nicht«, so Fritz Bauers Kommentar zu den Nürnberger Schuldsprüchen, die am 30. September und 1. Oktober 1946 verkündet werden, »dass die gesunden und anständigen Schichten des deutschen Volkes ohne jeden Vorbehalt die gemeinen Verbrechen des Massenmordes, die Gaskammern, die Gestapotortur, die ganze Barbarei des Hitlerismus verurteilen und verfluchen. Mit den Angeklagten Frank und Schirach« – dem Generalgouverneur des besetzten Polen Hans Frank und dem Reichsjugendführer und Gauleiter von Wien Baldur von Schirach – »werden sie in der Nazizeit den grössten Schandfleck in der Geschichte Deutschlands und der Welt sehen.« Es klingt wie ein etwas voreiliges Kompliment, wenn Bauer noch hinzufügt: »Hier ist sicher das deutsche Volk einig mit dem Urteil des Gerichts in Nürnberg und dem Urteil der Welt.« »(B)esser wäre es«, so Bauer, »wenn das deutsche Volk den Ausgleich selbst vollziehen würde, wenn es nicht bloss ein mehr oder minder gelehriger Schüler wäre, sondern selbst das Schwert des Krieges mit dem Schwert der Gerechtigkeit vertauschte. Ein ehrliches deutsches ›J'accuse‹ würde das ›eigne Nest nicht beschmutzen‹ (es ist schon beschmutzt und die Solidarität mit den

Verbrechern würde es noch mehr beschmutzen). Es wäre ganz im Gegenteil das Bekenntnis zu einer neuen deutschen Welt ...«

Mit anderen Worten: Hier wartet eine Aufgabe.

## »Ihr hättet Nein sagen müssen«:
## Ein Staatsanwalt, der den Rechtsbruch verlangt

Die Strafprozesse gegen NS-Verbrecher »sollen natürlich zu denken geben«, erklärt Fritz Bauer einmal einem Radiojournalisten. »Eine der wichtigsten Aufgaben dieser Prozesse ist es, nicht nur das furchtbare Tatsachenmaterial vorzuführen, sondern eigentlich uns wieder etwas zu lehren, was wir in Deutschland im Laufe der vergangenen hundert Jahre völlig vergessen haben, ganz im Gegensatz zu dem Recht und der Moral der uns umgebenden Staaten. Es ist ganz einfach jenes Wort, das durch die ganze Geschichte geht, aber im 19. und 20. Jahrhundert eigentlich aus dem deutschen Recht gestrichen wurde, das Wort, das wir schon bei Sokrates finden, aber dann genauso in der Bibel: Du sollst Gott mehr gehorchen denn den Menschen. Das ist im Grunde das A und O jeden Rechts. Dieser Satz bedeutet: Über jedem Gesetz und über jedem Befehl gibt es noch etwas, was unverwüstlich und unzerstörbar ist, die klare Erkenntnis, dass es gewisse Dinge gibt, die man auf Erden nicht tun kann. Einmal, weil sie in den zehn Geboten verboten sind, und dann natürlich, weil sie wider alle Religion und Moral sind.«

Ein Ankläger, der von Angeklagten verlangt, sie hätten Gesetze brechen müssen, steht natürlich vor einem Problem. Er kann sich dabei schwerlich auf das Strafgesetzbuch berufen. Dieses Problem erkennt Bauer: Zwar galt das alte kaiserliche und Weimarer Strafgesetzbuch auch zur NS-Zeit fort, aber der Mord an bestimmten Gruppen war vom Staat befohlen, legalisiert. Bauer lässt sich davon jedoch nicht abhalten. Eine demokratische Strafjustiz, so schreibt er im Februar 1945 in einem Aufsatz für die *Sozialistische Tribüne,* dürfe sich nicht davon beirren lassen, dass die Nationalsozialisten mächtig genug waren, die Welt des Rechts auf den Kopf zu stellen. Selbst wenn sich demokratische Strafgerichte erst verrenken müssten, um sich aus der Fesselung durch die zur Tatzeit geltenden NS-Gesetze herauszuwinden, müssten sie Verbrechen Verbrechen nennen, schreibt Bauer – notfalls eben mithilfe »revolutionären«, rückwirkenden Rechts. Das bedeutet zwar einen Bruch mit dem Grundsatz »Keine Strafe ohne (zur Tatzeit geltendes) Gesetz«, doch Bauer denkt die Sache vom Ergebnis her: »Ein neues Deutschland kann, wenn es leben und geachtet sein will, nicht dulden, dass Richter sich wieder zu Helfershelfern von Mordgesellen machen. Hier gilt das Wort Goethes aus dem ›Faust‹«, schreibt Bauer: »Der Richter, der nicht strafen kann, gesellt sich endlich dem Verbrecher.«

Den juristisch eleganten Weg weist ihm erst 1946 sein altes Idol Gustav Radbruch. Radbruch argumentiert in einem Aufsatz, die NS-Gesetze, die den Völkermord legalisiert hätten, seien von vornherein null und nichtig gewesen. Gesetze, die noch nicht einmal den »Willen zur Gerechtigkeit« erkennen ließen und stattdessen die Gleichheit aller Menschen als Basis allen Rechts bestritten, seien niemals bindend. Sie hätten »als ›unrichtiges Recht‹ der Gerechtigkeit zu weichen«. Auch vor Strafe schützten solche Gesetze nicht. »Und das«, so Bauer, der diesen Gedanken aufgreift, »bedeutet ganz einfach das Gebot des passiven Widerstandes. Es war im ganzen deutschen Reich, im ganzen Mittelalter, in der Frühzeit und noch in der neueren Zeit ganz selbstverständlich. Man hat gelehrt: Wenn etwas befohlen wird – sei es durch Gesetz oder Befehl –, was rechtswidrig ist, was also im Widerspruch steht zu den ehernen Geboten, etwa den zehn Geboten, die eigentlich jedermann beherrschen sollte, dann musst du Nein sagen. – Ich formuliere die Sache jetzt ziemlich brutal: Man hat dann in Deutschland zwar den Heldenmut an der Front gefeiert; es gab Mut und Courage in jeder Richtung gegenüber dem äußeren Feind. Man hat aber völlig übersehen, dass die Zivilcourage – der Mut vor dem Feind im eigenen Volk – genauso groß, wahrscheinlich größer ist und nicht weniger verlangt wird. Man hat völlig übersehen, dass es ehrenhaft ist, dass es Pflicht ist, auch in seinem eigenen Staat für das Recht zu sorgen. Deswegen ist es das A und O dieser Prozesse zu sagen: Ihr hättet Nein sagen müssen.«

# 8

## Der große Auschwitz-Prozess
## 1963–1965: Sein Hauptwerk

### Eine Cola in der Verhandlungspause

Der junge Schriftsteller Horst Krüger ist mit offenem Schiebedach hergefahren, es ist eng gewesen auf den Straßen, es wurde gehupt. Die Metropole Frankfurt am Main, das kommerzielle Zentrum der Bundesrepublik, wächst seit 1960 rasant in die Höhe, ein wenig hektisch und ordinär, wie Krüger findet, »eine Mischung aus Alt-Sachsenhausen und Klein-Chicago«. Es ist ein hellblauer und silbrig strahlender Tag, an dem im Frankfurter Rathaus über die Hölle von Auschwitz verhandelt wird. Donnerstag, der 27. Februar 1964.

Rund um das Gebäude ist kein Parkplatz mehr frei, deshalb kommt Krüger zu spät. Und dann ist es wie im Kino, wenn der Film schon angefangen hat und man im Dunkeln über die Reihen hereinstolpert: schwierig, in die laufende Handlung hineinzufinden.

Als Krüger in den 120 Meter langen, mit billigem Holz vertäfelten Plenarsaal tritt, den die Stadträte vorübergehend freigeräumt haben, sitzen die Männer in ihren gleichförmigen Anzügen, Brillen und Haarschnitten bereits seit 20 Verhandlungstagen zusammen. Schon bald ordnet der Vorsitzende Richter eine zehnminütige Pause an, und etwa 120 Leute strömen aus dem Saal. Die Herren zünden sich Zigaretten an, man steht in Grüppchen beisammen. Krüger fühlt sich an eine Theaterpause erinnert. Man diskutiert die Eindrücke, holt die Jacken von der Garderobe ab oder legt der Garderobenfrau ein paar Münzen hin und bekommt eine Cola. Endlich fragt Krüger einen Freund: Wo denn nun eigentlich die Angeklagten seien? Worauf der Freund ironisch lächelt und sagt: Die Angeklagten – sind mitten unter uns.

14 von ihnen sind, teilweise auf Kaution, auf freiem Fuß, sie bewegen sich nicht abgesondert, von Soldaten bewacht wie im Nürnberger Prozess gegen die 24 Hauptkriegsverbrecher oder in einen Glaskasten gesperrt wie Adolf Eichmann in Jerusalem. Sondern ganz ohne aufzufallen. Ein paar von ihnen sitzen jetzt in einer großen, ledernen Sitzgruppe an einer Wand im Foyer, trinken Cola und Sinalco, rauchen Zigaretten, sehen dick und gemütlich aus. Einer steht direkt neben dem ahnungslosen Krüger. Auch im Saal sitzen die Angeklagten nicht herausgehoben. An dem kleinen Zeugentisch vor dem Richter ist jeweils nur Platz für den einen, der gerade am meisten im Fokus des Prozesses steht. Die übrigen belegen schlicht die vorderen Reihen im Zuschauerraum, optisch unauffällig – und mancher nichtsahnende Besucher hat schon einen von ihnen von hinten angetippt und freundlich flüsternd nach dem rätselhaften juristischen Geschehen da vorn gefragt.

Natürlich sind das Details. Natürlich macht es für die große juristische Auseinandersetzung, die von Dezember 1963 bis August 1965 in Frankfurt ausgetragen wird und die erstmals das System der fabrikmäßigen Ermordung von Menschen in seinem gesamten Umfang aufklärt – vor den Augen der zahlreich geladenen Weltpresse –, keinen

Unterschied, an welcher Stelle im Saal die Angeklagten sitzen oder dass sie für eine Cola anstehen wie alle anderen. Allenfalls ist der souverän-geschäftsmäßige Umgang mit ihnen sogar eine Stärke des Gerichts, seiner Autorität zuträglich. Aber die kleine Verwirrung, die so entstehen kann, ist keine Nebensache. Man könnte sagen, dass sie sogar geradewegs zum Kern der Sache führt. Diese Angeklagten sind mitten aus dem gesellschaftlichen Leben gegriffen, der wichtigste von ihnen, Robert Mulka – gerötetes Gesicht, schlohweißes Haar und makelloser dunkelblauer Anzug – fährt zwischen den Verhandlungstagen nach Hamburg, um in seinem gut gehenden Geschäft nach dem Rechten zu sehen. In Auschwitz war er Adjutant des Lagerkommandanten Rudolf Höß, also die Nummer zwei der SS-Hierarchie im Lager. Genau das ist in Frankfurt der Punkt: Der Auschwitz-Prozess führt die Deutschen nicht an einen fernen Ort irgendwo im unbekannten Osten. Sondern er legt schlicht mitten unter ihnen, mitten in der Boomzeit der 1960er-Jahre, einmal kurz die Lupe an.

»Gespenstisch« nennt das ein anderer Schriftsteller, Robert Neumann, nachdem er einen Vormittag im Frankfurter Zuschauerraum verbracht hat: »So wie die alle nicht auf ihren Plätzen sitzen, sind sie nicht mehr zu unterscheiden. Jeder Anwalt ein potentieller Angeklagter … Jeder Angeklagte dein Briefträger, Bankbeamter, Nachbar.« Apotheker, Ingenieur, Kaufmann, Hausmeister, Buchhalter, Bankkassierer – das sind die Berufe, in welche die Täter von Auschwitz tatsächlich zurückgekehrt sind, die in der »Strafsache gegen Mulka und andere« vor dem Schwurgericht stehen. Oswald Kaduk, »einer der grausamsten, brutalsten und ordinärsten SS-Männer im KL-Auschwitz«, wie es im Urteil heißen wird, arbeitet in Berlin als Krankenpfleger; die Patienten nennen ihn »Papa Kaduk«, weil er sich so aufopfernd um sie kümmert.

Das macht die enorme Wucht dieses Prozesses aus. Er ist der größte in der Geschichte der deutschen Strafjustiz, zwanzig Monate lang wird in Frankfurt gegen zunächst 22, später 20 Angeklagte verhandelt, 700 Seiten umfasst allein die nüchterne Auflistung aller Gräueltaten in der Anklageschrift, 20 000 Deutsche wollen den Prozess sehen, darunter viele Jugendliche. Erst mit diesem Prozess wird Auschwitz zur Chiffre für den gesamten Holocaust. Aber vor allem geht es in Frankfurt um: die Gegenwart, in der jeder Krankenpfleger, Hausmeister und Bankkassierer in Deutschland eine Vergangenheit hat.

»Im Glaskasten des Jerusalemer Gerichtshofs saß nicht nur Adolf Eichmann«, schreibt Fritz Bauer 1962 in einem Essay. So ist es nun auch mit den 22 Angeklagten im Auschwitz-Prozess: »Die Leute wehren sich doch nicht deswegen leidenschaftlich gegen die Prozesse«, so Bauer in einem privaten Brief, »weil sie … eine Ungerechtigkeit und Unsittlichkeit in ihnen sehen, sondern weil Frau Lieschen Müller und ihre Familie, weil die Herren von Industrie, Justiz usw. wissen, daß mit den 22 Angeklagten im Auschwitzprozeß 22 Millionen auf der Anklagebank sitzen.«

Wenn während der Verhandlung einmal die Fenster gekippt sind, wehen von draußen die leisen Geräusche der Frankfurter Tram herein, das Auf- und Zuschlagen der Türen, das Rattern der Räder, »Menschen, die jetzt um die Mittagszeit von Praunheim nach Riederwald fahren und an alles, nur nicht an Auschwitz denken«, wie sich der Prozessbeobachter Horst Krüger erinnert. »Frauen mit Einkaufsnetzen und Männer mit schwarzen Aktentaschen. Das Quietschen und Singen der Straßenbahn mischt sich seltsam mit der Stimme aus dem Lautsprecher, die jetzt von Kindern erzählt, die, weil das Gas zu knapp wurde, lebend ins Feuer geworfen wurden.«

## Eine Bühne für das, was die Welt nicht erfahren sollte: Bauers Leistung

Warum ausgerechnet Frankfurt? Zufall, sagt Fritz Bauer und übergeht die wesentlich unschönere Wahrheit, die viel von Politik handelt, damit galant.

Als die SS bei Kriegsende das SS- und Polizeigericht in Breslau in Brand steckt, schlagen Flammen aus den Fenstern und segeln Papiere auf die Straße herab, teils verkohlt, teils in Fetzen. Nur ein paar Blätter, die auf der Straße landen, sind noch heil. Acht solcher Papiere hebt ein Mann auf, der lange unter der SS gelitten hat. Der Mann, Emil Wulkan, braucht Jahre, bis er Vertrauen zu einem Journalisten der *Frankfurter Rundschau* fasst und ihm seinen vergilbten Fund zeigt. Den vorgedruckten Briefkopf kann man noch gut lesen. Es ist ein sehr ordentliches Dokument, es gibt leere Felder für das Aktenzeichen und die Telefon-Durchwahl des Sachbearbeiters. Und zum Briefkopf gehört auch die vorgedruckte Datumszeile: »Auschwitz, den ...«. Der *Rundschau*-Journalist, Thomas Gnielka, schickt die Papiere am 15. Januar 1959 gleich weiter an Fritz Bauer. Der Jurist ist zu Ostern 1956 von Braunschweig nach Frankfurt gewechselt, vom Provinz-Generalstaatsanwalt ist er zum Metropolen-Generalstaatsanwalt geworden. Und er erkennt in den Papieren nicht nur brisante Originaldokumente, sondern vor allem eine willkommene Chance: einen kleinen Anker, mit dem sich das gesamte Thema Auschwitz vor Gericht ziehen lässt.

Es sind Schreiben der Kommandantur des Konzentrationslagers aus dem Jahr 1942. Dokumente, die die Tötung von Häftlingen »auf der Flucht« betreffen. »Urkunden«, so erinnert sich Fritz Bauer, »wie sie seither überhaupt noch nicht bekannt gewesen sind. Es waren Formulare – und das ist kennzeichnend für den ganzen Charakter des ›tausendjährigen Reichs‹ –, vorgedruckt. Auf Seite eins stand: ›Der Wachmann XY hat den Häftling (Angabe seiner Nummer) auf der Flucht erschossen.‹ Seite zwei, wiederum vorgedruckt: ›Dieses Aktenstück wird dem SS- und Polizeigericht nach Breslau zur Einleitung eines Verfahrens wegen Totschlags beziehungsweise wegen Mordes übersandt.‹ Blatt drei, wiederum vorgedruckt: ›Das Verfahren wird eingestellt.‹ Ich nenne das, weil es in so besonderer Weise kennzeichnend ist für die äußere Aufrechterhaltung des Rechtsscheines. Die Einstellung des Verfahrens war von vornherein da.«

»Dieses Papier«, so erzählt Bauer, »kam zu uns, und auf diese Weise bekamen wir also hier in Frankfurt die Namen einer Fülle von Wachmännern, die Leute ›auf der Flucht erschossen‹ hatten. Wir sandten es nach Karlsruhe« – wo der Bundesgerichtshof angesichts des ausländischen Tatorts nach Paragraf 13a Strafprozessordnung frei ein zuständiges Gericht bestimmen durfte – und »Karlsruhe sandte es zurück: Die Staatsanwaltschaft in Frankfurt möge nunmehr Auschwitz aufklären.«

Ein einzigartiger Glücksfall ist das, was Fritz Bauer in die Hände gefallen ist, eigentlich nicht. Ähnliche Funde kann zu dieser Zeit jeder Staatsanwalt machen, der möchte. Die Zahl der direkten Mitwisser rund um das Vernichtungslager ist noch groß. Mehr als 7000 SS-Leute sind nach heutigen Erkenntnissen in Auschwitz tätig gewesen, und auch ihre Familien wurden nicht etwa auf

Abstand gehalten, sondern vielfach in der Nähe untergebracht, in jener Ortschaft, die erst im Rückblick der Nachkriegszeit zu einem fernen, dunklen Fleck irgendwo im Osten verbrämt worden ist, die aber zur Zeit des »Dritten Reichs« ein durchaus bekannter Verkehrsknotenpunkt war, wie der Historiker Norbert Frei betont: »Auschwitz bei Königshütte in Oberschlesien«. Auch die Zahl der noch lebenden ehemaligen Häftlinge ist in den 1950er-Jahren beträchtlich. Und nicht alle Überlebenden wollen nur vergessen, viele suchen Gehör. Man müsste ihnen nur zuhören.

Die Stuttgarter Staatsanwaltschaft zum Beispiel hat am 1. März 1958 den Hinweis auf einen Auschwitz-Täter bekommen, Wilhelm Boger, der inzwischen bei einer Motorenfirma in Stuttgart-Zuffenhausen arbeitet. Boger hat seine Karriere im Frühjahr 1933 bei der württembergischen Politischen Polizei begonnen, nur kurz nachdem diese den Stuttgarter Amtsrichter Fritz Bauer aus seinem Dienstzimmer heraus verhaftete. In Auschwitz gehört Boger der Lager-Gestapo an, die Ausbrüche verhindern und Häftlingsaufstände ersticken soll, durch Verhöre, die aus der alltäglichen Grausamkeit des Vernichtungslagers noch herausstechen. Boger ist berüchtigt für seinen diabolischen Einfallsreichtum beim Foltern. Seine bekannteste Erfindung nennen die Häftlinge Boger-Schaukel. Es ist ein Gestänge, an dem Häftlinge gefesselt so aufgehängt werden, dass man sie ungehindert immer wieder auf die Geschlechtsteile schlagen kann; eine Methode, die Boger noch im Frankfurter Gerichtssaal als wirkungsvoll verteidigen wird. Ein ehemaliger Auschwitz-Häftling, Adolf Rögner, weist 1958 per Brief die Stuttgarter Staatsanwaltschaft auf den Aufenthaltsort Bogers hin. Doch die Ermittlungen werden nicht energisch vorangetrieben. Über mehrere Monate zieht sich ein kühler Briefwechsel der Ermittler mit einem anderen Auschwitz-Überlebenden, dem Generalsekretär des Internationalen Auschwitz-Komitees, Hermann Langbein; ob er vielleicht mit Zeugen und Informationen dienen könne? Langbein ist ein schwieriger Partner, weil er Bedingungen stellt. Gleichzeitig bemühen sich die Ermittler ihrerseits wenig. Den ursprünglichen Tippgeber, Adolf Rögner, suchen sie überhaupt erst nach einem halben Jahr auf, am 19. August 1958.

Auch in der Kleinstadt Ulm ist währenddessen zu besichtigen, wie groß der Widerwille in der baden-württembergischen Justiz insgesamt ist. Dort nämlich wird zehn Männern vorgeworfen, als Angehörige der sogenannten Einsatzgruppen des SD daran beteiligt gewesen zu sein, dass 130 000 Männer, Frauen und Kinder – mehr als die Hälfte der litauischen Juden – in Massengräber hineingeschossen wurden. Den zehn Angeklagten wird nur ein kleiner Ausschnitt des Völkermords in Litauen vorgehalten, es geht um 5500 Opfer, die sie unter Gebrüll und Schlägen zum Tatort trieben, zwangen, ihr Grab auszuheben und in Zehnergruppen erschossen, oft unter Rufen wie: »Schnell, schnell, desto früher haben wir Feierabend!« Am Tatort habe es ausgesehen »wie in einem Schlachthaus«, sagt in Ulm ein Zeuge aus. Doch zu einer Anklage wäre es beinahe überhaupt nicht gekommen. Die Ulmer Staatsanwälte sind schon im Begriff, das Ermittlungsverfahren einzustellen. Erst der zuständige Stuttgarter Generalstaatsanwalt Erich Nellmann greift, als er von dem Vorgang erfährt, ein und entbindet die örtlichen Staatsanwälte wegen »mangelnder Energie« von dem Fall. Nellmann schickt eigens seinen Mitarbeiter Erwin Schüle nach Ulm, um dort die Anklage zu übernehmen. So bleibt der Prozess, so wichtig er 1958 auch ist, ein »Zufallsprodukt einer Zufallsjustiz«, wie der Berichterstatter der *Süddeutschen Zeitung* schreibt, ein einmaliger Ausreißer, an dessen Ende sieben der Angeklagten Strafen zwischen drei und fünf Jahren Haft bekommen und nur drei Angeklagte Strafen zwischen zehn und fünfzehn Jahren.

Immerhin verhindert der Prozess, dass in Stuttgart die Ermittlungen in Sachen Auschwitz vollkommen versanden. Der nach Ulm entsandte Staatsanwalt Erwin Schüle bekommt anschließend den Auftrag, eine Zentrale Stelle zur Aufklärung von NS-Verbrechen in Ludwigsburg aufzubauen – einen Dienstleister, der allen anderen Staatsanwaltschaften im Land zuarbeiten soll. Das öffentliche Entsetzen über die in Ulm verhandelten Bluttaten hat die elf Landesjustizminister der Republik motiviert, Gelder für eine systematische Aufklärung von NS-Verbrechen zur Verfügung zu stellen. Allerdings wird die Zentrale Stelle in Ludwigsburg auf maximal elf Staatsanwälte begrenzt, damit ihre Arbeit nicht »ausufert«. Zugleich soll sie nicht nur sämtliche nationalsozialistische Verbrechen in den Blick nehmen, sondern auch alle Verbrechen gegen deutsche Kriegsgefangene und Vertriebene. »Hier werden heterogene Dinge verbunden«, kritisiert 1958 Fritz Bauer, »das eine sind die Taten des nazistischen Unrechtsstaats, das andere sind seine Folgen. Die Zusammenstellung könnte den Eindruck erwecken, man wolle eine nationale und internationale Unrechtsbilanz aufstellen, bei der sich Soll und Haben ausgleichen.« Von Dezember 1958 an holen sich die Stuttgarter Auschwitz-Ermittler zwar Unterstützung vom neuen Ludwigsburger Dienstleister, doch selbst mit vereinten Kräften kommen sie nach Monaten nur auf eine kurze Liste von 18 Personen, die neben Wilhelm Boger möglicherweise noch in Auschwitz tätig gewesen sind. Ein mageres Ergebnis.

In Frankfurt bewegt sich unterdessen mehr. Nachdem Fritz Bauer mithilfe der Papiere aus dem brennenden Breslauer SS-Gericht die Erlaubnis des Bundesgerichtshofs bekommen hat, sich ebenfalls des Themas Auschwitz anzunehmen, ruft er zwei junge Juristen vom Frankfurter Landgericht zu sich, Joachim Kügler und Georg Friedrich Vogel, beide erst 33 Jahre alt. Sie sollen sich fortan ausschließlich um Auschwitz kümmern. Von allen anderen Aufgaben sind sie freigestellt. Generalstaatsanwalt Fritz Bauer gibt dem Thema Auschwitz höchste Priorität. Sein Vorgänger in Frankfurt hatte einmal die Einstellung eines NS-Verfahrens mit der Begründung befürwortet, nicht nur die schwierige Beweislage, sondern auch »die bekannt ablehnende Einstellung der Gerichte gegenüber politischen Straftaten aus der Zeit vor dem Zusammenbruch« lasse eine Verurteilung nicht erwarten. Die Ambitionen, die hingegen Bauer mitbringt, sind da etwas Neues: Er will nicht warten, bis Strafanzeigen oder Tipps eingehen.

Als Fritz Bauer 1950 in Braunschweig als Generalstaatsanwalt anfing, war er nur einer unter drei niedersächsischen »Generälen«. In Frankfurt aber steht er an der Spitze des größten Strafverfolgungsapparats der Bundesrepublik: Hessen hat als einziger Flächenstaat nur ein einziges Oberlandesgericht, Bauer unterstehen dort alle neun landgerichtlichen Staatsanwaltschaften, dreizehn Strafanstalten (zu jener Zeit ist ein Generalstaatsanwalt auch für den Strafvollzug zuständig, heute ist das nicht mehr so) und insgesamt 199 Staatsanwälte einschließlich der Gerichtsassessoren; »mit Hilfskräften ist das ein kriegsstarkes Bataillon«, wie die *Frankfurter Allgemeine Zeitung* 1963 formuliert. Mit diesen Ressourcen setzt Bauer zum großen Wurf an. Das Team, das er in Frankfurt für die Auschwitz-

Ermittlungen zusammenstellt, ist zwar klein: Kügler und Vogel bekommen lediglich noch einen Polizeikommissar und Schreibkräfte an die Seite gestellt, erst später wird noch ein dritter junger Staatsanwalt hinzugezogen werden, Gerhard Wiese. Aber es ist damit bereits größer als alles, was es in der deutschen Justiz bisher bei den Ermittlungen in Sachen Auschwitz gegeben hat.

Und Bauer verliert keine Zeit. Zuallererst weist er die jungen Staatsanwälte an, systematisch bei allen Kollegen im Land zu erfragen, welche Erkenntnisse über Auschwitz bereits vorliegen. Nur wenige Behörden antworten darauf – aber schon das genügt, um zu zeigen, dass die Stuttgarter und die Frankfurter bei Weitem nicht die einzigen sind, denen Auschwitz bei Ermittlungen bereits untergekommen ist. Zugleich organisiert er für Kügler und Vogel eine Reise nach Polen ins Staatliche Museum Auschwitz, um Dokumente einzusehen – eine heikle Mission in Zeiten des Kalten Krieges, die einigen diplomatischen Geschickes bedarf.

Über Zeitungen, Radiosender und jüdische Organisationen in aller Welt rufen Joachim Kügler und Georg Friedrich Vogel Überlebende dazu auf, sich als Zeugen zu melden. Mit Berichten über das Grauen werden sie daraufhin geradezu überhäuft, es vergeht in den kommenden zwei Jahren kein Tag, an dem sie nicht einen weiteren Zeugen vernehmen können. Bis zum Prozessbeginn werden sie 1500 Zeugen ausfindig gemacht haben, von denen sie 250 auch in den Zeugenstand rufen werden. Auch mit Schläue gehen sie vor: Um den aktuellen Wohnort von Verdächtigen zu erfahren, die aus Schlesien stammen, schreiben Kügler und Vogel ausnehmend freundliche Briefe an Vertriebenenorganisationen, »und wir bekamen teils sehr nette Briefe zurück«, erinnert sich Kügler, »die dann die Adressen der betreffenden Herren in der Bundesrepublik enthielten«. Nach nur einem halben Jahr haben die Frankfurter Ermittler auf diese Weise bereits eine Liste von 599 möglichen Auschwitz-Tätern beisammen, das heißt, sie haben fast jeden zehnten SS-Mann, der in Auschwitz tätig war, identifiziert.

Alle Ermittlungen, die mit Auschwitz zu tun haben, sollen bei der Frankfurter Staatsanwaltschaft gebündelt werden. Das ist Fritz Bauers Plan. Auch der in Stuttgart entdeckte Wilhelm Boger und die anderen 18 in Baden-Württemberg ermittelten Auschwitz-Verdächtigen sollen zu Küglers und Vogels Liste von 599 mutmaßlichen Auschwitz-Tätern hinzukommen. Dagegen protestiert der für NS-Ermittlungen zuständige Abteilungsleiter in der Frankfurter Staatsanwaltschaft, Hanns Großmann. Er will ein solches Mammutverfahren nicht in Frankfurt haben, eher solle umgekehrt alles in Stuttgart gebündelt werden. Es ist der natürliche Impuls einer Behörde, sich nicht die Arbeit einer anderen aufzuhalsen. Doch Fritz Bauer gibt nicht nach – und die Stuttgarter Kollegen, die sich seit November 1958 über ein öffentliches Zerwürfnis mit dem Generalsekretär des Auschwitz-Komitees Hermann Langbein ärgern, der ihnen vorwirft zu zaudern, nehmen es dankbar auf. Bereits seit Oktober 1958 sitzt Wilhelm Boger bei ihnen in Untersuchungshaft. Aber erst jetzt, Ende April 1959, nehmen die Stuttgarter noch drei weitere mutmaßliche Auschwitz-Täter in Haft – die sie dann bald an die bereitwilligen Kollegen in Frankfurt abgeben können.

Schritt für Schritt bauen die Frankfurter einen großen, exemplarischen Prozess auf, der die historische Wahrheit von Auschwitz insgesamt ausleuchten soll – und nicht nur jene einzelnen Ausschnitte der Wahrheit, die zufällig durch Strafanzeigen auf dem Tisch der Staatsanwaltschaft landen. Denselben Plan entwickelt Bauer nun ganz allgemein für den Umgang mit den Verbrechen der NS-Zeit. Wenn schon nur wenige Täter jemals vor Gericht gebracht werden können, dann sollen die wenigen beispielhaften Prozesse wenigstens eine ernst zu nehmende Aufklärung bewirken.»Nachdem 15 oder 20 Jahre seit den entsetzlichen Geschehnissen verflossen sind, sind einer umfassenden strafrechtlichen Bereinigung Grenzen gesetzt«, schreibt Bauer damals in einem Aufsatz, »nicht aber einer Feststellung und möglichst allseitigen Erkenntnis der Wahrheit. Sie sollte unter allen Umständen angestrebt werden. Schon sie könnte die heimische Flut bequemen Vergessens eindämmen, zu einer Klärung dessen führen, was rechtlich gut und böse war, und – frei von jeder Splitterrichterei – die vergangene und zukünftige Verantwortung aller Bürger für das politische und menschliche Geschehen in ihrem Staat ins öffentliche Bewusstsein rücken.«

So hält Bauer es jetzt auch im Fall der NS-Euthanasie. Auch dieses Thema setzt er von sich aus auf die Tagesordnung seiner Ermittler, er beauftragt den gerade 33 Jahre alten Staatsanwalt Johannes Warlo damit, und er gibt Warlo ein Ziel vor: eine Besetzung der Anklagebank mit einer kleinen, repräsentativen Auswahl der wichtigsten Köpfe des NS-Euthanasieprogramms. Es soll ein Prozess werden, der auch den größeren historischen Zusammenhang erhellt; der *Spiegel* erwartet das »wohl spektakulärste Verfahren der deutschen Justiz-Geschichte«. Der von Bauer beauftragte Warlo plant, vier Haupttäter der Euthanasie vor Gericht zu bringen. Und wären die Widrigkeiten in diesem Verfahren nicht so groß, es hätte vielleicht tatsächlich die Aussicht, ein zweiter spektakulärer Großprozess parallel zum Auschwitz-Prozess zu werden. Der wichtigste Beschuldigte, der ärztliche Leiter der sogenannten »Gnadentodaktion«, Prof. Dr. Werner Heyde, ist 1947 aus der Haft der Alliierten entkommen, weil ihm bei einem Zwischenstopp seines Gefangenentransports in Würzburg, am Ort seines langjährigen Wirkens, die Flucht gelungen ist. Die Fahndung nach ihm bleibt lange erfolglos – obwohl es viele Mitwisser gibt. »Dr. Fritz Sawade«, wie er sich jetzt nennt, lebt in Kiel und bekommt über die Jahre Tausende von Gutachteraufträgen von Juristen des Landessozialgerichts, die seine wahre Identität kennen oder zumindest erahnen. Erst als ein gewissenhafter Kieler Professor damit droht, die Sache öffentlich zu machen, stellt sich Werner Heyde am 12. November 1959 der Staatsanwaltschaft in Frankfurt. In seiner Untersuchungshaftzelle in Butzbach erhängt er sich aber im Februar 1964 mit einem Gürtel an der Heizung – und damit fallen alle Aufklärungsbemühungen der Ankläger in sich zusammen.

Auch die Richter machen es Bauers Ermittlern von Beginn an schwer. Sie lassen die übrigen drei Leiter des NS-Euthanasie-Programms auf freiem Fuß, weil sie für die Untersuchungshaft zu krank seien. Woraufhin sich der erste nach Argentinien absetzt, der zweite sich aus dem achten Stockwerk eines Bürohauses stürzt. Der dritte – der Leiter der »Kindereuthanasie« Dr. Hans Hefelmann – kommt zwar als Einziger vor Gericht, doch nach sechs Monaten bescheinigt ihm der Direktor der Neurologischen Universitätsklinik in Gießen ein Nervenleiden, das eine Fortsetzung des Prozesses unmöglich mache. Der Gutachter attestiert eine Lebenserwartung von lediglich noch zwei Jahren, eine Prognose, die der Angeklagte nach der Einstellung seines Verfahrens um mehr als das Zehnfache überlebt, wie der frustrierte Staatsanwalt Johannes Warlo später lakonisch anmerkt.

Fritz Bauer drängt den jungen Warlo zu einem zweiten Anlauf. Der systematische Mord an Kranken und Behinderten, nach dem Krieg verdrängt, soll um jeden Preis an die Öffentlichkeit kommen. Die Generalstaatsanwälte und Oberlandesgerichtspräsidenten im NS-Staat hatten bei den Anstaltsmorden bewusst weggesehen, 20 von ihnen leben noch. Die Staatsanwaltschaft Stuttgart hat bereits zweimal, im März 1961 und im August 1962, versucht, die Verfahren gegen sie aus Rechtsgründen einzustellen; doch Bauer zieht die Sache nun nach Frankfurt und lässt seine Leute mit einer Anklageschrift ernst machen. Warlo baut unterdessen einen vollständig neuen Euthanasie-Prozess auf, mit weniger hochrangigen Ärzten als zuvor. Doch dies nur, um von den Frankfurter Richtern am Ende mit einem Freispruch überrascht zu werden. »Frenetischer Beifall« brandet im Gerichtssaal auf, wie die *Frankfurter Allgemeine Zeitung* merklich entsetzt notiert: Die Richter halten den Medizinern zugute, sie hätten reinen Gewissens gehandelt, also ohne »Unrechtsbewusstsein«. Warlo ist sprachlos. »Die Bilanz kann nicht zufriedenstellen«, schreibt er später. »Bei dieser Sachlage stellt sich die Frage nach dem Sinn.«

Fritz Bauer versucht allgemein, hochkarätige NS-Fälle nach Frankfurt zu ziehen, die bei anderen Staatsanwaltschaften verschleppt oder liegen gelassen werden. In Absprache mit dem hessischen Justizministerium setzt er 20 000 Mark Belohnung aus, um Josef Mengele in Frankfurt vor Gericht zu bekommen, den Arzt, der in Auschwitz grausame Experimente nicht nur an Zwillingen verübte. Die Summe ist sogar doppelt so hoch wie für den letzten Lagerkommandanten von Auschwitz, Richard

*Die Familie: Ella, Margot, Ludwig und Fritz Bauer, um 1910.*

*In Fritz Bauers Kindheitserinnerungen spielte er stets nur mit Schwester Margot.*

*Stuttgart, wo Bauer aufwächst und später Strafrichter wird, ist um 1930 eine Metropole, in der Sozialisten und Künstler den Aufbruch üben. Ein republikanischer Klecks inmitten des deutschnationalen Württemberg.*

»Herrliche Pfirsichbowle«: In der jüdischen Studentenverbindung F.W.V. findet Bauer (ganz rechts) Freunde. Man feiert …

… oder debattiert an der Biertafel in Heidelberg, wo Bauer auffällt.

*Braunschweig 1952: Generalstaatsanwalt Bauer (mit Staatsanwalt Rolf Herzog) klagt den Kopf der Sozialistischen Reichspartei an.*

*Auf Bauers Schreibtisch in Frankfurt türmen sich 1966 NS-Akten.*

*Bauer im Gespräch mit Studenten 1964, auf der Höhe des Auschwitz-Prozesses: »Das Problem Auschwitz, da sind wir uns doch wahrscheinlich einig, beginnt nicht erst an den Toren von Auschwitz und Birkenau.« Die Massenvernichtung habe darauf beruht, dass viele Räder ineinandergriffen: Das ist die zentrale Botschaft des Anklägers.*

*Oswald Kaduk, einer der grausamsten Auschwitz-Angeklagten, war bis 1963 Krankenpfleger in Berlin. »Papa Kaduk« nannten ihn die Patienten.*

*Zum Prozessauftakt am 20. Dezember 1963 sind mehr als zweihundert Journalisten gekommen. An der Wand eine Karte des Lagers.*

*Staatsanwalt Joachim Kügler begann 33-jährig als Fritz Bauers Protegé im Auschwitz-Prozess – und wandelte sich später zu seinem Gegner.*

*Fritz Bauer empfängt Journalisten in seinem Büro, 1964.*

»Unfertig, in Krisen gerissen«: Bauer kurz vor seinem Tod, 1968.

Baer – ein Gradmesser für den symbolischen Wert, den Bauer einem Angeklagten Mengele beimisst. Mengele ist nach dem Krieg nach Südamerika geflohen, nach Paraguay, wie sich später herausstellen wird. Mit seiner Familie im schwäbischen Günzburg hält er weiterhin Kontakt, aber auch 20 000 Mark Belohnung sind nicht genug, um sein dortiges Umfeld zum Sprechen zu bringen: Die Unternehmerfamilie Mengele ist noch immer der größte Arbeitgeber in Günzburg, der ganze Ort schweigt.

Bauer will Prozesse, die eine möglichst hohe aufklärerische Wirkung haben. So kommt auch der Fall der Nazi-Größe Martin Bormann in sein Visier, des Mannes, der in der letzten Phase des Krieges zum Sprachrohr und obersten Interpreten des »Führerwillens« wurde. Auch mit diesem Fall wird der junge Staatsanwalt Johannes Warlo beauftragt. Der Leiter von Hitlers Parteikanzlei Martin Bormann ist seit 1945 verschwunden; um seinen Verbleib ranken sich Legenden. Im Nürnberger Prozess gegen die Hauptkriegsverbrecher ist sein Stuhl leer geblieben, verurteilt wurde er in Abwesenheit. Vielleicht macht schon das allein den Fall für Fritz Bauer interessant: Wenn es gelänge, Bormann aufzuspüren und ihn in Frankfurt anzuklagen, dann könnte sich die deutsche Justiz gewissermaßen doch noch an Nürnberg beteiligen. In jedem Fall aber ist Bauer interessiert an der historischen Lektion, die der Fall zu bergen verspricht: »Leider ist in Deutschland nicht bekannt«, so sagt Bauer 1964 in einem Interview, »dass Hitler gegen Ende des Krieges den Befehl gab, im Falle einer Niederlage das gesamte deutsche Volk zu vernichten. Mit diesem Befehl wurde ... Bormann beauftragt. Hierzu brauchte er die Unterstützung der Wehrmacht, die dem Befehl aber nicht nachkam und ihn unterschlug.« Wer das gehört hat, der muss doch von jeder

Nostalgie kuriert sein, scheint Fritz Bauer zu kalkulieren. Dabei mag er die historische Rolle Bormanns überschätzen. Aber seine Initiative, Bormann mit großem Aufwand zu suchen, zeigt doch, um welche aufklärerischen Ziele es ihm geht.

Die Auschwitz-Ermittlungen sind dafür das wichtigste Beispiel. Beim Münchner Institut für Zeitgeschichte gibt Fritz Bauer historische Gutachten über die NS-Verfolgungspolitik in Auftrag, die im Gerichtssaal vorgetragen werden sollen. Bauer verlangt von den Historikern lebendige, dem breiten Publikum verständliche Darstellungen, er spricht davon, dass Dokumente nicht nur vorgelesen, sondern unter Ausschöpfung der neuesten Technik »auf eine riesige Leinwand projiziert« werden sollen, und er lässt sich dabei auch nicht von dem Einwand des Ergänzungsrichters Werner Hummerich beirren, ein Historikergutachten sei für das Gericht »in aller Regel ... wertlos«, da das Gericht »keine Zeitgeschichte« betreibe, sondern allein den »konkreten Tatbeitrag des einzelnen zu beurteilen« habe.

Für das, was Bauer als den tieferen Sinn des geplanten Auschwitz-Prozesses betrachtet, sind diese Vorträge sogar alles andere als wertlos. »Selbst auf die Gefahr hin, dass der Staatsanwaltschaft die Veranstaltung eines Schauprozesses vorgeworfen werden könnte, soll die Verhandlung ein großes Bild des Gesamtgeschehens der angewandten Politik geben«, erklärt er einmal in kleiner Runde. Die Historiker, die Bauer persönlich anfragt, sollen ein Gesamtbild zeichnen. Selbst der junge Staatsanwalt Joachim Kügler sitzt dann tatsächlich, wie er sich später erinnert, »mit offenem Mund« im Gerichtssaal: »Da war vieles neu für mich.« Die Gutachter entkräften etwa die Legende, die Wachleute in Auschwitz seien zu ihren Verbrechen gezwungen worden. Wer wollte, habe Auschwitz verlassen und in den regulären Kriegsdienst wechseln können.

Möglichst viele Zuschauer sollen den Prozess verfolgen können. Deshalb bemüht sich Fritz Bauer um eine denkbar große Bühne. Nach vergeblichen Versuchen, sich in die Festhalle an der Messe einzumieten, erhält das Landgericht die Erlaubnis, den Plenarsaal des Rathauses zu nutzen – die Stadtverordneten weichen –, bevor der Prozess nach drei Monaten in den noch größeren Theatersaal des frisch fertiggestellten Bürgerhauses Gallus umziehen kann. Gleichzeitig lassen Bauer und Gleichgesinnte wie Henry Ormond in der Paulskirche Exponate aus Auschwitz zeigen, Tausende Deutsche sehen sie sich an, und als der Suhrkamp-Verleger Siegfried Unseld ihn darum bittet, ein paar Informationen aus dem Prozessgeschehen als Grundlage für ein geplantes Theaterstück nutzen zu dürfen, da ist Bauer sofort dienstbar und schreibt: »(D)ie Staatsanwaltschaft kennt ihre vorrangige Verpflichtung gegenüber Dichtern und Denkern!« Das Theaterstück, das auf diese Weise entsteht, *Die Ermittlung* des Dramatikers Peter Weiss, feiert 1965 an zwölf deutschen Bühnen gleichzeitig Premiere. Als der Prozess beginnt, darf mit Erlaubnis des Vorsitzenden Richters einige Minuten lang gefilmt werden. Zwölf Fernsehteams aus verschiedenen europäischen Ländern richten ihre Kameras und Scheinwerfer auf die 22 Angeklagten, mehr als 200 Journalisten aus aller Welt machen sich Notizen.

Ein bedeutender Prozess wird es nicht wegen der juristischen Feinheiten des 920 Seiten umfassenden Urteils, das im August 1965 ergeht und das für Bauer auch einige bittere Enttäuschungen enthalten wird. Sondern schon allein, weil nun überhaupt ein 920-seitiges Urteil über Auschwitz zu entstehen beginnt, an dessen Inhalt fortan niemand mehr vorbeikommen wird. Das ist es, was Fritz Bauer geschafft hat, als am 20. Dezember 1963 der Vorhang aufgeht.

**Warum der Atheist mit Jesus argumentiert (und nie wieder mit Moses)**

Für Fritz Bauer beginnt mit den Vorbereitungen zum Auschwitz-Prozess eine Zeit, in der er selbst im Licht der Öffentlichkeit steht. Journalisten interessieren sich für den Mann, der Auschwitz vor Gericht bringen will. Der NS-Aufklärer Fritz Bauer, ein Jude, den viele Deutsche als übermäßig unbarmherzigen Ankläger betrachten, als einen Rächer der sechs Millionen, gibt Interviews, veröffentlicht Essays und Aufsätze, und so wendet er sich etwa 1958 an die Leserschaft der kirchlichen *Stimme der Gemeinde* mit einem Text, der die Todesstrafe ausdrücklich ablehnt (im Gegensatz zu manchen Bundesministern dieser Zeit), als denkbar klarstes Beispiel dafür, dass er allen Rachegedanken abhold sei. Mit der »Christianisierung der Staaten«, so zitiert Bauer darin den protestantischen Theologen Friedrich Schleiermacher, müsse das Bewusstsein dafür wachsen, dass die Todesstrafe nicht nur überflüssig und unwürdig, »sondern auch unsittlich« sei.

Dabei nutzt Bauer die Gelegenheit auch, um beiläufig klarzustellen, dass die jüdische Religion das Prinzip der Rache entgegen landläufiger Meinung keineswegs gutheiße. Wenn gleich zu Beginn des Alten Testaments die Geschichte von Kain und Abel stehe, so Bauer, dann nicht etwa als Beispiel für Verbrechen und Sühne. Vielmehr stelle, oft übersehen, die Vergebung Gottes für den Brudermörder Kain dort die eigentliche Pointe dar. Als Beispiel für die menschliche Fähigkeit zu vergeben führt Bauer noch den Fall des in der Weimarer Republik ermordeten Außenministers Walther Rathenau an: Nachdem Rathenau erschossen wurde, habe seine trauernde Mutter symbolisch ihre Hand ausgestreckt und der Mutter des Mörders in einem Brief ihre Vergebung übermittelt. Dass die Familie Rathenau jüdisch war, muss Bauer nicht erwähnen. Das darf er als bekannt voraussetzen. Deutlicher könnte er die Argumente gegen das Klischee vom rachsüchtigen Juden kaum versammeln.

Auffallend oft stellt er seine politischen Argumente jetzt auf ausnehmend christliche Füße. Bauer bezieht sich auf Jesus, er benennt die Reformatoren Luther, Calvin und Zwingli als seine philosophischen Gewährsleute. Er zeigt genaue Kenntnisse des Neuen Testaments und zitiert souverän aus Römerbriefen und Evangelien. In seinem 1957 veröffentlichten Buch *Das Verbrechen und die Gesellschaft* appelliert er an die Werte der »abendländischen Menschheit« und preist das Verzeihen nicht nur als Tugend, sondern als »christliche Tugend«.

Im November 1961, die gerichtliche Voruntersuchung zum Auschwitz-Prozess hat bereits begonnen, referiert er einmal auf der Landestagung der Kirchlichen Bruderschaft in Hessen und Nassau. Bauers Thema ist, wieso die formale Legalität der NS-Verbrechen nichts an ihrem verbrecherischen Charakter ändere, und der Jurist argumentiert dabei mit – protestantischer Theologie. Bauers Rede ist gespickt mit Zitaten evangelischer Geistlicher. Sie fügt sich in Tonfall und Haltung gut zwischen die Vorträge der beiden Theologen, die neben ihm referieren: Martin Niemöller und Hans-Werner Bartsch (»Der Staat ist nicht der liebe Gott«). Und als am Ende jemand aus dem Publikum wissen möchte, ob nicht »für einen Christen« das fünfte Gebot dem Tyrannenmord entgegenstehe, da antwortet Fritz Bauer nicht: Um das zu beantworten, bin ich der Falsche. Sondern: »Ich glaube, dass ich mich dazu ausführlich geäußert habe.«

Stets klingt es wohltemperiert und gutbürgerlich, wenn der linke, umstrittene Jurist seine Argumente durch die neuesten Beschlüsse des protestantischen Kirchentags 1957 bestätigt sieht, wenn er 1963 in einem Rundfunk-Interview die Enzyklika des soeben verstorbenen Papstes lobend aufgreift, wobei er durchblicken lässt, dass ihm der Todestag des Papstes natürlich präsent ist (»am Gründonnerstag«), oder wenn er sich, ebenfalls 1963, »außerordentlich dankbar für die Erklärung des Rates der Evangelischen Kirche in Deutschland« zeigt. Vor allem aber klingt es so wenig jüdisch, als rede hier nicht der Enkel des Tübinger Synagogenvorstehers, sondern eher der Enkel eines Tübinger Pastors.

Echte Religiosität steckt nicht dahinter. Zwar mangelt es Bauer nie an Respekt vor der Religiosität anderer. Zu Besuch bei dem befreundeten Ehepaar Meyer-Velde beugt er sich einmal, 1965, über die Wiege der neugeborenen Tochter Esther, eine dicke Zigarre in der Hand, und verharrt dort verzückt für einen nicht enden wollenden Moment. Das Baby umklammert seinen Daumen. »Ich hatte nur Angst, dass ihm die Asche herunterfällt«, erinnert sich die junge Mutter. Als die Eheleute ihn fragen, ob er Pate für das Neugeborene werden möchte, fühlt er sich geehrt und sagt sofort Ja. Als der evangelische Pfarrer kurz vor der Zeremonie, die in einer leeren Kirche in Kassel stattfindet, fragt, wie es um Bauers Religion bestellt sei, da antwortet Bauer nur freundlich: »Die Bergpredigt kann ich unterschreiben«, was den Pfarrer zufriedenstellt. Aber wenn es ernst wird, so verrät Bauer privat, sind ihm

»metaphysische Zugänge verwehrt. Moraltheologien sagen mir mehr ... Ich glaube nicht, und die Metaphysik ist für mich eine mehr oder minder schöne Lyrik. Sie interessiert mich bestenfalls psychologisch, soziologisch, lyrisch.«

Auch eine neuerliche Sympathie für die christliche statt der jüdischen Lehre steckt nicht dahinter. »(W)as mich an der jüdischen Moraltheologie packt«, so schreibt Bauer seiner Münchner Brieffreundin Melitta Wiedemann, »ist der Weg von den Propheten über Marx zum DGB.« Das mag eine eigenwillige Beschreibung der jüdischen Lehre sein. (So wie es überhaupt eine eigenwillige Brieffreundschaft ist: Melitta Wiedemann, eine reiche Berliner Tochter, war 1930 in die NSDAP eingetreten und hat, bevor sie 1931 wieder ausgetreten ist, nach eigenem Bekunden für drei Tage Adolf Hitler bei sich beherbergt, als dieser von der SA bedroht wurde. Während der NS-Zeit hat sie mit Genehmigung des Propagandaministeriums die »wissenschaftliche« Monatszeitschrift *Contracomintern* geleitet.) Aber eine Linie von der Thora über Marx zum DGB zu ziehen: Aus dem Munde des erklärten Sozialisten Bauer ist das vor allem eine Sympathiebekundung für die Lehre der Thora. Im »Christentum eines Kant« hingegen, das hat Bauer schon zu seiner Studentenzeit klargemacht, erblickt er kein Mittel zur Befreiung, sondern eher zur Disziplinierung der Gläubigen. Wo seine persönliche Präferenz liegt, wenn er vom angeblichen »Unterschied zwischen duldendem Gehorsam (Christentum) und aktiver Staatskritik der Propheten des Alten Testaments« schreibt, steht außer Frage.

Aber Bauer nutzt seine Kenntnisse der christlichen Lehre, zu deren Erwerb er sich als Student in Tübingen für zwei Semester in Vorlesungen über evangelische Theologie gesetzt hat, um für sich und seine Anliegen Akzeptanz zu erkämpfen. Er übertüncht mit der betont christlichen Wortwahl den einen Punkt, der ihn von der Mehrheit der Deutschen, die er politisch überzeugen will, unterscheidet – sein Judentum. Aber das heißt natürlich nicht, dass er dabei nicht genau von diesem einen Punkt angetrieben würde.

Die Aussage, »die Juden« hätten Jesus umgebracht, mit der Bauer einst als Kind gehänselt wurde, will er nun widerlegen. Als im Jahr 1960 das American Jewish Committee zum Boykott der Passionsfestspiele in Oberammergau aufruft, weil die dortige Dorfbevölkerung an einem Theatertext festhalte, der die Juden als Mörder Jesu porträtiere, sieht Bauer eine Gelegenheit gekommen. Sich selbst öffentlich äußern will er nicht. Stattdessen versucht er, den Rektor der Frankfurter Universität, Max Horkheimer, dazu zu überreden, die Sache zu skandalisieren. Nicht die Juden töteten Jesus, sondern die Römer – so argumentiert Bauer dann in einem Essay, den er erst fünf Jahre später in einer Zeitschrift veröffentlicht, die den Antisemitismus durch Aufklärung bekämpfen will, in der *Tribüne – Zeitschrift zum Verständnis des Judentums*.

Wie um seine Bemühungen um ein Image der Objektivität nicht zu gefährden, gibt er seine eigene jüdische Erziehung dabei an keiner Stelle zu erkennen. Obgleich es in Bauers Argumentation zum Prozess Jesu um jüdisches Recht geht, schöpft er ausschließlich aus christlichen Quellen. Kein Rabbiner kommt zu Wort. Als Bauer 1962 ein Nachwort zu einem Buch über die zehn Gebote beisteuert, da zitiert er selbst den jüdischen Religionsführer Moses nicht aus der jüdischen Überlieferung, sondern nach Thomas Mann.

Wie um zu zeigen, dass er keinerlei besondere jüdische Verbundenheit verspüre, die ihn von der Mehrheit der

Deutschen trenne, kritisiert Bauer 1962 in einer Ansprache vor Sozialarbeitern sogar Menschen, die »wie Shylock auf ihrem Schein ›Aug um Auge, Zahn um Zahn‹ bestehen«. Kaum vorstellbar, dass ihm die antisemitischen Klischees, die in diesen Worten liegen, entgehen – nur anmerken soll ihm diese Sensibilität keiner. Zum Antisemitismus der Nachkriegszeit geht Bauer überhaupt nie ein öffentliches Wort über die Lippen.

## Ein Querschnitt durchs Lager: Bauers Strategie

Ein Student fragt ihn im Dezember 1964, auf dem Höhepunkt der Beweisaufnahme im Auschwitz-Prozess, in einer Diskussionsrunde im Fernsehen: »Glauben Sie, dass gerade die Verbrechen im Dritten Reich, die doch sehr buchhalterisch waren, wo alles sauber aufgestellt wurde – dass da noch ein gewisser Sadismus mitspielt? Oder glauben Sie nicht, dass einfach der brave Bürger, der hier eben angesprochen wurde, auf einen gewissen Posten gestellt wurde und den Posten erfüllt, ob es in einer Maschinenfabrik ist, wo er Ersatzteile zählt, oder ob es auf einer Bahnrampe ist, wo er Menschen zählt, die entweder ins Gas gehen oder sonstwohin?«

Bauer antwortet ausweichend: »Also ich muss Ihnen sagen, Sie können nicht generalisieren. Das wäre vollkommen falsch …«

Student: »Nein, nicht generalisieren – aber eine Haupttendenz!«

Bauer knurrt. Leider, so sagt er, sei der deutsche Strafprozess nicht darauf ausgelegt, die tieferen Ursachen eines Verbrechens zu erforschen. Deshalb müsse man auf die Psychologen im Strafvollzug warten, die ihre Arbeit erst lange nach dem Ende des Prozesses aufnehmen könnten. Die Frage nach dem Sadismus müsse bis dahin offenbleiben.

Der Student insistiert: »Aber dann nehmen Sie Eichmann, der keinen Einzigen umgebracht hat. Was ist denn da? Das ist doch sicher kein Sadismus.«

Eichmann, der keinen Einzigen umgebracht hat. Es ist ein Halbsatz, in dem alles konzentriert ist, wogegen Bauer und seine Staatsanwälte in Frankfurt ankämpfen. Es ist eine Sichtweise, mit der es sich die Bundesrepublik gerade bequem gemacht hat: Eichmann, am Schreibtisch, vor Zahlenkolonnen; weil er nicht eigenhändig mordete, mordete er nicht. Dieser isolierte Blick auf den Einzelnen verkennt, dass der gesamte riesige Apparat des Holocaust gerade darauf ausgerichtet war (und von Eichmann darauf getrimmt wurde), dass am Ende mit möglichst wenigen Handgriffen möglichst viele Menschen möglichst schnell ermordet werden könnten.

Die Massenvernichtung in Auschwitz kommt 1963 nicht zum ersten Mal vor Gericht. Sie ist auch bereits Thema im israelischen Prozess gegen Adolf Eichmann gewesen, der 1961 begonnen hat. Aber der Frankfurter Prozess unterscheidet sich davon nun in einem entscheidenden Punkt: In Frankfurt kommt nicht ein einzelner Täter vor Gericht, die Verhandlung läuft nicht auf eine bestimmte Person zu. Sondern auf ein soziales Phänomen. Das ist es, worauf Fritz Bauer und sein Team von Anklägern Wert legen: Es geht um die Arbeitsteilung, die nötig war, um so reibungslos zu morden – das, was Historiker später als das zentrale Strukturmerkmal des Holocaust bezeichnen werden. Das ist die zentrale Botschaft der Frankfurter Ankläger. In dieser Maschinerie haben zwar nur wenige selbst an der Tür der Gaskammer gestanden.

Eichmann war sogar sehr weit entfernt. Aber das Morden funktionierte eben nur deshalb so diabolisch effizient, weil es arbeitsteilig funktionierte wie in einer Fabrik.

Dies ist das Szenario, das die Beweisaufnahme im Frankfurter Auschwitz-Prozess hat plastisch werden lassen: Seit Frühjahr 1942 rollen in Auschwitz die Todeszüge an, organisiert werden sie vom »Judenreferat« im Reichssicherheitshauptamt unter der Leitung des SS-Obersturmbannführers Adolf Eichmann. Mehr als 600 Züge mit insgesamt mehr als einer Million Menschen kommen auf diese Weise dort an. Fernschreiben und Funksprüche des Reichssicherheitshauptamtes kündigen dem Lagerkommandanten von Auschwitz jeweils die Ankunft eines Transports an, die Kommandantur verständigt daraufhin ihre Abteilungsleiter – die Schutzhaftlagerführung, die Politische Abteilung, die Dienststelle SS-Standortarzt, die Fahrbereitschaft, den Wachsturmbann, die Abteilung Arbeitseinsatz –, die verängstigten Menschen auf der Bahnrampe in Empfang zu nehmen; dabei gilt für jede Abteilung ein genauer Dienstplan. Die zum Rampendienst eingeteilten SS-Männer öffnen die Türen der Waggons, sie treiben die eingepferchten Menschen aus den Wagen, nehmen von den Lokführern die Transportpapiere entgegen, teilen die Ankömmlinge in Männer, Frauen und Kinder, später in »Arbeitsunfähige« und »Arbeitsfähige« ein, formieren die Menschen in Fünferreihen, zählen sie ab, quittieren dem Lokführer die »Transportstärke«, beordern das »Aufräumungskommando« zum Raub der Habseligkeiten der angekommenen Juden auf die Rampe, transportieren die Todgeweihten auf Lastwagen zu den Gaskammern oder führen sie in Kolonnen dorthin, geben Anweisungen, sich »zum Duschen« zu entkleiden, schieben die Nackten in die Vergasungsräume, verriegeln die luftdichten Türen, bringen mit einem Sanitätswagen Zyklon B zu den Todesfabriken, werfen das Gas in Kügelchenform ein, beobachten den Vergasungsvorgang und den Todeskampf der Opfer durch ein Guckloch, stellen den Tod der Menschen fest, befehlen das Öffnen der Gaskammern, ordnen die Verbrennung der Leichen in den Krematorien an, kontrollieren das Ausreißen von Goldzähnen, das Abscheren von Frauenhaaren, überwachen den Raub von Wertgegenständen, vermelden per Fernschreiben an die im Reichssicherheitshauptamt sitzenden Buchhalter des Massenmordes die Gesamtzahl der Deportierten, aufgeteilt nach Männern und Frauen, nennen die Zahl der ins Lager eingewiesenen Häftlinge sowie die Zahl der Ermordeten, weisen die als »arbeitsfähig« selektierten Männer und Frauen – nie mehr als 25 Prozent eines Transports – ins Lager ein, befehlen ihnen, sich zu duschen, lassen sie scheren, einkleiden und tätowieren und schinden sie in der Folge als Arbeitssklaven, bis sie nach durchschnittlich drei Monaten ebenfalls tot sind.

Fritz Bauer hat seine Staatsanwälte angewiesen, einen »Querschnitt durchs Lager« auf die Anklagebank zu bringen, eine exemplarische Auswahl, die dieses gesamte System repräsentieren soll, »vom Kommandanten bis zum Häftlingskapo« (was nicht zufällig an das Nürnberger Tribunal erinnert). Dieser Querschnitt umfasst dann niedrige Dienstgrade und hohe, Männer, die ihrer tumben Willkür in Auschwitz freien Lauf ließen wie der Rapportführer Oswald Kaduk, der betrunken durchs Lager lief und Häftlinge totschlug, und Männer, die mit heißem Ehrgeiz an ihre Aufgabe gingen wie der Sanitätsdienstgrad Josef Klehr, der im Krankenbau stets noch ein paar Menschen mehr tötete als verlangt, um die Totenbilanz des Tages »aufzurunden«, zum Beispiel von 28 auf 30, oder von 37 auf 40.

Bauer lässt sogar den SS-Mann, der in Auschwitz dafür verantwortlich war, die gestreifte Häftlingskleidung auszugeben, wegen gemeinschaftlichen Mordes anklagen. Das soll ein Statement sein, ein Anschauungsbeispiel für Bauers zentrale juristische These.

Das Ausgeben von Häftlingskleidung ist für sich betrachtet natürlich kein Verbrechen.

Aber genau diese isolierte Betrachtung, so Fritz Bauers These, ist bei einem derart hochorganisiert begangenen Verbrechen eben falsch. Denn es war ja nicht so, dass es im Vernichtungslager solche SS-Leute gegeben hätte, deren Aufgabe die Vernichtung war, und solche, deren Aufgabe es war, das Morden durch die Ausgabe von schützender Kleidung zu bremsen. Natürlich arbeiteten die einzelnen SS-Leute nicht gegeneinander, sondern sie arbeiteten mit verteilten Rollen an einem einzigen gemeinsamen Ziel, und alle unterschiedlichen Aufgaben, die in diesem großen arbeitsteiligen Apparat auf verschiedene SS-Leute auf verschiedenen Posten verteilt wurden, dienten auch nur diesem Ziel: »Konzentrationslager gab es schon lange vorher«, sagt später einmal Joachim Kügler, einer der jungen Staatsanwälte Bauers, die diesen Mammutprozess stemmen, »es gibt sie in vielen Teilen der Welt, in allen wird getreten, gefoltert und gehungert. Das Einzigartige von Auschwitz in meinen Augen ist Birkenau«, das eigentliche Vernichtungslager, »das bisher noch nicht dagewesene fabrikmäßige Ermorden ... mit Verwertung der Reste. Das hat noch keiner fertiggebracht.«

Der SS-Scherge an der Tür der Gaskammer diente diesem Ziel ebenso wie der SS-Mann, der die zur Vernichtung durch Arbeit bestimmten Arbeitssklaven kahl schor oder in gestreifte Einheitskleidung steckte und dadurch letzte Hemmungen bei den Tätern ausschaltete. Alle diese SS-Leute, so argumentiert Fritz Bauer, waren arbeitsteilig mit dem Betrieb einer Tötungsfabrik beschäftigt – und wenn man nun, rückblickend, jedem Zahnrädchen den Gefallen tue, es nur isoliert zu betrachten und seine Funktion im größeren Apparat auszublenden, dann verkenne man, was in Auschwitz eigentlich getan wurde.

Einen KZ-Aufseher nur jeweils individuell »des Mordes an einem X, Y oder Z« zu überführen, wie es der Historiker Matthias Meusch formuliert, werde deshalb dem Nationalsozialismus nicht gerecht. Hinter dieser herkömmlichen juristischen Sichtweise – Eichmann als Buchhalter, der niemandem Gewalt antat, der SS-Mann in der Kleiderkammer, der die Häftlinge nur mit Kleidung versorgte –, so Bauer, stecke bloß der Wunsch, »das kollektive Geschehen durch Atomisierung und Parzellierung der furchtbaren Dinge sozusagen zu privatisieren und damit zu entschärfen«.

An einem Ort wie Auschwitz-Birkenau, wo die verängstigten Massen ausschließlich zu dem Zweck angeliefert werden, möglichst effizient ermordet und verbrannt zu werden, wo alle Wachleute, wie Hannah Arendt in ihrem Kommentar zum Auschwitz-Prozess schreibt, »von einem nie versiegenden Strom von Menschen umgeben (waren), die in jedem Fall zum Tod verdammt waren«, da gibt es aus der Sicht der Frankfurter Anklage nur eine einzige moralische Option für alle dort Tätigen: die Verweigerung. Wer die Maschine stattdessen mit am Laufen halte, wissend, dass sie allein dem Mord diene, der morde mit, egal an welcher Stelle in dem arbeitsteiligen Ablauf er seinen Beitrag leiste, ob an der Gaskammer oder in der Kleiderkammer. Das ist der juristische Kern der Anklage in Frankfurt. Fritz Bauer weist seine Staatsanwälte an, in diesem Sinne zu argumentieren.

»Hätte man gegen die SS-Offiziere, gegen die Dienstgrade, gegen die Ärzte und Apotheker und gegen die Häftlinge, die zu Gehilfen der Mörder wurden, in getrennten Gruppen verhandelt: Es wäre leichter, schneller und ohne Konflikt mit den dem Strafprozeß gesetzten Grenzen zu verhandeln gewesen«, überlegt zustimmend der Gerichtsreporter des *Spiegel,* Gerhard Mauz. So hätte es deshalb auch der Vorsitzende Richter des Schwurgerichts, Hans Hofmeyer, eigentlich am liebsten gehabt, wogegen sich Fritz Bauer aber erfolgreich verwahrte. »Der ungeheure Stoff wäre in handliche Teile aufgelöst worden«, überlegt Mauz, »doch es wäre kein Bild entstanden, das zum Bekenntnis zur Vergangenheit zwang.«

»Es gab einen Befehl zur Liquidierung der Juden in dem von den Nazis beherrschten Europa; Mordwerkzeug waren Auschwitz, Treblinka usw.«, so erklärt Fritz Bauer seinen Gedanken. »Wer an dieser Mordmaschine hantierte, wurde der Mitwirkung am Morde schuldig, was immer er tat, selbstverständlich vorausgesetzt, daß er das Ziel der Maschinerie kannte, was freilich für die, die in den Vernichtungslagern waren oder um sie wußten, von der Wachmannschaft angefangen bis zur Spitze, außer jedem Zweifel steht. Wer einer Räuberbande im Stil von Schiller oder einer Gangsterbande im Stil von ›Murder Inc.‹ angehört, ist, woran kein Strafjurist hierzulande zweifeln dürfte, des Mordes schuldig, gleichgültig, ob er als ›Boß‹ am Schreibtisch den Mordbefehl erteilt, ob er die Revolver verteilt, ob er den Tatort auspioniert, ob er eigenhändig schießt, ob er Schmiere steht oder sonst tut, was ihm im Rahmen einer Arbeitsteilung an Aufgaben zugewiesen ist.«

Natürlich bringt der Frankfurter Prozess einzelne Fälle von größtem Sadismus ans Licht, individuelle Willkürakte, die eigentlich nicht zum Planmäßigen von Auschwitz dazugehören. Über Wilhelm Boger etwa ist zu erfahren, wie er nach der Ankunft eines Kindertransports einen kleinen Jungen mit einem Apfel entdeckte. Boger ging zu dem Kind hin, packte es bei den Füßen und schmetterte es mit dem Kopf gegen die Baracke. Dann hob er ruhig den Apfel auf, den er später aß. Über Oswald Kaduk ist zu hören, wie er sich einen Spaß daraus machte, Häftlingen die Mütze vom Kopf zu reißen und sie in Richtung des Stacheldrahtes zu werfen, über eine Linie hinaus, die Häftlinge nicht übertreten durften. Eilte ein Häftling, die Mütze zurückzuholen, wurde er wie von Kaduk erwartet vom Wachposten erschossen.

Aber die Fokussierung auf die Bestialität Einzelner mit Schlagzeilen wie »Frauen lebend ins Feuer getrieben« und »Der Gnadenschuss in der Frühstückspause« lenke bloß ab, argumentiert 1965 Martin Walser, ganz im Sinne Fritz Bauers. »Mit diesen Geschehnissen, das wissen wir gewiss, mit diesen Scheußlichkeiten haben wir nichts zu tun. Diese Gemeinheiten sind nicht teilbar. In diesem Prozess ist nicht von uns die Rede.« Walser kritisiert: »Mit solchen Wörtern halten wir uns Auschwitz vom Leib. ... Man muss sich die Todesfabrik vorstellen ohne die Requisiten und Eigenschaften, die jetzt den Angeschuldigten vorgeworfen werden. ... Auschwitz ohne diese ›Farben‹ ist das wirklichere Auschwitz.« Es ist das Fabrikmäßige von Auschwitz-Birkenau, das – auch schon ohne die sadistischen Exzesse einzelner Wachleute – einen Jungen mit Blut auf die Barackenwand schreibt lässt: »Andreas Rappaport – lebte sechzehn Jahre« und einen Neunjährigen sagen lässt, er wisse, dass er »eine Menge« weiß, doch »nichts mehr lernen wird«.

»Das Problem Auschwitz, da sind wir uns doch wahrscheinlich einig«, sagt Fritz Bauer 1964 in der Fernsehdiskussion mit dem Studenten, »beginnt nicht erst an den Toren von Auschwitz und Birkenau. Die Leute mussten hingebracht werden, das sind also viele, viele Täter.« Wie schwierig die These Bauers, wonach jeder im Vernichtungslager Tätige Mitschuld am Morden trage, durchzuhalten ist, zeigt sich im Prozess dann allerdings am Fall des SS-Arztes Franz Lucas. Dass Dr. Lucas in Auschwitz an Selektionen an der Rampe beteiligt war, steht außer Frage. Ehemalige Häftlinge sagen jedoch aus, er sei »der einzige Arzt (gewesen), der uns als Menschen behandelt hat«. Es ist zu hören, wie er Häftlingen die rettende Medizin zuschanzte, wie er sich im Einzelfall auch vor sie stellte, so lange, bis er innerhalb der SS wegen »Häftlingsbegünstigung« abgestraft wurde. Ein Zeuge sagt: »Wir waren ganz verzweifelt, als Dr. Lucas weg war. Als Dr. Lucas bei uns war, da waren wir so fröhlich. Wirklich, wir haben wieder das Lachen gelernt.«

Zwar hat der SS-Arzt Dr. Lucas das industrialisierte Morden an entscheidender Stelle mit vorangetrieben, durch seine Selektionen auf der Rampe. »Aber wir wollen einmal annehmen«, so gibt Hannah Arendt zu denken, »er hätte die Häftlinge gefragt, was er tun sollte. Hätten diese ihn nicht gebeten zu bleiben und den Preis der Teilnahme an den Selektionen auf der Rampe zu zahlen – sie waren ein alltägliches Ereignis, sozusagen ein Routineschrecken –, um sie vor dem schwachsinnigen, teuflischen Einfallsreichtum all der anderen zu schützen?«

Die Frankfurter Richter schütteln über Bauers juristische Argumentation nur den Kopf. »Was soll das?«, herrscht einer von ihnen am Rande des Prozesses den jungen Staatsanwalt Gerhard Wiese an. Eine solche Konstruktion von automatischer Schuld werde der Bundesgerichtshof mit Sicherheit verwerfen. »Man setzt das Urteil aufs Spiel.« Dem SS-Arzt Dr. Lucas geben die Richter nur die denkbar niedrigste Strafe von drei Jahren und drei Monaten, bevor der Bundesgerichtshof dieses Urteil aufhebt und das Landgericht ihn im zweiten Anlauf ganz freispricht.

Den SS-Mann, der die Kleiderkammer betrieb, sprechen sie gleich frei. Für sich betrachtet, stellt das Ausgeben von Häftlingskleidung kein Verbrechen dar: Dabei bleibt es aus Sicht der Richter.

Nicht alle, die am Betrieb der Mordfabrik mitwirkten, trügen für deren Ergebnis, den Massenmord, Mitverantwortung, sagen sie. Fritz Bauers Argumentation, so kritisiert später der Bundesgerichtshof, »würde bedeuten, daß auch ein Handeln, das die Haupttat in keiner Weise fördert, bestraft werden müßte.« Erst sehr viel später, im Münchner Urteil gegen den ukrainischen Vernichtungslager-Wachmann John Demjanjuk im Jahr 2011, geben deutsche Richter erstmals Fritz Bauer recht.

Die Strafen fallen in Frankfurt 1965 auch deshalb milde aus, weil sich das Schwurgericht auf eine gewagte juristische Konstruktion zugunsten der Angeklagten stützt. Vielfach definieren die Richter den Mord in Auschwitz zur bloßen Beihilfe herunter. Sie erklären den Holocaust zu einer Tat der Befehlsgeber Hitler, Heydrich und Himmler; wer ihnen dabei diente, widerstrebend oder auch nicht, dem sei die Tat oft innerlich fremd geblieben. Oft hätten Deutsche eigenhändig gemordet, aber seien in ihrer eigenen Wahrnehmung doch nur Gehilfen bei einer ihnen fremden Tat geblieben. Es ist eine Rechtsprechung, die bereits im Ulmer Einsatzgruppenprozess von 1958 festgeklopft worden ist und großzügige Strafrabatte ermöglicht –

je nachdem, wie stark ein Täter vor Gericht beteuert, dass er sich mit seinen Taten innerlich nicht identifiziert habe. Diese Rechtsprechung führt dazu, dass am Ende des Auschwitz-Prozesses selbst der stellvertretende Lagerkommandant Robert Mulka, der maßgeblichen Anteil daran hatte, das Lager von einem Konzentrations- in ein Vernichtungslager umzuwandeln, nur wegen Beihilfe zum Mord verurteilt wird.

## Anfeindungen als vermeintlich un-objektives NS-Opfer

In Kopenhagen taut und regnet es, der geschmolzene Schnee sammelt sich zu Pfützen. Fritz Bauer kennt den Wind, der durch die weitgehend von Kriegsschäden verschont gebliebene Altstadt fegt, noch aus seinen Jahren im Exil hier, ebenso wie die weich klingende Landessprache, in der er sich am 26. Februar 1963 mit einem jungen dänischen Journalisten unterhält. Bauer gibt dem 25 Jahre alten Reporter von Dänemarks größter Boulevardzeitung *B. T.*, Hans Hermann Petersen, ein Interview. »Herr Bauer spricht ein verständliches Dänisch«, wird der Reporter später aussagen, als in Deutschland bereits ein Sturm der Entrüstung losgebrochen ist.

Die dänische Zeitung bringt das Bauer-Interview unter der Schlagzeile: »Ein neuer Hitler würde heute leichtes Spiel haben: Generalstaatsanwalt Dr. Fritz Bauer, der Deutsche, der die Fahndung nach den Naziführern leitet, sagt, dass ein neuer Hitler nicht abgewiesen würde.« Das Massenblatt zitiert Bauer mit harscher Kritik an den deutschen Zuständen. Juden würden zwar nicht mehr als Schweine beschimpft. Dafür hieße es jetzt: »Wir haben vergessen, dich zu vergasen.« Die Freiheit, die in der Bundesrepublik seit 1949 im Grundgesetz stehe, werde nicht wirklich gelebt. Vor allem die Schulen gehörten noch immer zum »Autoritärsten, was man heute in Deutschland findet«; bedauerlich für eine Jugend, die eigentlich zur Hoffnung Anlass gebe.

Nachdem die Presseagentur UPI das Interview für ein internationales Publikum übersetzt und verbreitet hat, drückt die Adenauer-Regierung öffentlich ihr Befremden über Bauer aus. Selbst der SPD-Bundesvorstand, inzwischen unter der Führung Erich Ollenhauers, distanziert sich. Die CDU im hessischen Landtag ruft nach Bauers Suspendierung. In Frankfurt muss Bauer bei seinem Vorgesetzten, dem SPD-Justizminister, vorsprechen. Er redet sich darauf heraus, von der Boulevardzeitung verkürzt und verzerrt zitiert worden zu sein. Der Justizminister, Lauritz Lauritzen, betont dann in der Landtagsdebatte am 4. April 1963 zwar, er denke nicht daran, Bauers Zügel auch nur einen Deut anzuziehen: Wer meine, ein Beamter müsse sich allzeit in Zurückhaltung üben, »läßt leider außer acht, daß eine solche Abstinenz einer ganzen Beamtengeneration in der jüngeren deutschen Geschichte weder ihr noch unserem Volk zum Heil gedient hat«. Aber unter dem Eindruck der öffentlichen Erregung fordert Lauritzen auch eine schriftliche Erklärung Bauers ein, ehe er darüber beschließt, »ob das Verhalten des Generalstaatsanwalts zu Maßnahmen zwingt oder nicht«.

So neu ist es eigentlich nicht, was Bauer in Kopenhagen gesagt haben soll. Schon seit Längerem ist er medial sehr präsent mit seinen Ansichten, stets scharfzüngig, oft wortgewaltig, teils polemisch. So nennt Bauer in einem Aufsatz von 1962 als Beispiele für die verwerfliche »Sippenhaft« erstens den Terror der Nationalsozialisten und zweitens –

davon nur durch ein Komma getrennt – die rechtliche Benachteiligung von unehelichen Kindern in der damaligen Bundesrepublik. Im selben Aufsatz zitiert er den NS-Juristen Roland Freisler als Fürsprecher des Sühnegedankens im Strafrecht und spottet dann, die heutige Strafrechtskommission und das Bundesjustizministerium, die in der Debatte um die Strafrechtsreform auch diesem Gedanken nachhingen, behaupteten doch tatsächlich, sie verträten ein neues Menschenbild nach 1945. In Deutschland, so schreibt Bauer 1962, habe man eine besondere Sehnsucht nach der Vergeltung. »Die deutsche Vorliebe für große und dunkle Worte ist deutlich.« Wer Bauer kennt, der kann also über seine Sätze in der dänischen Zeitung nicht mehr ehrlich überrascht sein.

Aber Fritz Bauer ist der Emigrant, der seine Kritik an Deutschland in seiner alten Exil-Heimat mitteilt, in einer Fremdsprache und gewissermaßen hinter dem Rücken der deutschen Wähler und Steuerzahler: Die Gelegenheit, dem deutschen Publikum dies zu unterbreiten, wissen seine politischen Gegner weidlich zu nutzen. Viele Deutsche denken in diesen Jahren, die ins Land zurückgekehrten Emigranten seien nicht legitimiert, im Namen Deutschlands zu sprechen und sich über dessen Vergangenheit zu äußern, weil sie es verlassen hätten. Gerade jetzt, da Fritz Bauer sich anschickt, den Auschwitz-Prozess auf die Bühne zu hieven, wird er machtvoll daran erinnert.

Kaum einer der Empörten versäumt zu erwähnen, dass Bauer ja ein persönlich Betroffener sei – freilich stets in gütigem, vorgeblich nachsichtigem Ton. So schreibt der Kommentator des *Rheinischen Merkur*, der Bauer besonders scharf angeht, man möge »ihm zugutehalten, dass er ein rassisch Verfolgter war, daß er KZ und Emigration zu tragen hatte«, wobei der Kommentator die Biografie Bauers sogleich auch wieder gegen ihn wendet, indem er zu dem Hinweis auf Bauers Emigration noch einschränkend hinzufügt: »aus der er allerdings erst 1948 zurückkehrte«.

»Erst« 1948 – das heißt, zu spät, um beim Aufräumen der Trümmer zu helfen, zu spät, um von Beginn an dabei gewesen zu sein. Zu spät, um noch behaupten zu können, Bauer binde nicht auch etwas an das Ausland (in Wirklichkeit ist er sogar »erst« 1949 nach Deutschland zurückgekehrt). Auch im hessischen Landtag sagt der Redner der CDU, Erich Großkopf: »Ich weiß, daß Herr Dr. Bauer zu den leidgeprüften Menschen des Dritten Reichs gehört, und unsere Sympathien, unsere menschlichen Sympathien werden bleiben.« Dann setzt er zur Attacke an.

Jemandem vorzuhalten, seine Position sei zwar abstrus, aber man müsse ihm zugutehalten, dass er ein persönlich Betroffener sei – das heißt natürlich, ihm »zugutezuhalten«, dass er nicht anders könne, als bei dem Thema unsachlich zu werden. Es heißt, ihn zu einem emotional befangenen, deshalb intellektuell nicht satisfaktionsfähigen Diskutanten zu degradieren.

Wie sehr Fritz Bauer sich – trotz aller Unterstützung, die er andererseits etwa von der *Frankfurter Rundschau* und der *Süddeutschen Zeitung* erhält – dieses Imageproblems bewusst wird, zeigt ein Briefwechsel mit dem *Spiegel*. Das Magazin zitiert Bauer 1964 mit den Worten: »Immer wenn ich an meinen alten KZ vorbeifahre, halte ich, steige aus und tanke Erinnerungen.« Worte, die Bauer offenbar in den Mund gelegt worden sind, denn er schreibt der Redaktion trocken: »Sie brauchen das nicht zu berichten. Ich möchte aber doch meinen, dass hier irgendein Missverständnis vorliegt. Tatsächlich habe ich noch nie wieder ›meine‹ KZs oder ›meine‹ Gefängnisse im In- und Ausland aufgesucht und werde das auch sicher nicht in Zukunft tun. Wohl aber habe ich, wenn gerade mein Weg in der Nähe vorbeiführte, Bergen-Belsen oder Dachau, wo ich selbst nicht gewesen bin, besucht – so, wie man Friedhöfe mit toten Verwandten oder Freunden besucht.«

## Ein Regisseur, der sich in der Kulisse versteckt: Bauers eigene Rolle

Die Menschen, die zu Tausenden nach Frankfurt kommen, um sich den Prozess anzusehen, bekommen Fritz Bauer nicht zu Gesicht. Manche, die von ihm gelesen haben und nun erwarten, den temperamentvollen Generalstaatsanwalt mit dem markanten weißen Schopf einmal live zu erleben, sind geradezu verblüfft, dass sie ihn zwischen den zahlreichen Herren in Roben da vorn nicht entdecken können. Er verzichtet darauf, symbolisch den Eröffnungsvortrag oder das Schlussplädoyer zu halten oder überhaupt ins Rampenlicht zu treten – wobei er in Sachen Rampenlicht, Inszenierung und öffentlicher Wahrnehmung dieses Prozesses wenig ohne Überlegung tut.

Aus dem Zuschauerraum im Bürgerhaus Gallus blickt man auf das juristische Geschehen wie auf eine Bühne, erhöht und höchst symbolisch arrangiert: Der Vorsitzende Richter im Auschwitz-Prozess trägt ein schwarzes Barett mit feinem silbernem Streifen an der Krempe, Landgerichtsdirektor Hans Hofmeyer agiert im Gerichtssaal sensibel und souverän, wie allseits anerkennend hervorgehoben wird. Seine Selbstbeherrschung ist nahezu unerschütterlich, nur während der Urteilsverkündung bricht ihm einmal die Stimme und manche Beobachter meinen, Tränen in seinen Augen erkennen zu können. Links von Hofmeyer verteilen sich die 19 Strafverteidiger auf sechs Bänke, viele von ihnen sind bereits ergraut, teils können sie schon auf eine lange Karriere zurückblicken, mancher, wie Hans Laternser, hat schon in Nürnberg verteidigt. Und ganz rechts sitzt der Vertreter der Nebenklage, der Frankfurter Anwalt Henry Ormond, ein Bild der Entschlossenheit, weißhaarig.

Umso mehr muss es auffallen, wie jung die drei Staatsanwälte sind, die Fritz Bauer dazwischen ins Rennen schickt: Der stille Georg Friedrich Vogel, der charismatische Joachim Kügler, der bescheidene Gerhard Wiese – es sind Mittdreißiger. Die meisten Angeklagten könnten ihre Väter sein.

Es ist ein passendes Bild; Fritz Bauer bemüht sich, es ungestört seine Wirkung entfalten zu lassen. Für seinen eigenen Rückzug gibt er einmal eine lapidare, aber wenig glaubhafte Begründung: Es gehöre »zu einer Art von ungeschriebenem Gewohnheitsrecht«, so schreibt er einem Freund, dass Generalstaatsanwälte »sich überhaupt nicht in Prozesse mischen (und auch selber keine führen)«. Im Braunschweiger Remer-Prozess im Jahr 1952, als es um die Rehabilitierung der Männer des 20. Juli ging, hat er das noch ganz anders gesehen, hat den Prozess selbst geführt und sich der Republik sogar ungefragt mit ein paar autobiografischen Sätzen im Plädoyer vorgestellt. Damals hat Bauer bei dem Versuch, das Publikum zu umwerben, besonders viel von »Vaterland« und »unserem guten alten deutschen Recht« gesprochen und davon, dass er sich Claus Schenk Graf von Stauffenberg schon seit der gemeinsamen Schulzeit verbunden fühle. Das war das Bild, das er von seiner Anklage vermitteln wollte, einer Anklage, mit der sich das unentschlossene Publikum möglichst identifizieren sollte: Hier spricht ein neues Deutschland. Seine Lebensgeschichte als Emigrant und Jude hat Bauer damals aus der Öffentlichkeit heraushalten wollen. Aber es hat nicht lange funktioniert. Inzwischen ist Bauers jüdische Herkunft in der Öffentlichkeit ein Thema – auch wenn es ihm nicht lieb ist, weil Gegner sein juristisches Engagement damit als bloßen persönlichen Rachefeldzug diskreditieren.

Der Zufall hat es gewollt, dass nach dem Geschäftsverteilungsplan des Frankfurter Landgerichts ein jüdischer Richter, Hans Forester, für den Vorsitz des Auschwitz-Prozesses zuständig gewesen wäre. Aber Forester hat sich selbst für befangen erklärt, um diesem Problem aus dem Weg zu gehen: Ein Urteil »im Namen des Volkes« würden ihm große Teile der Öffentlichkeit zu Beginn der 1960er-Jahre schlicht nicht abnehmen. Man würde ihm persönliche Rachegefühle unterstellen, die seine Urteilsfähigkeit eintrüben; zumindest unausgesprochen.

Ein noch größerer Zufall hat es gewollt, dass nach demselben Geschäftsverteilungsplan als beisitzender Richter Johann Heinrich Niemöller an der Reihe gewesen wäre, Sohn von Pastor Martin Niemöller, der von 1938 bis 1945 in Konzentrationslagern inhaftiert war. Obwohl sich dieser Richter nicht für befangen hält, entscheidet das Gerichtspräsidium, auch ihn von dem Prozess zu entbinden. Auch ihm würde die Öffentlichkeit nicht ohne Weiteres ein objektives Urteil zutrauen – was genügt, um ihn wegen der »Besorgnis des Anscheins« der Befangenheit vorsorglich auszuschließen.

Als der Auschwitz-Prozess beginnt, 1963, da halten nur noch wenige in Deutschland Bauer für neutral und unvoreingenommen. Fritz Bauer, das ist vor allem ein Emigrant, von der CDU ist er gerade in das Zentrum eines politischen Skandals gerückt worden. Wenn er im Prozess nun den Angeklagten gegenübersäße – der weißhaarige KZ-Überlebende mit dem tief zerfurchten Gesicht auf der einen Seite, die 22 deutschen Jedermänner aus der Mitte der Gesellschaft auf der anderen Seite –, mit wem könnte sich die Masse der Deutschen wohl eher identifizieren? Bauer entscheidet, dass seine Anklage sich nach außen hin anders präsentieren soll: dass sie, um politisch in die Gesellschaft hineinzuwirken, nicht sein Gesicht haben soll.

Die drei jungen Staatsanwälte, die er vorschickt, haben als Heranwachsende noch selbst in der Wehrmacht dienen müssen. Wie die meisten Deutschen sind sie und ihre Familien nie vom Rassenwahn der Nationalsozialisten bedroht gewesen. Man wird sie in der Öffentlichkeit kaum als Rächer diffamieren können. »Der Prozess soll der Welt zeigen, dass ein neues Deutschland, eine deutsche Demokratie gewillt ist, die Würde eines jeden Menschen zu wahren«, hat Bauer zu Beginn des Auschwitz-Prozesses vor Journalisten erklärt: Dafür stehen die drei jungen Männer bildhaft. Es leuchtet dem Publikum sofort ein, dass sie an der Zukunft des Landes interessiert sind – und nicht an offenen Rechnungen aus der Vergangenheit.

Unter den Dreien wächst der blonde, elegante Joachim Kügler am meisten in diese Rolle hinein. Die rhetorischen Duelle, die er sich mit dem wesentlich älteren Strafverteidiger Hans Laternser liefert, gehören zu den Höhepunkten des Prozesses. Laternser gewöhnt sich irgendwann an, seinen eloquenten jungen Gegenspieler als »Staatsanwalt Klügler« anzusprechen, so selbstbewusst tritt dieser dem Älteren gegenüber.

So sehr identifiziert sich Joachim Kügler mit seiner Aufgabe, dass er in späteren Jahren sogar widerspricht, wenn Fritz Bauer als eigentlicher Kopf der Anklage bezeichnet wird. »Die Ermittlungen gegen die Auschwitz-Mörder wurden nicht von Bauers Behörde, sondern von den beiden Staatsanwälten Vogel und Kügler von der Staatsanwaltschaft beim Landgericht Frankfurt am Main allein geführt«, schreibt Joachim Kügler, sich selbst in der dritten Person nennend, 2009 in einem Leserbrief an die *Zeit*. »Mit der von Dezember 1963 bis August 1965 stattfindenden Hauptverhandlung hatte Bauer gar nichts zu tun.«

Es sagt viel aus über das zwischenzeitliche Zerwürfnis zwischen Kügler und Bauer, von dem noch die Rede sein wird, wenn Kügler darauf besteht, dass allein den jungen Männern im Gerichtssaal die Lorbeeren gebührt hätten, nicht dem Generalstaatsanwalt. Und vielleicht wäre es Fritz Bauer, der sich so sehr darum bemüht hat, sich aus dem Blick der Journalisten im Gerichtssaal herauszuhalten, sogar lieb, wenn Kügler später behauptet, der Anblick im Saal habe die Verhältnisse hinter den Kulissen tatsächlich korrekt widergespiegelt.

Aber verbergen lässt es sich nicht, dass Bauer die Zügel in der Hand behält. Dass er die Akteure dirigiert, dass er die Staatsanwälte während der Ermittlungen und während des Prozesses wöchentlich zu sich bestellt, dass er ihnen Taktik und Strategie vorgibt, die Besetzung der Anklagebank, den dramatischen Auftakt mit gleich sieben Vorträgen von historischen Gutachtern, die genaue Form des juristischen Vorwurfs, und dass er diesen Großprozess von geradezu Nürnberger Ausmaßen gegen große Widerstände in der Justiz politisch durchsetzt, was die drei handverlesenen jungen Staatsanwälte nie selbst hätten stemmen können.

Bauers junge Ankläger erledigen gewiss die mühselige praktische Arbeit der Beweisführung, sie kennen die Details des Falles deshalb besser als jeder andere. Und es ist ihr Feingefühl, nicht das Bauers, das sich im Umgang mit den Zeugen bewährt. Aber es ist der weißhaarige KZ-Überlebende und Emigrant mit dem tief zerfurchten Gesicht, der die ganze Zeit über Regie führt.

# 9
# Verteidigung des Privaten: Sein Dilemma

## Der Bohemien: Bauer privat

An einem Morgen während des Auschwitz-Prozesses entdeckt Fritz Bauer, dass die Fassade seines Frankfurter Wohnhauses mit Hakenkreuzen plakatiert worden ist. Nachdem die Fassade gereinigt ist, machen sich die Täter einen Spaß daraus, einfach dieselben Plakate noch einmal anzuschlagen; so geht das mehrmals. In der Wohnung bewahrt er jetzt eine Waffe auf, Kaliber 6,35 Millimeter, aber ob das im Ernstfall etwas nützen wird, bezweifelt selbst sein Fahrer, der auch als Personenschützer dienen soll. Nur an den Abenden mit seinen jungen, vom Leben noch unbeschwerten Freunden in seiner Wohnung findet Bauer Zerstreuung: »Er hatte so eine bemerkenswerte Stimme«, erinnert sich Wolfgang Kaven, damals erst Anfang zwanzig, an diese Runden, »er konnte knurren, schreien und ganz weich sprechen, alles in schneller Abfolge – wie Jazz.«
  Fritz Bauer wohnt bürgerlich, zwischen eleganten Altbauten und teuren Cafés. Theodor W. Adorno bricht in dieser Nachbarschaft jeden Morgen zur selben Uhrzeit auf, um zu Fuß zur Universität zu gehen. Auf seinem Weg kommt er an langen Reihen neuer Autos vorbei, die anderen Professoren gehören. Nur ein paar Straßen weiter resi-

diert der Uni-Rektor Max Horkheimer, mit dem Bauer zu runden Geburtstagen Glückwünsche austauscht. Das Haus in der Feldbergstraße 48, in dessen zweitem Stock Bauer wohnt, fällt hier zwar etwas aus dem Rahmen – es ist auffallend schmucklos, ein gesichtsloser grauer Kasten am Ende einer langen Reihe farbenfroher Jugendstilhäuser –, aber die Lage ist unübertroffen. Vom Balkon aus sieht er direkt auf den Frankfurter Palmengarten, auf gepflegte Büsche und bunte Beete.

Bauer ist in dieser Nachbarschaft nicht der Einzige, auf den morgens ein Fahrer wartet, der zur Begrüßung den Hut lüpft und dem Chef die hintere Wagentür öffnet. In seinem Haus wohnt auch ein Ministerialrat am Bundesrechnungshof, ein mächtiger, strenger Mann. Und mit dessen Sohn freundet Bauer sich an: Wolfgang Kaven. Es ist die erste von vielen Freundschaften zu Männern, die vom Alter her seine Söhne sein könnten. Was in Frankfurt bald zu hässlichen Gerüchten führt. Zumal sich Bauer nicht scheut, in den verstockten Nachkriegsjahren politisch für die Sache der Schwulen Partei zu ergreifen.

Im Treppenhaus ist man sich zum ersten Mal begegnet. Der Nachbarsjunge, Wolfgang Kaven, träumt von einer Karriere als Journalist. Bauer spricht ihm Mut zu, er bietet sogar an, sich bei seinen Bekannten in den Frankfurter Zeitungshäusern umzuhören. Man trifft sich dann immer wieder zu Wein und Gesprächen in Bauers Wohnung, man diskutiert, bis die Wohnung nachts komplett vernebelt ist und nur noch Bauers laute Hustenanfälle den Gesprächsfluss stören. Der dauerrauchende Jurist scheint eine enorme Last zu tragen, erinnert sich der Nachbarsjunge, aber es scheint so, als helle sich seine Stimmung immer etwas auf, wenn er mit Wolfgang Kaven zusammen ist. Es sind politische Gespräche; bei Fragen nach Persönlichem wird Bauer sofort schmallippig. »Essen gab es nie«, erinnert sich Kaven, und »wir saßen komischerweise immer am Schreibtisch.« Bauers Balkon würde zwar den Vorzug einer schönen Aussicht bieten und zusätzlich den eines natürlichen Rauchabzugs. Andererseits könnte die Nachbarschaft dann jedes Wort mithören. Also bleibt er lieber drinnen.

Es ist Bauer, der die Freundschaft des Nachbarsjungen sucht, nicht umgekehrt. So ist es auch, als er bald darauf einen jungen Referendar auf dem Flur seines Gerichtsgebäudes anspricht, Manfred Amend. Zwar hat Amend den ersten Schritt getan, als er nach der begeisterten Lektüre von Fritz Bauers liberaler Streitschrift *Das Verbrechen und die Gesellschaft* darum gebeten hat, den Generalstaatsanwalt persönlich kennenlernen zu dürfen. Bauer hat dem Referendar einen Termin gewährt und ihn in seinem Dienstzimmer mit den Worten begrüßt: »Rauchen Sie?« Aber es ist Bauer, der dann ein paar Tage später nachhakt: Wieso sich denn Amend nicht wieder gemeldet habe? Es gebe doch keinen Grund, schüchtern zu sein, man solle das nette Gespräch doch beizeiten beim Rotwein fortführen.

Einmal bringt Wolfgang Kaven einen Freund mit in Bauers Wohnung: den dicklichen, dauerrauchenden Wolfram Schütte, der seine Umgebung glänzend zu unterhalten weiß, noch lange bevor er später das Feuilleton der *Frankfurter Rundschau* leitet. Der Freund schwärmt von der beeindruckenden Erscheinung Bauers, von dessen »oratorischer Begabung und Fähigkeit«, von der Rhythmik seiner Argumentation. Ein andermal lädt Bauer einen jungen Anwalt dazu, Heinz Meyer-Velde. Für Kaven gehören die Abende zu einer aufregenden neuen Welt. Nur eine Ecke weiter liegt das Konsulat der USA, skandieren

Studenten in Sprechchören, schwingen Reden. Und hier sitzt er, der Bürgersohn, gemeinsam mit dem kämpferisch gestikulierenden Frankfurter Auschwitz-Ankläger, über den Adorno schreibt: »Fritz Bauer hat bemerkt, daß dieselben Typen, die mit hundert faulen Argumenten den Freispruch der Schinder von Auschwitz verlangen, Freunde der Wiedereinführung der Todesstrafe seien.« »Mein Freund Fritz Bauer«, sagt Adorno in seinen Vorlesungen.

»Jeder, der mich kennt«, sagt Bauer in dieser Zeit einmal vor Studenten, »weiß, dass ich ein blindes Vertrauen in die Jugend habe.« Er liebt Tschaikowski, vor allem die *Pathétique,* eine sentimentale, vor Pathos triefende Sinfonie, eine Dreiviertelstunde Liebe, Schmerz, Tod und Paukenschläge, und gemeinsam mit Kaven lauscht er ihr einmal an seinem heimischen Plattenspieler. Fritz Bauer »schmolz dahin«, erinnert sich Kaven. Der Generalstaatsanwalt mit dem tief zerfurchten Gesicht hängt ganz seinen Gedanken nach – nur der junge Wolfgang Kaven, ein Beatles-Fan mit kleiner Metallbrille, rümpft insgeheim die Nase über den »Gefühlsmatsch«. Bauers Münchner Brieffreundin Melitta Wiedemann ist sich später sicher, »dass Bauer keinen Menschen so geliebt hat« wie Kaven, der, von Bauer ermutigt, bald ins Theaterfach wechselt und als Schauspieler zuerst auf Bühnen reüssiert, in politischen Stücken wie Rolf Hochhuths »Stellvertreter«, und später als Sprecher der Hörspielreihe »Ein Fall für TKKG«. Kavens hübscher Schwester schmeichelt Bauer, ihr neues Kleid sei »wie eine leuchtende Trikolore«.

Er ist den jungen Leuten zugewandt, er interessiert sich für ihre Weltsicht, oft bis tief in die Nacht hinein, und er zieht damit den Argwohn mancher Nachbarn auf sich, die zwischen ihren Gardinen misstrauisch auf das Kommen und Gehen beim Generalstaatsanwalt schauen. Ein pensionierter Polizeibeamter, der mit in Bauers Haus wohnt, spricht einmal vom »häufigen Besuch dunkler Elemente« bei Bauer. Ein anderer Polizist notiert das aufmerksam.

So entstehen Gerüchte. Auf dem Papier ist Bauer noch immer verheiratet: Die Ehe, die er 1943 in den letzten Tagen seines dänischen Exils mit der dänischen Genossin Anna Maria Petersen geschlossen hat, besteht fort. Anna Maria Petersen hat nach dem Krieg zwar angeboten, ihrem Mann »die Freiheit wieder(zu)geben«, wie sich Bauers Schwester Margot erinnert, schließlich war der Bund ohnehin nur zum Schein geschlossen worden – um Fritz Bauer vor der Fremdenpolizei zu schützen –, ein solidarischer Dienst unter Freunden. Doch Bauer hat das Angebot, die Scheinehe nach 1945 aufzulösen, abgelehnt. Er möchte den Status als Verheirateter behalten. Die Freundschaft mit Anna Maria Petersen hält. Man besucht sich sogar gelegentlich, jedoch so diskret, dass niemand in Frankfurt sie je zu Gesicht bekommt, bis zu dem Tag, als Anna Maria Petersen im Juli 1968 auf Bauers Beerdigung erscheint. Sie bleibt stets verborgen, wie etwas Kostbares, und wenn Bauers Freunde ihn nach ihr fragen, dann schützt er die Beziehung durch Schweigen.

Auch seine verbliebene Verwandtschaft ist weit entfernt, in Schweden. Solange Bauers Mutter noch lebte, bis 1955, war es für ihn selbstverständlich, jedes Jahr zur Weihnachtszeit zu ihr nach Schweden zu fahren. Auch im Sommerurlaub hat er sie oft besucht. Doch seitdem die Mutter an Krebs gestorben ist, ist von seinem Bezug zur Familie wenig übrig geblieben. Bauers Schwester und ihr Mann Walter Tiefenthal – er hat Fritz Bauer nie geschätzt – erwarten ihn weiterhin zum Familienbesuch im Winter, doch Bauers Lust ist gering. Stattdessen kommt in ihm langsam der Gedanke auf, seinen Urlaub mit denselben jungen Künstlernaturen zu verbringen, mit denen er sich in Frankfurt auch immer häufiger bei Theaterpremieren und in Cafés wie dem Operncafé oder dem Club Voltaire sehen lässt. In einem Fall, mit dem jungen Thomas Harlan, gelingt es.

Keine andere Freundschaft Bauers löst so viel Stirnrunzeln aus wie diese: Ein »herrisch-weicher, schöner und ernster Mann« ist der junge Harlan, wie ein Zeitgenosse schreibt, ein promisker Theater- und Filmemacher mit struppigem braunem Haar und einem Selbstbewusstsein, das er bei einer gemeinsamen Israel-Reise mit dem Schauspieler Klaus Kinski schärft. »(Ü)ber eine geradezu orientalisch anmutende Kunst des Erzählens« verfügt er, wie sich ein Fernsehjournalist erinnert, »die weder das Plaudern kannte noch das Zögern«. Thomas Harlan ist der Sohn des früheren NS-Propagandafilmers Veit Harlan, als Achtjähriger haben ihn seine Eltern zu einem Besuch bei Adolf Hitler mitgenommen, als Mitttdreißiger nun sieht er sich auf einer Mission als Nazijäger. 1958 hat Harlan in Berlin ein Theaterstück über den Aufstand im Warschauer Ghetto auf die Bühne gebracht. Später ist er vor das Publikum getreten und hat eine Liste von Männern vorgelesen, die in der NS-Zeit Verbrechen verübt hätten und heute in der Bundesrepublik wieder zur ehrenwerten Gesellschaft gehörten, darunter der FDP-Bundestagsabgeordnete Ernst Achenbach und dessen Parteifreund Franz Alfred Six, inzwischen ein hoher Mann bei Porsche. Vor der Welle der Verleumdungsanzeigen ist Harlan nach Polen geflüchtet. Von dort nimmt er zu Fritz Bauer Kontakt auf.

Doch wieder ist es der weißhaarige Generalstaatsanwalt, der dem jungen Künstler die Freundschaft anträgt, nicht umgekehrt. Bauer bittet Harlan, ihn doch nicht länger mit »Dr. Bauer« anzuschreiben. »Mit dem Abwurf der Überflüssigkeiten sollten Sie nicht zögern.« Schnell geht Bauer zum Du über: »Mein lieber Thomas!« Er bestellt Grüße an die jeweils aktuelle Frau an Harlans Seite: »Ich habe heute mehrfach versucht Dich zu erreichen; zuletzt meldete sich wieder eine Frau (schon wieder eine ›hochschwangere‹? Hast Du ein Entbindungsheim?).« Gern fügt Fritz Bauer seinen Briefen den verschmitzten Hinweis an, dass das Briefpapier mit dem exotischen Palmen-und-Kamel-Motiv Diebesbeute von seinem letzten Hotelaufenthalt sei. Es sind kleine Fluchten. Bauer macht kein Hehl daraus, wie sehr ihn gleichzeitig das Tagesgeschäft immer mehr aufreibt.

Er fühle sich »todmüde«, schreibt Bauer. Er sehne sich nach Sonne und Schlaf. »Ich bin so mit Arbeit ausgefüllt, dass ich supernervös bin«, vertraut er wenige Monate vor Eröffnung des großen Auschwitz-Prozesses dem jungen Freund an, »ich tu menschlich und sachlich, was ein Roboter tun kann.« Seine Zeit füllt er jetzt bis in die Nächte mit Arbeit aus, die Wochenenden sind schon auf lange Zeit hinaus mit Vortragsreisen und Schreibprojekten verplant. »Einige Verlage haben an mich geschrieben, Bücher zu publizieren. Was man sich in der Jugend wünscht, hat man im Alter in Fülle!« Dann spricht aus Bauers Briefen Melancholie, eine Stimmung, die auch die jungen Freunde Manfred Amend und Wolfgang Kaven bei ihm kennenlernen: »Ich bin schon zufrieden, wenn ich nachmittags mit Ihnen den türkischen Kaffee oder den tunesischen Tee trinken kann und darf«, schreibt Bauer einmal an Harlan. Er plant Urlaubsreisen nach Teneriffa, Rom oder Rhodos, »wo ich an Leib und Seele zu gesunden hoffe«.

Überarbeitet wirkt er, wie sich Wolfgang Kaven erinnert. Die späten Stunden haben dunkle Ringe unter Bauers Augen gemalt. An einem Abend fleht Bauer Kaven regelrecht an: Ob er mit ihm nicht in den Urlaub fahren wolle? Doch Kaven lehnt ab. Nur Thomas Harlan, der Exaltierte, sagt zu. Der 60-jährige Frankfurter Generalstaatsanwalt, der gerade die Anklage im historischen Auschwitz-Prozess dirigiert, und der sprunghafte junge Filmemacher fahren gemeinsam ans Meer.

Als kurz vor Beginn der geplanten Reise plötzlich Veit Harlan stirbt, am 13. April 1964, steht alles auf der Kippe. Bauer muss fürchten, dass Thomas Harlan den gemeinsamen Urlaub in letzter Minute absagt, und natürlich sichert er ihm für diesen Fall vorsorglich sein Verständnis zu. Aber zugleich greift Bauer zu einer merkwürdigen Äußerung, um Thomas Harlan doch noch für die Reise zu gewinnen. »Unser aller Verhältnis zu unseren Vätern ist nicht ohne Spannung«, schreibt Fritz Bauer, immerhin an den Sohn von Goebbels' antisemitischem Hetzfilmer, »und Sie haben es besonders durchgeliebt und durchgelitten. Zorn und leidenschaftliche Wahrheitsliebe des Sohnes haben längst gutgemacht, was der Vater verfehlt haben mag, und der Vater, der seinen Sohn gewiss über alles geliebt hat, auch sein Tun verstand, ist mit ihm nicht heimgesucht worden, sondern hat sein Heim, seinen Platz in unserer Erinnerung und in unserem Gedenken gefunden. Veit und Thomas Harlan sind eine historische Einheit geworden, und Ihre Freunde wissen sich eins mit Ihnen und danken Ihnen.« Die gemeinsame Tunesienreise findet statt.

Farbenprächtig erzählt Thomas Harlan später, wie viel diese Reise im Sommer 1964 Bauer bedeutet habe. (Wobei man wissen muss, dass Harlan von dokumentarischer

Wahrheitstreue so unbeschwert ist wie von poetischer Kraft beflügelt – einmal erzählt er etwa auch die dramatische Geschichte, wie er erst nach langer Freundschaft mit Fritz Bauer dahintergekommen sei, dass ausgerechnet Bauer der Urheber des Prozesses gegen seinen Vater wegen Verbrechen gegen die Menschlichkeit gewesen sei; tatsächlich war Bauer, als 1949 dieser Prozess begann, noch nicht aus dem dänischen Exil zurückgekehrt.) Harlan holt aus: Fritz Bauer »empfing mich mit einem Strauß fetten Klees im Wüstensand von Djerba und lud mich ein, mit ihm aufs Meer hinaus zu schwimmen. Als wir drei Kilometer vor der Küste waren, ertranken wir beide. Daß wir nicht ertranken, verdankten wir dem Glücksfall, daß das Meer, auf dessen Boden mich der ertrinkende Bauer bei meinem Rettungsversuch gezogen hatte, nur einen Meter fünfzig tief war – eine Sandbank. Wir standen sieben Stunden in der prallen Sonne im Meer, ohne uns zu bewegen, in Erwartung eines gnädigen Fischers. Der nächste Morgen war für den stummen Fritz Bauer eine Tortur. Der Sonnenbrand hatte ihm den Rücken aufgefressen. Ich kannte zum Glück ein afrikanisches Hausrezept und bestellte frische Tomaten, mit denen ich ihm den Rücken einrieb. Fritz Bauer erzählte, daß es das dritte Mal in seinem Leben sei, daß er von einem Menschen berührt werde. Die erste Berührung sei ein Kuß seiner Kinderfrau gewesen, die, als er fünf Jahre alt war, entlassen wurde, weil sie ihn zu sehr liebte. Die zweite Berührung war ein Druck auf die Schulter in der Zelle des Kopenhagener Stadtgefängnisses, in die ein Hüne getreten war, ein Wachmann, der ihm die Flucht vor den Deutschen nach Schweden ermöglichen sollte. Die dritte Berührung war die meine.«

Dass jemals etwas über ein platonisches Verhältnis zwischen Harlan und Bauer hinausgehen würde, wie in

Frankfurt inzwischen getuschelt wird, liegt indessen fern. Der freizügige Thomas Harlan nennt sein Verhältnis zu Fritz Bauer noch Jahre nach dessen Tod nur »wie Vater und Sohn«. Und tatsächlich tauschen sich die beiden vor allem über Politik aus, wobei Bauer den hitzköpfigen jungen Freund mäßigt und gelegentlich auf den Boden der Tatsachen holt.

Von den Filmen über die NS-Vergangenheit, die Thomas Harlan zu produzieren plant, erhofft sich Fritz Bauer eine »Katharsis im Publikum«, etwas, so versichert er Harlan, das politisch mindestens genauso bedeutsam sei wie das juristische Tagwerk der Staatsanwälte. »Die jungen Menschen im Zuschauerraum sollen sich mit den jungen antinazistischen Kräften im Film identifizieren, und tunlichst sollen auch die ›Alten‹ nicht nur demaskiert, sondern zur Erkenntnis und einer Art Wiedergutmachung bewogen werden.« Bauer sucht sogar Fernsehintendanten auf, um sie von Harlans geplanten Projekten zu überzeugen, und er hat große Sympathien für den brennenden Enthusiasmus Harlans. Aber die Versuche Harlans, auf eigene Faust flüchtige NS-Größen vor Gericht zu bringen, findet er nur befremdlich. Der Schriftsteller Robert Neumann beschreibt sie einmal so: Der »Schöne und Ernste saß bei mir im Zimmer und sprach von ungeheuren Naziverbrecher-Entlarvungen und Verlagsverträgen in aller Welt. Übermorgen erwartete er die Fotokopien von zehntausend Dokumenten aus Warschau – so lange ›übermorgen‹, bis ich und Verleger und Staatsanwälte nicht mehr recht daran glaubten.«

Manchmal, wenn Harlan sich dazu aufschwingt, mit Fritz Bauer von Fachmann zu Fachmann sprechen zu wollen, bremst Bauer den jungen Freund aus. Er tadelt dann: »Man kann von einem Journalisten und Dichter nicht verlangen, dass er das Recht kennt. Ich würde auf eine Polemik gegen das Gesetz (das Recht) an Ihrer Stelle überhaupt verzichten; sinngemäß und vernünftig ist allein eine Polemik gegen die Rechtsprechung, die nicht zu sein brauchte, wie sie tatsächlich ist.« Ein andermal erinnert Bauer Harlan daran, dass dessen eigentliche Arbeit eine künstlerische sei, keine juristische. »Du bist doch Dichter und nicht Faktensammler.« Da sei es unsinnig, wenn Harlan sich in forensischen Details verlöre, die er gar nicht beherrsche. »Wenn ein deutscher Staatsanwalt bei mir dergleichen untersuchte, würde ich ihn ablösen.« Manchmal, wenn Harlan die politischen Geschehnisse um sich herum deutet, hält Fritz Bauer es schlicht für Verschwörungstheorie: »Was mit Ihnen und Ihren kafkaschen Männern (›Ledermantelmenschen‹) los ist, begreife ich immer noch nicht.« Nachdem der *Spiegel*-Herausgeber Rudolf Augstein 1962 wegen angeblichen Landesverrats in Untersuchungshaft gelandet ist, sieht der junge Harlan dieselben dunklen Mächte bereits gegen sich selbst aufziehen. »Es ist doch töricht«, entgegnet Bauer, »wenn Sie sich mit Augstein vergleichen. Lieber Thomas, leiden Sie an Größenwahn? Damals ging es doch um weiß Gott was anderes. Oder glauben Sie, daß Herr Strauß Sie verfolgt?«

## Reaktionärer Muff im Strafgesetzbuch und die Pflichten eines Generalstaatsanwalts

Es gibt eine Reihe von Szenelokalen in Frankfurt, sie heißen »Casino am Turm«, »Karussell«, »Binger Loch« oder »Na und?«, andere nennen sich magisch klangvoll »Barbarina«, »Alligator«, »Le Caprice«. Man trinkt im Halbdunkel hinter gerafften Gardinen, oft unter Kronleuchtern, wie ein Beobachter beeindruckt notiert. »Man kommt, will sehen und gesehen werden. Man beobachtet, wobei die vielen Spiegel in den Lokalen gute Dienste tun.« Und man teilt die Angst. Frankfurt ist eine Stadt, in der die staatliche Repression gegen Schwule in den 1950er- und 1960er-Jahren besonders scharf ist. Als Fritz Bauer 1956 hier ankommt, liegt die große Verhaftungs- und Prozesswelle gegen Schwule, die bundesweit Schlagzeilen gemacht hat, erst fünf Jahre zurück. Ein Frankfurter Strichjunge namens Otto Blankenstein hat sich der Sittenpolizei als Kronzeuge zur Verfügung gestellt und Dutzende Bürger der »Unzucht unter Männern« gemäß Paragraf 175 Strafgesetzbuch bezichtigt. Die Männer sind tagsüber am Arbeitsplatz verhaftet worden, viele haben ihre Stellung verloren, sechs Selbstmorde wurden bekannt.

In Szenezeitschriften tauschen Männer Tipps darüber aus, wie man »Kopflosigkeit bei Vernehmungen und sonstigen polizeilichen Maßnahmen« vermeidet. »Wo Polizeiorgane im Rufe stehen, bei homosexuellen Beschuldigten besonders rigoros oder mit unzulässigen Mitteln vorzugehen … kann verlangt werden, die Aussagen unter richterlichem Schutz vorzunehmen«, schreibt ein Anonymus in den 1950er-Jahren in der Zeitschrift *Der Weg*.

Die Sittenpolizei, die offen von »karteimäßig erfaßten Homosexuellen« spricht und Verdächtige observiert, stellt mit regelmäßigen Besuchen in den Frankfurter Szenelokalen sicher, dass nie etwas über den bloßen Flirt hinausgeht – und dass schwuler Sex stattdessen in dunkle Parks und Toiletten verdrängt wird. Dies ist die Strategie der Frankfurter Polizei, anders als im vergleichsweise liberalen Berlin. Die Frankfurter Szene wird so in eine Verzweiflung getrieben, die niemand übersehen kann, auch nicht in den vornehmeren Vierteln der Metropole: Direkt angrenzend an den gepflegten Palmengarten, der sich vor Fritz Bauers Balkon im Stadtteil Westend ausbreitet, beginnt der weniger gepflegte Grüneburgpark. Ein Ort, auf den sich nachts die Sehnsüchte richten.

Es geschieht zwar nur selten, dass die Scheinwerfer der Polizei hier nachts den Schutz der Dunkelheit fortreißen. Aber wenn die Polizei doch einmal anrückt, dann geht sie brutal vor und in der Gewissheit, dass kaum ein Verhafteter es wagen wird, sich nachher mit Beschwerden an die Öffentlichkeit zu wenden. Schwule, die sich in Frankfurt auskennen, gehen bei solchen Razzien unaufgefordert mit erhobenen Händen auf die Beamten zu, in der Hoffnung, dass ihnen wenigstens die Schläge erspart bleiben.

Als Generalstaatsanwalt ist Fritz Bauer verantwortlich für alle Anklagen vor Gericht, aber auch für die Strafverfolgungsmaßnahmen der Kriminalpolizei, die der Staatsanwaltschaft zuarbeitet. Besonders er, der so eindringlich Zivilcourage verlangt, wird dadurch auf die Probe gestellt. Bauer soll von Amts wegen ein Strafrecht durchsetzen, das in weiten Teil noch den Muff einer vergangenen Ära atmet, ein Recht, das Ehebrecher, abtreibende Frauen und vor allem Schwule an den moralischen Pranger stellt – ein Übergriff in die bürgerliche Privatsphäre, der dem Großteil Europas in dieser Schärfe bereits fremd geworden ist. Gleichgeschlechtliche Beziehungen sind in romanischen Ländern wie Frankreich oder Italien seit Langem entkriminalisiert. Schon der Code Napoléon von 1810 hat als Ergebnis der Französischen Revolution die sittliche Verwerflichkeit von der rechtlichen getrennt. Straflos ist die Homosexualität außerdem bereits in den Niederlanden, der Schweiz, Schweden und Dänemark. In Deutschland gibt es bereits seit der Weimarer Zeit eine Diskussion darüber, ob man dem Beispiel nicht folgen sollte. Doch wenn Fritz Bauer nun in Hessen anordnen würde, dem Gesetzgeber vorzugreifen und die noch immer geltende deutsche Strafvorschrift gegen Homosexuelle einfach nicht mehr anzuwenden, müsste es ihm als Rechtsbeugung ausgelegt werden und könnte ihn sein Amt kosten.

Hier zeigt sich der Pragmatiker; der Realist, der es versteht, seine Robe zu behalten. An den Verurteilungen nach dem berüchtigten Homosexuellen-Paragrafen 175 ändert sich unter Fritz Bauers Ägide in Hessen wenig. Im Jahr vor seinem Amtsantritt haben die hessischen Staatsanwälte 141 Männer wegen einvernehmlicher homosexueller Handlungen verurteilen lassen. Zehn Jahre später, als Bauer zum Ende des Auschwitz-Prozesses die Weltpresse in Frankfurt empfängt, trifft dieselbe Demütigung in Hessen noch immer 123 Männer. Bauer geht das Risiko nicht ein, direkt in die Speichen der Justiz zu greifen und seinen Apparat bei der Verfolgung von Homosexuellen auszubremsen. Erst soll der Gesetzgeber einlenken – so wie es in der Gewaltenteilung vorgesehen ist. Dafür begibt Bauer sich in die politische Arena und trommelt nun umso lauter für die Liberalisierung des Strafrechts.

### Freund der Schwulen: Bauer in der Debatte um den Paragrafen 175

»Alle Formen der Homosexualität ... sind, wie auch die Parallelen im Tierreich ... zeigen, Ausdrucksweisen der hohen Variabilität sexuellen Verhaltens«, schreibt Fritz Bauer in seinem Buch *Das Verbrechen und die Gesellschaft*, das 1957 für einen Modernisierungsschub im deutschen Strafrecht plädiert. Mit Blick auf den zwei Jahre zuvor erschienenen *Kinsey-Report* legt er dar, dass weitaus mehr Menschen damit Erfahrungen hätten, als offen ausgesprochen werde. Der berüchtigte deutsche Homosexuellen-Paragraf 175 steht in den 1950er- und 1960er-Jahren bei allen Bemühungen von Liberalen, den reaktionären Muff des Strafgesetzbuchs durchzulüften, an vorderster Stelle. Als Symbol für ein Prinzip – für ein deutsches Strafrecht, das sich auch dann anmaßt, moralisierend einzugreifen, wenn Erwachsene selbstbestimmt handeln und niemandem schaden.

Der Paragraf 175 hat damals durchaus seine Befürworter. Es sei nicht zu beanstanden, »ein sozialethisch besonders verwerfliches Verhalten, dessen Begehung uns unerträglich erscheint, unter Strafe zu stellen«, argumentieren konservative Rechtspolitiker, wobei sie insbesondere auf die Strafbarkeit der Tierquälerei und der Sodomie verweisen. Ihre Position radikalisiert sich in den Adenauer-Jahren sogar noch. Die Auseinandersetzung gerät zu einem regelrechten juristischen Kulturkampf, dessen Ausgang auf viele Jahrzehnte hin Weichen stellen wird.

Die Fassung des Homosexuellen-Paragrafen 175, die in der Bundesrepublik bis 1969 gilt, geht zurück auf das Jahr 1935, als neben den Nürnberger Rassengesetzen auch die nationalsozialistische »Strafrechtsnovelle« verabschiedet wurde. Homosexuelle Handlungen sind auch schon zuvor strafbar gewesen, aber die Nationalsozialisten haben die Höchststrafe von sechs Monaten auf fünf Jahre Gefängnis heraufgesetzt. »Ein Mann, der mit einem anderen Mann Unzucht treibt oder sich von ihm zur Unzucht mißbrauchen läßt, wird mit Gefängnis bestraft«, formulierten sie – was den Gerichten neue, denkbar breite Spielräume eröffnete. Für den Begriff der Unzucht lieferte das Reichsgericht nur eine vage Definition: Demnach konnte gestraft werden, wenn »objektiv das allgemeine Schamgefühl verletzt und subjektiv die wollüstige Absicht vorhanden ist, die Sinneslust eines der beiden Männer oder eines Dritten zu erregen«. Nicht einmal eine Berührung mussten Staatsanwälte dafür nachweisen. Gleichzeitig führten die Nationalsozialisten in einem neu geschaffenen Paragraf 175a verschärfte Strafen für besondere Fälle ein, für die Ausnutzung von Zwängen, für sexuelle Handlungen mit Männern unter 21 Jahren oder für männliche Prostitution.

Zwar erlässt der Kontrollrat der Alliierten sofort nach der deutschen Kapitulation 1945 »Allgemeine Anweisungen an die Richter«, die ihnen verbieten, Gesetze zu nutzen, die nach dem Machtantritt der NSDAP strafverschärfend in Kraft getreten sind. Auch vom Gesetzgeber verlangt der Kontrollrat in seinem 1946 vorgelegten Entwurf für ein neues Strafgesetzbuch, wenigstens zur vergleichsweise liberalen Weimarer Fassung des Homosexuellen-Paragrafen zurückzukehren. Aber nichts davon wird umgesetzt.

»Von 1945 bis zum Zusammentritt des Bundestages herrschte in den westlichen Besatzungszonen so gut wie einhellig die Meinung, die Paragraphen 175 und 175a seien nicht in dem Maße ›nationalsozialistisch geprägtes Recht‹, daß ihnen in einem freiheitlich-demokratischen Staate die Geltung versagt werden müsse«, befinden die Richter des Bundesverfassungsgerichts 1955 und lehnen damit die Verfassungsbeschwerde zweier Männer ab. Der Bundesgerichtshof übernimmt gleichzeitig die Unzucht-Definition des Reichsgerichts, womit eine Bestrafung wegen homosexueller Handlungen auch weiterhin keine gegenseitige Berührung voraussetzt. Eingeschränkt wird der Tatbestand nun lediglich durch die neue Betonung eines Wortes: Von Unzucht »treiben« im Sinne des Gesetzes könne, so der Bundesgerichtshof, nur bei einer gewissen Dauer und Stärke der Handlungen die Rede sein.

Als ein Mann sich in Karlsruhe darüber beschwert, dass sich der Paragraf 175 nur gegen Männer richte, was gegen die Gleichberechtigung von Mann und Frau verstoße (Artikel 3 Absatz 2 Grundgesetz), kontert das Bundesverfassungsgericht 1957 mit biologistischen Argumenten: »Der Grundsatz der Gleichberechtigung« könne »für die gesetzgeberische Behandlung der männlichen und weiblichen Homosexualität keinen Maßstab« abgeben, denn »auch für das Gebiet der Homosexualität rechtfertigen biologische Verschiedenheiten eine unterschiedliche Behandlung der Geschlechter ... Schon die körperliche Bildung der Geschlechtsorgane weist für den Mann auf eine mehr drängende und fordernde, für die Frau auf eine mehr hinnehmende und zur Hinnahme bereite Funktion hin.« Anders als der Mann, so das Bundesverfassungsgericht weiter, würde »die Frau unwillkürlich schon durch ihren Körper daran erinnert, dass das Sexualleben mit Lasten verbunden« sei, was sich vor allem darin niederschlage, »daß bei der Frau die körperliche Begierde (Sexualtrieb) und zärtliche Empfindungsfähigkeit (Erotik) fast immer miteinander verschmolzen sind, während beim Manne, und zwar gerade beim Homosexuellen, beide Komponenten vielfach getrennt bleiben«. Was nun die Lesben anbeträfe, so weise »der auf Mutterschaft angelegte Organismus der Frau unwillkürlich den Weg ... auch dann in einem übertragenen sozialen Sinne fraulich-mütterlich zu wirken, wenn sie biologisch nicht Mutter ist«. Auch das Recht auf freie Entfaltung der Persönlichkeit (Artikel 2 Absatz 1 Grundgesetz) lassen die Karlsruher Richter in diesem Fall nicht gelten: Denn dieses finde seine Grenzen im »Sittengesetz«. Als Inhalt des ungeschriebenen »Sittengesetzes« nennt das Gericht die »gesunde und natürliche Lebensordnung im Volke«, konkret die Lehren der beiden großen christlichen Konfessionen.

In der Adenauer-Zeit steht der Homosexuellen-Paragraf in einer Reihe mit strengen Scheidungsgesetzen, der staatlichen Kontrolle der Verbreitung von Verhütungsmitteln und dem Abtreibungsverbot. Als Ziel seiner Familienpolitik benennt Konrad Adenauer in seiner Regierungserklärung am 20. Oktober 1952 eine »konstante Zunahme der Geburten«. »Millionen innerlich gesunder Familien mit rechtschaffen erzogenen Kindern sind als Sicherung gegen die kinderreichen Völker des Ostens mindestens so wichtig wie alle militärischen Sicherungen«, fügt 1953 der erste Familienminister der Bundesrepublik hinzu, Franz-Josef Wuermeling von der CDU. »Nach den Erkenntnissen der Bevölkerungswissenschaft wird der zahlenmäßige Bestand der Elterngeneration erst dann im gleichen Umfang ersetzt, wenn jede überhaupt fruchtbare Ehe drei Kinder hat.«

1962 ist das Jahr, in dem die Adenauer-Regierung ihren Entwurf für ein totalüberholtes Strafgesetzbuch präsentiert, die größte Reform sei 1871 – und eine Kampfansage an alle Modernisierer. Die Reformkommission des Bonner Justizministeriums schlägt darin zwar vor, zur vergleichsweise milden Fassung des Paragrafen 175 aus der Weimarer Zeit zurückzukehren. Aufkommende Zweifel an der weiteren staatlichen Ächtung der Homosexuellen räumt der Text der amtlichen Begründung jedoch gründlich aus: »denn nach Beseitigung der Strafbarkeit wäre« die »nächste Aufgabe« der Homosexuellen, »sich für die gesellschaftliche Anerkennung gleichgeschlechtlicher Handlungen einzusetzen. Daß sie dabei alle Möglichkeiten ausschöpfen würden, die ihnen das neue Strafgesetz bietet, unterliegt keinem Zweifel. Daß sie außerdem die Tatsache der Gesetzesänderung in ihrem Sinne deuten und zu der Behauptung ausbeuten würden, das Gesetz habe den gleichgeschlechtlichen Verkehr zwischen erwachsenen Männern anerkannt, ist wahrscheinlich.«

Gegen dieses erstaunlich realistisch erkannte Streben beschwört der Entwurf der Adenauer-Regierung die »sittenbildende Kraft des Strafgesetzes«: »Die von interessierten Kreisen in den letzten Jahrzehnten wiederholt aufgestellte Behauptung, daß es sich bei dem gleichgeschlechtlichen Verkehr um einen natürlichen und deshalb nicht anstößigen Trieb handele, kann nur als Zweckbehauptung zurückgewiesen werden ... Wo die gleichgeschlechtliche Unzucht um sich gegriffen und großen Umfang angenommen hat, war die Entartung des Volkes und der Verfall seiner sittlichen Kraft die Folge.«

Die Bonner Regierung plant 1962, sämtliche Straftatbestände mit Bezug zu Religion, Ehe oder Sittlichkeit unter die neue Überschrift »Straftaten gegen die Sittenordnung« zu fassen und durch Aufspaltung einzelner Tatbestände aus den bislang 28 nicht weniger als 47 Paragrafen zu machen. Angefangen bei der Gotteslästerung reicht das geplante neue Sittenstrafrecht über Ehebruch, das Zugänglichmachen von Verhütungsmitteln und 17 verschiedene Straftatbestände mit dem Wort Unzucht in der Überschrift bis hin zu ganzen fünf Kuppelei-Paragrafen sowie einem zur Tierquälerei. Einmalig in Europa, soll nun auch »künstliche Samenübertragung« unter Strafe gestellt werden, sofern nicht der Samen des eigenen Ehemannes verwendet wird.

Die erste größere Replik hierauf bringt im Jahr darauf Fritz Bauer heraus: Gemeinsam mit den Sexualforschern

Hans Bürger-Prinz und Hans Giese versammelt er in einem Taschenbuch mit dem Titel *Sexualität und Verbrechen* berühmte Autoren aus den verschiedensten Fachdisziplinen, darunter auch Theodor W. Adorno. Ein junger Universitäts-Assistent namens Herbert Jäger übernimmt die redaktionelle Arbeit, wofür ihn Bauer nachher bei seiner Habilitation zu nationalsozialistischer Gewaltkriminalität unterstützt. Ihr Plädoyer für eine Liberalisierung des Sexualstrafrechts verkauft sich schon im ersten Jahr seines Erscheinens 50000 Mal – eine spektakuläre Resonanz. (Bauers *Das Verbrechen und die Gesellschaft* sechs Jahre zuvor war mit einer Auflage von nur 3000 Stück herausgekommen.) Und Bauer ist in dem kleinen liberalen Chor zwar nicht die lauteste und auch nicht die berühmteste Stimme, aber er ist der Einzige dort, der in der Justiz tatsächlich eine Machtposition innehat.

In seinem einleitenden Essay zu *Sexualität und Verbrechen* zeigt Fritz Bauer auf, dass neben Deutschland nur noch vier Staaten des »nichtkommunistischen Europa« männliche Homosexuelle mit Strafe bedrohen, während fünfzehn diese in Ruhe lassen. Und er zitiert den dänischen Strafrechtler Stephan Hurwitz mit der kopfschüttelnden Bemerkung, als »kriminalistisches Problem« würden in der Bundesrepublik Männer behandelt, »die nach dänischem Recht achtenswerte Mitbürger sind«. »Eines der handgreiflichsten Ergebnisse der ›Authoritarian Personality‹«, fügt Theodor W. Adorno in seinem Beitrag hinzu, »war, daß Personen von jener Charakterstruktur, die sie als totalitäre Gefolgsleute prädisponiert, in besonderem Maß von Verfolgungsphantasien gegen das nach ihrer Ansicht sexuell Abwegige, überhaupt von wilden sexuellen Vorstellungen geplagt werden, die sie von sich selbst abweisen und auf Außengruppen projizieren.«

Gleichzeitig beginnen nun einige liberale Strafrechts-Professoren, einen eigenen Gesetzentwurf als Alternative zu den Vorstellungen des CDU-Lagers auszuarbeiten, der ab 1966 stückweise veröffentlicht wird. Der 1968 veröffentlichte Abschnitt zum Sexualstrafrecht sieht als schutzbedürftige Rechtsgüter nur noch die persönliche Freiheit und den Jugendschutz an: »Das Strafrecht kann gerade im Sexualbereich auch allgemein-moralische Zustände nicht um ihrer selbst willen schützen, ohne seine Funktion als äußerstes Mittel der Sozialpolitik zu verkennen und ohne den Bürger in bedenklicher Weise zu bevormunden«, erklären die Verfasser. Es sind 16 Gelehrte von deutschen Universitäten, Ordinarien in Talaren. Fritz Bauer, der Praktiker in der Robe, ist hier nicht dabei.

Weil Bauer am 30. Juni 1968 stirbt, erlebt er nicht mehr, wie sich die Debatte auf dem Juristentag in Nürnberg im September 1968 um die Reform des Sexualstrafrechts dreht: Der Vertreter des Justizministeriums, Karl Lackner, gerät dort mit seinem Verweis auf die »heterosexuelle Struktur der Gesellschaft« als »Postulat der einfachen Sozialmoral« bereits in die Defensive. Auf die Frage, wieso diese erhalten bleiben müsse und was man sich darunter überhaupt vorzustellen habe, erklärt Lackner, er habe nicht davon gesprochen, dass die heterosexuelle Struktur der Gesellschaft etwas Erstrebenswertes sei, das erhalten werden müsse. Auch er verurteile die »Verketzerung« der Homosexualität. »Aber gerade aus dieser Tatsache ergibt sich, daß für die Gesellschaft ein Interesse daran besteht, dem einzelnen Minderjährigen, soweit das möglich ist, das Schicksal, Homosexueller zu werden, zu ersparen.«

Es sind letzte Zuckungen. Seitdem 1966 der Sozialdemokrat Gustav Heinemann Justizminister einer Großen Koalition geworden ist, geht es nur noch darum, ein Kompromisspaket zwischen Union und SPD richtig auszutarieren. Als dies 1969 endlich gelingt, wird die Strafbarkeit von homosexuellen Handlungen unter Erwachsenen tatsächlich gestrichen.

Was man unter »Erwachsenen« versteht, bleibt freilich Definitionssache: Erst setzt der Gesetzgeber die Altersgrenze für homosexuelle Handlungen mit 21 Jahren an und damit wesentlich höher als für heterosexuelle; danach, von 1973 an, immerhin noch auf 18 Jahre – während heterosexuelle Jugendliche bereits mit 16 Jahren sexuell selbstbestimmt sein dürfen. Erst im Jahr 1994, im Zuge der Rechtsangleichung zwischen den beiden deutschen Staaten, verschwindet dieser letzte Rest des berüchtigten Homosexuellen-Paragrafen 175 ganz aus dem Strafgesetzbuch.

Dem publizistisch höchst aktiven Generalstaatsanwalt Bauer kommt ein Anteil daran zu – zumal es nicht nur die Buchstaben des Gesetzes sind, die sich 1969 ändern. Es ist auch eine Stimmung, die man in der breiten Bevölkerung spüren kann. Das reaktionäre Sittenstrafrecht hat seinen Rückhalt verloren. Bauer erlebt noch, wie der Leiter des Sittendezernats in Frankfurt am Main seine Beamten aus den Parks und Szenelokalen zurückruft, aus dem »Casino am Turm«, dem »Le Caprice« und aus dem Grüneburgpark. In Deutschlands Nachbarländern, so räumt der Leiter des Sittendezernats 1968 in einem Interview ein, werde die einvernehmliche Homosexualität unter Erwachsenen nur noch »in einem bescheidenen Umfang geahndet«, und schon bald müsse man auch in der Bundesrepublik mit einer Entkriminalisierung rechnen.

# 10

## Der Weg in die Einsamkeit: Seine Tragik

**Angst vor der Nähe: Der Jurist und die Juden**

August 1964. In Frankfurt lebt ein 17-jähriges jüdisches Mädchen, das erst aus der Zeitung erfährt, dass sein eigener Vater, Hersz Kugelmann, gerade im Auschwitz-Prozess als Zeuge ausgesagt hat. Mit fester Stimme und mit dem weichen Akzent des südpolnischen Będzin, in dem er aufgewachsen ist, hat er dort beschrieben, wie er auf der Rampe in Auschwitz-Birkenau, vor brüllenden und mit kleinen Handbewegungen selektierenden SS-Männern, seine Eltern und seine ersten beiden Töchter, neun und sechs Jahre alt, in den Gastod gehen sah. Später in Frankfurt aber, bei der erst nach dem Krieg geborenen Tochter Cilly, haben stets die Worte versagt.

»Unsere Eltern haben uns nichts erzählt«, erinnert sich Cilly Kugelmann. »Wir kannten die Fakten nicht, aber wir spürten ein tiefes Unbehagen, den Schatten einer schrecklichen Geschichte. Es fällt mir schwer, unsere Gefühle zu beschreiben. Ich würde sagen, die Atmosphäre war bedrückt, tragisch. Zu Hause wurde nicht viel gelacht, als hätten Vergnügen und Leichtigkeit bei uns keinen Zutritt. Für mich waren das Symbol dieser Jahre die Medikamente, die meine Eltern schluckten, um ihre Leiden zu behandeln, die physischen und die psychischen.«

Cilly Kugelmann hat sich damals bereits mit anderen jüdischen Jugendlichen zusammengetan, die ihr Umfeld in Deutschland als ebenso bedrückend, ihre Schule als finster, ihre Familien als beschädigt erleben. In der 1958 gegründeten Zionistischen Jugend Deutschlands rümpft man die Nase über Alkohol, Zigaretten, Rock'n'Roll, den ganzen Eskapismus der Wiederaufbauzeit, wie sich eines der anderen damaligen Frankfurter Mitglieder erinnert, Micha Brumlik. »Wir legten am lodernden Feuer nächtens heilige Schwüre ab, nach dem Abitur Deutschland zu verlassen und nach Israel zu emigrieren.« Zu Fritz Bauer, dem jüdischen Juristen, der den Alt-Nazis entgegentritt, schauen die Jugendlichen auf. Gemeinsam produzieren sie eine Art Schülerzeitung, *Me'orot*, was »Sterne« bedeutet. Und als die beiden Teenager Cilly und Micha erfahren, dass Fritz Bauer bereit ist, *Me'orot* ein Interview zu gewähren, »versanken wir in Ehrfurcht«.

Der Generalstaatsanwalt wirkt zugewandt, als die beiden Jung-Zionisten vor seinem Schreibtisch Platz nehmen. Er hört ihnen geduldig zu – auf eine Weise, wie sie es von Erwachsenen nicht gewohnt sind. Er beantwortet ihnen, so erinnert sich Cilly Kugelmann, »noch die dümmste Frage« nach den NS-Prozessen. Und dennoch bleibt es am Ende eine seltsam sprachlose Begegnung.

Andere, nichtjüdische junge Leute, die Bauer in dieser Zeit kennenlernen, schwärmen noch Jahrzehnte später von seiner Warmherzigkeit und Debattierfreude. Bauer reist in den 1960er-Jahren von Podium zu Podium, immer gestikulierend, herausfordernd, immer will er die politischen Vorstellungen und Träume der jungen Leute erfahren, immer stachelt er sie zum Widerspruch an. Der Frankfurter Schriftsteller Hans Frick erzählt einmal begeistert, wie Bauer auf die Frage von Fricks Sohn »Herr

Bauer, sind Sie Kommunist?« tief Luft holt, sich räuspert und auf dem Sofa sitzend zu einer längeren Erläuterung ansetzt – vor einem Zehnjährigen. Der Bub habe daraufhin zu seinem Vater gesagt: »Wenn ich größer bin und etwas von Politik verstehe, möchte ich gern mit Herrn Bauer diskutieren. Er hat mich richtig ernst genommen. Er ist ganz anders als die anderen Leute.«

Nichts Väterliches, nichts Warmes habe der Jurist ausgestrahlt, erinnert sich hingegen Cilly Kugelmann. Auf die Themen Judentum oder Israel, welche die Macher der Zeitschrift *Me'orot* so offensichtlich umtreiben, kommt Bauer mit keiner Silbe zu sprechen, nicht einmal beim Small Talk am Rande. Obwohl er zu dieser Zeit schon mehrere Dienstreisen nach Israel hinter sich hat, obwohl er mit der Idee des Zionismus schon seit Jugendtagen ringt – als Student in Heidelberg war er an heftigen Debatten darüber beteiligt, später, bei Ausbruch des Sechstagekrieges 1967, ist er einer der Ersten, die vertraulich bei der Jüdischen Gemeinde Frankfurts anfragen, wohin sie Geld für Israel spenden könnten –, obwohl Fritz Bauer also eine Menge zu erzählen hätte, wenn er denn wollte, bleibt er stumm. Kein Wort zu dem gesamten Thema.

Was ihn, den KZ-Überlebenden und Remigranten, von der breiten Mehrheit der Deutschen, die er politisch überzeugen will, menschlich trennt, das spielt Bauer schon seit seiner Rückkehr herunter, ganz besonders bei öffentlichen Auftritten und in Interviews. Mit seinem Jüdischsein möchte er möglichst wenig identifiziert werden. Jüdische Freunde hat er nicht. Im Alltag der Justiz begegnet er den wenigen übrigen jüdischen Rückkehrern tagsüber professionell und abends gar nicht. Das Wahnbild einer »jüdischen Clique«, die in der Frankfurter Justiz eine Hexenjagd betreibe, ist in den Schmäh- und Drohbriefen, die

Fritz Bauer erhält, schon lebendig genug. Frankfurt ist in diesen Jahren das Zentrum jüdischen Lebens in Deutschland, genauer gesagt liegt das Zentrum sogar in Bauers Wohnviertel, dem Westend, wo auch die Synagoge steht. Im Vorstand der jüdischen Gemeinde gibt es einen Juristen, Paul Arnsberg, der vier Jahre älter ist als Bauer und eine sehr ähnliche Lebensgeschichte hat: 1933 aus dem Staatsdienst entlassen, Exil, journalistische Tätigkeit, ein Intellektueller. Auch der in Frankfurt lebende Generalsekretär des Zentralrats der Juden in Deutschland, Hendrik George van Dam, ist Jurist. Nach dem Krieg, während Bauer in Braunschweig war, hat er die Justiz in Oldenburg mitaufgebaut. Doch Bauer hält Abstand. Zwar reist er einmal in den 1960er-Jahren nach Wien, um einen Vortrag vor der dortigen jüdischen Gemeinde zu halten. Die Einladung stammt aber von jemandem, dem er rein beruflich nahesteht, dem berühmten »Nazijäger« Simon Wiesenthal, und Bauer spricht dort wohl auch in der Erwartung, anschließend mit Wiesenthal unter vier Augen ein paar Tipps austauschen zu können. Um gemeinsame Identität geht es nicht, nur um gemeinsame Arbeit.

Einmal, als Bauer in den 1960er-Jahren beim Hamburger Verleger der *Zeit,* Gerd Bucerius, zu einer Abendgesellschaft eingeladen ist, bringt die Sitzordnung ihn unversehens mit Marcel Reich-Ranicki zusammen, dem damaligen Literaturredakteur der Wochenzeitung. Es mag an Bauers Irritation darüber liegen, dass der Gastgeber ihn ausgerechnet neben den einzigen Juden in der Redaktion platziert hat (und zum Beispiel nicht neben die protestantische Widerstandskämpferin Marion Gräfin Dönhoff), wenn die Bekanntschaft mit Reich-Ranicki unter einem schlechten Stern steht – wobei sich der Gastgeber durchaus nichts Verkehrtes dabei gedacht haben muss.

Reich-Ranicki hat schließlich große Sympathien für Bauers Arbeit geäußert: Am 22. Mai 1964 hat er im Feuilleton der *Zeit* die deutschen Schriftsteller aufgerufen, den Auschwitz-Prozess zu besuchen und zu zeigen, dass sie zu denen gehören, die »aufdecken«, nicht zudecken. Vielleicht richten sich an diesem Abend in Hamburg auch allzu viele Augen auf die beiden: Der Jude und der Jude – wie sie sich wohl verstehen werden? Jedenfalls ist es Bauer später nicht unwichtig zu betonen, dass er so frei sei, Reich-Ranicki auf Anhieb unausstehlich gefunden zu haben.

Während des Auschwitz-Prozesses kommen mehr als 200 KZ-Überlebende nach Frankfurt, um als Zeugen auszusagen. Einige haben gehört, dass Fritz Bauer selbst KZ-Häftling und Emigrant war, und haben ihm bereits 1959, zu Beginn der Ermittlungen gegen die Auschwitz-Täter, herzliche Briefe geschrieben. In seinem Frankfurter Büro bewahrt Bauer einen Stein aus Auschwitz auf, den sie ihm geschenkt haben. Aber zu den Zeugen persönlich hält er Distanz. Immer wieder erzählt Bauer in dieser Zeit in der Presse von den Tätowierungen, mit denen Auschwitz-Überlebende angeblich an der »rechten Hand« gebrandmarkt seien – obwohl die Häftlingsnummer in Wirklichkeit nicht rechts, sondern links eingestochen wurde. Die Nummer, »wie bei einem Tier, das zum Schlachten gebracht wird«, habe er gerade erst wieder bei einer jungen Frau gesehen, die am Nebentisch eines Frankfurter Cafés saß, erzählt er einem Interviewer des Norddeutschen Rundfunks im August 1963. »Wie sie ihren Kaffee getrunken hat, da rutschte ihr Pullover nach oben und ich sah die Auschwitz-Nummer an ihrer rechten Hand ... Blau – sichtbar.« Später, als der Auschwitz-Prozess bereits angelaufen ist und die ersten Zeugenauftritte bevorstehen, wiederholt Bauer noch einmal das eindrucksvolle Bild mitsamt dem verräterischen Fehler: Wenn demnächst Hunderte von Überlebenden in den Gerichtssaal träten und ihre rechte Hand zum Schwur erheben würden, dann werde man dort die Tätowierung sehen. Ein weiteres Jahr später, der Auschwitz-Prozess kommt gerade zum Ende, wiederholt Bauer seinen Fehler ein drittes Mal. Es ist nur ein kleines Detail. Aber hätte Bauer sich während dieser Zeit noch persönlich mit Überlebenden ausgetauscht, es wäre leicht gewesen, darauf zu kommen.

Mit dem Generalsekretär des Internationalen Auschwitz-Komitees Hermann Langbein trifft sich Bauer zwar ein paar Mal persönlich in Frankfurt, um eine Zusammenarbeit bei der Sammlung von Beweisen auszuloten. Aber dabei hat er vor allem eine Bitte: Auf keinen Fall soll Langbein öffentlich von dieser Zusammenarbeit erzählen. Es ist eine Vorsicht, die dem Frankfurter Opferanwalt Henry Ormond, der die Nebenkläger im Auschwitz-Prozess vertritt, sofort einleuchtet. Auch Ormond warnt das Komitee davor, eine Pressekonferenz über Fritz Bauers Ermittlungsfortschritte abzuhalten: »Sie liefern nur der Verteidigung Argumente für die Annahme, daß hinter dem ganzen Prozeß eine östlich gelenkte Propaganda steht.«

Als der Komitee-Generalsekretär Hermann Langbein Fritz Bauer in einem wütenden Brief am 1. August 1959 vorwirft, seine Staatsanwälte hätten fahrlässig in Kauf genommen, dass der Verdächtige Klaus Dylewski aus der Haft entlassen worden sei, da ist Bauer empört über den anmaßenden Ton Langbeins. »Ich achte und schätze den Herrn Langbein sehr für das, wie er uns geholfen hat«, erinnert sich später Joachim Kügler, einer der jungen Staatsanwälte im Auschwitz-Prozess. »Aber Versuche des

Herrn Langbein, uns zu sagen, wo es langgeht, haben wir beide (Staatsanwalt Vogel und ich) prinzipiell abgeblockt … Das war ungefähr so, wie wenn der Journalist Meier von irgendeiner Zeitung gekommen wäre und gesagt hätte: ›Hören Sie mal, Herr Staatsanwalt, das machen Sie jetzt aber mal besser so.‹« Bauer hält seine Leute trotzdem zu taktischer Zurückhaltung an, um bloß nicht noch mehr öffentliche Aufmerksamkeit auf diese Zusammenarbeit zu lenken.

Er selbst zieht sich unterdessen vollkommen zurück. Fritz Bauer errichtet einen Sicherheitsabstand zwischen sich und Langbein. Nur noch aus dem Hintergrund schickt Bauer jetzt kurze, formelhaft freundliche Schreiben an den Generalsekretär des Auschwitzkomitees; zu den Besprechungen mit ihm entsendet er nur noch untergeordnete Staatsanwälte. Bauer versagt sich jede sichtbare Nähe zu den Opfern, die ihm doch vor allem große Sympathien entgegenbringen wollen, weil er gegenüber der Öffentlichkeit die Glaubwürdigkeit der Anklage als politisch objektiv und unvoreingenommen schützen muss. Dafür zahlt er einen hohen Preis.

Als Langbein 1965 ein Buch über den soeben abgeschlossenen Auschwitz-Prozess veröffentlicht, lobt er darin die Richterbank, die Nebenklagevertreter und sogar die Verteidiger. Für die Arbeit der Staatsanwälte aber hat er nur beißende Kritik übrig. Für Fritz Bauer, den Initiator des ganzen Prozesses, dem Langbein anfangs noch hoffnungsfrohe Briefe über »unser« Auschwitz-Verfahren geschrieben hatte, hebt er sich die schärfste Form der publizistischen Bestrafung auf – ein Umgang, der Wut und Enttäuschung verrät. Bauers Name taucht in dem zweibändigen Werk nicht auf. »In der gesamten Darstellung«, so unterstreicht Langbeins Biografin Katharina Stengel, »ist er eine nicht existierende Größe.« Wo die Überlebenden-Organisation anfangs einen natürlichen Verbündeten in Fritz Bauer gesehen hat, da behandelt sie ihn jetzt als jemanden, der ihre Hoffnungen verraten hat. Seine jüdische Herkunft macht die Sache besonders schlimm. Eine tragische Verstrickung für Bauer: Das Verhalten, das Langbein für eine Härte Bauers gegen seine jüdischen Schicksalsgenossen hält, ist in Wirklichkeit nur Härte gegen sich selbst.

Eine einzige Frage der beiden Teenager Cilly und Micha, die im September 1964 vor Bauers Schreibtisch in Frankfurt sitzen, zielt am Ende übrigens doch noch auf das gegenwärtige Leben von Juden in Deutschland. Man habe gehört, dass die Prozesse gegen die NS-Täter den Juden heute auch schaden könnten? Da weicht Bauer aus und redet über ein anderes Thema. Und die Jung-Zionisten sind zu schüchtern, um nachzuhaken.

Das ist seine Tragik: Bauer stößt sich ausgerechnet von der einzigen Gruppe ab, die ihn je wirklich hat dazugehören lassen. Er manövriert sich menschlich in eine Situation, die sogar einsamer ist als die seiner Eltern und Großeltern in der Weimarer Zeit. Bauers Vorfahren haben es sich schließlich nie nehmen lassen wollen, jüdisch *und* deutsch zu sein. Wann immer man ihnen das Deutschtum absprechen wollte, blieb ihnen zumindest der Zusammenhalt in der zweiten, der jüdischen Gruppe. Fritz Bauer hingegen hat sich nach 1945 entschieden, von allem Jüdischen Abstand zu nehmen, um dafür wenigstens als Deutscher voll anerkannt zu werden. Er hat es sich zur Gewohnheit gemacht, Fichte, Goethe und Schiller zu zitieren, hat seine gemeinsame Schulzeit mit dem Hitler-Attentäter Stauffenberg herausgestellt und das von ihm eingeforderte Recht auf Widerstand ostentativ als »germanisch« gefeiert. Er hat am letzten Tag des Jahres 1967, ein halbes Jahr vor seinem Tod, ein Testament verfasst mit der Bitte, verbrannt zu werden – »Die Asche soll nicht beigesetzt werden« –, eine zutiefst unjüdische, eine im Judentum sogar verbotene Methode der Bestattung. Doch dass all dies letztlich wenig gebracht hat, wird ihm gegen Ende seines Lebens nicht entgehen. Als auf der Frankfurter Buchmesse 1967 der Staatsverlag der DDR ein »Braunbuch« präsentiert, das die Namen von NS-Juristen enthält, und zahlreiche Politiker in der Bundesrepublik sich darüber empören, dass Bauer das Buch nicht beschlagnahmen lassen will, da schreibt er in einem privaten Brief: »Entsetzlich ist, zu sehen, wie solche Anlässe die Braunen im Lande vereinen und zum Kesseltreiben veranlassen. Der Jude wird eben verbrannt.«

»Fritz Bauer war noch in dem Alter, wo andere sich zur Ruhe setzen, auf eine bestürzende Weise lebendig, unfertig, in Krisen gerissen«, erinnert sich der Frankfurter Schriftsteller Horst Krüger, mit dem sich Bauer bald nach dessen Besuch im Auschwitz-Prozess anfreundet. »Es gärte immer in ihm. Er rauchte unmäßig viel und hustete oft bedenklich. Er haderte nicht nur mit dieser Gesellschaft, sondern zuerst mit sich selbst. Er sprach jetzt oft von seiner Kindheit, von den Qualen einer falschen Jugend. Noch kurz vor seinem Tode bewegte ihn die Frage, ob er sich in eine Psychoanalyse begeben solle. Vierundsechzigjährig stellte er sich selber auf rabiate Weise infrage. Welcher deutsche Jurist täte das? Sie sind alle ›fertig‹ – und sind auch meistens danach.«

Einige Jahre nach Fritz Bauers Tod, bei einem Gespräch in der entspannten Atmosphäre eines vornehmen Hotels in der Schweiz, sagt Bauers Schwester Margot über ihren Bruder, man könne »ihn mit Sabres vergleichen: Er wollte nicht zeigen, wie warm er empfindet«. Sabres – Margot verwendet hier ein jüdisches Wort par excellence. Es bezeichnet auf Jiddisch die Kaktusfeige, eine weiche, süße Frucht, die aber von Stacheln überzogen ist, so wie die in Israel geborenen Menschen angeblich stachelig seien. Eine ironische, in Israel gängige Metapher. Es spricht für einige Gelassenheit, wenn Bauers Schwester als fast 70-Jährige, die nie aus Skandinavien zurückgekehrt ist, Vergnügen an dieser Wortwahl findet, und es spricht für einen Blick auf die jüdische Welt, der von Wärme geprägt ist. Bei ihrem Bruder Fritz, der nach dem Krieg nach Deutschland zurückgekehrt ist, um politisch etwas zu bewegen, kann man sich eine solche Leichtigkeit nicht mehr vorstellen.

## »Mit ihm konnte man nicht reden«: Fritz Bauers junges Ankläger-Team

Der junge Mann, der den beiden ergrauten NS-Tätern im Saal einflüstert, hat ein bekanntes Gesicht in dieser Stadt. Die blonden Haare sind modisch zur Tolle frisiert, die leicht untersetzte Figur steckt wie immer in einem gut sitzenden Anzug, die Stimme könnte mühelos den ganzen Saal ausfüllen, ohne dass man es unangenehm fände: warmes, weiches Hessisch, kräftiger, klarer Ausdruck. Noch immer trägt er dieselbe charakteristische schwarze Hornbrille, mit der er drei Jahre zuvor das Schlussplädoyer im Frankfurter Auschwitz-Prozess gehalten hat, unter dem Andrang der Weltpresse. Damals als Staatsanwalt. Vor seinem Seitenwechsel.

Nun erhebt der junge Mann, Joachim Kügler, seine Stimme in demselben Gerichtsgebäude als Strafverteidiger. Es ist ein Verfahren, in dem auch Fritz Bauer, obgleich nicht im Saal anwesend, eine Rolle spielt. Schon am ersten

Tag, im November 1967, hat einer der beiden Angeklagten, Adolf Heinz Beckerle, eine Attacke gegen den Generalstaatsanwalt geritten, durch dessen »brutale Verfolgungsmaßnahmen« er, der Angeklagte, um seine Existenz gebracht worden sei. Fritz Bauer, der hoch oben in seinem Büro throne, sei die treibende Kraft hinter allem; der kleine Staatsanwalt, der im Saal die Anklage vertrete, in Wirklichkeit nur sein Werkzeug.

Der Ex-Staatsanwalt Joachim Kügler ist ein Berater Beckerles. Der Prozess geht als Frankfurter Diplomatenprozess in die Geschichte ein. In seinem Schlussplädoyer im August 1968 geht auch Joachim Kügler ins Grundsätzliche: Er spricht vom Unbehagen, das man heute, ein Vierteljahrhundert nach Kriegsende, bei jedem Versuch einer gerichtlichen Wahrheitsfindung haben müsse. Es sei offenkundig, so meint jetzt Kügler, dass die Menschen im Nationalsozialismus keine Selbstständigkeit mehr besessen hätten; dass sie als bloßes »Menschenmaterial« gar nicht vor der Alternative gestanden hätten, recht oder unrecht zu handeln. Das ist ein grundsätzlicher Punkt, mit dem er auch ein Licht auf den Auschwitz-Prozess wirft, den er nur drei Jahre zuvor im Dienste Fritz Bauers geführt hatte. Kügler fährt in dieser Spur noch fort, indem er auch die Frage aufwirft, ob Prozesse wegen NS-Verbrechen heute überhaupt noch dem »Gemeinwohl« dienten. Sicher sei, so Kügler, dass solche Prozesse Schaden anrichteten. Der Rechtsradikalismus – die NPD ist 1966 mit dem Slogan »Man kann wieder wählen« in die Landesparlamente von Hessen und Bayern eingezogen, 1967 auch in Bremen, Rheinland-Pfalz, Niedersachsen und Schleswig-Holstein – hätte ohne die gerichtliche Verfolgung der NS-Täter nie seinen heutigen Umfang angenommen.

Es sind bittere Worte, die Fritz Bauer, der am 30. Juni 1968 stirbt, nicht mehr hört. Die Entzweiung mit seinem einstigen Protegé Joachim Kügler aber bahnt sich da schon länger in aller Öffentlichkeit an. Bauer erlebt den Seitenwechsel Küglers, er erlebt, wie Hans Laternser, der aggressivste Strafverteidiger aus dem Auschwitz-Prozess, den jungen Kügler mit offenen Armen in der Anwaltszunft empfängt. Wie er plötzlich lobt, Kügler sei schon immer der »Staatsanwalt mit der wohl umfassendsten Sachkenntnis« in NS-Fragen gewesen. Im Jahr 1961 noch hat Fritz Bauer die optimistische Auffassung geäußert, dass »in der Öffentlichkeit die Notwendigkeit solcher Prozesse« erkannt worden sei und dass fast die »ganze junge Generation und ein großer Teil der Älteren« dahinter stünden. Doch der Auschwitz-Prozess hat ihn ernüchtert: Nur 60 Prozent der Deutschen sagen in einer Umfrage, dass sie von dem Prozess überhaupt gehört hätten. Einem israelischen Journalisten sagt Bauer nach dem Auschwitz-Urteil: »Der erzieherische Effekt dieser Prozesse – wenn es überhaupt einen gibt – ist minimal.« 63 Prozent aller Männer und 76 Prozent aller Frauen sprechen sich für ein Ende der Verfolgung der Naziverbrechen aus – und Joachim Kügler, der einstige Hoffnungsträger Bauers, wird für sie nun zum Kronzeugen.

Stets war Bauer auf die Loyalität seiner handverlesenen jungen Gefolgsleute in der Staatsanwaltschaft angewiesen. Aber das, was er ihnen über die Jahre hinweg abverlangt, stellt diese Loyalität auch auf eine harte Probe. Bauer bringt seine Mitarbeiter während des Auschwitz-Prozesses 1963 bis 1965 in einem eigens angemieteten Haus neben dem Gebäude der Staatsanwaltschaft unter, so groß ist seine Sorge, dass andere Beamte die Ermittlungen sabotieren könnten. »Allein auf weiter Flur« fühlte man sich dort, erinnert sich Joachim Kügler. Der Außenposten für die jungen Auschwitz-Ankläger ist ohne Pomp oder Komfort, er liegt fernab von Bauers saalgroßem Büro, und die Staatsanwälte, die dort arbeiten, sehen sich in der übrigen Justiz konfrontiert mit Richtern, die im privaten Gespräch »bewaffnete Neutralität« ankündigen. Wer für Fritz Bauers NS-Verfahren arbeitet, der muss mit Anfeindungen rechnen.

Viele der älteren Juristen, die sich in der Justiz hochgedient haben, sehen es mit Argwohn, wie Bauer noch recht unerfahrene Staatsanwälte zu sich an die Spitze holt, die nur einen einzigen gemeinsamen Vorzug haben: Sie haben ihr Studium erst nach dem Ende der NS-Zeit begonnen – zwar bei Hochschullehrern, die vielfach belastet waren, aber doch zumindest nicht mehr unter einem System, in dem Referendare in nationalsozialistischen Ausbildungslagern kaserniert wurden. Es sind rasante Karrieren, die junge Staatsanwälte wie Joachim Kügler bei ihm machen.

Zu ihnen zählt auch Johannes Warlo, der im Alter von 33 Jahren von Fritz Bauer berufen worden ist. Auf Fotos aus dieser Zeit sieht er sogar noch jünger aus, das wellige blonde Haar ist glatt gekämmt, die Erscheinung ernst, der Blick misstrauisch, als kämpfe er noch um Anerkennung. Warlo hat bislang nur wenig Berufserfahrung. Lediglich als Ankläger von Wirtschaftsdelikten ist er bereits aufgefallen, als ihn Fritz Bauer auf seine Etage hinaufholt – mit Berichtspflicht nur gegenüber dem Chef persönlich. Bauer betraut den jungen Warlo gleich mit sensiblen und großen Fällen: den Euthanasie-Ermittlungen und dem Verfahren gegen Martin Bormann. Warlo bekommt einen Schreibtisch in einem Raum mit zwei altgedienten Staatsanwälten zugewiesen, und deren Misstrauen ist sofort mit Händen zu greifen. Kommt Warlo von der Toilette zurück, dann rücken die Kollegen gerade wieder eilig von seinem Schreibtisch ab, auf dem die geheimnisvollen NS-Akten liegen. Rasch besorgt Bauer dem jungen Warlo ein Einzelbüro, klein und dunkel, aber ungestört. Geht Warlo im Gerichtsgebäude an einem Grüppchen etablierter Kollegen vorbei, verstummen deren Gespräche.

Bauer gefällt die unverstellte Art des jungen Warlo. Wie ihm denn die moderne Schachbrett-Tapete in Bauers Büro gefalle, fragt er ihn einmal. Sie erinnere an die Wand einer Leichenhalle, kommentiert Warlo, woraufhin Bauer sehr lacht. Unterwürfigkeit verabscheut er. Einmal formuliert Warlo einen juristischen Schriftsatz so, dass er genau die Forderungen erfüllt, die die Richter in früheren Verfahren aufgestellt haben, woraufhin Bauer ihn barsch rügt: »Gehören Sie auch zu den Leuten, die sich immer nach dem Senat richten?« Bauer verlangt, dass seine Staatsanwälte eine eigene Meinung vertreten und sich nicht bloß an den Richtern orientieren. »Er erwartete, dass man Gegenmeinungen äußert«, erinnert sich Warlo, »auch ihm gegenüber.« Bei einem Vorstellungsgespräch mit einem jungen Referendar im Jahr 1956 fordert Bauer den Nachwuchsjuristen zu einer Diskussion heraus: In Berlin herrscht da gerade Streit über die Frage, ob die alte, kriegsbeschädigte Gedächtniskirche wiederaufgebaut oder ganz abgerissen werden soll. Bauer ist für Abreißen, der Referendar, Gerhard Wiese, Berliner in vierter Generation, widerspricht vehement. Man einigt sich zwar nicht, aber später holt Bauer genau diesen jungen Mann dazu, als es darum geht, ein Team für den Auschwitz-Prozess zu bilden.

Fritz Bauers »junge Garde«, wie sie im Gericht genannt wird, steht mitten in der Schusslinie, als der Generalstaatsanwalt sich mit der älteren Juristengeneration anlegt. Gegen 68 hessische Richter lässt Bauer Verfahren wegen NS-Verbrechen und Rechtsbeugung einleiten, nachdem die von der DDR veröffentlichte Dokumentation *Gestern Hitlers Blutrichter, heute Bonner Justiz-Elite* ihre Vergangenheit enthüllt hat. In diesem Umfang ist es eine bundesweit einmalige Aktion, nirgends sonst handelt sich ein bundesrepublikanischer Strafverfolger so viel Ärger mit seiner eigenen Zunft ein. Bauer treibt die für NS-Verbrechen zuständige Abteilung in seinem Haus zu atemberaubender Eile an, damit sie ihre Ermittlungen noch vor Ablauf der Verjährungsfrist für Totschlag im Jahr 1960 aufnimmt. Die Ermittlungen werden am Ende zwar juristisch wenig bewegen. Vor Gericht kommen lediglich Freisprüche heraus. Kein Richter will einen Kollegen verurteilen. Die Richter halten den Ihrigen zugute, sie seien sich der Rechtswidrigkeit ihres Tuns in der NS-Zeit nie bewusst gewesen. Aber eine politische Wirkung gibt es doch. Die NS-Vergangenheit zahlreicher Juristen kommt auf diese Weise ans Licht, einschließlich 1962 die des Generalbundesanwalts Wolfgang Fränkel, der daraufhin in den Ruhestand versetzt wird. Fritz Bauer ist danach so isoliert wie nie zuvor, sein oft zitierter Ausspruch, »Wenn ich mein Büro verlasse, befinde ich mich im feindlichen Ausland«, stammt aus dieser Zeit.

Immerhin hat Bauer da schon eine etablierte Position inne, er hat ein breites Kreuz gegenüber der Justiz, kann die Anfeindungen an sich abperlen lassen. Seine jungen Gefolgsleute jedoch, die unmittelbar die Ermittlungen führen gegen Männer, die in der Hierarchie weit über ihnen stehen, haben ihre Karrieren erst noch vor sich. Auf einer Tagung von Strafrechtlern sitzt Fritz Bauer in den 1960er-Jahren einmal im Frühstücksraum, in dem sich viele

Leute aufhalten, ganz allein an einem Tisch. Niemand setzt sich zu ihm. Als schließlich ein junger Nachwuchswissenschaftler kommt und an seinem Tisch Platz nimmt, freut er sich. »Vereinsamt, so wirkte der Generalstaatsanwalt«, erinnert sich Ernst-Walter Hanack, jener junge Mann. Wie es Bauers jungen Staatsanwälten unterdessen ergeht, die in Frankfurt seine heiklen Fälle führen, fragen nur wenige. Sie sehen die Felle ihrer Karriere bereits davonschwimmen, und sie erleben verdutzt, wie wenig sich Bauer dafür zu interessieren scheint.

Der Grund dafür, dass sich ihre Situation plötzlich verschärft, ist ein personeller Wechsel in Fritz Bauers Haus. Im Oktober 1963 bekommt Bauer vom Justizministerium einen Stellvertreter an die Seite gestellt, wie man ihn sich gegensätzlicher kaum ausmalen könnte: Ein drahtig-athletischer, großgewachsener Mann mit spitzem Kehlkopf und einer scharfkantigen Adlernase ist der 56-jährige Ulrich Krüger, ein für seine äußerste Präzision bekannter Beamter, der Textentwürfe seiner Untergebenen schon wegen kleinster Fehler zurückgehen lässt. Zigaretten rührt er nicht an. Vor 1945 war Ulrich Krüger Staatsanwalt beim Sondergericht Frankfurt, zuständig für politische Verfahren. Danach hat sich niemand gefunden, der ihm übermäßigen Eifer nachsagen wollte, auch hat man Krüger bei der Entnazifizierung zugutegehalten, er sei nur deshalb 1933 der Reiter-SA beigetreten, weil der damalige Präsident des Oberlandesgerichts Frankfurt von jedem Referendar die Mitgliedschaft in einer NS-Organisation verlangt habe. Auf die gleiche Weise wird Ulrich Krügers Eintritt in die NSDAP im Jahr 1937 entschuldigt. Nun, im Herbst 1963, als Neuzugang an der Spitze der Generalstaatsanwaltschaft, soll er auf Wunsch des Justizministeriums Fritz Bauer, den Feuerkopf, ausbalancieren.

Bauer reagiert darauf nicht widerspenstig, sondern pragmatisch: Er überträgt dem detailverliebten Stellvertreter jene bürokratischen Aufgaben, die ihm selbst lästig sind, etwa die Personalangelegenheiten des höheren Dienstes, Urlaubsanträge, Benotungen – aber auch Beförderungen. Er mag annehmen, mit solchen Befugnissen sei wenig Politik zu machen. Es ist ein folgenreicher Irrtum.

Fritz Bauer überlässt damit das persönliche Fortkommen seiner wenigen Getreuen jemandem, der ihnen deutlich weniger wohlgesinnt ist als er. Die jungen Juristen, die Bauer eigens zu sich geholt hat, haben es hingenommen, dass sie in der Justiz als Blitzaufsteiger verachtet wurden, die ihr forsches Auftreten gegenüber den Älteren nur dank der schützenden Hand des eigensinnigen Generalstaatsanwalts riskieren konnten. Und nun? Scheint es, als halte dieser gar keine schützende Hand über sie. Aus Beförderungswünschen, aber auch aus Anträgen auf zusätzliche Mittel von Bauers »junger Garde«, die über den Tisch des neuen Stellvertreters müssen, wird von nun an nichts mehr. Ulrich Krüger, der von NS-Ermittlungen nicht begeistert ist, lässt die damit befassten jungen Juristen auflaufen, sowohl auf der Ebene der Generalstaatsanwaltschaft, wo Johannes Warlo arbeitet, als auch bei der untergeordneten Staatsanwaltschaft am Landgericht Frankfurt, wo die Auschwitz-Ankläger Joachim Kügler, Georg Friedrich Vogel und Gerhard Wiese arbeiten. Andere Juristen, die in politisch unverfänglicheren Verfahren Dienst tun, ziehen auf der Karriereleiter an ihnen vorüber, rücken in höhere, besser bezahlte Dienstgrade auf. Die junge Garde bleibt zurück.

Joachim Kügler, der »immer einen größtmöglichen Bogen« um den neuen Bauer-Stellvertreter macht, sucht schließlich Rat bei seinem Kollegen Johannes Warlo. Im

Gespräch erinnert er daran, wie Fritz Bauer den beiden jungen Juristen einst versprochen habe, ihr Engagement werde nicht vergessen werden. Er werde sich für sie einsetzen. Joachim Kügler hat in den vergangenen zwei Jahren im Auschwitz-Prozess die Aufgabe eines Spitzenjuristen erfüllt – aber mit dem Gehalt eines Berufsanfängers. Die gesamte Prozessdauer über ist er mit einem Nettoeinkommen von nur 1300 Mark nach Hause gegangen. Die hessischen Staatsanwälte und Richter laufen ohnehin gerade Sturm gegen ihre niedrige Besoldung. »Die etwa vergleichbaren Juristenpositionen in der Verwaltung entschweben vor den Augen des Richters immer mehr nach oben«, pflichtet die *Zeit* ihnen 1965 bei. Kügler hat nun darauf gehofft, zumindest nach dem erfolgreichen Abschluss des Auschwitz-Prozesses in eine höhere Besoldungsstufe aufzurücken. Er bittet Fritz Bauer nach seinem Schlussplädoyer, auf eine ruhigere Stelle in der Staatsanwaltschaft zurückwechseln zu dürfen, weg von NS-Verbrechen, und das heißt heraus aus der Schusslinie des missgestimmten Behörden-Vizes Ulrich Krüger und zurück auf die Karriereleiter. Doch Bauer lehnt ab. »Unser Leben ist erfüllt, wenn wir die Dinge um eine Streichholzbreite vorwärtsgebracht haben«, habe Bauer zu ihm gesagt, erinnert sich Kügler später.

Der heilige Ernst des 60-jährigen KZ-Überlebenden: Für den jungen Joachim Kügler, der sich um sein persönliches Fortkommen sorgt, bietet er keine Antwort. So unterschiedlich sind die Welten der beiden: Fritz Bauer mag aus seiner Lebensgeschichte gelernt haben, dass es nichts Wichtigeres gibt als Politik und dass dafür auch Opfer gefordert sind. Doch der junge Kügler will auch gut leben. »Sie sind jetzt Experte«, habe Fritz Bauer nur zu ihm gesagt. Kügler solle sich weiter mit NS-Verfahren befassen. Das tut er, jedoch anders als von Bauer gedacht.

Zur menschlichen Enttäuschung der »jungen Garde« mag beitragen, dass Fritz Bauer zeigt, dass ihm Fürsorge keineswegs fremd ist. Im Umgang mit einfacherem Personal kann er sogar sehr großzügig sein – nur im Umgang mit seinen engsten juristischen Gefolgsleuten ist er es nicht. Fritz Bauer hat einen Fahrer, den er mit nach Frankfurt gebracht hat, Heinz Eichwald. Dessen bullige Erscheinung und einfache Umgangsformen empfinden manche am Gericht als ungehobelt. Bauers Dienstwagen, ein schwarz-silberner Opel Kapitän, der vorne und hinten breite Panoramascheiben hat und dazwischen so viel Chromzierrat wie ein amerikanischer Straßenkreuzer, ist innen derart verqualmt, dass den jungen Staatsanwälten darin übel wird, nur der Fahrer stört sich nie daran. Fritz Bauer habe diesen jungen Mann »geliebt wie einen Sohn«, glaubt seine Schwester Margot später. Er spendiert dem Fahrer und seiner Frau einmal eine Reise nach Israel, und er zeigt seine Zuneigung vor allem auch öffentlich.

Als Bauer und der Fahrer im Dezember 1962 einmal nach Göttingen unterwegs sind, wo Bauer an der Universität einen Vortrag halten soll, kommt der Wagen auf vereister Straße ins Schleudern, überschlägt sich und rast in eine Gruppe von Bäumen. Am folgenden Samstag erliegt Eichwald im Krankenhaus seinen Verletzungen. Bauer, der unverletzt geblieben ist, schaltet eine Todesanzeige in der *Frankfurter Neuen Presse,* und in dem Text zitiert er, der sonst so spärlich Gefühle zeigt, drei Strophen eines kernigen Soldatenliedes, das im Rufe steht, bei den einfachen Leuten beliebt zu sein: »Ich hatt' einen Kameraden«. In der Mitte der Anzeige steht die zweite Strophe. »Eine Kugel kam geflogen / gilt's mir oder gilt es dir? / Ihn hat es weggerissen, / er liegt mir vor den Füßen, / als wär's ein Stück von mir.« Vor allem die »junge Garde«, die ihrerseits unter der kalten Schulter des Chefs leidet, ist fassungslos darüber, wie sich Bauer hier als fürsorglicher Kamerad seiner Mitarbeiter stilisiert.

Ob er sich tatsächlich nicht kümmert um die jungen Staatsanwälte, die für ihre Arbeit in NS-Verfahren angefeindet werden? Johannes Warlo muss im Jahr 1967 den Personalrat mobilisieren, um zu verhindern, dass er ein weiteres Mal bei einer anstehenden Beförderungsrunde übergangen wird. Einzelne Führungskräfte in der Behörde protestierten da bereits vernehmlich gegen die Politik von Ulrich Krüger, nur von Bauer hört man nichts. Falls er sich hinter den Kulissen mit seinem Stellvertreter auseinandersetzt, dringt davon jedenfalls nie etwas nach außen. Der fatale Eindruck, Bauer erwidere die Loyalität seiner jungen Gefolgsleute nicht, wird auf diese Weise nie korrigiert.

Der Auschwitz-Ankläger Joachim Kügler wartet nur eine kurze Anstandsfrist von wenigen Wochen, nachdem der Prozess vorüber ist. Dann geht er. »Wer Nonkonformist ist«, sagt Kügler einem Journalisten kurz darauf, »gilt in einer Behörde als Außenseiter.« Einem anderen Journalisten sagt er: »Wie leben wir denn? Doch nicht miteinander! An der Strafjustiz können wir beispielhaft ablesen, dass wir gegeneinander leben.« Selbst noch Jahrzehnte später meint er verbittert: »Sie können vom Vater Staat keinen Dank erwarten.«

Schräg gegenüber vom Landgericht mietet Joachim Kügler ein kleines Büro an. Er bietet seine Dienste als Strafverteidiger an. Es locken hohe Honorare, und Küglers Kenntnisse machen ihn zu einem begehrten Berater gerade in NS-Verfahren. Das Gespräch mit Bauer sucht er nie wieder. »Mit ihm konnte man ja nicht reden«, sagt er. Wenn sich Bauer und er im Gericht begegnen, sagen ihre Blicke mehr als ihre Worte. »Der ist an mir vorbeigegangen. Guten Tag. Das war's.«

## »Die Linken kommen immer mit ihren Utopien«: Enttäuschungen am Lebensende

Auf die Zuneigung der Studenten und jungen Künstler hat er sich immer verlassen können. Die Frankfurter Studentenzeitung *Diskus* hat schon 1961 einen Artikel von »Generalstaatsanwalt Dr. Fritz Bauer« auf ihre Titelseite genommen. Als Bauer im April 1968 gemeinsam mit dem Präsidenten des Landesarbeitsgerichts Hans G. Joachim eine neue juristische Fachzeitschrift gegen den konservativen Mainstream ins Leben ruft, die *Kritische Justiz,* da sitzt auch ein Vertreter des Sozialistischen Deutschen Studentenbundes SDS mit am Tisch, der frisch examinierte Joachim Perels. Von Perels und einem anderen jungen Teilnehmer, dem Referendar Jan Gehlsen, stammt auch der Vorschlag für den Namen der neuen Zeitschrift. Dass sie damit an die Tradition der Zeitschrift des Republikanischen Richterbundes aus den 1920er-Jahren anknüpfen wollen, *Die Justiz,* imponiert Bauer.

Man versteht sich gut, und wenn nun in Frankfurt Steine und Molotow-Cocktails fliegen, dann sind die Zeitungen des Springer-Verlages schnell mit dem Vorwurf zur Hand, der linke, antiautoritäre Generalstaatsanwalt Bauer greife gegen »die Berufsrevolutionäre des SDS« nicht hart genug durch. Es finden zwar durchaus Prozesse statt in Frankfurt. Von besonderer Milde sind sie auch nicht geprägt. Aber unter allen deutschen Justizvertretern, denen die Zeitung falsche Nachsicht unterstellt, taucht allein er mit Namen auf: »Herr Fritz Bauer hat eben die Rechtsstaatlichkeit suspendiert«, beklagt die *Welt am Sonntag* im April 1968.

1967 haben es in Berlin die beiden Kommunarden Fritz Teufel und Rainer Langhans mit der Staatsanwaltschaft zu tun bekommen. Sie haben Flugblätter verteilt, auf denen es in Anspielung auf einen kurz zuvor ausgebrochenen Kaufhausbrand in Brüssel mit mehr als 300 Toten heißt: »Ein brennendes Kaufhaus mit brennenden Menschen vermittelte zum ersten Mal in einer europäischen Großstadt jenes knisternde Vietnamgefühl (dabei zu sein und mitzubrennen), das wir in Berlin bislang noch missen müssen. ... Burn, warehouse, burn.« Ein Aufruf zu Gewalt? Nein, nur Satire, findet der mit Fritz Bauer befreundete junge Jurist Manfred Amend. Die Ironie der Kommunarden, so sagt er Bauer, sei in etwa vergleichbar mit dem *Modest Proposal* des irischen Schriftstellers Jonathan Swift aus dem Jahr 1729. Swift hatte damals vorgeschlagen, verarmte irische Bauern könnten ihre überzähligen Säuglinge ja als Delikatessen an reiche englische Gentlemen und Ladys verkaufen. Den Swift-Vergleich erwähnt Bauer zustimmend wenig später auch im Gespräch mit dem Berliner Generalstaatsanwalt, und die Berliner Richter schließen sich dieser liberalen Sichtweise an: Die Kommunarden kommen ohne Strafe davon.

Doch kaum ist das Berliner Urteil gesprochen, brennt ausgerechnet in Frankfurt tatsächlich ein Kaufhaus. An der Zeil, der Flaniermeile unweit von Fritz Bauers Behörde, legen Andreas Baader, Gudrun Ensslin und Thorwald Proll in der Nacht zum 3. April 1968 zwei Brandsätze, die zwar so konstruiert sind, dass die Flammen erst nach Ladenschluss in die Höhe steigen und niemanden verletzen, die aber dennoch im ganzen Land Furcht auslösen. Fritz Bauer, der Liberale, steht blamiert da. Es muss ihm, der so gern an die aufbegehrende Jugend glauben will, bitter aufstoßen. Eine junge Generation, die die Generation ihrer NS-verstrickten Väter zu Rede stellt: Das ist eigentlich etwas, auf das Fritz Bauer lange gewartet hat. Aber jetzt scheint etwas zu kippen in der gesellschaftlichen Auseinandersetzung. Der Griff der rebellischen jungen Leute zur Gewalt, ihr Versuch, die Gesellschaft das Fürchten zu lehren – Bauer hält das für einen schweren strategischen Irrtum.

Er hält den Protestlern vor, den Kopf in den Wolken zu haben. Dem jungen Freund Manfred Amend sagt er einmal, die Studenten würden wohl vor allem deshalb immer radikaler werden, weil ihnen ihre eigene Existenzangst bewusst werde. Für so viele Soziologen und Politologen, wie sich gerade an den Universitäten versammelten, gebe es überhaupt keine Stellen. Auch in Bauers eigener Jugend habe es eine verhängnisvolle Realitätsferne gegeben, gesteht er: »Wir Emigranten hatten so unsere heiligen Irrtümer. Ich gab damals eine Emigrations-Zeitschrift heraus, zusammen mit Willy Brandt. Dass Deutschland in Trümmern liegt, hat auch sein Gutes, dachten wir. Da kommt der Schutt weg, dann bauen wir Städte der Zukunft. Hell, weit und menschenfreundlich. Bauhaus. Gropius. Mies van der Rohe. So dachten wir damals. Alles sollte ganz neu und großzügig werden. Dann kamen die anderen, die sagten: Aber die Kanalisationsanlagen unter den Trümmern sind doch noch heil! Na, und so wurden die deutschen Städte wieder aufgebaut, wie die Kanalisation es verlangte.« Leichtsinn und Realitätsferne, das kreidet Bauer in finsterer Stimmung auch den Linken der Gegenwart an: »Die Linken kommen immer mit ihren Utopien«, ätzt er bei einem Treffen mit dem jungen Schriftsteller Gerhard Zwerenz. »Wenn die Städte aber aufgebaut worden sind, wie die Kanalisation es verlangte, was soll dann eine Utopie?«

Bauer erlebt, wie der Staat auf die 68er-Bewegung mit einer Hochrüstung im Inneren antwortet, mit den Notstandsgesetzen. Und er zeigt sich tief beunruhigt und pessimistisch. »Nehmen Sie die ersten Bonner Jahre! Keine Wehrmacht! Keine Politik der Stärke! Nun betrachten Sie mal die jetzige Politik und die Notstandsgesetze dazu! Legen Sie meinethalben ein Lineal an. Wohin zeigt es? Nach rechts! Was kann da in der Verlängerung herauskommen? Höchstens eine negative Utopie! Zum Glück sind wir alt. Wir werden das nicht mehr miterleben.«

Auch in seinem privaten Umfeld, wo er sich gern mit jungen Künstlern umgeben hat, zerbricht etwas. Der junge Theatermacher Thomas Harlan ist ihm lange ein lieber Freund gewesen, in dunklen Stunden hat Bauer ihm sehnsuchtsvoll geschrieben: »Manchmal denke ich, dass Sonne über Ascona plus Thomas Harlan die beste Medizin und Psychotherapie wäre.« Doch im Jahr 1967 will Harlan Bauer dazu überreden, ein Anwesen in der Schweiz zu kaufen, auf dem man sich gemeinsam niederlassen könne. Eine kleine Künstlerkolonie, zugleich ein Altenteil für Fritz Bauer – und dies auf Bauers Kosten.

Bauer hat sich schon oft spendabel gezeigt. Der Kauf der Immobilie geht ihm jetzt zu weit. »Im Grunde ... sauteuer«, erklärt er Harlan und weist ihn darauf hin, dass er nach gegenwärtiger Planung (Bauer hat als NS-Verfolgter das Recht, das Pensionsalter um drei Jahre hinauszuschieben) ohnehin noch bis 1971 arbeiten werde. An Sehnsucht nach dem Süden, so schreibt Fritz Bauer, »ist kein Mangel. Aber was soll ich zur Zeit mit einer Lustvilla dort, die ich vorläufig nur einige Wochen besuchen könnte, und deren Zukunft« – Bauer macht eine düstere Andeutung im Hinblick auf seine verfallende Gesundheit – »im Zeichen des Virus oder der Viren steht (dies ganz symbolisch!)?«

Harlan lässt nicht locker. Bauer muss immer wieder abwehren und zurückweisen, schließlich rechtfertigt er sich einmal sogar dafür, nicht über die vermuteten Reichtümer zu verfügen. Bauer tut sich sichtlich schwer damit, sich einzugestehen, dass seine Großzügigkeit ausgenutzt wird. Es wird ein quälend langer Briefwechsel, bis er sich schließlich ein Herz fasst und die Freundschaft beendet. Es fällt ihm unendlich schwer. Selbst in seinen letzten Zeilen entschuldigt sich Bauer noch dafür, wenn er jetzt »kaltschnäuzig« klinge.

## 11

### Der Tote in der Badewanne 1968

Es sind fragende Blicke, die sich die Trauergäste in der kleinen Friedhofskapelle zuwerfen, rund um den mit dickblättrigen Ölpflanzen geschmückten Sarg. Und die Frage, die sie sich stellen, ist ja auch nur zu verständlich. Wenn ein Mensch zu Lebzeiten so viel Hass auf sich gezogen hat, so viele Morddrohungen und politische Attacken, wie kann er da von einem Tag auf den anderen von der Bildfläche verschwinden, ohne dass man zumindest skeptisch würde?

Die Musik, drei Streichquartette von Beethoven, hat Theodor W. Adorno ausgewählt, die hessische Landesregierung hat ihm freie Hand gelassen, sie bezahlt auch die Musiker. Um den Sarg herum sitzt jetzt nur noch der engste Kreis, die Nachhut zur großen Trauerfeier, die die Landesregierung kurz zuvor mit ausgiebigem Zeremoniell veranstaltet hat, was in Frankfurt zu einem großen Auflauf geführt hat, wie Thomas Harlan sich erinnert: »Bekennerpolizisten, Bahnpolizisten in Zivil, Dänen, noch einmal Dänen, vor allem Dänen, viele schwedische Sozialdemokraten, altherrlich Arbeiter einst des Reichsbanners, ein Bund von Freiwilligen der Spanischen Republik, Pornokinobesitzern, Freisinnigen, Freiwild, Strichjungen, Alexander Kluge, Herbert Schneider, Testamentsvollstrecker Amend, Ballettmeistern, Meisterinnen, Pina.« Das Beethoven-Quartett verhallt jetzt ganz leise. Fritz Bauer, im Sarg, wird vom engsten Kreis von Freunden und Verwandten verabschiedet, bevor er, eingeäschert, am 20. Juli 1968 in Richtung Göteborg verschwindet, wo er im Grab seiner Eltern beigesetzt werden soll.

Bauers Stellvertreter, Oberstaatsanwalt Ulrich Krüger, hat sofort geahnt, welche Fragen jetzt aufkommen werden. Vorsorglich hat er eine rechtsmedizinische Untersuchung veranlasst, obwohl nichts in dem Badezimmer, wo am 1. Juli 1968 der Tote aufgefunden worden ist, auf Gewalt oder Suizid hindeutete.

Das Herz ist in der heißen Badewanne stehen geblieben: Seit mindestens 24 Stunden liegt Bauer schon so da. Weil er an jenem Montagmorgen nicht auf das Klingeln seines Fahrers reagiert hat, ist man in der Behörde irgendwann misstrauisch geworden und hat die Wohnungstür aufbrechen lassen.

Am Samstagabend, dem 29. Juni, ist er noch guter Laune gewesen, »aufgeräumt und heiter«, wie seine Nachbarin zu Protokoll gibt. Mit ihr hat Bauer an dem warmen Sommerabend noch lange auf dem Balkon gesessen. Er hat sie sogar gebeten, in der kommenden Woche neue Kekse zu besorgen, weil sein Vorrat aufgebraucht sei; von Niedergeschlagenheit oder Selbstmordabsichten keine Spur. In den frühen Morgenstunden des Sonntags dann, am 30. Juni, muss er sich das Bad eingelassen haben.

In Bauers Umfeld keimen Vermutungen. Sein verkrachter Künstlerfreund Thomas Harlan raunt bald dramatisch von einem Selbstmord Bauers aus Verbitterung über alte Naziseilschaften. Der mit Bauer loser bekannte Alexander Kluge ist so frei, das Badewannenwasser, in dem der Tote gelegen hat, literarisch blutrot einzufärben, in einem Text, den er im Jahr 2000 unverändert erneut in Druck gibt.

Am Ende hält eine Fritz Bauer verehrende Filmemacherin es 2010 sogar für gut, das dunkle Selbstmord-Geflüster, erweitert um einige Andeutungen in Richtung Mordkomplott, zur Prämisse ihres Dokumentarfilms über Bauer zu machen. Nichts davon findet jedoch in der Untersuchung, die Bauers Stellvertreter Ulrich Krüger noch am Tag des Leichenfunds beim Frankfurter Rechtsmediziner Professor Joachim Gerchow in Auftrag gegeben hat, einen Anhalt.

Der Rechtsmediziner fasst seine Ergebnisse am 24. Januar 1969 auf neun Schreibmaschinenseiten zusammen. Sie werden heute gemeinsam mit den einzelnen toxikologischen und medizinischen Gutachten im hessischen Justizministerium verwahrt, eine Kopie hütet das 1995 gegründete Fritz-Bauer-Institut in Frankfurt. Bauer habe, bevor er in die Wanne gestiegen sei, etwa fünf Tabletten des Beruhigungsmittels Revonal eingenommen, stellt Professor Gerchow darin fest, eine Dosis, die ärztlich nicht angeraten sei, aber jedenfalls bei Bauer zu keinen Vergiftungserscheinungen geführt habe. Ohne »Chemie«, so hat Bauer seiner Nachbarin auf dem Balkon gestanden, finde er oft gar keine Nachtruhe mehr. Auch die Alkoholkonzentration, die in Bauers Blut festgestellt wird – 1,0 bis 1,1 Promille –, erscheint maßvoll, weshalb Professor Gerchow nach gründlicher Prüfung zu demselben Schluss kommt, den bereits die Kriminalpolizisten bei ihrem ersten Besuch in Fritz Bauers Wohnung am 1. Juli 1968 gezogen haben: »Für einen Selbstmord liegen keine Anhaltspunkte vor«, auch nicht »für eine andere Todesart, evtl. ein Verbrechen«.

Wer sich dem Toten in der Badewanne nüchterner nähert, der entdeckt deshalb nicht den Showdown eines Thrillers, wohl aber ein leiseres Drama, das viel vom Preis dieses Lebens erzählt. Ein Leben von einer Intensität, die

»schließlich seine physischen Lebenskräfte aufzehrte«, wie es der frühere BKA-Kriminalist Dieter Schenk treffend ausdrückt, der Bauers Todesumstände 2012 noch einmal unter die Lupe genommen hat.

Bauers Stimmung wird gegen Ende der 1960er-Jahre immer finsterer. An zwei seiner jungen Künstlerfreunde schreibt er: »Die Strafanzeigen hageln; alles ist gegen mich verschworen, wie Ihr den Zeitungen entnehmen könnt. Ich arbeite 16 Stunden, meine Frau ist da, u. ich habe keine Zeit für sie. Was mit mir geschehen wird, weiss ich nicht.« Die heftige Feindschaft, die Bauer entgegenschlägt, ist ihm einerseits ein Antrieb: »Manchmal hätte ich gute Lust, die Sache hinzuschmeissen«, gesteht er, »dagegen spricht nur die Freude der anderen über einen solchen Schritt. So ist man Gefangener seiner eigenen Vorzeit.« Andererseits zermürbt es ihn. »Wie können Sie verlangen, dass wir uns opferten? Das sagen einem die Herren Kollegen glatt ins Gesicht, die während des Krieges Sonderrichter waren. Ich kann darauf nichts mehr antworten!« Über die belästigenden Anrufe, die spätabends in Bauers Wohnung eingehen, macht er sich zwar lustig: »Nur meine Nazis wissen noch immer nicht, dass sie mich um Mitternacht nicht stören!« Doch in Wahrheit zehrt es an ihm. Bauers Schlaf ist ohnehin unruhig, er war es immer schon. Und die Drohanrufe kommen jetzt phasenweise nicht bloß sporadisch, sondern ganz systematisch über die Nacht verteilt, »eine richtige Hetzjagd«, wie sich Wolfgang Kaven erinnert, der junge Freund, dem sich Bauer anvertraut. Bauer wirkt angefasst.

»(D)ie Aversion hierzulande gegen ›Bewältigung der Vergangenheit‹ wächst, sie ist gross, wird riesengross und gefährlich«, schreibt Bauer am 31. Januar 1967 an seinen Freund Thomas Harlan. In Hamburg neulich habe Fritz

Bauer das Gründungsmitglied und den späteren Chef der NPD, Adolf von Thadden (»Adolf II«, schreibt Bauer), im Hotel getroffen, »wo wir 3 Stunden lang zusammen sprachen. Grotesk und skurril! Das Schlimmste ist, dass jedenfalls er ungewöhnlich intelligent u. Vollblutpolitiker ist. Wenn er mich nicht angelogen hat, ›hofft er, die Partei in Grenzen zu halten‹. Ich schliesse daraus, dass jedenfalls er selber Angst vor der Pandora-Büchse hat. Wenn aber kein Wirtschaftswunder geschieht, wird die Partei sehr beachtlich werden, 20–25% stark. Dann geht das Wenige unter, was seither zu Wege gebracht wurde.« Kurz vor Bauers Tod, im April 1968, krönt die NPD ihre Serie von Wahlerfolgen noch mit einem Rekordergebnis von 9,8 Prozent in Bauers Heimat Baden-Württemberg – ein Fingerzeig für die bevorstehende Bundestagswahl, vermuten viele Journalisten.

In der Frankfurter Staatsanwaltschaft erzählt man sich gegen Ende der 1960er-Jahre, ein Arzt habe den »General« darauf hingewiesen, er müsse auf sein Herz achten. Doch Bauer raucht wie eh und je, die Mahlzeiten bestehen »hauptsächlich aus schwarzem Kaffee und Zigaretten«, wie sich sein Mitarbeiter Johannes Warlo erinnert, und durch Bauers Büro wabert schon vormittags dicker Zigarrenqualm. Als ein Reporter Fritz Bauer schon 1963 nach seinem täglichen Zigarettenkonsum fragt, da antwortet er mit einer Gegenfrage: »Wie lange brauche ich zu einer Zigarette?« Reporter: »Ich schätze fünf Minuten.« Bauer: »Dann teilen Sie achtzehn Stunden durch fünf Minuten und Sie haben meinen Konsum.«

Während die politischen Gegner der NS-Aufklärung sich immer besser formieren – auf dem Juristentag Ende September 1966, »wo es um die NS Prozesse ging, wurde das grosse Unbehagen gegen die Prozesse (und mich) deutlich«, schreibt Bauer –, flüchtet er sich in einen immer größeren Aktivismus, in ständiges Reisen, in eine regelrechte Schreibwut. Fritz Bauer, inzwischen der an Lebens- und Dienstjahren älteste amtierende deutsche Generalstaatsanwalt, holt sich von der Justizministerkonferenz 1967 noch den Auftrag, als Leiter einer neuen Kommission sämtliches Material über NS-Verbrechen in Ost-Berliner Archiven zu sichten und auszuwerten – das könnte eine Welle neuer Prozesse auslösen. Bauers Kampfeslust scheint ungebrochen zu sein. Aber »er alterte«, bemerkt ein enger Mitarbeiter in Frankfurt. Sein »vulkanisches Temperament, stets gebremst durch einen disziplinierten Verstand, ließ er immer seltener aufglühen«, erinnert sich ein Wegbegleiter an die Anzeichen des bevorstehenden Kollapses. Dass der zornige, mitfühlende Fritz Bauer, stets in Bewegung, stets auf Hochtouren, seinem Körper über die Jahre die lapidare Erwartung entgegengebracht hat, er möge mit der Energie des Geistes bitteschön irgendwie mithalten, rächt sich jetzt.

Wie starb Fritz Bauer, der Feuerkopf? »Wie ein ausgebrannter Krater«, sagt sein einstiger Protegé, der Abtrünnige Joachim Kügler.

»Wer ihn kannte, weiß, daß in ihm eine Flamme brannte«, formuliert die *Frankfurter Allgemeine Zeitung* in einem der schönsten von zahlreichen Nachrufen, die jetzt geschrieben werden. »Sie hat ihn ausgezehrt.« Am 16. Juli 1968 wäre Fritz Bauer 65 Jahre alt geworden.

Bauers Nachfolger im Amt ist ein gemütlicher Mann mit großer, dicker Brille, der sich in seiner Freizeit am liebsten mit technischen Basteleien wie Transistorschaltungen und Klingelschutzanlagen beschäftigt. Einem Reporter, der Anfang 1969 den neuen Mann auf dem heißen Stuhl von Fritz Bauer aus der Nähe kennenlernen möchte, erzählt er: »Ich habe lange geschwankt, ob ich Jura oder Physik studieren soll.« Seinen berühmten Vorgänger lobt der neue Generalstaatsanwalt Horst Gauf, 44 Jahre alt, SPD-Mitglied, zwar als »großes titanenhaftes Vorbild, seiner Zeit hundert Jahre voraus«. Aber schnell macht er auch deutlich, dass er nicht gedenkt, auf dessen Spuren zu wandeln. »Ich will mir nicht umgehend einen Herzinfarkt holen.«

Bauers Todesjahr 1968 markiert den Zeitpunkt, von dem an in Deutschland ein Großteil der kurzzeitigen Bemühungen um eine strafrechtliche Aufarbeitung der NS-Verbrechen wieder in sich zusammensackt. Dafür sorgt vor allem eine kleine, unscheinbare Gesetzesänderung, die wenige Wochen nach Fritz Bauers Tod wirksam wird. Hätte er von dem Vorgang gewusst, Bauer wäre sicher dagegen Sturm gelaufen. Doch die Neuerung kommt leise daher. Sie versteckt sich in den Details eines unscheinbaren Einführungsgesetzes zum Gesetz über Ordnungswidrigkeiten, das im Frühjahr 1968 geräuschlos den Bundestag passiert und erst im September 1968 von sich reden macht. Tausende NS-Belasteter können aufatmen – und selbst Juristen, die mit der Materie vertraut sind, reiben sich daraufhin die Augen und fragen, was eigentlich geschehen ist.

Wie eine Billardkugel, die über Bande gespielt wird, funktioniert die kleine Gesetzesänderung. Vorderhand modifiziert das unscheinbare neue Gesetz nur die allgemeine Bestimmung über die Bestrafung von Beihilfe in Paragraf 50 Absatz 2 des Strafgesetzbuchs. Wo dort bislang stand, dass der Gehilfe einer Tat milder bestraft werden *kann* als der Täter, da steht nun, dass er milder bestraft werden *muss,* solange er eine gewisse Distanz zum Täter gewahrt hat. Diese Distanz ist dann gegeben, wenn dem

Gehilfen »besondere persönliche Merkmale« des Täters fehlen, zum Beispiel dessen niedrige Beweggründe.

Die Rechtsprechung hat die zahlreichen NS-Täter, die sie lediglich als Gehilfen des Holocaust einstuft, schon bislang milder bestraft als Mörder, weil sie dies *konnte*. Nun *muss* sie es. Es klingt wie eine Kleinigkeit, eine lediglich technische Änderung. Allerdings – hier prallt die Billardkugel ab und begibt sich auf ihre eigentliche Zielbahn: Als Nebeneffekt zur Senkung des Strafrahmens für diese Gehilfen sinkt auch die Verjährungsfrist für ihre »Beihilfe«-Taten. Und so hat diese kleine Gesetzesänderung enorme Auswirkungen.

Plötzlich gelten die Taten der Gehilfen bereits seit dem Jahr 1960 als verjährt. Die Verjährungsfrist beträgt 15 Jahre, und diese sind bereits um. Diese Verjährung greift auf einen Schlag rückwirkend. Nur wenige NS-Täter, die nicht das Glück haben, sich auf das Fehlen »besonderer persönlicher Merkmale« berufen zu können, weil sie zum Beispiel eigenhändig grausam gemordet haben, bleiben übrig. Gegen sie kann auch in Zukunft noch prozessiert werden. Alle anderen fallen nun im Zuge der Gesetzesänderung, die am 1. Oktober 1968 wirksam wird, aus dem Raster der Strafverfolger heraus. Und dies endgültig, wie Adalbert Rückerl, der Leiter der Zentralstelle für NS-Ermittlungen in Ludwigsburg, Anfang 1969 niedergeschlagen zu Reportern sagt: »Das ist zu spät. Was einmal verjährt ist, kann nicht wieder aufleben.«

Ob dahinter eine kühne juristische List steckt oder lediglich eine gesetzgeberische Panne, hat sich nie aufklären lassen. Den Anstoß zu der Gesetzesänderung hat ein hoher Bonner Ministerialbeamter namens Eduard Dreher gegeben. Während der NS-Zeit war er Staatsanwalt am Sondergericht in Innsbruck. Eduard Dreher pflegt Kontakt zu dem FDP-Bundestagsabgeordneten, Ernst Achenbach, der einst an den Deportationen von Juden aus Frankreich beteiligt war und sich nun als Anwalt auf die Verteidigung von NS-Tätern spezialisiert hat. Dessen Berater Werner Best war einst Hitlers Statthalter im besetzten Dänemark – zu der Zeit, als Fritz Bauer dort von der Gestapo inhaftiert wurde – und sucht nun nach juristischen Strategien für eine Amnestierung der alten Kameraden.

Eigentlich hat der Justizminister angekündigt, dass an den langen Verjährungsfristen für schwere Straftaten nicht gerührt werde. Sein Beamter Eduard Dreher trägt die Verantwortung dafür, dies bei der Reform von Paragraf 50 Absatz 2 Strafgesetzbuch mithilfe einer Klausel sicherzustellen. Doch diese Klausel verschwindet aus den Gesetzentwürfen. Warum, das lässt sich aus den Protokollen des Justizministeriums nicht mehr ersehen. Alle Unterlagen, die über den Hergang Auskunft geben könnten, sind unauffindbar; »gesäubert«, vermutet der Historiker Michael Greve.

Zwanzig NS-Täter werden im Jahr 1968 noch zu Gefängnisstrafen verurteilt. Wesentlich mehr Verfahren werden nun bereits eingestellt. 282 Beschuldigte erhalten in diesem Jahr die Nachricht, dass ihre Verfahren im Hinblick auf die neue Verjährungsregel ausgesetzt worden seien. In Berlin werden 1969 die jahrelangen Ermittlungen gegen zahlreiche Mitarbeiter des Reichssicherheitshauptamts beendet, mit einem nur achtzeiligen Bescheid. 1970 stellt der Nachfolger Fritz Bauers, Horst Gauf, in Frankfurt auch die Ermittlungen gegen hochrangige Juristen des NS-Staates wegen deren Stillschweigen zu den Euthanasie-Morden sang- und klanglos ein – ein Verfahren, für das Fritz Bauer gekämpft hatte.

Auf den Fluren in Frankfurt, wo Fritz Bauer nun fehlt, kehrt Ruhe ein. Keine außergewöhnliche Ruhe, sondern schlicht dieselbe Ruhe, die auch in den Stuben der meisten übrigen Staatsanwaltschaften im Land herrscht. Frankfurt reiht sich wieder ein. Es folgen nach 1968 zwar noch ein paar sporadische, kleine NS-Prozesse. Es geht gegen Einzeltäter, auch noch mehrmals gegen solche aus Auschwitz. Aber die Staatsanwälte versuchen jetzt nicht mehr, die große Öffentlichkeit einzubeziehen; Horst Gauf, der neue Mann auf Bauers Stuhl, hat ihr nichts zu sagen.

»Bauer war ein Pulverfass«, erinnert sich der Frankfurter Staatsanwalt Johannes Warlo, »Gauf war ein Sandhaufen.« Das ist insofern etwas ungerecht, als Gaufs Passivität gegenüber den Verbrechen der NS-Zeit in Deutschlands Staatsanwaltschaften schlicht normal ist. Nur fällt es in Frankfurt besonders auf, weil bis 1968 einer gezeigt hat, was alles möglich war, wenn ein deutscher Ankläger nur wollte.

## Dank

Mein Dank gilt dem Fritz-Bauer-Institut in Frankfurt am Main, das mir den Status eines Gastwissenschaftlers mit allen dazugehörigen fachlichen und technischen Hilfestellungen freundschaftlich gewährt hat. Allen voran Werner Renz, sachkundig und zu meinem Glück auch großzügig wie wenige, sowie Dorothee Becker, Dmitrij Belkin, Raphael Gross, Werner Lott und Katharina Rauschenberger. Mit Monika Boll, Kuratorin der für Frühjahr 2014 geplanten Ausstellung zu Leben und Werk Fritz Bauers im Jüdischen Museum Frankfurt, habe ich Material ausgetauscht und gemeinsam neue Entdeckungen zu Bauers Zeit als junger Richter, zu seinem Ärger mit den dänischen Behörden im Exil und zu seiner Verfolgung wegen homosexueller Handlungen dort gemacht, die sich vor allem in den Kapiteln 4, 5 und 9 niedergeschlagen haben und auch in der Ausstellung aufbereitet sein werden.

Marcel Böhles, Michael Buchholz und Patrick Schwentke haben mich bei der Materialrecherche unterstützt, auch bei weiteren Neuentdeckungen vor allem zu Fritz Bauers Studentenverbindung und Reichsbannerzeit. Rolf Tiefenthal, der Neffe Fritz Bauers, hat mir private Fotos aus dem Familienarchiv zugänglich gemacht, wofür ich sehr dankbar bin, und Irmtrud Wojak hat mir Scans dieser Fotos freundlich zur Verfügung gestellt. Mit Lena Foljanty, die 2015 eine kommentierte Gesamtedition von Fritz Bauers Aufsätzen und Essays plant, habe ich über Fritz Bauers Publizistik diskutieren können. Für umfangreiche Übersetzungen aus dem Dänischen, die erstmals einen näheren Blick in Bauers im Exil veröffentlichte Bücher ermöglicht haben, danke ich Elena Lefevre Georgescu.

Herzlich zu danken habe ich auch den Mitarbeiterinnen und Mitarbeitern des Piper Verlags für ihre große Unterstützung, allen voran meiner Lektorin Kristin Rotter, außerdem meiner Redakteurin Heike Wolter sowie Barbara Wenner von der Berliner Agentur Wenner und nicht zuletzt Joachim Käppner für allzeit guten Rat.

Aber ohne Ulrike wäre alles nicht möglich gewesen. Sie erinnert mich jeden Tag daran, dass auch der größte Humanismus sich am Ende in der Liebe zu einem einzelnen Menschen realisiert. In Dankbarkeit für ihre Geduld und große Unterstützung ist ihr dieses Buch gewidmet.

# Quellen und Literatur

## Zeitzeugeninterviews
(Name, Datum des Gesprächs)

Rechtsanwalt und Notar a. D. Manfred Amend, 14./15. November 2012; Prof. Dr. Micha Brumlik, 17. Oktober 2012; Prof. Dr. Detlev Claussen, 22. Oktober 2012; Vorsitzender Richter am Landgericht a. D. Dr. Heinz Düx, 9. Oktober 2012; Dr. Hans George Hirsch, 16. März 2013; Wolfgang Kaven, 14. Oktober 2012; Richter am Oberlandesgericht a. D. Dr. Helmut Kramer, 11. März 2013; Cilly Kugelmann, 17. Oktober 2012; Renate Lasker-Harpprecht, 5. Januar 2013; Rechtsanwalt Dr. Heinz und Gisela Meyer-Velde, 22. Nov 2012; Prof. Dr. Joachim Perels, 20. Februar 2013; Stadtrat Christian Setzepfandt, 11. Oktober 2012; Oberstaatsanwalt a. D. Johannes Warlo, 9. Oktober 2012; Oberwachtmeister a. D. Günter Wehrheim, 11. Oktober 2012; Oberstaatsanwalt a. D. Gerhard Wiese, 17. Oktober 2012. Für ein Interview mit Fritz Bauers Schwester Margot Tiefenthal kam ich um einige Jahre zu spät, hatte aber das Glück, das bisher unbekannte ausführliche Interview nutzen zu können, das Walter Fabian 1973 mit ihr geführt hat, als er Material für eine letztlich nie realisierte Fritz-Bauer-Biografie sammelte. Die Mitschrift ist im Deutschen Exilarchiv, Frankfurt am Main, EB 87/112 (Nachlass

Walter Fabian), verfügbar. Auch für ein Interview mit Staatsanwalt a. D. Joachim Kügler kam ich leider zu spät. Er ist am 25. Dezember 2012 verstorben. Dankenswerterweise hat mir Werner Renz die Tonbandaufzeichnung seines dreistündigen Interviews mit Herrn Kügler vom 5. Mai 1998 freundlich überlassen. Ebenfalls konnte ich das Interview nutzen, das Werner Renz am 29. Juli 1998 mit Oberstaatsanwalt a. D. Dr. Hanns Großmann geführt hat.

**Auswahlbibliografie**

Hannah Arendt, »Der Auschwitz-Prozeß«, in Eike Geisel/Klaus Bittermann (Hrsg.), *Nach Auschwitz, Essays & Kommentare 1,* Berlin 1989.

Fritz Bauer, *Die Kriegsverbrecher vor Gericht,* Zürich/New York 1945.

Fritz Bauer, *Das Verbrechen und die Gesellschaft,* München/Basel 1957.

Fritz Bauer/Hans Bürger-Prinz/Hans Giese/Herbert Jäger (Hrsg.), *Sexualität und Verbrechen. Beiträge zur Strafrechtsreform,* Frankfurt am Main 1963.

Fritz Bauer, *Die Humanität der Rechtsordnung. Ausgewählte Schriften,* hrsg. von Joachim Perels und Irmtrud Wojak, Frankfurt am Main 1998.

Michael Brenner, *Jüdische Kultur in der Weimarer Republik,* München 2000.

Michael Brenner (Hrsg.), *Geschichte der Juden in Deutschland. Von 1945 bis zur Gegenwart,* München 2012.

Andreas Eichmüller, *Keine Generalamnestie. Die Strafverfolgung von NS-Verbrechen in der frühen Bundesrepublik,* München 2012.

Amos Elon, *The Pity of it all. A Portrait of Jews in Germany 1743–1933*, London 2004.

Norbert Frei, *1945 und wir. Das Dritte Reich im Bewußtsein der Deutschen*, München 2005.

Claudia Fröhlich, *»Wider die Tabuisierung des Ungehorsams«. Fritz Bauers Widerstandsbegriff und die Aufarbeitung von NS-Verbrechen*, Frankfurt am Main 2006.

Michael Greve, *Der justizielle und rechtspolitische Umgang mit den NS-Gewaltverbrechen in den sechziger Jahren*, Frankfurt am Main 2001.

Olivier Guez, *Heimkehr der Unerwünschten. Eine Geschichte der Juden in Deutschland nach 1945*, München 2011.

Matthias Meusch, *Von der Diktatur zur Demokratie. Fritz Bauer und die Aufarbeitung der NS-Verbrechen in Hessen (1956–1968)*, Wiesbaden 2001.

Dieter Schenk, *Auf dem rechten Auge blind. Die braunen Wurzeln des BKA*, Köln 2001.

Tom Segev, *Simon Wiesenthal. Die Biographie*, München 2010.

Bettina Stangneth, *Eichmann vor Jerusalem. Das unbehelligte Leben eines Massenmörders*, Zürich/Hamburg 2011.

Katharina Stengel, *Hermann Langbein. Ein Auschwitz-Überlebender in den erinnerungspolitischen Konflikten der Nachkriegszeit*, Frankfurt am Main 2012.

Gerhard Werle/Thomas Wandres, *Auschwitz vor Gericht. Völkermord und bundesdeutsche Strafjustiz*, München 1995.

Annette Weinke, *Eine Gesellschaft ermittelt gegen sich selbst. Die Geschichte der Zentralen Stelle Ludwigsburg 1958–2008*, 2. Auflage Darmstadt 2009.

Irmtrud Wojak, *Fritz Bauer (1903–1968). Eine Biographie*, München 2009.

# Anmerkungen

**Kapitel 1**

S. 13 »*Das waren NS-Unterlagen*« und folgende Zitate Maors: »Feindliches Ausland«, *Der Spiegel*, 31. Juli 1995.

S. 14 *Hier ist 1957 der Brief eingegangen:* Die Möglichkeit, dass sich Hermann zunächst an Arnold Buchthal wandte, den jüdischen Oberstaatsanwalt Frankfurts, zeigt Bettina Stangneth auf, vgl. Stangneth, *Eichmann vor Jerusalem. Das unbehelligte Leben eines Massenmörders,* Zürich/Hamburg 2011, S. 406. Buchthal, der bis 1957 amtierte, war allerdings direkt Bauer unterstellt, und staatsanwaltliche Ermittlungen zu nationalsozialistischen Gewaltverbrechen, »altpolitische Fälle«, wie es in der damaligen Behördensprache hieß, waren Berichtssachen: Alle Fäden liefen beim Chef zusammen. Ermittlungen auf diesem Gebiet wurden nur in Absprache mit dem Generalstaatsanwalt eröffnet und geführt.

S. 15 f. »*Wenn ich in meiner ganzen Zeit*«: Kügler-Interview, geführt von Werner Renz.

S. 16 *Zentrale Rechtsschutzstelle:* Zu diesem funktionalen Gegenstück zur – erst später gegründeten – Zentralen Stelle Ludwigsburg vgl. Annette Weinke, *Eine Gesellschaft ermittelt gegen sich selbst. Die Geschichte der Zentralen Stelle Ludwigsburg 1958–2008*, 2. Auflage Darmstadt 2009, S. 126–135.

S. 16 *Als Fritz Bauers Team einmal:* Warlo-Interview.

S. 17 *Die Taten Eichmanns seien politischen Charakters:* Vgl. Stangneth, *Eichmann vor Jerusalem*, S. 407.

S. 17 *Als Fritz Bauer 1960 an einen runden Tisch bittet:* Zur Teilnahme Bernhard Niggemeyers an diesem Treffen vgl. Vermerk des Oberstaatsanwalts Vogel beim Landgericht Frankfurt am Main, 8. März 1960, Az. 4 Js 444/59. Zu Niggemeyers Vergangenheit vgl. Dieter

Schenk, *Auf dem rechten Auge blind. Die braunen Wurzeln des BKA,* Köln 2001, S. 187–190.

S. 17 *»erschreckendem Ausmaß«:* Zit. nach Andreas Eichmüller, *Keine Generalamnestie. Die Strafverfolgung von NS-Verbrechen in der frühen Bundesrepublik,* München 2012, S. 375.

S. 17 *Der deutsche Botschafter in Argentinien:* Vgl. Stangneth, *Eichmann vor Jerusalem,* S. 413.

S. 18 *»b(itte) alles zu Eichmann sorgfältig sammeln«:* Zit. nach ebd., S. 533.

S. 18 *Erstes geheimes Treffen Anfang November 1957:* Vgl. ebd., S. 407.

S. 18 *Erste Argentinien-Mission Januar 1958:* Vgl. ebd.

S. 19 *Der deutsche Botschafter in Buenos Aires teilt mit:* Vgl. Irmtrud Wojak, *Fritz Bauer (1903–1968). Eine Biographie,* München 2009, S. 296.

S. 19 *Bauer sieht sich in seinem Gefühl bestärkt:* Vgl. Stangneth, *Eichmann vor Jerusalem,* S. 430.

S. 20 *Erwin Schüle meldet sich im August 1959:* Vgl. Wojak, *Fritz Bauer,* S. 298.

S. 20 *»offensichtlich komplett erfundenen«:* Stangneth, *Eichmann vor Jerusalem,* S. 438.

S. 20 *»Beauftragter westdeutscher Firmen«:* Zit. nach ebd.

S. 20 *Auskunft an den hessischen Justizminister:* Vgl. Wojak, *Fritz Bauer,* S. 298.

S. 20 *»Über die zuständigen Bonner Ministerien«:* Zit. nach Stangneth, *Eichmann vor Jerusalem,* S. 435.

S. 21 *»Ich habe vorgeschlagen«:* Zit. nach Michael Bar-Zohar, *Ben-Gurion,* Tel Aviv 1978, Bd. 3, S. 1374.

S. 21 *Nach Wochen der Funkstille, am 22. Mai:* Vgl. Isser Harel, *Das Haus in der Garibaldistraße,* Frankfurt am Main 1976, S. 279.

S. 22 *Tränen in den Augen:* Vgl. ebd., S. 280.

S. 22 *»Ich brauche nicht zu sagen«:* Cohn an Bauer, 22. Mai 1960, Nachlass Fritz Bauer, Archiv der sozialen Demokratie.

S. 23 *Davon hat auch Fritz Bauer geträumt:* Warlo-Interview.

S. 23 *»Jude, also gilt die ganze Sache ja nicht«:* Arendt an Karl Jaspers, 6. August 1961, nachgedruckt in Lotte Köhler/Hans Saner (Hrsg.), *Hannah Arendt/Karl Jaspers Briefwechsel 1926–1969,* 2. Auflage München 1987, S. 483.

S. 23 *»Ich habe gehört, Sie hätten Eichmann gefangen«:* Amend-Interview.

S. 23 *Wie groß Bauers Rolle:* Vgl. »Israelischer Autor: Fritz Bauer verriet uns Eichmann«, *Süddeutsche Zeitung,* 19. Februar 1969.

S. 24 »*der sich in vieler Hinsicht*«: Hannah Arendt, »Der Auschwitz-Prozeß«, in Eike Geisel/Klaus Bittermann (Hrsg.), *Nach Auschwitz, Essays & Kommentare 1*, Berlin 1989, S. 99–139 (117).
S. 26 »*Meine Kameraden!*«: Zit. nach »Personalien«, *Der Spiegel*, 20. März 1957.
S. 26 »*Mehr Sexualität!*«: Zit. nach Robert Neumann, *Vielleicht das Heitere. Tagebuch aus einem andern Jahr*, München 1968, S. 386.
S. 26 »*Verzeihung, von welcher Zeitung kommen Sie?*«: Ernst Müller-Meiningen Jr., »Wenn einer nicht im Dutzend mitläuft. Erinnerungen an den hessischen Generalstaatsanwalt Bauer, der am 16. Juli 65 Jahre alt geworden wäre«, *Süddeutsche Zeitung*, 16. Juli 1968.
S. 27 *Bauers Büro erhält eine Bombendrohung:* Vgl. Wojak, *Fritz Bauer*, S. 307.
S. 27 »*Zustimmende Zuschriften*« *oder* »*Irre Zuschriften*«: Vgl. Wojak, »›Die Mauer des Schweigens durchbrochen‹. Der erste Frankfurter Auschwitz-Prozess 1963–1965«, in Fritz-Bauer-Institut (Hrsg.), »*Gerichtstag halten über uns selbst ...*« *Geschichte und Wirkung des ersten Frankfurter Auschwitz-Prozesses*, S. 21–42 (23).
S. 27 *Postkarte an* »*Oberstaatsanwalt Bauer*«: Vgl. Ingrid Zwerenz (Hrsg.), *Anonym. Schmäh- und Drohbriefe an Prominente*, München 1968, S. 89.

**Kapitel 2**
S. 28 »*Haben Sie als Kind oder als junger Mann*«: Bauer im Fernsehinterview: »Als sie noch jung waren. Gespräch mit Fritz Bauer«. Sendereihe des WDR, Sendung vom 11. August 1967.
S. 29 *Das jüngst aufgedeckte Mordkomplott:* Vgl. Gerhard Mauz, »Schuhgröße neun reicht im allgemeinen«, *Der Spiegel*, 14. November 1966.
S. 29 »*Wenn man Sie, Herr Dr. B.*«: Das undatierte Schreiben eines Nürnberger Absenders hat Irmtrud Wojak im Staatsarchiv Wiesbaden gefunden, siehe Wojak, *Fritz Bauer*, S. 307.
S. 29 »*Haben Sie in Ihrer blinden Wut*«: Zit. nach ebd., S. 307.
S. 30 »*Die Juden*« *hätten Jesus getötet:* Ein anderer jüdischer Junge im Stuttgart jener Tage, Fred Uhlman, berichtet sogar von einem Stuttgarter Religionslehrer, der den Grundschulkindern erzählte, »die Juden« hätten Jesus Christus gegeißelt. Fred Uhlman, *The Making of an Englishman. Erinnerungen eines deutschen Juden*, Zürich 1998, S. 37.
S. 30 »*Judenverfolgung*«: Vgl. Wojak, *Fritz Bauer*, S. 161.
S. 30 »*Politisch Verfolgter*«: Personalfragebogen, der 1956 beim Oberlan-

| | desgericht Frankfurt am Main angelegt wird, Justiz-Personalakte Fritz Bauer, Archiv des Fritz-Bauer-Instituts, NL – 08/03. |
|---|---|
| S. 30 | *Als ihn 1960 der Bürgermeister:* Vgl. Alfred Tischendorf i. A. des Bürgermeisteramts Stuttgart an Fritz Bauer, 23. März 1960, Stadtarchiv Stuttgart, Bestand 8600 Nr. 172 (dort unter: Bauer, Fritz). |
| S. 30 | *»Ich glaube nicht«:* Bauer an Tischendorf, 28. März 1960, am selben Archivort. |
| S. 30 | *Der Ablauf der TV-Interviews ist abgesprochen:* Harpprecht-Interview. |
| S. 31 | *Drückende Hitze in der Lüneburger Heide:* »Es war der Tag, an dem das Leben noch einmal begann. Renate Harpprecht erinnert sich an die Befreiung aus dem KZ Bergen-Belsen am 15. April 1945«, *Frankfurter Rundschau,* 13. April 2002. |
| S. 31 | *»Fritz Bauer war ein herrlicher Feuerkopf«:* Zit. nach Thomas Horstmann/Heike Litzinger, *An den Grenzen des Rechts. Gespräche mit Juristen,* Frankfurt am Main 2006, S. 136. |
| S. 31 | *Bauers jüdische Herkunft:* Paul Arnsberg, Mitglied des Vorstands der Jüdischen Gemeinde in Frankfurt am Main, schreibt 1968, Bauer sei »halachisch gesehen Jude und rein jüdischer Abstammung gewesen«, P. A., »Nachrufe: Generalstaatsanwalt Dr. Fritz Bauer«, *Frankfurter Jüdisches Gemeindeblatt,* Juli/August 1968, S. 15. |
| S. 32 | *»glaubenslos«:* Personalfragebogen, wie oben. |
| S. 32 | *»Sind Sie eigentlich Jude?«:* Amend-Interview. |
| S. 32 | *»Alles, auch alles hatte seine Reize«:* Fritz Bauer an Ella Bauer, Sommer 1938, Privatarchiv Rolf Tiefenthal. Der Brief ist nie fertiggestellt und abgesandt worden. Bauers Freund Heinz Meyer-Velde hat ihn nach Bauers Tod eingepresst in einem Buch in Bauers Wohnung gefunden und später Bauers Neffen Rolf Tiefenthal übergeben. |
| S. 33 | *»hat die ›Religion‹ immer ihren tieferen«:* Ebd. |
| S. 33 | *»ineinander geschachtelte Dächer«:* Ebd. |
| S. 34 | *»dessen Eingeweide zeitlebens«:* Ebd. |
| S. 34 | *»wußte doch keiner was Kluges zu reden«:* Ebd. |
| S. 34 f. | *»Polizisten mit Pickelhaube, Schleppsäbel«:* Bauer, »Im Kampf um des Menschen Rechte« (1955), nachgedruckt in Joachim Perels/Irmtrud Wojak, *Die Humanität der Rechtsordnung. Ausgewählte Schriften Fritz Bauers,* Frankfurt am Main 1998, S. 35–49 (37). |
| S. 35 | *Die Geschwister öffnen die geheimnisvolle Kiste:* Diese Geschichte hat Bauer später einmal den befreundeten Eheleuten Meyer-Velde erzählt. Meyer-Velde-Interview. |

S. 35 »*Politiker«, wie Fritz' Mutter ihrem staunenden Sohn erklärt:* Vgl. Bauer, »Im Kampf um des Menschen Rechte« (1955), nachgedruckt in Perels/Wojak, *Die Humanität der Rechtsordnung,* S. 35–49 (38).

S. 35 *Schriftführer und Kassierer im Vorstand:* Vgl. Geschichtswerkstatt Tübingen (Hrsg.), *Zerstörte Hoffnungen. Wege der Tübinger Juden,* Tübingen 1995, S. 35.

S. 35 *Es ist ein Amt, das er im Jahr 1900:* Vgl. ebd., S. 27, 35.

S. 36 »*Hinz und Kunz mit Rat und Tat«:* Bauer, »Im Kampf um des Menschen Rechte« (1955), nachgedruckt in Perels/Wojak, *Die Humanität der Rechtsordnung,* S. 35–49 (38).

S. 36 »*Auch meint die Wissenschaft«:* Fritz Bauer an Ella Bauer, Sommer 1938, Privatarchiv Rolf Tiefenthal.

S. 36 *139 Menschen zählen im Jahr 1910 dazu:* Vgl. Lilli Zapf, *Die Tübinger Juden. Eine Dokumentation,* Tübingen 1981, S. 38 f.

S. 37 »*Anstand an seiner Konfession«:* Zit. nach Stadtarchiv Ulm (Hrsg.), *Zeugnisse zur Geschichte der Juden in Ulm. Erinnerungen und Dokumente,* Ulm 1991, S. 14 f.

S. 37 *Gustav Hirschs Vater:* Vgl. Geschichtswerkstatt Tübingen (Hrsg.), *Zerstörte Hoffnungen,* S. 30 f.

S. 37 »*Setz dich hin und halt's Maul«:* Bauer im Fernsehinterview: »Heute abend Kellerklub. Die Jugend im Gespräch mit Fritz Bauer«. Sendereihe des HR, Sendung vom 8. Dezember 1964.

S. 37 »*sie hat alles verstanden, was Fritz gemacht hat«:* Tiefenthal-Interview, geführt von Walter Fabian.

S. 37 *Später, als die Mutter an Krebs erkrankt:* Ebd.

S. 37 »*Wenn er sich irgendjemandem gegenüber geöffnet hat«:* Ebd.

S. 37 *Aber der Vater, Ludwig Bauer:* Ebd.

S. 38 »*der so begabt war, dass er sogar in Geografie Nachhilfe bekam«:* Bauer im Fernsehinterview: »Als sie noch jung waren« (1967).

S. 38 *Auch die Söhne des Grafen von Stauffenberg:* Vgl. Eberhard Zeller, *Oberst Claus Graf Stauffenberg. Ein Lebensbild,* 2. Auflage Paderborn 2008, S. 6.

S. 38 *Neun oder zehn Jahre alt, klopfen sie an der Tür:* Bauer im Fernsehinterview: »Als sie noch jung waren« (1967).

S. 38 »*Nach wenigen Augenblicken, wenigen Stunden«:* Ebd.

S. 39 »*Da gab es jedenfalls ganz unten am Klavier«:* Ebd.

S. 39 *Wagner, der sich zeitlebens der Bewunderung ausgerechnet vieler Juden:* Vgl. Amos Elon, *The Pity of it all. A Portrait of Jews in Germany 1743–1933,* London 2004, S. 261 f.

S. 39 *Noch eine Generation zuvor durften Juden:* Vgl. Geschichtswerkstatt Tübingen (Hrsg.), *Zerstörte Hoffnungen,* S. 30.

S. 39 *Jahreseinkommen von 40 000 Reichsmark:* Vgl. Brief von Rechtsanwalt Ostertag (im Namen Ella Bauers) an Landesbezirksstelle für die Wiedergutmachung, Stuttgart, 22. April 1950. Staatsarchiv Ludwigsburg, EL 350 I Bü 23925.

S. 39 *Staatssekretär, Arzt:* Vgl. Hans-Ulrich Wehler, *Deutsche Gesellschaftsgeschichte. Vierter Band: Von Beginn des Ersten Weltkriegs bis zur Gründung der beiden deutschen Staaten 1914–1949,* München 2003, S. 725, 727.

S. 39 *Obwohl man im Alltag bescheiden lebt:* Tiefenthal-Interview, geführt von Walter Fabian.

S. 39 *Goldene Damenarmbanduhr und Brillantring:* Vgl. Brief von Rechtsanwalt Ostertag (im Namen Ella Bauers) an Landesbezirksstelle für die Wiedergutmachung, Stuttgart, 22. April 1950. Staatsarchiv Ludwigsburg, EL 350 I Bü 23925.

S. 39 f. *»vier, fünf riesigen Rohrplattenkoffern«:* Bauer im Fernsehinterview: »Als sie noch jung waren« (1967).

S. 40 *»Aber die Familie Bauer war überzeugt«:* Ebd.

S. 40 *»Im 20. Jahrhundert gibt es keinen Krieg«:* Ebd.

S. 40 *Schon als 22-Jähriger im Jahr 1894:* Vgl. Wojak, *Fritz Bauer,* S. 58. Irmtrud Wojak hat das Führungszeugnis Ludwig Bauers im Privatarchiv von Fritz Bauers Neffen Rolf Tiefenthal in Dänemark einsehen können.

S. 41 *Ludwig Bauer meldet sich erneut zum Militär:* Vgl. Paul Sauer/ Sonja Hosseinzadeh, *Jüdisches Leben im Wandel der Zeit. 170 Jahre Israelitische Religionsgemeinschaft, 50 Jahre neue Synagoge in Stuttgart,* Gerlingen 2002, S. 81.

S. 41 *Die Zeremonie:* Vgl. Leo Adler, *Wandlungen bei dem Oberrat der Israelitischen Religionsgemeinschaft Württembergs, Feiertagsschrift der Israelitischen Kultusvereinigung Württemberg und Hohenzollern,* September 1962, S. 35–38 (37). Archiv Stadtbibliothek Stuttgart.

S. 41 *Die Namen von 98 jüdischen Gefallenen:* Vgl. Sauer/Hosseinzadeh, *Jüdisches Leben im Wandel der Zeit,* S. 86.

S. 41 *Zu Beginn jedes Schuljahres:* Vgl. Uhlman, *The Making of an Englishman,* S. 41.

S. 42 *»Nur eine kleine Gruppe von Jungen«:* Ebd., S. 52 f.

S. 42 *Bauer wählt Englisch:* Vgl. Wojak, *Fritz Bauer,* S. 82.

S. 42 *»Zunächst war es die Schuld von Scharlach«:* Bauer im Fernsehinterview: »Als sie noch jung waren« (1967).

| | |
|---|---|
| S. 42 | »*wie es das Gymnasium verlangte*«: Ebd. |
| S. 43 | *Als Fritz Bauer, sechs oder sieben Jahre alt:* Vgl. ebd. |
| S. 43 | »*Sie war klug*«: Zit. nach Gerhard Zwerenz, »Gespräche mit Fritz Bauer«, *Streit-Zeit-Schrift*, September 1968, S. 89–113 (89). |
| S. 43 | »*war liberal-jüdisch, es wurden Feste gefeiert*«: Tiefenthal-Interview, geführt von Walter Fabian. |
| S. 44 | *Bei alledem bleiben Fritz und Margot traurig:* Vgl. Wojak, *Fritz Bauer*, S. 69. So hat Bauer es später einmal seiner Frankfurter Freundin Prof. Dr. Ilse Staff mitgeteilt, sie wiederum hat es in ihrer Trauerrede anlässlich der Gedenkfeier für Bauer im privaten Freundeskreis im Juli 1968 erzählt und ihr Redemanuskript schließlich Irmtrud Wojak überlassen, |
| S. 44 | »*weil eine Großmutter noch gelebt hat*«: Tiefenthal-Interview, geführt von Walter Fabian. Es muss die Großmutter väterlicherseits gemeint sein, die gemeinsam mit der Familie ihres Sohns gefeiert hat. Denn die Frau des frommen Gustav Hirsch, Emma, stirbt bereits 1918. Vgl. Geschichtswerkstatt Tübingen (Hrsg.), *Zerstörte Hoffnungen*, S. 35. |
| S. 44 | *Selbst im Wiener Haus von Theodor Herzl:* Vgl. Elon, *The Pity of it all*, S. 285. |
| S. 44 | »*Überhaupt erschien es uns*«: Dr. Ch. Lehrmann, Ansprache, in Israelitische Kultusvereinigung Württemberg und Hohenzollern (Hrsg.), *Festschrift zur Einweihung der Synagoge in Stuttgart*, Stuttgart 1952, S. 15–19 (17). |
| S. 45 | *Straßennamen:* Vgl. Fred Uhlman, *Der wiedergefundene Freund*, Zürich 1998, S. 56. |
| S. 45 | *Dass all diese biblischen Geschichten in der schwäbischen Mundart:* Vgl. Sauer/Hosseinzadeh, *Jüdisches Leben im Wandel der Zeit*, S. 95. |
| S. 45 | *Für ihre Treffen reicht aber:* Vgl. ebd., S. 92. |
| S. 45 | *Nur in einer Handvoll Wohnungen:* Vgl. ebd., S. 92 f. |
| S. 45 | *Die meisten Stuttgarter Juden halten die Idee:* Vgl. ebd., S. 95. |
| S. 45 | *Als einmal jüdische Flüchtlinge aus Russland:* Vgl. ebd., S. 102. |
| S. 45 | »*Leute, die nicht richtig Deutsch sprechen*«: Zit. nach ebd., S. 99. |
| S. 46 | *Zwei Familien Hirsch:* Hirsch-Interview. (Der 1916 geborene Sohn von Otto Hirsch, Hans George Hirsch, lebt heute in Bethesda/Maryland, USA.) |
| S. 46 | *Zwar sind alle Unterlagen:* Lediglich für die Zeit nach 1945 sind Gemeindedokumente im Stuttgarter Stadtarchiv erhalten. |
| S. 46 | *Sie sind Körperschaften des öffentlichen Rechts:* Vgl. Michael Bren- |

ner, *Jüdische Kultur in der Weimarer Republik,* München 2000, S. 62.

S. 46 *Ludwig und Ella Bauer sind automatisch:* Die israelitische »Kirchenverfassung« von 1912 ist in Auszügen nachgedruckt bei Leo Adler, *Wandlungen bei dem Oberrat der Israelitischen Religionsgemeinschaft Württembergs, Feiertagsschrift der Israelitischen Kultusvereinigung Württemberg und Hohenzollern* September 1962, S. 35–38 (36), Archiv Stadtbibliothek Stuttgart. Die Gemeindeangehörigkeit wird demnach dergestalt nach dem Wohnort bestimmt, »daß jeder Angehörige der Israelitischen Religionsgemeinschaft von selbst Mitglied der am Orte seines Wohnsitzes bestehenden Kirchengemeinde ist« (§ 2). »Der Austritt aus der Religionsgemeinschaft vollzieht sich durch Erklärung bei dem zuständigen Rabbiner, tritt erst nach 4 Wochen in Kraft und ist vom Rabbiner zu bescheinigen« (§ 3). Vor dem Jahr 1912 war die Möglichkeit eines Austritts gesetzlich überhaupt nicht gegeben.

S. 46 f. *»jeder, der aus der Gemeinde ausschied«:* Michael Brenner, *Jüdische Kultur in der Weimarer Republik,* S. 62.

S. 47 *Fritz Bauer registriert sich jedoch noch 1922:* Vgl. Wojak, *Fritz Bauer,* S. 529 (Fußnote 71). Der Polizeimeldebogen vom 18. Mai 1922 liegt im Stadtarchiv München.

S. 47 *Ein Rabbiner kommt, um sie zu unterrichten:* Vgl. Uhlman, *The Making of an Englishman,* S. 42.

S. 47 *Hier lernt der Schüler die Geschichten aus dem Alten Testament kennen:* Das Alte Testament, so schreibt Bauer, wurde im Haus des Großvaters ganz anders lebendig »als in der Schule«. Fritz Bauer an Ella Bauer, Sommer 1938, Privatarchiv Rolf Tiefenthal.

S. 47 *Das Schulfach legt er vor dem Abitur ab:* Vgl. Wojak, *Fritz Bauer,* S. 82.

S. 47 *Mit 18 Jahren hält er einen Vortrag:* Vgl. *Monatsberichte des Bundes Freier Wissenschaftlicher Vereinigungen,* Juli 1922, S. 5. Archiv Leo Baeck Institute New York, MF B78.

S. 48 *»Menschen sollen sie werden«:* Bauer, »Glückliche Insel Dänemark«, *CentralVereins-Zeitung – Allgemeine Zeitung des Judentums (C.V.-Zeitung),* 24. Dezember 1936.

S. 48 *Noch 1928 registriert er sich:* Vgl. Justiz-Personalakte Fritz Bauer, Archiv des Fritz-Bauer-Instituts, NL – 08/03.

S. 48 *Regelmäßig spricht er in Stuttgart:* Vgl. Wojak, *Fritz Bauer,* S. 109. So hat es Bauers damaliger Reichsbanner-Kamerad Helmut Mielke 1997 Irmtrud Wojak erzählt.

S. 48 »*der einzige Jude*«: Zit. nach ebd.
S. 48 f. *Stets will der junge Bauer seine Zuhörer:* Vgl. ebd.
S. 49 »*Der Redner betonte den sozialen Gedanken*«: Maria Zelzer, *Weg und Schicksal der Stuttgarter Juden,* Stuttgart 1964, S. 127.
S. 49 *Als Skandinavien-Korrespondent arbeitet er sich in die Geschichte der dänischen Juden ein:* Vgl. etwa Bauer, »Panorama in Helsingör«. *C.V.-Zeitung,* 29. Juli 1937.
S. 50 »*Dankbare Juden jenseits der norwegischen Grenze*«: »Von unserem F.-B.-Berichterstatter/Kopenhagen, ›Der ›andere Heinrich‹‹«, *C.V.-Zeitung,* 14. April 1937.
S. 50 *Unreligiös zwar, kennt der junge Fritz Bauer:* F.B./Kopenhagen, »Juden in Europas Norden«, *C.V.-Zeitung,* 22. September 1938, S. 5. Weitere Beiträge Bauers sind: »Einwanderer in Skandinavien«, Offiziöse Zahlen und Daten von unserem fb.-Berichterstatter, Kopenhagen, *C.V.-Zeitung,* 29. April 1937. Sowie der das Exilland Norwegen empfehlende Text: »Von unserem F.-B.-Berichterstatter/Kopenhagen, ›Das Nansen-Amt‹«, *C.V.-Zeitung,* 23. Juni 1938.
S. 50 »*die ersten Sozialisten*«: Bauer, »Sozialismus und Sozialisierung«, *Deutsche Nachrichten,* 12. Mai 1947.
S. 50 »*Du, Fritz, bis du eigentlich*«: Vgl. Bauer, »Brief aus Dänemark«, *Sozialistische Tribüne,* September 1945, S. 23–25 (25).
S. 50 »*Das hat Fritz übernommen*«: Tiefenthal-Interview, geführt von Walter Fabian.

**Kapitel 3**
S. 52 »*Doch trotz allen Willens*«: *Monatsberichte des Bundes Freier Wissenschaftlicher Vereinigungen,* November/Dezember 1922, S. 6. Archiv Leo Baeck Institute New York, MF B78.
S. 53 »*Nie vorher und nie nachher*«: Sebastian Haffner, *Geschichte eines Deutschen. Die Erinnerungen 1914–1933,* 6. Auflage Stuttgart/München 2001, S. 47 f.
S. 53 »*Es war zu spüren*«: Ebd., S. 49.
S. 53 *Emil Julius Gumbel führt Buch:* Vgl. Amos Elon, *The Pity of it all.* S. 368, 370.
S. 53 *Die Suche nach den Mördern weist:* Vgl. Wolfgang Zorn, »Die politische Entwicklung des deutschen Studententums 1918–1931«, in Kurt Stephensen/Alexander Scharf/Wolfgang Klötzer (Hrsg.), *Darstellungen und Quellen zur Geschichte der deutschen Einheitsbewegung im neunzehnten und zwanzigsten Jahrhundert,* Heidelberg 1965, S. 223–307 (274 f.).

S. 53 *An der Universität Berlin muss sogar:* Vgl. Elon, *The Pity of it all*, S. 265.

S. 53 *»Wir waren tief erschüttert«:* Bauer im Fernsehinterview: »Heute abend Kellerclub. Die Jugend im Gespräch mit Fritz Bauer«. Sendereihe des HR, Sendung vom 8. Dezember 1964.

S. 54 *Noch besucht er Vorlesungen, reicht schriftliche:* Vgl. Kurt Pätzold/ Manfred Weißbecker, *Rudolf Heß. Der Mann an Hitlers Seite*, Leipzig 2003, S. 48.

S. 54 *»günstiger als Berlin«:* Ernst Jünger, *Jahre der Okkupation*, Stuttgart 1958, S. 248.

S. 54 *»Ich erlebte in München die Unruhen«:* Bauer im Fernsehinterview: »Als sie noch jung waren. Gespräch mit Fritz Bauer«. Sendereihe des WDR, Sendung vom 11. August 1967.

S. 54 *»die riesigen Plakate«:* Ebd.

S. 54 *Die 11. Hundertschaft der SA:* Vgl. Pätzold/Weißbecker, *Rudolf Heß*, S. 48. Sowie Anselm Faust, *Der Nationalsozialistische Deutsche Studentenbund. Studenten und Nationalsozialismus in der Weimarer Republik*, Bd. 1, Düsseldorf 1973, S. 26.

S. 54 *Erst vor wenigen Wochen haben völkische Gruppen:* Vgl. Faust, *Der Nationalsozialistische Deutsche Studentenbund*, S. 12.

S. 55 *In Bayern haben sie sogar:* Vgl. Zorn, »Die politische Entwicklung des deutschen Studententums 1918–1931«, in Stephensen/Scharf/ Klötzer (Hrsg.), *Darstellungen und Quellen*, S. 223–307 (270).

S. 55 *Reichsbund Republikanischer Studenten:* Vgl. Jürgen Schwarz, *Studenten in der Weimarer Republik. Die deutsche Studentenschaft in der Zeit von 1918 bis 1923 und ihre Stellung zur Politik*, Berlin 1971, S. 262 f.

S. 55 *»vieles, viel zu vieles selbstverständlich geworden«:* Bauer in *Monatsberichte des Bundes Freier Wissenschaftlicher Vereinigungen*, Mai/ Juni 1923, S. 5.

S. 56 *Die 22 Freunde wählen:* Vgl. *Monatsberichte des Bundes Freier Wissenschaftlicher Vereinigungen*, November/Dezember 1922, S. 6. Zuvor ist Bauer im Sommer 1922 in München zum zweiten Vorsitzenden hinter Walter Einstein gewählt worden, vgl. *Monatsberichte des Bundes Freier Wissenschaftlicher Vereinigungen*, August 1922, S. 3.

S. 56 *»Eisenacher Beschlüsse«:* Vgl. Arne Lankenau, *»Dunkel die Zukunft – Hell der Mut!« Die Heidelberger Studentenverbindungen in der Weimarer Republik 1918–1929*, Heidelberg 2008, S. 123.

S. 56 *»Arierparagraf«:* Fritz Bauer im Fernsehinterview: »Als sie noch jung waren« (1967).

S. 56 *Viele Verbindungen, die sich nicht:* Vgl. zu den 1921 zunehmenden Diskussionen auf Verbandsebene Schwarz, *Studenten in der Weimarer Republik,* S. 244.

S. 56 *Aber wohl nur deshalb, weil:* So Lankenau, »*Dunkel die Zukunft – Hell der Mut!*«, S. 122.

S. 56 *In den meisten übrigen Verbindungshäusern:* Vgl. Matthias Stickler, *Geschichte der studentischen Verbindungen in der Weimarer Republik,* 1998, S. 98. Sowie Lankenau, »*Dunkel die Zukunft – Hell der Mut!*«, S. 128.

S. 57 *Das Leben rund um die Universität:* Vgl. Lankenau, »*Dunkel die Zukunft – Hell der Mut!*«, S. 116, 222. Zum damaligen Ruf Heidelbergs vgl. die Darstellung der akademischen Landschaft in der Weimarer Zeit bei Horst Göppinger, *Juristen jüdischer Abstammung im »Dritten Reich«. Entrechtung und Verfolgung,* München 1990, S. 188.

S. 57 *Vier von zehn Studenten:* Vgl. Michael Weiss, *Bücher, Buden, Burschenschaften. Tausend Semester Tübinger Studentenleben,* Tübingen 1991, S. 116.

S. 57 »*Voraussetzung und Veranlassung*«: Bauer, »Sinn und Wert der studentischen Korporation«, *Monatsberichte des Bundes Freier Wissenschaftlicher Vereinigungen,* September 1921, S. 9.

S. 57 *Die verbindungsfreien Studenten:* Vgl. Weiss, *Bücher, Buden, Burschenschaften,* S. 98.

S. 57 *In eine Verbindung aufgenommen:* Vgl. *Monatsberichte des Bundes Freier Wissenschaftlicher Vereinigungen,* Sondernummer zum Pfingstkartelltag 1921, Juni 1921, S. 10.

S. 57 *Jüdische Verbindung Bavaria:* Vgl. Gerhard Taus, »Studentische Vereinigungen, Begriffe und Abkürzungen«, in Manfred Voigts (Hrsg.), *Freie Wissenschaftliche Vereinigung. Eine Berliner antiantisemitische Studentenorganisation stellt sich vor – 1908 und 1931,* Potsdam 2008, S. 12–16 (13).

S. 58 *Schwarze Verbindung:* Vgl. ebd.

S. 58 *Bei gemeinsamen Veranstaltungen:* Vgl. den Bericht über die »Tuchfühlung« von Thea Wasservogel, *Monatsberichte des Bundes Freier Wissenschaftlicher Vereinigungen,* Dezember 1921/Januar 1922, S. 4.

S. 58 *Fritz Bauer gewinnt hier Freunde:* Tiefenthal-Interview, geführt von Walter Fabian.

S. 58 *In Heidelberg steht die Biertafel:* Vgl. *Monatsberichte des Bundes Freier Wissenschaftlicher Vereinigungen,* Juni 1921, S. 11.

S. 58 *»herrlichen Pfirsichbowle«:* Monatsberichte des Bundes Freier Wissenschaftlicher Vereinigungen, August 1921, S. 12.
S. 59 *»Weniger Raufereien, das ist wahr«:* Kurt Hiller, Leben gegen die Zeit, Bd. 1 (Logos), Reinbek 1969, S. 61–63.
S. 59 *»junger Frauenarzt mit möhrenfarbenem Ziegenbart«:* Ebd.
S. 59 *»Das kann man auch umgehen«:* Zit. nach Meyer-Velde-Interview.
S. 59 *Auf einem Foto aus der Studienzeit:* Vgl. Abbildung in Irmtrud Wojak, Fritz Bauer, S. 83.
S. 59 *»Das intellektuelle Leben schwebt«:* Bauer, »Hochschule und Politik«, Monatsberichte des Bundes Freier Wissenschaftlicher Vereinigungen, September 1921, S. 9 f.
S. 60 *Modern, human und fortschrittlich:* Vgl. den Band von Voigts (Hrsg.), Freie Wissenschaftliche Vereinigung, aber auch Bauers eigenen Text: »Hochschule und Politik«, Monatsberichte des Bundes Freier Wissenschaftlicher Vereinigungen, September 1921, S. 9 f.
S. 60 *Die F.W.V.er bleiben den Fechtböden fern:* Vgl. Matthias Hambrock, Die Etablierung der Außenseiter. Der Verband nationaldeutscher Juden 1921–1925, Köln 2003, S. 138. Sowie Michael Buchholz, »Zur Geschichte der Freien Wissenschaftlichen Vereinigung«, in Voigts (Hrsg.), Freie Wissenschaftliche Vereinigung, S. 210–225 (216). In Positionspapieren fordern sie auch von den übrigen Korporationen, die »studentische Waffengenugtuung« hinter sich zu lassen.
S. 60 *Der Bundesbruder Robert Salomon:* Vgl. Dr. M., »Gedenktag großer Männer«, Monatsberichte des Bundes Freier Wissenschaftlicher Vereinigungen, Dezember 1921/Januar 1922, S. 2 f.
S. 60 *»Vom Standpunkte des Deterministen aus«:* Monatsberichte des Bundes Freier Wissenschaftlicher Vereinigungen, August 1921, S. 12.
S. 60 *»Erst kommt das Fressen, dann kommt die Moral«* und folgendes Zitat: Vgl. Fritz Bauer, »Forderungen der Gesellschaft an die Strafrechtsreform«. Vortrag gehalten auf dem Arbeiterwohlfahrt-Sozialarbeitertreffen 30. Mai bis 3. Juni 1962 in Bad Godesberg. Schriften der Arbeiterwohlfahrt (Eigenverlag), S. 5–20 (5).
S. 60 f. *»Da seine Ausführungen«:* Monatsberichte des Bundes Freier Wissenschaftlicher Vereinigungen, August 1921, S. 12.
S. 61 *»Kurpfuschern«:* Bauer, »Hochschule und Politik«, Monatsberichte des Bundes Freier Wissenschaftlicher Vereinigungen, September 1921, S. 9 f.

S. 61 *Schon zu Beginn seines zweiten Semesters:* Vgl. *Monatsberichte des Bundes Freier Wissenschaftlicher Vereinigungen*, Dezember 1921/ Januar 1922, S. 7.
S. 62 *»kann von seinem Vortrag mit Fug und Recht«:* Ebd.
S. 62 *»Natürlich sind Ausführungen dieser Art«:* Monatsberichte des Bundes Freier Wissenschaftlicher Vereinigungen, Juli 1922, S. 5.
S. 62 *Einstein »vertrat umgekehrt die Ansicht«:* Ebd.
S. 63 *»Richard Sternheimer, der pathetische Zitatenschatz«:* Monatsberichte des Bundes Freier Wissenschaftlicher Vereinigungen, August 1922, S. 2
S. 63 *»Die Freie Wissenschaftliche Vereinigung besteht«:* Zit. nach Manfred Voigts, »Einleitung«, in ders. (Hrsg.), *Freie Wissenschaftliche Vereinigung,* S. 5–11 (6).
S. 63 *»Paritätische« Verbindung:* Vgl. Lankenau, *»Dunkel die Zukunft – Hell der Mut!«,* S. 138.
S. 64 *Eine einzige Boykottdrohung von ihnen genügt:* Vgl. ebd.
S. 64 *So erlebt Fritz Bauer, wie ein studentischer Sportclub:* Davon berichtete Bauer einmal seiner Frau Anna Maria Petersen, und sie wiederum hat die Geschichte 1997 Irmtrud Wojak erzählt, vgl. Wojak, *Fritz Bauer,* S. 529 (Fußnote 72).
S. 64 *»Judenfreie« Gaststätten:* Vgl. Lankenau, *»Dunkel die Zukunft – Hell der Mut!«,* S. 136.
S. 64 *Deutschlandlied:* Vgl. Liederbuch zum Festkommers der Freien Wissenschaftlichen Vereinigung an der Universität Heidelberg anläßlich des 35. Stiftungsfests 1927, S. 3, einsehbar im vom Leo Baeck Institut online publizierten Nachlass des F.W.V.-Mitglieds Rudolf Zielenziger unter: http://archive.org/details/rudolfzielen ziger [10. Mai 2013].
S. 64 *»Einigkeit, Recht, Freiheit!«:* Vgl. Gerhard Taus, »Studentische Vereinigungen, Begriffe und Abkürzungen«, in Voigts (Hrsg.), *Freie Wissenschaftliche Vereinigung,* S. 12–16 (16).
S. 64 *»tolerante Lebensgestaltung«, »Bekenntnis zum Deutschtum«:* Vgl. *Monatsberichte des Bundes Freier Wissenschaftlicher Vereinigungen,* November/Dezember 1922, S. 6.
S. 64 *Auch Bauer nicht, wenn er danach gefragt wird:* Vgl. Wojak, *Fritz Bauer,* S. 529 (Fn. 71). Als Bauer sich zum dritten Semester an der Universität München einschreibt, trägt er in den Polizeimeldebogen unter »Glaubensbekenntnis« ein: israelitisch. Das Formular vom 18. Mai 1922 liegt im Stadtarchiv München.
S. 65 *»entschuldbar«, »unheilvoll ist doch«:* Arthur Rosenberger, »Was

| | wir tun« (1908), nachgedruckt in Voigts (Hrsg.), *Freie Wissenschaftliche Vereinigung*, S. 70–73 (72). |
|---|---|
| S. 65 | *Bei einer hitzigen Diskussion in großer Runde:* Vgl. *Monatsberichte des Bundes Freier Wissenschaftlicher Vereinigungen*, August 1922, S. 2. |
| S. 65 | *Erst als die übrigen jüdischen Verbindungen in Heidelberg:* Vgl. Lankenau, »*Dunkel die Zukunft – Hell der Mut!*«, S. 138, 198 |
| S. 65 | *Bald wird die F.W.V. aus dem hochschulpolitischen:* Vgl. ebd., S. 48. |
| S. 65 | »*Wer für die Verteidigung der jüdischen Ehre*«: Zit. nach Voigts, »Einleitung«, in ders. (Hrsg.), *Freie Wissenschaftliche Vereinigung*, S. 5–11 (6). |
| S. 66 | »*Uns beunruhigten die Angriffe*«: Alfred Apfels Erinnerungen, »Hinter den Kulissen der deutschen Justiz«, sind nie auf Deutsch erschienen, aber 1934 als *Les dessous de la justice allemande* und 1935 als *Behind the Scenes of German Justice* veröffentlicht worden. Jan Gehlsen, der ehemalige Kanzler der Universität Hannover und Mitbegründer der *Kritischen Justiz*, und Ursula Gehlsen arbeiten derzeit an einer Rückübersetzung ins Deutsche, vgl. Jan Gehlsen, »Hinter den Kulissen der deutschen Justiz: Alfred Apfel – Anwalt und Autor der *Weltbühne*«, *Kritische Justiz* Heft 1/2013, S. 80–87. Der noch nicht erschienenen Ausgabe ist das Zitat entnommen. Dank an Jan und Ursula Gehlsen. |
| S. 66 | »*In freien Stunden saßen Gleichgesinnte*«: Zit. nach Lankenau, »*Dunkel die Zukunft – Hell der Mut!*«, S. 139. |
| S. 66 f. | »*der betriebsame Markt*«: Fritz Bauer an Ella Bauer, Sommer 1938, Privatarchiv Rolf Tiefenthal. |
| S. 67 | »*Humanismus der Aula*«: Ebd. |
| S. 67 | *An diese Universität muss Fritz Bauer:* Vgl. Fred Uhlman, *The Making of an Englishman*, S. 73. |
| S. 67 | *Die Professoren sind stolz darauf:* Vgl. Weiss, *Bücher, Buden, Burschenschaften*, S. 108–118; Göppinger, *Juristen jüdischer Abstammung im »Dritten Reich«*, S. 187, 189. |
| S. 67 | *Es kursieren Geschichten:* Vgl. Uhlman, *The Making of an Englishman*, S. 104–112. |
| S. 67 | *Von den Studenten »Rennbahn« genannt:* Vgl. Weiss, *Bücher, Buden, Burschenschaften*, S. 99. |
| S. 67 | *Fritz Bauer hat es nach dem Abitur erst nicht gewagt:* Vgl. Bauer im Fernsehinterview: »Als sie noch jung waren« (1967). |
| S. 67 | *Nur zehn Juden an der gesamten Universität:* Vgl. Lilli Zapf, *Die Tübinger Juden. Eine Dokumentation*, 3. Auflage Tübingen 1981, S. 266. |

S. 68 *Fred Uhlmann, der ein Jahr vor Bauer hier studiert hat:* Vgl. Uhlman, *The Making of an Englishman,* S. 112 f.

S. 68 *»Parteinahme«: Monatsberichte des Bundes Freier Wissenschaftlicher Vereinigungen,* Mai/Juni 1923, S. 5.

S. 68 *Katholiken, die erst seit 1918:* Vgl. Jürgen Schwarz, Studenten in der Weimarer Republik, S. 265 f., 273.

S. 68 *»Dogmengeschichte« und »Neutestamentliche Theologie«:* Vgl. Wojak, *Fritz Bauer,* S. 104.

S. 69 *An einem Tag 55 000 Mark kosten und am nächsten 70 000:* Vgl. Weiss, Bücher, Buden, Burschenschaften, S. 116.

S. 69 *»Der Herr hat gewiß«:* Titelseite, Simplicissimus Nr. 21/1925, nachgedruckt in Anja Eichler (Hrsg.), *Spott und Respekt – die Justiz in der Kritik,* Petersberg 2010, S. 113.

S. 69 *Bauer lauscht Karl Geiler:* Dies ergibt sich aus der Einzugsliste von Sommersemester 1923 im Archiv der Universität Heidelberg, vgl. Wojak, *Fritz Bauer,* S. 530 (Fußnote 80).

S. 69 *Er unterstreicht und malt darin beherzt herum:* Vgl. ebd.

S. 70 *Auf dieser Grundlage sind große Zusammenschlüsse herangewachsen:* Vgl. Matthias Schmoeckel, *Rechtsgeschichte der Wirtschaft. Seit dem 19. Jahrhundert,* Tübingen 2008, S. 247–253.

S. 71 *Die Justiz lässt die neuen Chemie- und Kohlebarone:* Die Leitentscheidung für die damalige kartellfreundliche Haltung der Gerichte erging zum Sächsischen Holzstoffkartell am 4. Februar 1897: Reichsgerichtsentscheidung in Zivilsachen, Bd. 38, S. 155 ff.

S. 71 *Die Zusammenschlüsse ermöglichen es den Unternehmen:* Vgl. Schmoeckel, *Rechtsgeschichte der Wirtschaft,* S. 255 f.

S. 71 *Die amerikanischen Investoren:* Vgl. ebd., S. 253–255.

S. 71 *In diese Debatte hinein, die bereits viele deutsche Juristen bewegt:* Schmoeckel spricht ebd. von einer »nicht enden wollenden Reihe von Beiträgen zum Kartellproblem«, S. 248.

S. 71 *»etwas mittelalterlich langen Titel«:* Bauer an Horkheimer, 21. September 1937, Max-Horkheimer-Archiv in der Stadt- und Universitätsbibliothek Frankfurt am Main, I/2 230.

S. 71 f. *»individualistischen(n) Wirtschaftsgesinnung«:* Bauer, *Die rechtliche Struktur der Truste. Ein Beitrag zur Organisation der wirtschaftlichen Zusammenschlüsse in Deutschland unter vergleichender Heranziehung der Trustformen in den Vereinigten Staaten von Amerika und Rußland,* Mannheim 1927, S. 2.

S. 72 *»dies alles, ohne daß die private Unternehmerinitiative«:* Ebd., S. 3.

S. 72 *Er vollbringt all dies in nur einem Jahr:* Das Erste Staatsexamen hat Bauer am 9. Dezember 1924 in Tübingen abgelegt, vgl. Justiz-Personalakte Fritz Bauer, Archiv des Fritz-Bauer-Instituts, NL – 08/03; seine Dissertation gibt er laut der Einleitung zur gedruckten Fassung »Ende 1925« ab. Dass er in der Zwischenzeit bereits als Referendar arbeitet, ergibt sich aus einer Berechnung: Laut Bauers Personalakte ist er von März 1928 an Gerichtsassessor bei der Staatsanwaltschaft beim Landgericht Stuttgart; rechnet man von Bauers Eintritt in den Justizdienst aus die damals üblichen drei Jahre Referendariat zurück, dann kommt man auf einen Eintritt in das Referendariat im März 1925.

S. 72 *magna cum laude:* Dass er sein Doktorexamen mit dieser Note bestanden habe, gibt Fritz Bauer seinen Bundesbrüdern bekannt in *Monatsberichte des Bundes Freier Wissenschaftlicher Vereinigungen,* April 1926, S. 8.

S. 72 *Die Fachwelt nimmt beeindruckt Notiz:* Vgl. Justiz-Personalakte Fritz Bauer, Archiv des Fritz-Bauer-Instituts, NL – 08/03: Seinem Bewerbungsschreiben um eine Stelle als Richter am Oberlandesgericht Braunschweig fügt Bauer 1948 Auszüge aus zwei Rezensionen in Fachzeitschriften bei, die sich lobend mit seiner Dissertation befassen.

S. 73 *Auf Fotos aus dieser Zeit lächelt:* Vgl. Max Hachenburg, *Lebenserinnerungen eines Rechtsanwalts und Briefe aus der Emigration,* Stuttgart 1978, Abbildung 41.

S. 73 *»Intelligenz und Energie«:* Ebd., S. 191.

S. 73 *Antisemitismus in Hochschul-Berufungskommissionen:* Vgl. Horst Göppinger, *Juristen jüdischer Abstammung im »Dritten Reich«,* S. 187.

S. 73 *»Die Rechtsanwaltschaft führt«:* Hachenburg, *Lebenserinnerungen,* S. 56.

S. 74 *Seine Frau und sein Anwaltssozius:* Vgl. Stefanie Weis, *Leben und Werk des Juristen Karl Hermann Friedrich Julius Geiler (1878 – 1953). Ein Rechtswissenschaftler in Zeiten des Umbruchs,* Hamburg 2013, S. 132.

S. 74 *»besonders gern«:* Karl Geiler, »Vorwort« zu Bauer, *Die rechtliche Struktur der Truste,* S. VII.

S. 74 *»und die Art, wie er seine Gedanken«:* Gutachten von Professor Karl Geiler, datiert auf 1926, Archiv der Universität Heidelberg, zit. nach Wojak, *Fritz Bauer,* S. 104.

S. 74 *»der sich damals auf die Rosinante«:* Bauer, »Scham bei der Lektüre.

Richter zerstörten die Demokratie« (Rezension von Heinrich und Elisabeth Hannovers *Politische Justiz 1918 bis 1933*), *Die Zeit*, 29. September 1967.

## Kapitel 4

S. 75 *Das Amtsgericht, zuständig für kleine und mittlere Kriminalität:* Der Gerichtsbezirk des Amtsgerichts Stuttgart I, an dem Bauer arbeitet, ist 1924 aus den zuvor bestehenden Amtsgerichten Stuttgart-Stadt und Stuttgart-Amt zusammengefügt und um einige südliche Vororte wie Waldenbuch ergänzt worden. Für die nördliche Hälfte der Metropole ist damals das Amtsgericht Stuttgart II zuständig, das heute als Amtsgericht Stuttgart-Cannstatt firmiert. Vgl. Helmut Borth, »Das Amtsgericht Stuttgart«, in Eberhard Stilz (Hrsg.), *Das Oberlandesgericht Stuttgart – 125 Jahre von 1879 bis 2004*, Villingen-Schwenningen 2004, S. 233–237 (233). Die Nachbarschaft, in der Bauer aufgewachsen und zur Schule gegangen ist, fällt damit übrigens nicht in seine Zuständigkeit.

S. 75 *Guillotine in einem der beiden Lichthöfe:* Vgl. Fred Uhlman, *The Making of an Englishman*, S. 125 f.

S. 75 *Seit Monaten werden Linke:* Vgl. Markus Kienle, *Das Konzentrationslager Heuberg bei Stetten am Kalten Markt*, Ulm 1998, S. 29.

S. 75 *Vor einer Woche sind die Zellen erstmals so voll gewesen:* Vgl. ebd., S. 32.

S. 76 *Abteilung Politische Polizei:* Aus dieser Abteilung bildet sich erst im April 1933 die eigenständige württembergische Politische Polizei und später die Gestapo. Die Angabe in dem 2004 erschienenen Beitrag von Günther Weinmann, »Das Oberlandesgericht Stuttgart von 1933 bis 1945«, in Stilz (Hrsg.), *Das Oberlandesgericht Stuttgart*, S. 37–62 (44), Bauer sei von der Gestapo verhaftet worden, ist demnach korrekturbedürftig.

S. 76 *Ein neuer Chef, der bisherige SA-Gruppenführer »Südwest«:* Vgl. Kienle, *Das Konzentrationslager Heuberg*, S. 30.

S. 76 *Als die Polizisten Fritz Bauer in seinem Dienstzimmer verhaften:* Weinmann-Interview. Während Bauer in späteren Jahren kaum Worte verliert über seine Verfolgung in der NS-Zeit, erzählt er von dieser einen Begebenheit ausführlich, als er nach dem Krieg einmal auf junge Stuttgarter Richter trifft (darunter Kollegen Weinmanns). Bauer legt dabei Wert darauf zu betonen, dass die damaligen Richterkollegen ungerührt zugesehen hätten, wie er abgeführt wurde.

S. 77 *Robert Bloch:* Vgl. Alfred Marx, *Das Schicksal der jüdischen Juristen in Württemberg und Hohenzollern 1933–1945,* o. O. 1965, S. 3 f., sowie http://www.stolpersteine-stuttgart.de/index.php?docid=251 [10. Mai 2013]. Der Stuttgarter Zivilrichter Alfred Marx zählte selbst zu den entlassenen jüdischen Richtern und forschte nach Kriegsende dem Schicksal der anderen nach. Robert Bloch nahm sein Richteramt in Stuttgart am 17. September 1928 auf.

S. 77 *Der einzige Richter mit SPD-Parteibuch:* Vgl. Uhlman, *The Making of an Englishman,* S. 149. Irmtrud Wojak weist daneben noch auf einen Assessor am Amtsgericht Stuttgart I hin, der Mitglied der SPD gewesen sei, vgl. Wojak, *Fritz Bauer,* S. 113.

S. 77 *»Unter den Lindenbäumen sind heute«:* Zit. nach Jörg Schweigard, *Stuttgart in den Roaring Twenties. Politik, Gesellschaft, Kunst und Kultur in Stuttgart 1919–1933,* Karlsruhe 2012, S. 27.

S. 77 *»hell, weit und menschenfreundlich«:* Zit. nach Gerhard Zwerenz, »Interview mit Fritz Bauer«, *Streit-Zeit-Schrift* 1968, Heft 2, S. 89–93 (92).

S. 77 *Noch bei der Kommunalwahl 1928 erzielen sie nur:* Vgl. Schweigard, *Stuttgart in den Roaring Twenties,* S. 102–110.

S. 77 *»Studentischen Verbindungen mit stark elitären Vorstellungen«:* Bauer, »Justiz als Symptom« (1962), nachgedruckt in Joachim Perels/Irmtrud Wojak, *Die Humanität der Rechtsordnung,* S. 365–376 (369 f.).

S. 78 *»Der Kaiser war gegangen«:* Bauer, »Scham bei der Lektüre«, *Die Zeit,* 29. September 1967.

S. 78 *»Die Juristen liebten sie nicht«:* Bauer, »Justiz als Symptom« (1962), nachgedruckt in Perels/Wojak, *Die Humanität der Rechtsordnung,* S. 369 f.

S. 78 *Der Fall der* Roten Jungfront *(1928):* Vgl. Strafakte des Amtsgerichts Stuttgart I, Staatsarchiv Ludwigsburg, F 302 II Bü 693.

S. 78 *Man lässt ihn nie wieder:* Vgl. Schreiben Bauers an die Staatsanwaltschaft Stuttgart, 4. August 1931, Staatsarchiv Ludwigsburg, F 302 III Bü 51.

S. 79 *Richter Frauenknecht:* Frauenknecht ist von 1931 an zuständig für »Verg.g.d.V.O.d.R.Pr.v. 28.3.31«, wie es in den Gerichtsunterlagen heißt: Vergehen gegen die Verordnung des Reichspräsidenten vom 28. März 1931. Darunter fällt eine Vielzahl von Tatbeständen, zur »Bekämpfung politischer Ausschreitungen« hat der Richter weitreichende Befugnisse.

S. 79 *Der Fall des Schülerstreiks »gegen den Hungerangriff der deutschen*

| | *Kapitalisten«:* Vgl. Strafakte des Amtsgerichts Stuttgart I, Staatsarchiv Ludwigsburg, F 302 II Bü 844. |
|---|---|
| S. 79 | *»Daß in dem Vortrag der Worte«:* Strafakte des Amtsgerichts Stuttgart I, Staatsarchiv Ludwigsburg, F 302 II Bü 1220. |
| S. 79 | *Der Fall Hermann Weißhaupt:* Vgl. Schweigard, *Stuttgart in den Roaring Twenties,* S. 105. |
| S. 79 | *»nahezu methodische Ungleichheit«:* Bauer, »Scham bei der Lektüre«, *Die Zeit,* 29. September 1967. |
| S. 79 | *»juristische Ouvertüre«:* Ebd. |
| S. 80 | *»Unbegreiflich, warum sich die Leute so aufregen«:* Simplicissimus 1931, Nr. 6, S. 69, nachgedruckt in Anja Eichler (Hrsg.), *Spott und Respekt,* S. 107. |
| S. 80 | *Alfred Apfel vor dem Reichsgericht:* Vgl. Michael Buchholz, »Zur Geschichte der Freien Wissenschaftlichen Vereinigung«, in Manfred Voigts (Hrsg.), *Freie Wissenschaftliche Vereinigung,* S. 210–225 (211). |
| S. 80 | *»frohe Gewißheit«:* Zit. nach Claudia Schöningh, *»Kontrolliert die Justiz«. Die Vertrauenskrise der Weimarer Justiz im Spiegel der Gerichtsreportagen von* Weltbühne, Tagebuch *und* Vossische Zeitung, München 2000, S. 274. |
| S. 80 | *Konflikt zwischen SPD und Richterschaft:* Vgl. Ralph Angermund, *Deutsche Richterschaft 1919–1945,* Frankfurt am Main 1990, S. 36 f. |
| S. 81 | *Gründungsaufruf im* Vorwärts: Vgl. Birger Schulz, *Der Republikanische Richterbund (1921–1933),* Frankfurt am Main 1982, S. 22. |
| S. 81 | *Bauer meldet 1928 Landesverband an:* Vgl. ebd., S. 206. |
| S. 81 | *Nur drei Prozent der Richter:* Vgl. Angermund, *Deutsche Richterschaft 1919–1945,* S. 41. |
| S. 81 | *»reflexmäßigen Abwehrbewegungen«:* Gustav Radbruch, »Justiz und Kritik«, *Vossische Zeitung,* 16. Februar 1926. |
| S. 81 | *Außergewöhnlich rasche Beförderung:* Zu den damals gängigen Laufbahnen vgl. Angermund, *Deutsche Richterschaft 1919–1945,* S. 29. |
| S. 81 | *Der jüngste Amtsrichter der Weimarer Republik:* Vgl. Bauer im Fernsehinterview: »Als sie noch jung waren« (1967). |
| S. 82 | *Richterbereitschaftsdienst:* Vgl. Akte des Amtsgerichts Stuttgart I, Geschäftsverteilungsplan für das Jahr 1931, S. 3, Staatsarchiv Ludwigsburg, F 304 Bü 6. |
| S. 82 | *Der Fall des arbeitslosen Klavierbauers (1931):* Vgl. Strafakte des Amtsgerichts Stuttgart I, Staatsarchiv Ludwigsburg, F 302 III Bü 369. |

S. 82 *Der Fall des Distelfinken-Fängers (1929):* Vgl. Strafakte des Amtsgerichts Stuttgart I, Staatsarchiv Ludwigsburg, F 302 II Bü 1225.

S. 83 *»Wegen des Gebrauchs des Worts ›Jude‹«:* Bauer an die Staatsanwaltschaft Stuttgart, 4. August 1931, Staatsarchiv Ludwigsburg, F 302 III Bü 51.

S. 83 *»Je länger sie dauerte«:* »Die Affäre um Dr. Bauer. Der Ausdruck ›jüdischer Amtsrichter‹ ist eine Beleidigung«, NS-Kurier, 26./27. September 1931, Württembergische Landesbibliothek Stuttgart, I 124 (Mikrofilm) bzw. Ztg 9450 (Papierausgabe).

S. 84 *»Die Erklärung«:* »Ein jüdischer Amtsrichter mißbraucht sein Amt zu Parteizwecken/Der ›Informator‹ der Tagwacht«, NS-Kurier, 5. Juni 1931, Württembergische Landesbibliothek Stuttgart, I 124 (Mikrofilm) bzw. Ztg 9450 (Papierausgabe).

S. 84 *Noch Jahre später, als Beyerle nach 1945:* Beyerle habe ihm sein politisches Engagement beim »Reichsbanner Schwarz-Rot-Gold« nie verziehen, schreibt Bauer am 12. Oktober 1948 an seinen Genossen Erwin Schöttle. Archiv der sozialen Demokratie, Nachlass Erwin Schöttle, Mappe 15.

S. 85 *»dürfte schwerlich Nationalsozialist sein. Seinem Aussehen nach ist er Jude!«:* Bauer an die Staatsanwaltschaft Stuttgart, 4. August 1931, Staatsarchiv Ludwigsburg, F 302 III Bü 51.

S. 85 *»Wenn auch das Gericht der Ansicht war«:* Urteil gegen Adolf Gerlach, 25. September 1931, S. 7, Staatsarchiv Ludwigsburg, F 302 III Bü 51.

S. 85 *»Der Ausdruck ›jüdischer Amtsrichter‹«:* »Die Affäre um Dr. Bauer. Der Ausdruck ›jüdischer Amtsrichter‹ ist eine Beleidigung«, NS-Kurier, 26./27. September 1931.

S. 86 *Bauer bittet, sein Strafrichterreferat behalten zu dürfen:* Vgl. Akte des Amtsgerichts Stuttgart I, Wünsche der Abteilung I B und II B zum Geschäftsverteilungsplan 1932, Staatsarchiv Ludwigsburg, F 304 Bü 4.

S. 86 *Versetzung auf Zivilrichterposten:* Vgl. Akte des Amtsgericht Stuttgart I, Übersicht über die Verteilung der Geschäfte der Abteilung A für Zivilsachen im Jahr 1932, Staatsarchiv Ludwigsburg, F 304 Bü 6.

S. 86 *Vorstufe zum sukzessiven Rauswurf:* Vgl. Göppinger, *Juristen jüdischer Abstammung im »Dritten Reich«*, S. 52, 56 f.

S. 86 *»dem inneren Drang, irgendetwas zu tun«* und folgende Zitate: Bauer im Fernsehinterview: »Als sie noch jung waren« (1967).

S. 87 *»verständlichen, sehr populären Ausdrucksweise«:* Diese Eindrücke aus der »Kampfzeit« sind später eingegangen in einen Gestapo-

Bericht über Fritz Bauer. Archiv Auswärtiges Amt, Politisches Archiv (Berlin), R 99722: »Mit echt jüdischer Frechheit hetzte er bei jeder Gelegenheit gegen die nationalsozialistische Bewegung.« Zit. nach Wojak, *Fritz Bauer*, S. 135.

S. 87 *»Das war herrlich«*: Zit. nach Thomas Horstmann/Heike Litzinger, *An den Grenzen des Rechts. Gespräche mit Juristen über die Verfolgung von NS-Verbrechen*, Frankfurt am Main 2006, S. 136.

S. 87 *»Er hatte ein Gesicht wie ein verschrumpelter Apfel«* und folgendes Zitat: Uhlman, *The Making of an Englishman*, S. 157.

S. 88 *»in der deutschen Politik die restlose Mobilisierung«*: Zit. nach Schweigard, *Stuttgart in den Roaring Twenties*, S. 61 f.

S. 88 *»Er redete, ich redete an jedem Wochenende«*: Bauer im Fernsehinterview: »Als sie noch jung waren« (1967).

S. 88 *»Frei Heil!«*; Schilderung der Versammlung: »Reichsbanner nötiger denn je! Hauptversammlung des Reichsbanners Schwarz-Rot-Gold Groß-Stuttgart«, *Schwäbische Tagwacht*, 30. April 1931.

S. 89 *»schwarz-rot-senftenen Judenschutz«*: Vgl. Jacob Toury, »Jüdische Aspekte der Reichsbannergründung«, in ders. (Hrsg.), *Deutschlands Stiefkinder. Ausgewählte Aufsätze zur deutschen und deutsch-jüdischen Geschichte*, Stuttgart 1997, S. 94–114 (111).

S. 89 *Nach-Nachfolger Schumachers*: Vgl. Robert M. W. Kempner, »Generalstaatsanwalt Dr. Fritz Bauer gestorben. Ein Streiter ohne Furcht und Tadel/Ein Leben für das Recht«, Zeitschrift *Das Reichsbanner*, Juli/August 1968. Zunächst ist Bauer im August 1931, unter der Leitung des Reichsbanner-Landesvorsitzenden Karl Ruggaber, eines Landtagsabgeordneten der SPD, nur zu einem der Reichsbanner-Jugendleiter für Württemberg gewählt worden, vgl. »Die Gaukonferenz des Reichsbanner«, *Schwäbische Tagwacht*, 10. August 1931.

S. 89 *An einem Abend im Juni 1932*: Vgl. »Treugelöbnis der Schufo: Mitgliederversammlung des Reichsbanners«, *Schwäbische Tagwacht*, 28. Juni 1932.

S. 89 *»Stürmisch begrüßt eröffnete Kamerad Dr. Bauer«*: Ebd.

S. 89 *»nicht ganz so gesellig«* und folgendes Zitat: Zit. nach Wojak, *Fritz Bauer*, S. 109.

S. 89 *Kalter Sonntagnachmittag im Frühjahr 1933*: Vgl. Alfred Tischendorf i. A. des Bürgermeisteramts Stuttgart an Fritz Bauer, 23. März 1960, Stadtarchiv Stuttgart, Bestand 8600 Nr. 172 (dort unter: Bauer, Fritz): »Einige Wochen vor der letzten Reichstagswahl am 5. März 1933 sprachen Sie an einem kalten Sonntagnachmittag als

Hauptredner auf einer großen, sehr stark besuchten öffentlichen Wahlkundgebung auf dem Marktplatz in Ludwigsburg; ich war damals Leiter dieser imponierend verlaufenen Kundgebung, die mit einem Umzug des Reichsbanners und der Eisernen Front durch die Straßen der Stadt eingeleitet wurde.«

S. 89 *Der Jurist erklärt den Reichsbanner-Männern:* Vgl. Gestapo-Bericht zu Fritz Bauer, Archiv Auswärtiges Amt, Politisches Archiv (Berlin), R 99722, zit. nach Wojak, *Fritz Bauer,* S. 135.

S. 90 *»Mit einem eindringlichen Appell«:* »Treugelöbnis der Schufo: Mitgliederversammlung des Reichsbanners«, *Schwäbische Tagwacht,* 28. Juni 1932.

S. 90 *Strategiebesprechungen im Hotel Zeppelin:* Vgl. Wojak, *Fritz Bauer,* S. 109.

S. 90 *Bauer schlägt vor, Reichsbanner-Kasernen zu errichten:* Vgl. Gestapo-Bericht zu Fritz Bauer, Archiv Auswärtiges Amt, Politisches Archiv (Berlin), R 99722, zit. nach Wojak, *Fritz Bauer,* S. 135.

S. 90 *Mitgliederzahl des Reichsbanners:* Vgl. Benjamin Ziemann, *Die Zukunft der Republik? Das Reichsbanner Schwarz-Rot-Gold 1924–1933,* Bonn 2011, S. 23.

S. 90 *Eiserne Front:* Vgl. ebd., S. 48.

S. 90 *»Wenn Kurt Schumacher auf einer Geburtstagsfeier«:* Uhlman, *The Making of an Englishman,* S. 160.

S. 91 *Die Spaltung der letzten freien Demonstration in Stuttgart:* Vgl. ebd., S. 161.

S. 91 *Der Fall der vier Radio-Zwischenrufer:* Vgl. Günther Weinmann, »Das Oberlandesgericht Stuttgart von 1933 bis 1945«, in Stilz (Hrsg.), *Das Oberlandesgericht Stuttgart – 125 Jahre von 1879 bis 2004,* S. 37–62 (42).

S. 91 *Die Nacht vor der Wahl:* Vgl. Uhlman, *The Making of an Englishman,* S. 163.

**Kapitel 5**

S. 92 *»Mensch, häng' dich doch gleich auf«* und folgendes Zitat: Zit. nach Peter Merseburger, *Der schwierige Deutsche. Kurt Schumacher,* Stuttgart 1995, S. 169.

S. 92 *»Ich erinnere mich noch«:* Bauer, »Im Kampf um des Menschen Rechte«, nachgedruckt in Perels/Wojak, *Die Humanität der Rechtsordnung,* S. 37–49 (39).

S. 92 *Kieselsteine auflesen:* Vgl. Merseburger, *Der schwierige Deutsche,* S. 170.

S. 93 »*aber nur darüber*«: Ebd., S. 174.
S. 93 »*und ich gebe ohne weiteres zu*«: Bauer im Fernsehinterview: »Als sie noch jung waren« (1967).
S. 93 *Die Wachmannschaft auf dem Heuberg*: Vgl. Markus Kienle, *Das Konzentrationslager Heuberg*, S. 30.
S. 93 *Karl Ruggaber auf dem Heuberg*: Vgl. ebd., S. 69.
S. 94 *Kasernierung in den Strafbauten 19 und 23*: Vgl. ebd., S. 64.
S. 94 *Regelmäßige gewaltsame Verhöre*: Vgl. ebd., S. 73, 82 f.
S. 94 »*Die Gefangenen werden in drei Klassen geteilt*«: Ernst Plank, »Bericht des Genossen E. P.« (drei undatierte, mit Schreibmaschine beschriebene Seiten, die Plank nachgelassen hat), Kopie im Archiv Dokumentationszentrum Oberer Kuhberg, Rep. 2, 76 (die Kopie ist zudem beschriftet mit der Signatur »Gedenkstätte Dachau, 20.518«). Zu Plank vgl. Kienle, *Das Konzentrationslager Heuberg*, S. 120.
S. 94 »*mußte er in die Kniebeuge gehen*«: Zit. nach Kienle, *Das Konzentrationslager Heuberg*, S. 81.
S. 95 *Bauer und der »Zwölfzylinder«*: Meyer-Velde-Interview.
S. 95 »*Sehr ungern*«: Ebd.
S. 95 *Man habe es zu meiden verstanden*: Kaven-Interview.
S. 96 *Verlegung im September 1933*: Solche Verlegungen gab es laut Kienle, *Das Konzentrationslager Heuberg*, S. 38, im Mai sowie im September 1933; dass Bauer erst bei der zweiten Verlegung im September dabei war, ergibt sich daraus, dass er die Einlieferung Kurt Schumachers auf dem Heuberg im Juli 1933 noch miterlebt hat.
S. 96 *Verlegung direkt in das Garnisonsgefängnis*: Mitunter ist zu lesen, Bauer sei zwischendurch in das Konzentrationslager Oberer Kuhberg verlegt worden. Dieses KZ wird aber erst im November 1933 eingerichtet. Nach Auskunft der Gedenkstätte Oberer Kuhberg ist ausgeschlossen, dass Bauer vor seiner Inhaftierung im Garnisonsgefängnis Ulm dorthin kommen konnte.
S. 96 *Oberwachtmeister Gnaier*: Vgl. Silvester Lechner, *Das KZ Oberer Kuhberg und die NS-Zeit in der Region Ulm/Neu-Ulm,* Stuttgart 1988, S. 63. Laut Auskunft Lechners ist auch die Schreibweise Gneier möglich. Im seinerzeitigen Telefonbuch findet sich weder die eine noch die andere Schreibweise.
S. 96 »*nicht begriff*« und folgende Zitate: Niederschrift des Interviews von Leni Yahil mit Bauer, von ihm handschriftlich korrigiert und abgezeichnet am 9. März 1962. Archiv Yad Vashem, 0–27/13–5.

S. 97 *Seiner Familie erzählt er:* Tiefenthal-Interview, geführt von Walter Fabian.
S. 97 *»Wenn Sie Uhlmännle sehen«:* Zit. nach Uhlman, *The Making of an Englishman,* S. 163 f.
S. 97 *Rieger und Bloch:* Vgl. Weinmann, »Das Oberlandesgericht Stuttgart von 1933 bis 1945«, in Stilz (Hrsg.), *Das Oberlandesgericht Stuttgart – 125 Jahre von 1879 bis 2004,* S. 44.
S. 97 *Ohne seine Unterschrift unter einer Unterwerfungserklärung geht es nicht:* Vgl. Kienle, *Das Konzentrationslager Heuberg,* S. 114 f.
S. 97 f. *»Wir sind von dem Willen«:* Faksimile aus dem *Ulmer Tagblatt,* 13. November 1933, nachgedruckt ebd., S. 115. Das so betitelte »Treuebekenntnis einstiger Sozialdemokraten« ist datiert auf den 22. Oktober. In der nach Wichtigkeit, nicht nach Alphabet sortierten Unterzeichnerliste steht Bauer direkt hinter Karl Ruggaber, dem Landesvorsitzenden des Reichsbanners, und vor Erich Roßmann, dem Landesvorsitzenden der SPD. Bei näherer Betrachtung fällt zwar auf, dass in der Unterzeichnerliste nicht Fritz Bauer steht, sondern »Fritz Hauer«, was im altdeutschen Schriftbild leicht zu verwechseln ist. Ein wirklicher Fritz Hauer, der so wichtig und bekannt wäre, an vorderster Stelle genannt zu werden, ist aber nicht bekannt. Nachdem Bauer tatsächlich in engem zeitlichem Zusammenhang aus der Haft entlassen wird, spricht alles für einen bloßen Druckfehler.
S. 98 *Schumacher verweigerte:* Vgl. ebd., S. 115.
S. 98 *»Ich, der kleinmütig«:* Bauer, »Im Kampf um des Menschen Rechte« (1955), nachgedruckt in Perels/Wojak, *Die Humanität der Rechtsordnung,* S. 37–49 (39).
S. 99 *Gebühren in Höhe von 2,60 Mark:* Vgl. Kienle, *Das Konzentrationslager Heuberg,* S. 68.
S. 99 *Seine Stelle als Amtsrichter:* Bauer wird am 25. Mai 1933 auf der Grundlage des nazistischen Gesetzes zur Wiederherstellung des Berufsbeamtentums entlassen, vgl. Justiz-Personalakte Fritz Bauer, Archiv des Fritz-Bauer-Instituts, NL – 08/03, Bl. 41. Bauer selbst nennt später verschiedene Zeitpunkte: März, April oder Mai 1933.
S. 99 *Die übrigen sechs jüdischen Richter:* Vgl. Weinmann, »Das Oberlandesgericht Stuttgart von 1933 bis 1945«, in Stilz (Hrsg.), *Das Oberlandesgericht Stuttgart – 125 Jahre von 1879 bis 2004,* S. 37–62 (43). Sowie Helmut Borth, »Das Amtsgericht Stuttgart«, ebd., S. 233–237 (235).

S. 99 *Jüdische Anwälte, Gerichtsgebäude, Zulassungen:* Vgl. Göppinger, *Juristen jüdischer Abstammung im »Dritten Reich«*, S. 90f.
S. 99 *»eine schreckliche Zeit für ihn«:* Tiefenthal-Interview, geführt von Walter Fabian.
S. 99 *Ein weiterer Jurist wird daraufhin:* Vgl. Göppinger, *Juristen jüdischer Abstammung im »Dritten Reich«*, S. 77f.
S. 99f. *Auswanderungswelle 1933–35:* Vgl. Roland Müller, *Stuttgart in der Zeit des Nationalsozialismus*, Stuttgart 1995, S. 295. Sowie Paul Sauer/Sonja Hosseinzadeh, *Jüdisches Leben im Wandel der Zeit*, S. 135.
S. 100 *15. März 1936:* Vgl. Datumsangabe auf dem Vorblatt der Polizeiakte Fritz Bauer, Stadtarchiv Kopenhagen, Udl. Nr. 53.658–113.954.
S. 100 *Carlo Schmid versucht zum Abschied:* An diese Begebenheit erinnert Bauer in einem Geburtstagsgruß an Schmid am 4. Dezember 1961. Vgl. Archiv der Sozialen Demokratie, Nachlass Carlo Schmid, Mappe 972.
S. 100 *Gerade erst ist Bauer in Stuttgart wieder:* Vgl. Polizeiakte Fritz Bauer, Stadtarchiv Kopenhagen, Udl. Nr. 53.658–113.954.
S. 100 *»ein weiteres Verbleiben zu Hause sinnlos machte«:* Bauer an Horkheimer, 21. September 1937, Max-Horkheimer-Archiv in der Stadt- und Universitätsbibliothek Frankfurt am Main, I/2 230.
S. 101 *Jeden Donnerstag zur Fremdenpolizei:* Vgl. Bericht vom 4. August 1943, Polizeiakte Fritz Bauer, Stadtarchiv Kopenhagen, Udl. Nr. 53.658–113.954.
S. 101 *Beschattung bei Spaziergängen:* Vgl. Bericht vom 5. Juni 1936, ebd.
S. 101 *Nacht mit einem Dänen:* Vgl. Bericht vom 18. April 1936, ebd.
S. 101 *»Von der Straße aus«:* Ebd.
S. 101 *»Wenn ich arbeiten dürfte«:* Vgl. Bericht vom 21. Oktober 1936, ebd.
S. 102 *Nach 1936 keine homosexuellen »Verbindungen« mehr:* Bericht vom 3. März 1939, ebd.
S. 102 *USA, wo bereits einige Verwandte seiner Mutter leben:* Hirsch-Interview. (Der 1916 geborene Sohn von Otto Hirsch, Hans George Hirsch, lebt heute in Bethesda/Maryland, USA.)
S. 102 *Das Scheitern mehrerer Visumsanträge:* Vgl. Wojak, *Fritz Bauer*, S. 129.
S. 102 *»Die Dänen genießen das Glück«:* Bauer, »Die glückliche Insel Dänemark«, *C.V.-Zeitung*, 24. Dezember 1936. Lediglich auf diesen Text stützt sich die Annahme, Bauer habe sich in Dänemark tatsächlich wohlgefühlt, bei Steffen Steffensen, »Fritz Bauer (1903–1968). Jurist und Volkswirt«, in Willy Dähnhardt und Birgit S.

Nielsen (Hrsg.), *Exil in Dänemark. Deutschsprachige Wissenschaftler, Künstler und Schriftsteller im dänischen Exil,* Heide 1993, S. 171–177.

S. 102 *»Ich lebe hier ziemlich an der Peripherie«:* Bauer an Horkheimer, 21. September 1937, Max-Horkheimer-Archiv in der Stadt- und Universitätsbibliothek Frankfurt am Main, I/2 230.

S. 103 *»Werter Herr Professor!«:* Ebd.

S. 103 *Praktisch hochgekrempelte Hemden, von denen er oft die Zigarettenasche:* Warlo, Wiese-Interviews.

S. 103 *Ein Bücherwurm, ungeeignet:* Aussage im Polizeibericht vom 21. Oktober 1936, Polizeiakte Fritz Bauer, Stadtarchiv Kopenhagen, Udl. Nr. 53.658–113.954.

S. 103 *Stephan Hurwitz zu Bauer:* Vgl. Interview von Leni Yahil mit Bauer, von ihm handschriftlich korrigiert und abgezeichnet am 9. März 1962. Archiv Yad Vashem, o–27/13–5, S. 2f.

S. 103f. *Bauer hat zu Hause schon früh von Horkheimer gehört:* Vgl. Bauer an Horkheimer, 15. Februar 1965, Max-Horkheimer-Archiv in der Stadt- und Universitätsbibliothek Frankfurt am Main, I/2 230.

S. 104 *Horkheimer hat zu Hause schon früh von Bauer gehört:* Vgl. Horkheimer an Bauer, 9. Oktober 1937.

S. 104 *»Vielleicht sind Sie bereits«:* Bauer an Horkheimer, 21. September 1937.

S. 104 *Pollock hat Bauers Doktorarbeit zitiert:* Vgl. Bauer an Horkheimer, 1. Februar 1938.

S. 104 *»(W)obei ich vorläufig unterstelle«:* Bauer an Horkheimer, 1. Februar 1938.

S. 104 *Bauer könne gern skandinavische Bücher rezensieren:* Mitarbeiter Horkheimers (Unterschrift unleserlich) an Bauer, 7. März 1938.

S. 105 *Ein sonniger Tag in einem Kopenhagener Park:* Vgl. Richard Schmid, »Nachruf auf Fritz Bauer 1903–1968«, *Kritische Justiz* 1968, Heft 1, S. 60f.

S. 105 *Novemberpogrom in Stuttgart:* Vgl. Sauer/Hosseinzadeh, *Jüdisches Leben im Wandel der Zeit,* S. 139.

S. 105 *1939 kann er in Richtung Südafrika:* Vgl. E. Guggenheimer, »Aus der Geschichte des Synagogenbaus«, in Israelitische Kultusvereinigung Württemberg und Hohenzollern (Hrsg.), *Festschrift zur Einweihung der Synagoge in Stuttgart,* Stuttgart 1952, S. 25–31 (30).

S. 106 *»Dem Ludwig Israel Bauer«:* Finanzamt Stuttgart-Nord, Unbedenklichkeitsbescheinigung, 1. Dezember 1939, Staatsarchiv Ludwigsburg, EL 350 I Bü 23925.

S. 106 »*Ich selber und eine Reihe anderer Emigranten*«: Interview von Leni Yahil mit Bauer, von ihm handschriftlich korrigiert und abgezeichnet am 9. März 1962. Archiv Yad Vashem, 0–27/13–5, S. 4.
S. 107 »*Sie haben ihn dann*«: Tiefenthal-Interview, geführt von Walter Fabian. Im Original ist von »Kossör« die Rede, eine wohl eingedeutschte Fassung des dänischen Ortsnamens »Korsør«, die stillschweigend korrigiert wurde.
S. 107 *Familienbesuche:* Vgl. ebd.
S. 107 *Freilassung im Dezember:* Vgl. Polizeiakte Fritz Bauer, Stadtarchiv Kopenhagen, Udl. Nr. 53.658–113.954.
S. 107 *Scheinehe:* Tiefenthal-Interview, geführt von Walter Fabian.
S. 107 *Als Religion geben sie:* Vgl. Stadtarchiv Kopenhagen, Heiratsregister 2092/1943.
S. 107 »*Liebe Anna Maria*«: Vgl. Wojak, *Fritz Bauer*, S. 154. Den Abschiedsgruß Bauers an Petersen hat Irmtrud Wojak im Privatarchiv von Bauers Neffen Rolf Tiefenthal in Dänemark einsehen können.
S. 108 *In der Nacht zum 13. Oktober 1943:* Vgl. ebd.
S. 108 *Das Schicksal Paula und Erich Hirschs:* Vgl. Wojak, *Fritz Bauer*, S. 539.
S. 108 »*Hier herrscht Eifersucht*«: Bauer an Schumacher, 23. Mai 1946, Archiv der sozialen Demokratie, Nachlass Fritz Bauer, 1/FBAB 000001.
S. 108 *Weiter nach Stockholm:* Tiefenthal-Interview, geführt von Walter Fabian.
S. 109 *Bauer tritt gleich mehreren Gruppen bei:* Vgl. Wojak, *Fritz Bauer*, S. 166, 169.
S. 109 *Stipendium:* Vgl. ebd., S. 166.
S. 109 *Bauer in das neunköpfige Führungsgremium gewählt:* Vgl. ebd., S. 177.
S. 109 »*Er ist ein Mann, der in internationalen Kreisen*«: Bauer an Schumacher, 23. Mai 1946, Archiv der sozialen Demokratie, Nachlass Fritz Bauer, 1/FBAB 000001.
S. 110 *Besuch zu Neujahr 1946:* Vgl. Brandt an Schumacher, 13. Januar 1946, Archiv der sozialen Demokratie, Nachlass Kurt Schumacher, Mappe 64.
S. 110 *Als Brandt Präsident des Abgeordnetenhauses:* Vgl. Wojak, *Fritz Bauer*, S. 280 f.
S. 110 »*ein längst vom Zahn der Zeit*«: Bauer an Max Horkheimer, 1. Februar 1938, Max-Horkheimer-Archiv in der Stadt- und Universitätsbibliothek Frankfurt am Main, I/2 230.

S. 110  »*Geld regiert die Welt*«: Bauer, *Penge*, Kopenhagen 1941, S. 5.
S. 111  »*Gold und güldenen Dingen*«: Ebd., S. 5.
S. 111  *Bauer erklärt, wie Geld entstanden ist:* Vgl. ebd., S. 9–23.
S. 111  »*nicht Metall, sondern Glaube*«: Ebd., S. 24–39
S. 111  Übersetzung ins Schwedische: Fritz Bauer, *Pengar i går, i dag och i morgon* (Geld gestern, heute und morgen), Stockholm 1944.
S. 111  »*Großgrundbesitzer, Vertreter*« und folgendes Zitat: Fritz Bauer, *Ökonomisk Nyorientering*, Kopenhagen 1945, S. 28.
S. 112  *Wie er an anderer Stelle offenlegt:* Vgl. Bauer, »Sozialismus und Sozialisierung«, *Deutsche Nachrichten*, 12. Mai 1947.
S. 112  *Wenn sie mehr Waren absetzen wollten:* Bauer, *Ökonomisk Nyorientering*, S. 19.
S. 112  »*Man balgt sich um Kolonien*«: Bauer, »Sozialismus und Sozialisierung«, *Deutsche Nachrichten*, 12. Mai 1947.
S. 112  »*nur ein anderes Wort*«: Ebd.
S. 112  *Beispiele Thyssen und Rheinisch-Westfälisches Kohlensyndikat:* Bauer, *Ökonomisk Nyorientering*, S. 7, 27.
S. 113  »*pazifiziert*«: Ebd., S. 28.
S. 113  *Aber die Probleme finde man:* Ebd., S. 22.
S. 113  »*Man kämpft nicht gegen*«: Bauer, »Sozialismus und Sozialisierung«, *Deutsche Nachrichten*, 12. Mai 1947.
S. 113  *Bauers Schreibtisch:* Bauer, *Monopolernes Diktatur*, Kopenhagen 1948, S. 5–8.
S. 114  »*es fehlte nicht viel*«: Ebd., S. 9.
S. 114  »*Die sozialistische Antwort*« und folgendes Zitat: Bauer, »Sozialismus und Sozialisierung«, *Deutsche Nachrichten*, 12. Mai 1947. Die Vor- und Nachteile planwirtschaftlicher Eingriffe hat er auch bereits in *Ökonomisk Nyorientering* auf den S. 158 ff. erwogen.
S. 114 f.  »*Die Verhältnisse in Deutschland*« und folgende Zitate: Bauer, »Die Wirtschaftsgesetzgebung in der Ostzone«, *Deutsche Nachrichten*, 14. April 1947.
S. 115  »*Die internationalen Monopolherren*«: Bauer, »Ein bisschen Arsenik. Blick hinter die Kulissen der Wirtschaft«, *Deutsche Nachrichten*, 28. April 1947.
S. 115  *Kritik an der Adenauer-Regierung:* Bauer, »Das Land der Kartelle«, *Geist und Tat. Monatsschrift für Recht, Freiheit und Kultur*, Juni 1952, S. 167–171.
S. 116  *Rede am 9. Mai 1945:* Vgl. Redetext abgedruckt in *Politische Information*, 15. Mai 1945, S. 11 f., Archiv Fritz-Bauer-Institut.
S. 117  »*Ich habe natürlich grosse Lust*«: Bauer an Schumacher, 23. Mai

1946, Archiv der sozialen Demokratie (AdsD), Nachlass Fritz Bauer, 1/FBAB 000001.

S. 117 »*persönlichen Schwebezustand*«: Bauer an Schöttle, 12. Oktober 1948, AdsD, Nachlass Erwin Schöttle, Mappe 15.

S. 117 »*(i)ch denke an irgendeine Stellung*«: Ebd.

S. 118 »*Wir anerkennen*«: Redetext abgedruckt in *Politische Information*, 15. Mai 1945, S. 11 f.

S. 118 »*eingesponnen in das Netz*«: Ralph Giordano, *Die Bertinis*, Frankfurt am Main 1982, S. 712.

S. 118 »*wir Deutschen*«: Bauer, »Wiedergutmachung und Neuaufbau«, *Deutsche Nachrichten*, 4. September 1945.

S. 118 »*Der Optimismus dieser Völker*« und folgendes Zitat: Ebd.

S. 119 *Der Fall des Dr. Lewin:* Vgl. *Neuer Vorwärts*, 24. September 1949, S. 10.

S. 119 »*So eine neusozialdemokratische Rassenlehre*«: Schumacher an Peter Blachstein, 26. November 1949, nachgedruckt in Willy Albrecht (Hrsg.), *Kurt Schumacher. Reden – Schriften – Korrespondenzen, 1949–1952*, Bonn 1985, S. 990–992.

S. 119 »*daß besorgt tuende Leute*«: Ebd.

S. 120 *Jakob Altmaiers politische Rolle:* Vgl. Willy Albrecht: »Jeanette Wolff, Jakob Altmaier und Peter Blachstein. Die drei jüdischen Abgeordneten des Bundestags bis zum Beginn der sechziger Jahre«, in Julius H. Schoeps (Hrsg.), *Leben im Land der Täter. Juden im Nachkriegsdeutschland (1945–1952)*, Berlin 2001, S. 236–253 (243).

S. 120 *Peter Blachsteins Selbstbeschreibung:* Ebd., S. 246.

S. 120 »*[u]nter den ätherischen Primadonnen*«: »Nachruf auf Rudolf Katz (30. September 1895 – 23. Juli 1961)«, *Der Spiegel*, 2. August 1961. Gelegentlich wird noch auf Walter Strauß verwiesen, der nach dem Krieg die Berliner CDU mitbegründet und von 1950 bis 1963 als verbeamteter Staatssekretär im Bundesjustizministerium amtiert, so Thomas Horstmann/Heike Litzinger, *An den Grenzen des Rechts*, S. 166. Doch ist Strauß bereits von Geburt an evangelisch und nur nach NS-Kriterien jemals kurz jüdisch gewesen; *Preuße, Protestant, Pragmatiker* heißt treffend die 2003 erschienene Biografie von Friedemann Utz.

S. 120 f. *Auch betont er, er habe während des Exils nie:* Vgl. Interview von Leni Yahil mit Bauer, von ihm handschriftlich korrigiert und abgezeichnet am 9. März 1962, Archiv Yad Vashem, 0–27/13–5.

S. 121 *Freundschaft zu Erich H. Jacoby:* Vgl. Wojak, *Fritz Bauer*, S. 133.

S. 121 *Traditionelle jüdische Zeremonie geplant:* Vgl. Corinna Waffender, »Porträt einer erfolgreichen Weltbürgerin. Ruth Jacoby, Schwedens Botschafterin in Berlin«, *Jüdische Zeitung*, April 2007. (Ruth Jacoby ist die Tochter Erich H. Jacobys.)

S. 121 *»Ich bin dem nicht näher getreten«:* Bauer an Schumacher, 14. September 1948, AdSD, Mappe 165.

S. 121 *»Dabei machen sie sich zu Schleppenträgern«:* Brief zwischen zwei ungenannten Genossen, 22. November 1945, zit. nach Wojak, *Fritz Bauer,* S. 201.

S. 121 *»auf Hauen und Stechen«:* Reinowski an Heinig, 26. Mai 1946, zit. nach ebd., S. 211.

S. 122 *»russischen Quisling«:* Heinig an einen ungenannten Genossen, 22. Dezember 1946, zit. nach ebd., S. 205.

S. 122 *»Dieses ewige den Russen in den Arsch kriechen«:* Brief zwischen zwei ungenannten Genossen, 21. August 1946, zit. nach ebd., S. 201.

S. 122 *Absage der SPD-Regierung:* Vgl. Bauer an Schöttle, 12. Oktober 1948, AdSD, Nachlass Erwin Schöttle, Mappe 15.

S. 122 *»Wahrscheinlich«:* Bauer an Schumacher, 14. September 1948, AdSD, Nachlass Kurt Schumacher, Mappe 165.

**Kapitel 6**

S. 123 *Remers Wahlkampfauftritt vor 800 Zuhörern:* Vgl. »Remer-Partei. Schickt deutsche Maurer«, *Der Spiegel*, 2. Mai 1951. Sowie Ernst Riggert, »Das letzte Aufgebot«, *Die Welt*, 26. April 1951.

S. 123 f. *Die SRP im Spiegel der Presse:* Vgl. Norbert Frei, *1945 und wir. Das Dritte Reich im Bewußtsein der Deutschen,* München 2005, S. 137.

S. 125 *»Der kleine Goebbels möchte«* und folgendes Zitat: Zit. nach Michael Freund, »Der Angeklagte aus Versehen. Der Prozess gegen Remer«, *Die Gegenwart*, 15. März 1951, S. 166–169 (166).

S. 125 *»Er ist einer von Hunderten«:* Ebd., S. 167.

S. 126 *»Die Verschwörer sind zum Teil«* und folgendes Zitat: Zit. nach Frei, *1945 und wir,* S. 138.

S. 126 *»keine Aussichten auf sicheren Erfolg«:* Vgl. ebd.

S. 126 *Sarkastische Glückwünsche an die Kollegen in Hessen:* Warlo-Interview.

S. 126 f. *»Wenn ich an Fritz Bauer denke«:* Kramer-Interview.

S. 127 *Konflikt mit Erich Günther Topf:* Vgl. Claudia Fröhlich, »*Wider die Tabuisierung des Ungehorsams«. Fritz Bauers Widerstandsbegriff und die Aufarbeitung von NS-Verbrechen,* Frankfurt am Main 2006, S. 37 f.

S. 127 »*Sinecure*«: Bauer an Erwin Schöttle, 12. Oktober 1948, Archiv der sozialen Demokratie (AdsD), Nachlass Erwin Schöttle, Mappe 15.

S. 128 »*Sie schreiben, Sie freuten sich*«: Bauer an Horkheimer, 2. März 1954, Max-Horkheimer-Archiv in der Stadt- und Universitätsbibliothek Frankfurt am Main, I/2 230.

S. 129 *Am 1. April 1950 erhält Bauer eine Urkunde:* Vgl. Dank- und Glückwunschurkunde, Abschrift, Hannover, 24. März 1950, Justiz-Personalakte Fritz Bauer, Archiv des Fritz-Bauer-Instituts, NL – 08/03.

S. 129 *Das niedersächsische Justizministerium gesteht:* Vgl. Mitschrift einer Besprechung im Ministerium, 28. Januar 1949, Zit. nach Fröhlich, »*Wider die Tabuisierung des Ungehorsams*«, S. 61.

S. 129 »*daß zwei Drittel bis drei Viertel*«: Bauer, »Justiz als Symptom« (1962), nachgedruckt in Perels/Wojak, *Die Humanität der Rechtsordnung*, S. 365–376 (366). Klammereinschub im Original.

S. 129 »*Vorderhand*«: Bauer an Schumacher, 24. April 1949, AdsD, Nachlass Kurt Schumacher, Mappe 165. Bauer schreibt, dass er seit zwei Wochen im Lande sei.

S. 130 »*Die Emigranten erinnerten an Dinge*«: Sender Freies Berlin (Hrsg.), *Um uns die Fremde. Die Vertreibung des Geistes 1933– 45*, Berlin 1968, S. 69.

S. 130 »*(a)nlässlich der schwarzrotgoldenen Beflaggung*«: Bauer an Schumacher, 23. Mai 1949, AdsD, Nachlass Schumacher, Mappe 71.

S. 130 *Das Schicksal Robert Blochs:* Vgl. Alfred Marx, *Das Schicksal der jüdischen Juristen in Württemberg und Hohenzollern 1933– 1945*, S. 3 f. Sowie http://www.stolpersteine-stuttgart.de/index.php?docid=251 [10. Mai 2013].

S. 130 f. »*Frauenarzt mit möhrenfarbenem Ziegenbart*«: Kurt Hiller, *Leben gegen die Zeit*, 1. Bd., Reinbek 1969, S. 61–63.

S. 131 *London, New York, Buenos Aires, Palästina:* Vgl. Maschinenschriftliche Mitgliederliste von 1948, einsehbar im vom New Yorker Leo Baeck Institute online publizierten Nachlass des F.W.V.-Mitglieds Rudolf Zielenziger unter: http://archive.org/details/rudolfzielenziger [10. Mai 2013].

S. 131 *Ernst Rosenthals Wiederbelebungsversuch:* Vgl. Rundschreiben des Bundes der Freien Wissenschaftlichen Vereinigungen, August 1948, Leo Baeck Institute a. a. O. Rosenthal unterzeichnet mit »herzlichem F.W.V.er Gruss« als »Erster Präside des wieder auferstandenen A.H. Bundes« (A.H. steht für Alte Herren). Der Verfasser der maschinenschriftlichen Mitgliederliste weiß 1948 auch bereits, dass »Fritz Bauer (*16.7.1903)« nach seiner Rückkehr aus

Schweden »Maltagade 15, Copenhagen« wohnt, es besteht also ein frischer Kontakt. Die F.W.V. ist nach 1945 letztlich nie wieder an Universitäten lebendig geworden.

S. 131 *»Das war ein Hallo«* und folgende Zitate zu Theresienstadt: »Erich Simon, F.W.V. Theresienstadt. Zum Gedächtnis der Toten, Rundschreiben des Bundes der Freien Wissenschaftlichen Vereinigungen, August 1948«. Leo Baeck Institute a. a. O. Erich Simon hat in Berlin studiert. Bauer und er könnten sich in Studienzeiten bei einer der bundesweiten Versammlungen der F.W.V. begegnet sein, verbürgt ist das aber nicht.

S. 131 *Gemeinsame Vergangenheit von Bauer und Karl-Wolfgang Philipp:* Vgl. *Monatsbericht des Bundes Freier Wissenschaftlicher Vereinigungen*, Mai/Juni 1923, S. 6.

S. 132 *Richard Neumanns Amt:* Bauer erfährt dies, weil die maschinenschriftliche Mitgliederliste von 1948, siehe oben, auch die aktuellen Berufe enthält.

S. 132 *»Glaubt man, den Antisemitismus zu besiegen«:* Zit. nach Landesinformationsdienst des Landes Schleswig-Holstein von 28. Dezember 1951, Akten 1 Bv 1/51-H6-Urkunde Nr. 237.

S. 133 *Der Fall Dietrich Klagges:* Vgl. Hans-Ulrich Ludewig, »Nazi-Verbrecher Klagges ohne Einsicht. Der ehemalige Braunschweiger Ministerpräsident erhielt – nach vorzeitiger Haftentlassung – 600 DM Rente monatlich«, *Braunschweiger Zeitung*, 8. Mai 2012.

S. 133 *Der Bundesgerichtshof zitiert eine ganze Reihe offizieller Äußerungen:* Vgl. Entscheidungen des Bundesgerichtshofs in Strafsachen, Bd. 12, S. 36, 40 f.

S. 133 f. *»deutschen Würde«:* Zit. nach ebd., S. 41 f.

S. 134 *»mutmaßlichen« Kriegsverbrechern:* Ebd., S. 40 f.

S. 134 *»Die Beamten«:* Bauer, »Justiz als Symptom« (1962), nachgedruckt in Perels/Wojak (Hrsg.), *Die Humanität der Rechtsordnung*, S. 365–376 (367 f.).

S. 135 *Andrang im Landgericht:* Vgl. Fröhlich, »Wider die Tabuisierung des Ungehorsams«, S. 104.

S. 135 *»Otto Ernst Remer auf der Anklagebank«:* Michael Freund, »Der Angeklagte aus Versehen«, *Die Gegenwart*, 15. März 1951, S. 166–169 (168).

S. 135 *Durch die Gänge dröhnen Hammerschläge:* Guido Zöller, »Rehabilitierung der Widerstandskämpfer«, *Rhein-Neckar-Zeitung*, 14. März 1952.

S. 135 *Ermahnungen des Richters:* Vgl. Fröhlich, »*Wider die Tabuisierung des Ungehorsams*«, S. 105.
S. 136 *Kalkül der CDU:* Vgl. Frei, *1945 und wir,* S. 135 f.
S. 136 *Fritz Bauer ist nicht der erste Jurist:* Weil Remer der Bundesregierung bei einem Wahlkampfauftritt unterstellt, sich für den Fall eines Krieges »Ausweichquartiere in London« besorgt zu haben, klagt 1951 auch die Staatsanwaltschaft Verden, im Einzugsbereich eines der anderen beiden niedersächsischen Generalstaatsanwälte, ihn an und erwirkt eine Gefängnisstrafe von vier Monaten. Vgl. Frei, *1945 und wir,* S. 135.
S. 136 *Bauers Verhältnis zur Presse:* Meyer-Velde-Interview.
S. 137 »*durch das Blut ... die Scham ... weggewischt*«: Ansprache des Bundespräsidenten Theodor Heuss an der Freien Universität Berlin am 19. Juli 1954, zit. nach Olivier Guez, *Heimkehr der Unerwünschten. Eine Geschichte der Juden in Deutschland nach 1945,* München 2011, S. 131.
S. 137 *Zwar wird es noch bis in die 1960er:* Vgl. Peter Steinbach, »Vorwort« zu Eberhard Zeller, *Oberst Claus Graf Stauffenberg. Ein Lebensbild,* S. XVIII.
S. 137 *Meinungsbild zum Widerstand:* Vgl. Report No. 114, 5. Dezember 1951, in Anna Merrit/Richard Merrit (Hrsg.), *Public Opinion in semisovereign Germany. The HICOG Surveys, 1949–1955,* Illinois 1980, S. 147; Report No. 167, 12. Januar 1953, S. 198.
S. 137 »*(D)a wird sehr breit erörtert*«: Michael Freund, »Der Angeklagte aus Versehen«, *Die Gegenwart,* 15. März 1951, S. 166–169 (168).
S. 138 *Der Fall Wolfgang Hedler:* Vgl. Frei, *1945 und wir,* S. 135, sowie Fröhlich, »*Wider die Tabuisierung des Ungehorsams*«, S. 49 f.
S. 138 »*so sachlich ihre Verfahren*«: Theodor Heuss, »Zum 20. Juli 1944«, *Bulletin des Presse- und Informationsamtes der Bundesregierung,* 19. Juli 1952, S. 927.
S. 138 »*Ich darf als bekannt unterstellen*«: Rothfels an Bauer, 13. Dezember 1951, zit. nach Fröhlich, »*Wider die Tabuisierung des Ungehorsams*«, S. 48.
S. 139 »*Es lässt sich nicht widerlegen*« und folgende Zitate: Zit. nach Fröhlich, »*Wider die Tabuisierung des Ungehorsams*«, S. 56–61.
S. 140 *Ebenso vorsichtig entscheidet der Bundesgerichtshof:* Vgl. Urteil des Bundesgerichtshofs vom 8. Mai 1952, nachgedruckt in *Neue Juristische Wochenschrift* 1953, S. 1183: »Wer heute die Widerstandskämpfer gegen den Nationalsozialismus ›Landesverräter‹ oder ›Vaterlandsverräter‹ nennt, kann das nicht i. S. einer Tatsachen-

behauptung meinen.« Ebenso das Urteil des Bundesgerichtshofs vom 6. Mai 1958, Entscheidungsband 11, S. 329: »Wer einen Widerstandskämpfer ›Landesverräter‹ nennt, ist wegen Beleidigung, nicht aber wegen übler Nachrede strafbar.« Ebenso mit Blick auf die Schmähung als »Landesverräter« das Urteil des Bundesgerichtshofs vom 22. Mai 1959, AZ: 1 StE 3/58. Dieselbe Liberalität prägt Jahrzehnte später auch den Umgang mit Äußerungen von links, so im berühmten Fall des Tucholsky-Zitats »Soldaten sind Mörder«: Die Meinungsfreiheit werde verletzt, urteilt das Bundesverfassungsgericht 1994, »wenn bei einer Verurteilung wegen Volksverhetzung und Beleidigung die Aussage eines Aufklebers ausschließlich unter Heranziehung des Verständnisses des (Strafgesetzbuchs) gedeutet wird, ohne einen umgangssprachlichen Sinn der beanstandeten Äußerung zu erwägen.« Kammerbeschluss des Bundesverfassungsgericht vom 25. August 1994, AZ: 1 BvR 1423/92.

S. 141 *»Eine eidliche Verpflichtung«:* Bauer, »Eine Grenze hat Tyrannenmacht. Plädoyer im Remer-Prozess« (1952), nachgedruckt in Perels/Wojak (Hrsg.), *Die Humanität der Rechtsordnung,* S. 169–179 (176).

S. 141 *»Deutschland diskutiert die Eid-Frage«:* Zit. nach Fröhlich, *»Wider die Tabuisierung des Ungehorsams«,* S. 78.

S. 141 *»Ginge es nur nach der Anzahl«:* Zit. nach ebd.

S. 141 *»Sturmflut der Briefe«:* Bauer an Margarethe von Hase, 21. März 1952, Niedersächsisches Staatsarchiv, 61 Nds. Fb. 1, Nr. 24/4.

S. 141 *»sprudelnden, unter den Stichen des Verteidigers«:* Michael Freund, »Der Angeklagte aus Versehen«, *Die Gegenwart,* 15. März 1951, S. 166–169 (168).

S. 141f. *» Wer einen Eid geschworen hat«:* Anonym an Bauer, 6. Februar 1952, zit. nach Fröhlich, *»Wider die Tabuisierung des Ungehorsams«,* S. 79.

S. 142 *»Um Ihnen, die Sie Ihren Sohn im Krieg verloren haben«:* Bauer an Walther V., 19. März 1952, Niedersächsisches Staatsarchiv, 61 Nds. Fb. 1, Nr. 24/3, zit. nach ebd., S. 80.

S. 142 *»Herr Generalstaatsanwalt, ich weiß nicht«:* Paul A. an Bauer, 15. März 1952, zit. nach ebd.

S. 143 *»Meine Herren Richter!«* und folgende Zitate: Das Plädoyer ist nachgedruckt unter der Überschrift »Eine Grenze hat Tyrannenmacht. Plädoyer im Remer-Prozess« (1952), in Perels/Wojak (Hrsg.), *Die Humanität der Rechtsordnung,* S. 169–179. Die hier

S. 143 *So staunt der Reporter der Zeit:* Vgl. Jan Molitor (Pseudonym des späteren *Zeit*-Chefredakteurs Josef Müller-Marein), »Die Schatten der Toten vom 20. Juli. Ehrenrettung der Widerstandskämpfer – Der Remer-Prozeß in Braunschweig«, *Die Zeit*, 13. März 1952.

S. 145 *»(t)rotzdem haben wir ihr in äußeren Dingen«:* Zit. nach Fröhlich, »*Wider die Tabuisierung des Ungehorsams«*, S. 89.

S. 150 *Schultheater mit Claus Schenk Graf von Stauffenberg:* Dass Stauffenberg in seiner Jugend Theater gespielt hat, bestätigen übrigens alle gängigen Biografien. Ausdrücklich seine Rolle als Stauffacher in *Wilhelm Tell* erwähnen Wolfgang Venohr, *Stauffenberg. Symbol des Widerstands. Eine politische Biographie*, 3. Auflage München 2000, S. 29 f., sowie Eberhard Zeller, *Oberst Claus Graf Stauffenberg*, S. 6.

**Kapitel 7**

S. 152 *»Kein Vernünftiger straft«:* Fritz Bauer, *Das Verbrechen und die Gesellschaft*, München/Basel 1957, S. 135.

S. 152 f. *»eine Sphinx, halb Löwe, halb Mensch«:* Ebd., S. 251 f.

S. 153 f. *» Tatsächlich wird die These, die NS-Täter seien«:* Joachim Perels, »Zur rechtlichen Bedeutung des Auschwitz-Prozesses. Eine kritische Intervention«, in Matthias Mahlmann (Hrsg.), *Gesellschaft und Gerechtigkeit. Festschrift für Hubert Rottleuthner*, Baden-Baden 2011, S. 492–498 (494).

S. 154 *Viele, und bei Weitem nicht nur ewiggestrige Juristen:* Vgl. etwa den Strafrechtsprofessor Paul Bockelmann, »Straflosigkeit für nicht mehr gefährliche Schwerverbrecher?«, *Frankfurter Allgemeine Zeitung*, 23. Januar 1964, sowie den anschließenden, weitere Diskutanten einbeziehende wochenlangen Schlagabtausch zwischen Bockelmann und Bauer in den Leserbriefspalten der Zeitung, Archiv Fritz-Bauer-Institut. In diesem Diskurs unter Akademikern tritt Bauer übrigens auffallend defensiv auf und präsentiert sein Konzept nicht so radikal wie in Presseinterviews. Zum vermeintlichen Widerspruch, der Bauer angekreidet wird, siehe aus jüngerer Zeit etwa den Rechtsphilosophen Gerd Roellecke, »Aber wehe, wenn ihr euch diesmal nicht bessert! Volksaufklärung durch Strafrechtstheater: Vor hundert Jahren wurde Fritz Bauer geboren«, *Frankfurter Allgemeine Zeitung*, 16. Juli 2003: »Bauers These, staatliches Strafen diene dem Schutz der Rechtsgüter und der Wieder-

S. 154 eingliederung der Täter in die Gesellschaft, versagt allerdings ausgerechnet in den Fällen, in denen er sich am meisten engagiert hat.«
S. 154 *»die meisten Staatsanwälte«:* Bauer im Hörfunkinterview: »Zu den Naziverbrecher-Prozessen. Das politische Gespräch«. Sendereihe des NDR, Sendung vom 25. August 1963, nachgedruckt in Joachim Perels/Irmtrud Wojak (Hrsg.), *Die Humanität der Rechtsordnung,* S. 101–117 (116).
S. 155 *»zehn Minuten Gefängnis pro Opfer«:* Dieter Strothmann, »Ein Toter gleich 10 Minuten Gefängnis«, *Die Zeit,* 25. Mai 1962.
S. 155 *»ob 40 Mann mehr«:* Bauer im Interview mit der *Frankfurter Neuen Presse,* 22. Dezember 1964.
S. 155 *Selbst ein junger Bewunderer und Helfer Bauers:* Vgl. Jäger an Just-Dahlmann, 9. August 1962, zit. bei Annette Weinke, *Eine Gesellschaft ermittelt gegen sich selbst,* S. 63.
S. 155 *»Theoretisch reflektierte Justiz«:* Theodor W. Adorno, *Negative Dialektik. Jargon der Eigentlichkeit. Dritter Teil: Modelle. Gesammelte Schriften,* Bd. 6, hrsg. von Rolf Tiedemann, Frankfurt am Main 1986, S. 282.
S. 155 *Dieses Ziel seiner Strafprozesse betont Bauer:* Vgl. Bauer, *Die Kriegsverbrecher vor Gericht,* Zürich/New York 1945, S. 21.
S. 155 f. *»können und müssen dem deutschen Volk«:* Ebd., S. 211.
S. 156 *»historischen, rechtlichen und moralischen«:* Bauer, »Im Namen des Volkes. Die strafrechtliche Bewältigung der Vergangenheit« (1965), nachgedruckt in Perels/Wojak (Hrsg.), *Die Humanität der Rechtsordnung,* S. 77–90 (78). Siehe zum Ganzen Werner Renz, »Fritz Bauer zum Zweck der NS-Prozesse. Eine Rekonstruktion«, *Einsicht 07. Bulletin des Fritz-Bauer-Instituts,* Frühjahr 2012, S. 40–46.
S. 156 *»Sie können Paragrafen machen«* und folgende Zitate: Bauer im Fernsehinterview: »Heute abend Kellerklub. Die Jugend im Gespräch mit Fritz Bauer«. Sendereihe des HR, Sendung vom 8. Dezember 1964.
S. 157 *»Wirklich nur die ausgewählten Sündenböcke«:* Ebd., vgl. auch Bauer an Melitta Wiedemann, abgedruckt aus Anlass von Bauers Tod in *Gewerkschaftliche Monatshefte,* 19. Jahrgang, August 1968, S. 490–492.
S. 157 *»nur die Rolle eines Mittels zum Zweck«:* Bauer, *Die Kriegsverbrecher vor Gericht,* S. 205.
S. 157 *»Brutstätten des Lasters«* und folgende Zitate: Franz von Liszt, *Zeitschrift für die gesamte Strafrechtswissenschaft* Bd. 9 (1889), S. 743, 749.

S. 158  »*Rastlos voran*«: Franz von Liszt, »Organisation und Organisationsformen im studentischen Leben« (1908), nachgedruckt in Manfred Voigts (Hrsg.), *Freie Wissenschaftliche Vereinigung*, S. 29–30 (30).

S. 158  *Eng befreundet mit Bauers Doktorvater:* Vgl. Stefanie Weis, Leben und Werk des Juristen Karl Hermann Friedrich Julius Geiler (1878–1953), S. 133.

S. 158  »*las ich bewegt, begeistert*«: Bauer, »Im Kampf um des Menschen Rechte« (1955), nachgedruckt in Perels/Wojak (Hrsg.), *Die Humanität der Rechtsordnung*, S. 37–49 (41).

S. 158  »*für einen Bibliophilen schwer erträglich*«: Amend-Interview.

S. 158  »*Ich habe gewusst*«: Bauer, »Im Kampf um des Menschen Rechte« (1955), nachgedruckt in Perels/Wojak, *Die Humanität der Rechtsordnung*, S. 37–49 (41).

S. 159  *Das dürfe keine Rolle spielen beim feierlichen Akt der Schuldvergeltung:* Anhand eines drastischen Beispiels bekräftigt Kant, dass er diese These genauso rigoros meint, wie sie klingt: »Selbst wenn sich die bürgerliche Gesellschaft mit aller Glieder Einstimmung auflöste (z.B. das eine Insel bewohnende Volk beschlösse auseinanderzugehen, und sich in alle Welt zu zerstreuen), müßte der letzte im Gefängnis befindliche Mörder vorher hingerichtet werden, damit jedermann das widerfahre, was seine Taten wert sind ...« Vgl. Immanuel Kant, *Die Metaphysik der Sitten*. Werkausgabe von Wilhelm Weischedel Bd. VIII, 1. Auflage, Frankfurt am Main 1977, S. 455 (Rechtslehre A 199/B 229). Das heißt, selbst wenn die Bestrafung eines Einzelnen offensichtlich durch keinen Nutzen für die Allgemeinheit gerechtfertigt werden kann, behält sie nach Kants Ansicht trotzdem ihren Sinn, allein um des Rechts willen.

S. 159  *Schon im November 1921:* Vgl. *Monatsberichte des Bundes Freier Wissenschaftlicher Vereinigungen*, Dezember 1921/Januar 1922, S. 7.

S. 159  »*Kants Sprung in die Metaphysik folgt*« und folgendes Zitat: Bauer, *Das Verbrechen und die Gesellschaft*, S. 21.

S. 159 f. »*Ich verurteile Sie*«: Ebd., S. 147.

S. 160  *Prävention statt Vergeltung:* Einen anschaulichen Überblick über den sogenannten Schulenstreit gibt Arnd Koch, »Binding vs. v. Liszt. Klassische und moderne Strafrechtsschule«, in Eric Hilgendorf/Jürgen Weitzel (Hrsg.), *Der Strafgedanke in seiner historischen Entwicklung*, Berlin 2007, S. 127–145. Eine kürzere Zusammenfassung geben Hinrich Rüping/Günter Jerouschek, *Grundrisse der Strafrechtsgeschichte*, 5. Auflage München 2007, S. 109–112.

S. 160  »*Franz von Liszt hat das Wort geprägt*«: Bauer, *Das Verbrechen und die Gesellschaft*, S. 134.

S. 160  »*ergibt sich ja, daß der Hang zum Verbrechen*«: Zit. nach Olaf Miehe, »Die Anfänge der Diskussion über eine strafrechtliche Sonderbehandlung junger Täter« (1966), nachgedruckt in Friedrich Schaffstein/Olaf Miehe (Hrsg.), *Weg und Aufgabe des Jugendstrafrechts*, Darmstadt 1968, S. 1–30 (2).

S. 161  »*Alle großen Tragödien*«: Bauer, *Das Verbrechen und die Gesellschaft*, S. 27.

S. 162  »*Die Konzeption des freien Willens*« und folgendes Zitat: Bauer, »Die Schuld im Strafrecht« (1962), nachgedruckt in Perels/Wojak (Hrsg.), *Die Humanität der Rechtsordnung*, S. 249–278 (252).

S. 162  *Bauer zitiert Nietzsche:* Ebd., S. 254 f.

S. 162  »*nicht metaphysische Spekulation*«: Bauer, »Straffälligenhilfe nach der Entlassung« (1957), nachgedruckt in Perels/Wojak (Hrsg.), *Die Humanität der Rechtsordnung*, S. 315–340 (324).

S. 162  »*Wenn auch jede Tat determiniert ist*« und folgendes Zitat: Bauer, *Das Verbrechen und die Gesellschaft*, S. 193.

S. 162  »*Die gesetzwidrige Tat ist Symptom*«: Bauer, »Straffälligenhilfe nach der Entlassung« (1957), nachgedruckt in Perels/Wojak (Hrsg.), *Die Humanität der Rechtsordnung*, S. 315–340 (320).

S. 162  *Lichtenberg-Zitat:* Bauer, *Das Verbrechen und die Gesellschaft*, S. 23.

S. 163  *Dieses Radbruch'sche schlechte Gewissen, so meint Fritz Bauer:* Vgl. Bauer, »Die Schuld im Strafrecht« (1962), nachgedruckt in Perels/Wojak (Hrsg.), *Die Humanität der Rechtsordnung*, S. 249–278 (268). Siehe zum freien Willen dort auch S. 264 ff.

S. 163  »*welt- und menschenfernen*«: Bauer, *Das Verbrechen und die Gesellschaft*, S. 235.

S. 163  »*Samuel Butler hat*«: Ebd., S. 173. Klammereinschub im Original.

S. 163  »*Mit mir will sich*«: Amend-Interview. Bauer hat die Anekdote seinem Freund Amend erzählt.

S. 164  *Der Jugendliche, der Bauer nach einer Zigarette fragt:* Carl Bringer, HR-Journalist und persönlicher Freund Bauers, hat dies der Filmemacherin Ilona Ziok erzählt.

S. 164  *Erst als Jugendstaatsanwalt:* In seinem Lebenslauf spricht Bauer von »einigen Monaten staatsanwaltlicher Tätigkeit in Stuttgart«, bevor er 1928 Hilfsrichter am Amtsgericht Stuttgart I geworden sei. Lebenslauf, Kopenhagen, 3. September 1948, Justiz-Personalakte Fritz Bauer, Archiv des Fritz-Bauer-Instituts, NL – 08/03. Dass Bauer dabei als Jugendstaatsanwalt tätig war, hat er Manfred Amend erzählt. Amend-Interview.

S. 164 *Hilfs-Jugendrichter:* Dass Bauer Jugendrichter war, hat er Bringer und Amend erzählt, zudem hat es Richard Schmid in seiner Rede zu Bauers Beerdigung erwähnt, vgl. Richard Schmid, »Fritz Bauer 1903–1968«, *Kritische Justiz* 1968, Heft 1, S. 60 f. Bevor er 1930 den Status als Amtsrichter erlangte, firmierte Bauer dabei offiziell nur als Hilfsrichter.

S. 165 *»Reichsgrundsätze«:* Vgl. Ralph Angermund, *Deutsche Richterschaft 1919–1945,* S. 36.

S. 165 *»für alle Täter«:* Bauer, *Das Verbrechen und die Gesellschaft,* S. 155.

S. 165 *»war weniger, sich mit den Schwierigkeiten«:* Ebd., S. 27.

S. 165 *»Die Knochenerweichung«:* Dr. Baumbach, »Der Bankrott der Strafjustiz«, *Deutsche Juristen-Zeitung* 1928, Heft 1, S. 38–43 (42).

S. 166 *»auf ein Lot Jurisprudenz«:* Radbruch, *Einführung in die Rechtswissenschaft,* 7./8. Auflage 1929, nachgedruckt in Arthur Kaufmann (Hrsg.), *Gustav Radbruch Gesamtausgabe,* Bd. 1, Heidelberg 1987, S. 317.

S. 166 *»strafrichterlicher Tätigkeit«:* Bauer, Lebenslauf, Kopenhagen, 3. September 1948. Justiz-Personalakte Fritz Bauer, Archiv des Fritz-Bauer-Instituts, NL – 08/03.

S. 166 *»gutgeartete« und »abzuschreibende« Jugendliche:* Vgl. Bernd-Dieter Meier/Dieter Rössner/Heinz Schöch, *Jugendstrafrecht,* München 2007, S. 39.

S. 166 *Ausbau des Jugendstrafrechts ab 1933:* Vgl. ebd., S. 38–40, sowie Klaus Laubenthal/Helmut Baier, *Jugendstrafrecht,* Berlin 2006, S. 17.

S. 166 *»Zwischen dem Urteil und dem Strafvollzug«:* Bauer im Fernsehinterview: »Heute abend Kellerklub. Die Jugend im Gespräch mit Fritz Bauer«. Sendereihe des HR, Sendung vom 8. Dezember 1964.

S. 167 *Für die Linke beginnt damit:* Vgl. in jüngerer Zeit zum Beispiel Tobias Singelnstein/Peer Stolle, *Die Sicherheitsgesellschaft. Soziale Kontrolle im 21. Jahrhundert,* 3. Auflage Wiesbaden 2011, und Peter-Alexis Albrecht, *Der Weg in die Sicherheitsgesellschaft. Auf der Suche nach staatskritischen Absolutheitsregeln,* Berlin 2010.

S. 168 *So eine Zahl kann notgedrungen nur willkürlich sein:* Vgl. auch Bauer im Hörfunkinterview: »Zu den Naziverbrecher-Prozessen. Das politische Gespräch«. Sendereihe des NDR, Sendung vom

25. August 1963, nachgedruckt in Perels/Wojak (Hrsg.), *Die Humanität der Rechtsordnung*, S. 101–117 (105).
S. 169 *Die Angeklagten stehen stellvertretend:* Vgl. Telford Taylor, *The Anatomy of the Nuremberg Trials*, Boston 1992, S. 85, 89 f.
S. 169 *Auch die Geldgeber und Industrieführer:* Vgl. ebd., S. 81.
S. 169 *Das ist den Staatsanwälten sogar so wichtig:* Vgl. ebd., S. 151–161. Sowie Walter T. Schonfeld, *Nazi Madness*, London 2000, S. 24.
S. 169 *»das Nürnberger Urteil sechzig Jahre später«:* Mark A. Drumbl, *Atrocitiy, Punishment, and International Law*, Cambridge 2007, S. 175.
S. 169 *Die historische Botschaft des Jugoslawien-Tribunals:* Vgl. Ronen Steinke, »Aus Schwarz und Weiß wird Grau. Die letzte Anklage vor dem Jugoslawien-Tribunal ist auch das letzte Kapitel einer Wahrheitssuche«, *Süddeutsche Zeitung*, 30. Juli 2011.
S. 170 *Schon 1944:* Bauer, *Krigsförbrytarna inför domstol*, Stockholm 1944.
S. 170 *Im Oktober 1945:* Bauer, *Die Kriegsverbrecher vor Gericht*.
S. 170 *»Man hört oft, die Alliierten seien«:* Ebd., S. 84.
S. 170 *»Ist es erlaubt, Geiseln«:* Ebd., S. 115.
S. 170 *»Ist die Taktik der verbrannten Erde«:* Ebd., S. 132.
S. 171 *»Kein Verbrechen, das im Kriege begangen wurde«:* Ebd., S. 212.
S. 171 *»Auf dem jüdischen Friedhof in Kiew«:* Ebd., S. 126.
S. 171 *Bericht aus dem befreiten Lager Majdanek:* Ebd., Anhang.
S. 172 *»Es ist wahrscheinlich schwierig«:* Zit. nach Gary J. Bass, *Stay the Hand of Vengeance. The Politics of War Crimes Tribunals*, Princeton 2000, S. 176.
S. 172 *»To give meaning«* und folgendes Zitat: Vgl. Taylor, *The Anatomy of the Nuremberg Trials*, S. 50.
S. 172 *Wenn die Verbrechen der Nationalsozialisten bloß summarisch bestraft würden:* Memorandum Murray Bernays, Colonel in the US War Department, 15. September 1944, Zit. nach Bradley F. Smith, *The American Road to Nuremberg*, Stanford 1982, S. 23.
S. 173 *Die Regierungen der Alliierten:* Vgl. Ronen Steinke, *The Politics of International Criminal Justice. German Perspectives from Nuremberg to The Hague*, Oxford 2012, S. 40 ff.
S. 173 *Großbritannien hat sich dafür eingesetzt:* Vgl. ebd., S. 191–194.
S. 173 *Die Sowjetunion hat sichergestellt:* Vgl. ebd., S. 200.
S. 173 *Zwar hat öffentlicher Druck in den USA:* Vgl. ebd., S. 178–180.
S. 173 *Mehr als eine Marginalie wurde im Gerichtssaal nie daraus:* Annette Weinke, »Von Nürnberg nach Den Haag?«, in Helia-Verena Daubach (Hrsg.), *Leipzig – Nürnberg – Den Haag. Neue Fragestel-*

lungen und Forschungen zum Verhältnis von Menschenrechtsverbrechen, justizieller Säuberung und Völkerstrafrecht, Düsseldorf 2007, S. 28.

S. 173 »*Die Problematik der KZ-Prozesse*«: Interview mit Bauer in *Weltbild*, 13. Januar 1961, S. 3f. (3).

S. 173 »*Deutsche Antinazisten bedauern*«: Bauer, »Recht oder Unrecht ... mein Vaterland«, *Deutsche Nachrichten*, 24. Juni 1946.

S. 174 »*Wir zweifeln nicht*« und folgendes Zitat: Bauer, »Nürnberg«, *Deutsche Nachrichten*, 14. Oktober 1946.

S. 174 »*(B)esser wäre es*«: Bauer, *Die Kriegsverbrecher vor Gericht*, S. 211. Klammereinschub im Original.

S. 175 »*sollen natürlich zu denken geben*«: Bauer im Hörfunkinterview: »Zu den Naziverbrecher-Prozessen. Das politische Gespräch«. Sendereihe des NDR, Sendung vom 25. August 1963, nachgedruckt in Perels/Wojak (Hrsg.), *Die Humanität der Rechtsordnung*, S. 101–117 (113f.).

S. 176 *So schreibt er im Februar 1945 in einem Aufsatz:* Vgl. Bauer, »Die Abrechnung mit den Kriegsverbrechern«, *Sozialistische Tribüne*, Februar 1945, S. 11–13 (12).

S. 176 *Notfalls eben mithilfe* »*revolutionären*«, *rückwirkenden Rechts:* Ebd.

S. 176 »*Ein neues Deutschland kann*« und folgendes Zitat: Bauer, »Mörder unter uns«, *Deutsche Nachrichten*, 20. Januar 1947.

S. 176 »*als ›unrichtiges Recht‹ der Gerechtigkeit zu weichen*«: Radbruch, »Gesetzliches Unrecht und übergesetzliches Recht«, *Süddeutsche Juristenzeitung* 1946, S. 105–108 (107).

S. 176 »*Und das bedeutet ganz einfach*«: Bauer im Hörfunkinterview: »Zu den Naziverbrecher-Prozessen. Das politische Gespräch«, nachgedruckt in Perel/Wojak (Hrsg.). *Die Humanität der Rechtsordnung*, S. 113f.

**Kapitel 8**

S. 178 *Horst Krügers Schilderung des 27. Februar 1964:* Vgl. Krüger, »Im Labyrinth der Schuld. Ein Tag im Frankfurter Auschwitz-Prozeß«, *Der Monat*, Mai 1964, S. 19–29 (25).

S. 180 »*Gespenstisch*« und folgendes Zitat: Robert Neumann, *Vielleicht das Heitere*, S. 269f.

S. 180f. »*einer der grausamsten, brutalsten und ordinärsten*«: Zit. nach Gerhard Werle/Thomas Wandres, *Auschwitz vor Gericht, Völkermord und bundesdeutsche Strafjustiz*, München 1995, S. 166.

S. 181 »*Im Glaskasten des Jerusalemer Gerichtshofs*«: Bauer, »Widerstandsrecht und Widerstandspflicht des Staatsbürgers« (1962), nachgedruckt in Joachim Perels/Irmtrud Wojak (Hrsg.), *Die Humanität der Rechtsordnung*, S. 181–205 (197).

S. 181 »*Die Leute wehren sich doch nicht deswegen*«: Auszüge aus Briefen Bauers an Melitta Wiedemann, undatiert, abgedruckt aus Anlass von Bauers Tod in *Gewerkschaftliche Monatshefte*, 19. Jahrgang, August 1968, S. 490–492.

S. 181 »*Menschen, die jetzt um die Mittagszeit*«: Horst Krüger, »Im Labyrinth der Schuld. Ein Tag im Frankfurter Auschwitz-Prozeß«, *Der Monat*, Mai 1964, S. 19–29 (23 f.).

S. 182 *Der Weg der verkohlten Papiere von Breslau nach Frankfurt:* Vgl. Werner Renz, »Der erste Frankfurter Auschwitz-Prozeß. Völkermord als Strafsache«, *1999: Zeitschrift für Sozialgeschichte des 20. und 21. Jahrhunderts*, September 2000, S. 11–48 (14).

S. 183 »*Urkunden, wie sie seither überhaupt noch nicht*« und folgende Zitate: Fritz Bauer im Hörfunkinterview: »Zu den Naziverbrecher-Prozessen. Das politische Gespräch«. Sendereihe des NDR, Sendung vom 25. August 1963, nachgedruckt in Joachim Perels/ Irmtrud Wojak (Hrsg.), *Die Humanität der Rechtsordnung*, S. 101–117 (104). In diesem Interview gibt Bauer den Vorgang nicht in allen Teilen korrekt wider, wie Werner Renz mit Verweis auf einschlägige Akten darlegt: »Der 1. Frankfurter Auschwitz-Prozess 1963–1965 und die deutsche Öffentlichkeit. Anmerkungen zur Entmythologisierung eines NSG-Verfahrens«, in Jörg Osterloh/Clemens Vollnhals (Hrsg.), *NS-Prozesse und deutsche Öffentlichkeit. Besatzungszeit, frühe Bundesrepublik und DDR*, Göttingen 2011, S. 349–362 (352). Deshalb sind hier nur verifizierte Passagen zitiert.

S. 183 *Paragraf 13 a Strafprozessordnung:* Der Paragraf lautet: »Fehlt es im Geltungsbereich dieses Bundesgesetzes an einem zuständigen Gericht oder ist dieses nicht ermittelt, so bestimmt der Bundesgerichtshof das zuständige Gericht.« Die Entscheidung für die Zuständigkeit Frankfurts fiel mit Beschluss des Bundesgerichtshofs vom 17. April 1959 – 2 Ars 60/59.

S. 184 »*Auschwitz bei Königshütte in Oberschlesien*«: Norbert Frei, *1945 und wir*, S. 174 f.

S. 184 *Die Stuttgarter Staatsanwaltschaft zum Beispiel hat am 1. März 1958:* Vgl. Gerhard Werle/Thomas Wandres, Auschwitz vor Gericht, S. 146.

S. 185 »*wie in einem Schlachthaus*«: Zit. nach ebd., S. 22 f.
S. 185 *Die Ulmer Staatsanwälte sind schon im Begriff:* Vgl. Annette Weinke, *Eine Gesellschaft ermittelt gegen sich selbst*, S. 14 f.
S. 185 f. »*Zufallsprodukt einer Zufallsjustiz*«: Ernst Müller-Meiningen Jr., »Gespenstische Vergangenheit vor Gericht zitiert«, *Süddeutsche Zeitung*, 30. August 1958.
S. 186 *Allerdings wird die Zentrale Stelle:* Vgl. Marc von Miquel, »›Wir müssen mit den Mördern zusammenleben!‹ NS-Prozesse und politische Öffentlichkeit in den sechziger Jahren«, in Irmtrud Wojak (Hrsg.), »*Gerichtstag halten über uns selbst ...*« *Geschichte und Wirkung des ersten Frankfurter Auschwitz-Prozesses*, Frankfurt am Main 2001, S. 97–116 (102).
S. 186 »*Hier werden heterogene Dinge verbunden*«: Bauer, »Mörder unter uns« (1958), nachgedruckt in Perels/Wojak (Hrsg.), *Die Humanität der Rechtsordnung*, S. 97–100 (98).
S. 187 »*die bekannt ablehnende Haltung*«: Bericht Generalstaatsanwalt Frankfurt, 3. September 1953, Hessisches Justizministerium, Az. IV-1574/48, Bd. 2, zit. nach Matthias Meusch, »Gerichtstag halten über uns selbst«. Der Hessische Generalstaatsanwalt Fritz Bauer und die Verfolgung von NS-Verbrechen«, in Jörg Requate (Hrsg.), *Recht und Justiz im gesellschaftlichen Aufbruch (1960–1975). Bundesrepublik Deutschland, Italien und Frankreich im Vergleich*, Baden-Baden 2003, S. 131–148 (132).
S. 187 »*mit Hilfskräften ist das ein kriegsstarkes Bataillon*«: »Frankfurter Gesichter: Fritz Bauer«, *Frankfurter Allgemeine Zeitung*, 13. Juli 1963.
S. 188 f. »*und wir bekamen teils sehr nette*«: Kügler-Interview, geführt von Werner Renz.
S. 189 *Hanns Großmann protestiert:* Vgl. Staatsanwaltschaft beim Landgericht Frankfurt am Main, 4 Ks 2/63, Handakten Bd. 1, Bl. 20.
S. 189 *Aber erst jetzt, Ende April 1959:* Vgl. Werner Renz, »Der 1. Frankfurter Auschwitz-Prozeß. Zwei Vorgeschichten«, *Zeitschrift für Geschichtswissenschaft* 2002, S. 622–641 (624–630).
S. 190 »*Nachdem 15 oder 20 Jahre*«: Bauer, »Mörder unter uns« (1958), nachgedruckt in Perels/Wojak (Hrsg.), *Die Humanität der Rechtsordnung*, S. 97–100 (100).
S. 190 *Und er gibt Warlo ein Ziel vor:* Zu dieser Strategie Bauers siehe Willi Dreßen, »NS-›Euthanasie‹-Prozesse in der Bundesrepublik Deutschland im Wandel der Zeit«, in Hanno Loewy/Bettina Winter (Hrsg.), *NS-*»*Euthanasie*« *vor Gericht. Fritz Bauer und*

die Grenzen juristischer Bewältigung, Frankfurt am Main 1996, S. 35–58.
S. 190 »*wohl spektakulärste Verfahren*«: Zit. nach Claudia Fröhlich, »*Wider die Tabuisierung des Ungehorsams*«, S. 288.
S. 191 *Der Fall Heyde/Sawade:* Vgl. Johannes Warlo, »NSG-Verfahren in Frankfurt am Main. Versuch einer justiziellen Aufarbeitung der Vergangenheit«, in Horst Henrichs/Karl Stephan (Hrsg.), *Ein Jahrhundert Frankfurter Justiz. Gerichtsgebäude A: 1889–1989*, Frankfurt am Main 1989, S. 155–183 (164 f.). Zu Fritz Bauers Einsatz dafür, dass Frankfurt die Zuständigkeit für den Fall behält, siehe Fröhlich, »*Wider die Tabuisierung des Ungehorsams*«, S. 308 f.
S. 191 *Der Gutachter attestiert:* Vgl. Warlo, »NSG-Verfahren in Frankfurt am Main«, in Henrichs/Stephan (Hrsg.), *Ein Jahrhundert Frankfurter Justiz*, S. 167 f.
S. 192 *Doch Bauer zieht die Sache nun nach Frankfurt:* Vgl. Helmut Kramer, »›Gerichtstag halten über uns selbst.‹ Das Verfahren Fritz Bauers zur Beteiligung am Anstaltsmord«, in Loewy/Winter (Hrsg.), *NS-»Euthanasie« vor Gericht*, S. 81–131 (91).
S. 192 *Doch dies nur, um von den Frankfurter Richtern:* Vgl. ebd., S. 169.
S. 192 »*Die Bilanz kann nicht zufriedenstellen*«: Ebd., S. 175 f.
S. 192 f. *Die Summe ist sogar doppelt so hoch:* Vgl. Werner Renz, »Der 1. Frankfurter Auschwitz-Prozeß. Zwei Vorgeschichten«, *Zeitschrift für Geschichtswissenschaft* 2002, S. 622–641 (633).
S. 193 »*Leider ist in Deutschland nicht bekannt*«: Bauer im Interview mit der Zeitschrift der Zionistischen Jugend Deutschlands, *Me'orot*, Oktober/November 1964, S. 4–6 (5).
S. 194 *Dabei mag er die historische Rolle Bormanns überschätzen:* Die martialischen, ein rücksichtsloses Ausmerzen aller Zweifler verlangenden Durchhalteparolen, die Bormann kurz vor Kriegsende aussandte, beschreiben Peter Longerich, *Hitlers Stellvertreter. Führung der Partei und Kontrolle des Staatsapparates durch den Stab Heß und die Partei-Kanzlei Bormann*, München 1992, S. 202, sowie Jochen von Lang, *Der Sekretär. Martin Bormann: Der Mann, der Hitler beherrschte*, 2. Auflage Frankfurt am Main 1980, S. 322, 324. Von einer »Vernichtung des gesamten deutschen Volkes« war indessen nicht die Rede. – Erst Jahre später wird sich übrigens herausstellen, dass man einen Geist jagt: Bormann hat sich schon 1945 in Berlin das Leben genommen, seine Gebeine werden dort 1972 aufgefunden. Nachdem sie 26 Jahre in einem Pappkarton in einer Asservatenkammer der Frankfurter Staats-

S. 194 anwaltschaft lagern, die ihre Ermittlungen immer noch nicht einstellen will, beendet erst 1998 eine DNA-Identifizierung alle Spekulationen. Woraufhin Bauers Amtsnachfolger in Frankfurt die Überreste verbrennen und die Asche in der Ostsee versenken lässt.

S. 194 *Bauer verlangt von den Historikern:* Vermerk über eine Besprechung der altpolitischen Dezernenten der Staatsanwaltschaft bei dem Oberlandesgericht und der Staatsanwaltschaft Frankfurt (M.) und Wiesbaden vom 7. November 1962 bei Herrn Generalstaatsanwalt Dr. Bauer, Hessisches Hauptstaatsarchiv, Abt. 631a, Nr. 1800, Bd. 84, Bl. 89.

S. 194 *»auf eine riesige Leinwand«:* Protokoll der 4. Arbeitstagung der Leiter der Sonderkommissionen zur Bearbeitung von NS-Gewaltverbrechen vom 21. Oktober 1963, S. 22 f. Hessisches Hauptstaatsarchiv, Abt. 503, Nr. 1161.

S. 194 *»in aller Regel ... wertlos«:* Zit. nach Werner Renz, »40 Jahre Auschwitz-Prozess. Ein unerwünschtes Verfahren«, *Newsletter Nr. 26 des Fritz-Bauer-Instituts,* Herbst 2004, S. 13 – 16 (16).

S. 194 *»Selbst auf die Gefahr hin«:* Protokoll der 4. Arbeitstagung der Leiter der Sonderkommissionen zur Bearbeitung von NS-Gewaltverbrechen vom 21. Oktober 1963, S. 22 f., Hessisches Hauptstaatsarchiv, Abt. 503, Nr. 1161.

S. 194 *»mit offenem Mund«:* Kügler-Interview, geführt von Werner Renz.

S. 195 *Bauers Bemühungen um eine große Bühne:* Vgl. Renz, »Der erste Frankfurter Auschwitz-Prozeß. Völkermord als Strafsache«, *1999: Zeitschrift für Sozialgeschichte des 20. und 21. Jahrhunderts,* September 2000, S. 11– 48 (30).

S. 195 *»(D)ie Staatsanwaltschaft kennt«:* Bauer an Unseld, 15. Juli 1964, zit. nach Irmtrud Wojak, Fritz Bauer, S. 354.

S. 196 *»Christianisierung der Staaten«* und folgendes Zitat: Bauer, »Gegen die Todesstrafe« (1958), nachgedruckt in Perels/Wojak (Hrsg.), *Die Humanität der Rechtsordnung,* S. 393– 397 (397).

S. 196 *Kain und Abel:* Vgl. ebd., S. 393.

S. 197 *Walther Rathenaus Mutter:* Vgl. ebd., S. 394.

S. 197 *Bauer bezieht sich auf Jesus:* Bauer, »Die Schuld im Strafrecht« (1962), nachgedruckt in Perels/Wojak (Hrsg.), *Die Humanität der Rechtsordnung,* S. 249– 278 (254).

S. 197 *Er benennt die Reformatoren:* Vgl. ebd., S. 268.

S. 197 *Römerbriefe und Evangelien:* Bauer, »Der Prozeß Jesu« (1965), nachgedruckt in Perels/Wojak (Hrsg.), *Die Humanität der Rechtsordnung,* S. 411– 426 (415).

S. 197 »*abendländischen Menschheit*«: Bauer, *Das Verbrechen und die Gesellschaft*, S. 205.
S. 197 »*christliche Tugend*«: Ebd., S. 193.
S. 197 *Referat auf der Landestagung der Kirchlichen Bruderschaft:* Die einzelnen Vorträge wurden 1962 abgedruckt in einer kleinen Broschüre im Frankfurter Stimme-Verlag. Bauers Referat, »Widerstandsrecht und Widerstandspflicht des Staatsbürgers«, ist nachgedruckt in Perels/Wojak (Hrsg.), *Die Humanität der Rechtsordnung*, S. 181–205.
S. 198 »*Ich glaube, dass ich mich dazu ausführlich*«: Ebd., S. 204. (Publikumsfragen und Antworten sind im Anschluss an den Referatstext abgedruckt.)
S. 198 *Beschlüsse des protestantischen Kirchentags 1957:* Bauer, »Straffälligenhilfe nach der Entlassung« (1957), nachgedruckt in Perels/Wojak (Hrsg.), *Die Humanität der Rechtsordnung*, S. 315–339 (322).
S. 198 »*am Gründonnerstag*«: Fritz Bauer im Hörfunkinterview: »Zu den Naziverbrecher-Prozessen. Das politische Gespräch«. Sendereihe des NDR, Sendung vom 25. August 1963, nachgedruckt in Perels/Wojak (Hrsg.), *Die Humanität der Rechtsordnung*, S. 101–117 (115).
S. 198 »*außerordentlich dankbar*«: Ebd., S. 116.
S. 198 *Die Geschichte der Taufe von Esther Meyer-Velde:* Meyer-Velde-Interview.
S. 199 »*metaphysische Zugänge verwehrt*«: Auszüge aus Briefen Fritz Bauers an Melitta Wiedemann, undatiert, abgedruckt aus Anlass von Bauers Tod in *Gewerkschaftliche Monatshefte*, 19. Jahrgang, August 1968, S. 490–492. Dass die Adressatin dieser Briefe Melitta Wiedemann ist, wird dort zwar nicht erwähnt, ist von Bauers Freund und Testamentsvollstrecker Manfred Amend aber später aufgedeckt worden. Wiedemann erwähnt ihre Brieffreundschaft auch in einem Brief an Walter Fabian, vgl. Deutsches Exilarchiv, Frankfurt am Main, EB 87/112 (Nachlass Walter Fabian). Die Originalbriefe sind bis heute unauffindbar.
S. 199 »*(W)as mich an der jüdischen Moraltheologie packt*«: Ebd.
S. 199 *Melitta Wiedemann, eine reiche:* Vgl. Auskunft Wiedemanns an Walter Fabian, 9. Juli 1964, Nachlass Walter Fabian, Deutsches Exilarchiv, EB 87/112.
S. 199 »*Christentum eines Kant*«: Vgl. *Monatsberichte des Bundes Freier Wissenschaftlicher Vereinigungen*, Juli 1922, S. 5. Archiv Leo Baeck Institute New York, MF B78.
S. 199 »*Unterschied zwischen duldendem Gehorsam*«: Auszüge aus Briefen

Bauers an Wiedemann, *Gewerkschaftliche Monatshefte*, 19. Jahrgang, August 1968, S. 490–492. Klammereinschub im Original.

S. 200 *Stattdessen versucht er, Max Horkheimer zu überreden:* Briefwechsel Bauer/Horkheimer 1960, Max-Horkheimer-Archiv in der Stadt- und Universitätsbibliothek Frankfurt am Main, I/2 230.

S. 200 *Nicht die Juden töteten Jesus, sondern die Römer:* Bauer, »Der Prozeß Jesu« (1965), nachgedruckt in Perels/Wojak (Hrsg.), *Die Humanität der Rechtsordnung*, S. 411–426. Bauer schöpft dafür aus dem Neuen Testament und dem römischen Recht. Er wirbt zunächst um Verständnis dafür, dass Jesus nach dem geltenden jüdischen Recht seiner Zeit tatsächlich den Tatbestand der Gotteslästerung erfüllt habe, weshalb es auch nicht falsch gewesen sei, als die Juden nach Johannes 19,7 zu Pilatus gesagt hätten: »Wir haben ein Gesetz, und nach diesem Gesetz muss er sterben.« Ein solches Gesetz sei zwar Unrecht, genauso Unrecht wie das parallele Gesetz der späteren christlichen Kirche oder des späteren Islam, aber gültig sei es gewesen. Nur hätten die römischen Besatzer niemals ein solches Urteil der jüdischen Justiz vollstreckt. Die Römer hätten ein eigenes Besatzerrecht gehabt. Und nach diesem römischen Recht konnte Jesus die Anmaßung der Stellung eines Königs vorgeworfen werden; ein ganz eigenständiger Vorwurf. Eigener Vorwurf, eigenes Recht, eigenes Urteil – und also eine eigene, römische Hinrichtung, an der die jüdische Justiz keinen Anteil mehr hatte.

S. 200 *Sondern nach Thomas Mann:* Vgl. Bauer, »Nachwort« zu Hermann Schreiber, *Die Zehn Gebote*, Düsseldorf 1962, S. 383 f. (384). Bauer zitiert hier aus Manns Erzählung »Das Gesetz« von 1944, die davon handelt, wie Moses die lose verbundenen hebräischen Sippen zu einem Volk zu formen versucht.

S. 201 *»wie Shylock auf ihrem Schein«:* Bauer, »Forderungen der Gesellschaft an die Strafrechtsreform«, Vortrag gehalten auf dem Arbeiterwohlfahrt-Sozialarbeitertreffen 30. Mai bis 3. Juni 1962 in Bad Godesberg, *Schriften der Arbeiterwohlfahrt* 14 (Eigenverlag), S. 5–20 (17).

S. 201 *»Glauben Sie, dass gerade die Verbrechen«* und folgende Zitate: »Heute abend Kellerklub. Die Jugend im Gespräch mit Fritz Bauer«. Sendereihe des HR, Sendung vom 8. Dezember 1964.

S. 203 *Dies ist das Szenario:* Vielen Dank an Werner Renz.

S. 204 *»vom Kommandanten bis zum Häftlingskapo«:* Wiese-Interview.

S. 204 f. *Oswald Kaduk, der betrunken durchs Lager lief:* Vgl. Werle/Wandres, *Auschwitz vor Gericht*, S. 166–170.

S. 204 f. *Josef Klehr, der im Krankenbau stets noch:* Ebd., S. 192.
S. 205 *»Konzentrationslager gab es schon lange vorher«* und folgende Zitate: Kügler-Interview geführt von Werner Renz am 5. Mai 1998, sowie Kügler im Interview mit Ilona Ziok: »Fritz Bauer. Tod auf Raten«, Deutschland 2010, CV Films Berlin.
S. 206 *»des Mordes an einem X, Y oder Z«:* Meusch, »Gerichtstag halten über uns selbst«, in Requate (Hrsg.), *Recht und Justiz im gesellschaftlichen Aufbruch (1960–1975),* S. 131–148 (144).
S. 206 *»das kollektive Geschehen«:* Bauer, »Im Namen des Volkes. Die strafrechtliche Bewältigung der Vergangenheit« (1965), nachgedruckt in Perels/Wojak (Hrsg.), *Die Humanität der Rechtsordnung,* S. 77–90 (84).
S. 206 *»von einem nie versiegenden Strom«:* Hannah Arendt, »Der Auschwitz-Prozeß«, in Eike Geisel/Klaus Bittermann (Hrsg.), *Nach Auschwitz. Essays & Kommentare 1,* Berlin 1989, S. 99–139 (133).
S. 206 f. *Das ist der juristische Kern:* Vgl. Bauer, »Ideal- und Realkonkurrenz bei nationalsozialistischen Verbrechen?«, *JuristenZeitung* 1967, S. 625–628.
S. 207 *Fritz Bauer weist seine Staatsanwälte an:* Wiese-Interview.
S. 207 *»Hätte man gegen die SS-Offiziere«:* Gerhard Mauz, »Ein Gedränge ohne Ausweg«, *Der Spiegel,* 24. Februar 1969.
S. 207 *So hätte es deshalb auch der Vorsitzende Richter:* Meusch, »Gerichtstag halten über uns selbst«, in Requate (Hrsg.), *Recht und Justiz im gesellschaftlichen Aufbruch (1960–1975),* S. 131–148 (136). Der Untersuchungsrichter Heinz Düx, der die Aufgabe hat, die Ermittlungsergebnisse der Staatsanwaltschaft ausführlich zu überprüfen, bevor die Auschwitz-Anklage zugelassen wird (eine Funktion, die inzwischen aus dem deutschen Strafprozess wegrationalisiert worden ist), berichtet später auch davon, wie zwei Richterkollegen, die mit dem Fall nichts zu tun haben, ihn zum Einschreiten bewegen wollen. Die Richter Dr. Würffel und von Glasenapp kommen schon im August 1961 auf Düx zu und versuchen, ihn zu überreden, er möge den von Bauer geplanten Mammutprozess kleinstutzen, indem er hinsichtlich einiger Angeschuldigter die Zuständigkeit des Gerichts verneine. »Geheimvermerk Nr. 1«, 17. August 1961, Privatarchiv Düx.
S. 207 *»Der ungeheure Stoff«:* Gerhard Mauz, »Ein Gedränge ohne Ausweg«, *Der Spiegel,* 24. Februar 1969.
S. 207 *»Es gab einen Befehl«:* Ebd.

S. 208 *Boger isst einen Apfel:* Vgl. Werle/Wandres, *Auschwitz vor Gericht,* S. 66 f.
S. 208 *Kaduk wirft Häftlingsmützen:* Vgl. ebd., S. 169 f.
S. 208 »*Mit diesen Geschehnissen«:* Vgl. Martin Walser, »Unser Auschwitz«, *Kursbuch* 1/1965, S. 190, Zit. nach Stephan Braese, »›In einer deutschen Angelegenheit‹ – Der Frankfurter Auschwitz-Prozeß in der westdeutschen Nachkriegsliteratur«, in Irmtrud Wojak (Hrsg.), »*Gerichtstag halten über uns selbst ...«,* S. 217–243 (220 f.). Ähnliche Bedenken äußert auch Jörg Friedrich, vgl. Claudia Fröhlich, »*Wider die Tabuisierung des Ungehorsams«,* S. 317.
S. 208 »*Andreas Rappaport«* und folgendes Zitat: Zit. nach Arendt, »Der Auschwitz-Prozeß«, in Geisel/Bittermann (Hrsg.), *Nach Auschwitz,* S. 99–139 (135).
S. 209 »*Das Problem Auschwitz«:* Bauer im Fernsehinterview: »Heute abend Kellerklub« (1964).
S. 209 »*der einzige Arzt«* und folgende Zitate: Zit. nach Arendt, »Der Auschwitz-Prozeß«, in Geisel/Bittermann (Hrsg.), *Nach Auschwitz,* S. 99–139 (127).
S. 209 »*Aber wir wollen einmal annehmen«:* Ebd., S. 128.
S. 209 »*Was soll das?«, herrscht einer von ihnen:* Wiese-Interview.
S. 210 »*würde bedeuten, daß auch ein Handeln«:* Entscheidung des Bundesgerichtshofs, abgedruckt in *Neue Juristische Wochenschrift* 1969, S. 2056 f.
S. 210 *Demjanjuk-Urteil greift Bauers Gedanken auf:* Vgl. den Aufsatz des an die Zentrale Stelle Ludwigsburg abgeordneten Staatsanwalts Thilo Kurz, »Paradigmenwechsel bei der Strafverfolgung des Personals in den deutschen Vernichtungslagern?«, *Zeitschrift für Internationale Strafrechtsdogmatik* 3/2013, S. 122–129.
S. 210 f. *Es ist eine Rechtsprechung, die bereits im Ulmer Einsatzgruppenprozess:* Vgl. Michael Greve, *Der justitielle und rechtspolitische Umgang mit den NS-Gewaltverbrechen in den sechziger Jahren,* Frankfurt am Main 2001, S. 145 ff.
S. 211 *Sturm der Entrüstung:* Zu dieser Episode und zu der merkwürdigen Wiederaufführung fast derselben Affäre zwei Jahre darauf vgl. auch Ronen Steinke, »Nestbeschmutzungen. Fritz Bauer in den Interview-Affären 1963 und 1965«, in Katharina Rauschenberger (Hrsg.), *Rückkehr ins Feindesland? Fritz Bauer in der deutsch-jüdischen Nachkriegsgeschichte,* Frankfurt am Main 2013 (im Erscheinen).

S. 211 »*Ein neuer Hitler*« und folgende Zitate: Vgl. das vollständige Interview in deutscher Übersetzung abgedruckt im *Darmstädter Echo*, 8. April 1963.

S. 212 *Lauritz Lauritzen denkt nicht daran, Bauers Zügel anzuziehen:* Es war das erklärte Ziel der Landtags-CDU gewesen, den Justizminister dazu zu bewegen, »durch die eine oder andere Richtlinie« künftige »extravagante Äußerungen« Bauers einzuhegen, vgl. Stenographische Protokolle des Hessischen Landtags, V. Wahlperiode, 9. Sitzung vom 4. April 1963, S. 273.

S. 212 »*läßt leider außer acht*«: Vgl. Stenographische Protokolle des Hessischen Landtags, V. Wahlperiode, 9. Sitzung vom 4. April 1963, S. 278.

S. 212 »*ob das Verhalten des Generalstaatsanwalts*«: »Zeitung bleibt bei Bauer-Interview«, *Frankfurter Allgemeine Zeitung*, 2. März 1963.

S. 212 »*Sippenhaft*«: Bauer, »Die Schuld im Strafrecht« (1962), nachgedruckt in Perels/Wojak (Hrsg.), *Die Humanität der Rechtsordnung*, S. 249–278 (252).

S. 213 *Im selben Aufsatz zitiert er den NS-Juristen Roland Freisler:* Vgl. ebd., S. 274.

S. 213 »*Die deutsche Vorliebe*«: Ebd., S. 249.

S. 214 »*aus der er allerdings erst 1948 zurückkehrte*«: Paul Weingärtner, »Dr. Bauer und die Deutschen«, *Rheinischer Merkur*, 8. März 1963.

S. 214 »*Ich weiß, daß Herr Dr. Bauer*«: Stenographische Protokolle des Hessischen Landtags, V. Wahlperiode, 9. Sitzung vom 4. April 1963, S. 286.

S. 214f. »*Sie brauchen das nicht zu berichten*«: Brief Bauers an Herrn Thelen, Spiegel-Verlag, datiert auf den 18. Februar 1964. Handakte des Hessischen Ministeriums der Justiz betr. Dr. Werner Heyde, Az. III/4 – 1834/59, Bd. IV, Bl. 321, zit. nach Wojak, *Fritz Bauer*, S. 388.

S. 216 »*zu einer Art von ungeschriebenem Gewohnheitsrecht*«: Bauer an Harlan, undatiert. Kopien des Briefwechsels 1962–1968 aus dem Nachlass Thomas Harlans liegen im Archiv Fritz-Bauer-Institut. Klammereinschub im Original.

S. 217 *Richter Hans Forester und Richter Johann Heinrich Niemöller:* Vgl. Werner Renz, »Die Frankfurter Auschwitz-Prozesse (1963–1981)«, *Hefte von Auschwitz* 24/2009, S. 191–299 (216).

S. 218 »*Der Prozess soll der Welt zeigen*«: Zit. nach Werle/Wandres, *Auschwitz vor Gericht*, S. 43.

S. 218 *Die rhetorischen Duelle:* Großmann-Interview, geführt von Werner Renz.
S. 218 *»Staatsanwalt Klügler«:* Kügler-Interview, geführt von Werner Renz.
S. 219 *»Die Ermittlungen gegen die Auschwitz-Mörder«* und folgendes Zitat: Leserbrief, unterzeichnet von Joachim Kügler, *Die Zeit*, 2. Juli 2009, in Reaktion auf eine Rezension von Irmtrud Wojaks Bauer-Biografie.
S. 219 *Dass er die Akteure dirigiert, dass er die Staatsanwälte:* Wiese-Interview.
S. 219 *Was die drei handverlesenen jungen Staatsanwälte nie selbst hätten stemmen können:* So auch Werle/Wandres, *Auschwitz vor Gericht*, S. 48 f.

**Kapitel 9**
S. 221 *Hakenkreuz-Plakate:* Vgl. Irmtrud Wojak, *Fritz Bauer*, S. 441.
S. 221 *Kaliber 6,35 Millimeter:* Kriminalhauptmeister Schmitt, Bericht betr. Leichensache z. N. des Generalstaatsanwalts, Frankfurt am Main, 1. Juli 1968, S. 2, Archiv Fritz-Bauer-Institut.
S. 221 *Bezweifelt selbst sein Fahrer:* Wehrheim-Interview.
S. 221 *»Er hatte so eine bemerkenswerte Stimme«:* Kaven-Interview.
S. 222 *Horkheimer, mit dem Bauer zu runden Geburtstagen:* Vgl. Bauer an Horkheimer – »mit Verspätung, aber unverminderter Herzlichkeit« – am 15. Februar 1965, sowie Bauer an Horkheimer am 17. Juli 1963 mit Dank für Horkheimers Glückwünsche, Max-Horkheimer-Archiv in der Stadt- und Universitätsbibliothek Frankfurt am Main, I/2 230.
S. 222 *Der dauerrauchende Jurist scheint eine enorme Last:* Kaven-Interview.
S. 223 *»Essen gab es nie«:* Kaven-Interview.
S. 223 *Bauer spricht Amend an:* Amend-Interview.
S. 223 *»oratorischer Begabung«:* Wolfram Schütte, »Schopenhauers präventive Kriminalpolitik. Generalstaatsanwalt Dr. Fritz Bauer in der Schopenhauer-Gesellschaft«, *Frankfurter Rundschau*, 16. Dezember 1966.
S. 223 *Ein andermal lädt Bauer:* Meyer-Velde-Interview.
S. 224 *»Fritz Bauer hat bemerkt«:* Theodor W. Adorno, *Negative Dialektik*, S. 282.
S. 224 *»Mein Freund Fritz Bauer«:* Claussen-Interview.
S. 224 *»Jeder, der mich kennt«:* Fritz Bauer im Fernsehinterview: »Heute

abend Kellerklub. Die Jugend im Gespräch mit Fritz Bauer«. Sendereihe des HR, Sendung vom 8. Dezember 1964.

S. 224 *Tschaikowskis* Pathétique: Kaven-Interview. Nach Bauers Tod bat Kaven darum, die Musiktruhe aus dem Nachlass haben zu dürfen.

S. 224 *»dass Bauer keinen Menschen so geliebt hat«:* Wiedemann an Walter Fabian, 23. Juli 1973, Nachlass Fabian, Deutsches Exilarchiv, EB 87/112.

S. 224 *»wie eine leuchtende Trikolore«:* Meyer-Velde-Interview.

S. 224 *Argwohn mancher Nachbarn:* Kaven-Interview.

S. 225 *»häufigen Besuch dunkler Elemente«:* Aktenvermerk Oberstaatsanwalt Krüger, Generalstaatsanwaltschaft Frankfurt am Main, 26. Juli 1968, S. 1. Archiv Fritz-Bauer-Institut.

S. 225 *»die Freiheit wieder(zu)geben«:* Tiefenthal-Interview, geführt von Walter Fabian.

S. 225 *So diskret, dass niemand in Frankfurt:* Ebd.

S. 225 *Solange Bauers Mutter noch lebte, bis 1955:* Ebd.

S. 225 *Auch im Sommerurlaub:* Ebd.

S. 225 *Bauers Schwester und ihr Mann Walter Tiefenthal:* Bauer an Thomas Harlan, undatiert (vermutlich 1963). Kopien des Briefwechsels 1962–1968 aus dem Nachlass Thomas Harlans liegen im Archiv des Fritz-Bauer-Instituts.

S. 226 *Operncafé, Club Voltaire:* Kaven-, Amend-Interviews.

S. 226 *»herrisch-weicher, schöner«:* Robert Neumann, *Vielleicht das Heitere,* S. 15.

S. 226 *»(Ü)ber eine geradezu orientalisch anmutende«:* Jean-Pierre Stephan, *Thomas Harlan. Das Gesicht deines Feindes. Ein deutsches Leben,* Frankfurt am Main 2007, S. 7.

S. 227 *»Mit dem Abwurf der Überflüssigkeiten«:* Bauer an Harlan, 10. Mai 1965.

S. 227 *»Ich habe heute mehrfach versucht«:* Bauer an Harlan, 5. April 1965.

S. 227 *»todmüde«* und folgende Zitate: Bauers an Harlan, 7. Juli 1963.

S. 227 *»Einige Verlage haben an mich geschrieben«:* Bauer an Harlan, 31. Dezember 1964.

S. 227 *»Ich bin schon zufrieden«:* Bauer an Harlan, datiert auf »Ostersamstag«.

S. 227 *»wo ich an Leib und Seele«:* Bauer an Harlan, undatiert.

S. 228 *An einem Abend fleht Bauer Kaven regelrecht an:* Kaven-Interview.

S. 228 *»Unser alle Verhältnis«:* Bauer an Harlan, dem Inhalt nach sehr wahrscheinlich April 1964.

S. 229  *Dass ausgerechnet Bauer der Urheber des Prozesses:* Vgl. Stephan, *Thomas Harlan. Das Gesicht deines Feindes,* S. 94f.

S. 229  *Tatsächlich war Bauer, als 1949 dieser Prozess begann:* Vgl. Wojak, *Fritz Bauer,* S. 439.

S. 229  *»empfing mich mit einem Strauß fetten Klees«:* Zit. nach Stephan, *Thomas Harlan. Das Gesicht deines Feindes,* S. 140f.

S. 230  *»wie Vater und Sohn«:* Ebd., S. 103.

S. 230  *»Die jungen Menschen im Zuschauerraum«:* Bauer an Harlan, 18. März 1965.

S. 230  *»Der Schöne und Ernste saß bei mir«:* Neumann, *Vielleicht das Heitere,* S. 15.

S. 230f. *»Man kann von einem Journalisten«:* Bauer an Harlan, datiert mit 13.7. Klammereinschub im Original.

S. 231  *»Du bist doch Dichter«* und folgendes Zitat: Bauer an Harlan, datiert mit »Samstag«.

S. 231  *»Was mit Ihnen und Ihren kafkaschen Männern«:* Bauer an Harlan, undatiert.

S. 231  *»Es ist doch töricht«:* Bauer an Harlan, datiert mit 1964.

S. 232  *»Man kommt, will sehen und gesehen werden«:* Gerd Jürgen Grein, »Der Homosexuelle in Frankfurt am Main«, Magisterarbeit Universität Frankfurt 1968, S. 82.

S. 232  *»Kopflosigkeit bei Vernehmungen«* und folgendes Zitat: »Die Rechte des Beschuldigten und Angeklagten«, *Der Weg zu Freundschaft und Toleranz,* 3. Jahrgang, Juli 1953, S. 23–27 (23f.).

S. 232  *»karteimäßig erfaßten Homosexuellen«:* Kriminalinspektor Herbert Kosyra, »Die Homosexualität – ein immer aktuelles Problem«, *Kriminalistik* 1962, S. 113.

S. 233  *Schwule, die sich in Frankfurt auskennen:* Setzepfandt-Interview. (Stadtrat Christian Setzepfandt arbeitet an einer Chronik des schwulen Frankfurt.)

S. 234  *Zehn Jahre später trifft dieselbe Demütigung in Hessen noch immer 123 Männer:* Hessisches Statistisches Landesamt, Akte des Hessischen Justizministeriums (Abteilung 505 Nr. 2530): Wegen Verbrechen und Vergehen wider die Sittlichkeit verurteilte Personen in Hessen 1955 bis 1965, Aktenzeichen 4044 Bd. 2, Aktentitel »Unzucht«.

S. 234  *»Alle Formen der Homosexualität«:* Fritz Bauer, *Das Verbrechen und die Gesellschaft,* S. 58.

S. 235  *»ein sozialethisch besonders verwerfliches Verhalten«:* Zit. nach Jürgen Baumann, *Paragraph 175. Über die Möglichkeit, die einfache,* *nichtjugendgefährdende und nichtöffentliche Homosexualität unter Erwachsenen straffrei zu lassen (zugleich ein Beitrag zur Säkularisierung des Strafrechts),* Berlin/Neuwied 1968.

S. 236 *Nicht einmal eine Berührung:* Vgl. Entscheidung des Reichsgerichts in Strafsachen, 73. Bd., S. 78, 80 f.

S. 236 *»Von 1945 bis zum Zusammentritt des Bundestages«:* Entscheidung des Bundesverfassungsgerichts, 6. Bd., S. 389 ff.

S. 236 *Bundesgerichtshof übernimmt Unzucht-Definition des Reichsgerichts:* Vgl. Entscheidung des Bundesgerichtshofs in Strafsachen, 4. Bd., S. 323 f., nachgedruckt in *Neue Juristische Wochenschrift* 1954, S. 519.

S. 237 *Von Unzucht »treiben« im Sinne des Gesetzes:* Entscheidung des Bundesgerichtshofs in Strafsachen, 1. Bd., S. 293.

S. 237 *»Der Grundsatz der Gleichberechtigung«* und folgende Zitate: Entscheidung des Bundesverfassungsgerichts, 6. Bd., S. 389 ff.

S. 238 *»konstante Zunahme der Geburten«* und folgende Zitate: Zit. nach Hans-Georg Stümke, *Homosexuelle in Deutschland. Eine politische Geschichte,* München 1989, S. 140.

S. 238 *1962 ist das Jahr:* Entwurf eines StGB 1962 mit Begründung, Deutscher Bundestag, 4. Wahlperiode, Drucksache IV/650.

S. 238f. *»denn nach Beseitigung der Strafbarkeit«* und folgende Zitate: Entwurf eines StGB E 1962 mit Begründung, Deutscher Bundestag, 4. Wahlperiode, Drucksache IV/650.

S. 239 *Die erste größere Replik hierauf:* Fritz Bauer/Hans Bürger-Prinz/ Hans Giese/Herbert Jäger (Hrsg.), *Sexualität und Verbrechen,* Frankfurt am Main 1963.

S. 240 *50 000 Mal:* So Herbert Jäger, vgl. Thomas Horstmann/Heike Litzinger, *An den Grenzen des Rechts,* S. 51.

S. 240 *Nur 3000 Stück:* Vgl. Herstellungsunterlagen des Ernst Reinhardt Verlags München, Archiv Reinhardt Verlag. Dank an Bettina Hölzl.

S. 240 *»kriminalistisches Problem«:* Bauer, »Sexualstrafrecht heute«, in Bauer/Bürger-Prinz/Giese/Jäger (Hrsg.), *Sexualität und Verbrechen,* nachgedruckt in Perels/Wojak (Hrsg.), *Die Humanität der Rechtsordnung,* S. 297–315 (303).

S. 240 *»Eines der handgreiflichsten Ergebnisse«:* Theodor W. Adorno, »Sexualtabus und Recht heute«, in Bauer/Bürger-Prinz/Giese/ Jäger (Hrsg.), *Sexualität und Verbrechen,* S. 299–317 (301).

S. 241 *»Das Strafrecht kann gerade im Sexualbereich«:* Alternativentwurf eines StGB, Besonderer Teil, Sexualdelikte, S. 9.

S. 241 »*heterosexuelle Struktur der Gesellschaft*« und folgende Zitate: Sitzungsbericht K des 47. DJT, S. 102.
S. 242 *Der Leiter des Sittendezernats ruft seine Beamten zurück:* Grein, »Der Homosexuelle in Frankfurt am Main«, S. 107.

**Kapitel 10**

S. 243 *Zeugenaussage Hersz Kugelmanns im Auschwitz-Prozess, 21. August 1964:* Fritz-Bauer-Institut (Hrsg.), »Der Auschwitz-Prozess. Tonbandmitschnitte, Protokolle und Dokumente« (DVD-ROM), 3. Auflage, Berlin 2007, S. 15481.
S. 243 *Später in Frankfurt aber:* Kugelmann-Interview.
S. 243 »*Unsere Eltern haben uns nichts erzählt*«: Zit. nach Olivier Guez, *Heimkehr der Unerwünschten*, S. 133.
S. 244 »*Wir legten am lodernden Feuer*«: Zit. nach Elke Wittich, »Mit 17 hat man noch Träume. Die Zionistische Jugend Deutschlands wird 50 – viele Aktivisten blicken wehmütig zurück«, *Jüdische Allgemeine*, 23. Juli 2009.
S. 244 »*versanken wir in Ehrfurcht*«: Brumlik-Interview.
S. 244 »*noch die dümmste Frage*«: Kugelmann-Interview.
S. 244 f. *Bauer und der zehnjährige Bub:* Vgl. Hans Frick, *Henri*, Reinbek 1970, S. 42 f.
S. 245 *Nichts Väterliches, nichts Warmes:* Kugelmann-Interview.
S. 245 *Bei Ausbruch des Sechstagekrieges 1967:* Vgl. P. A. (Paul Arnsberg), »Nachrufe: Generalstaatsanwalt Dr. Fritz Bauer«, *Frankfurter Jüdisches Gemeindeblatt*, Juli/August 1968, S. 15.
S. 246 *Frankfurt ist das Zentrum jüdischen Lebens in Deutschlands:* Vgl. Dan Diner, »Im Zeichen des Banns«, in Michael Brenner (Hrsg.), *Geschichte der Juden in Deutschland von 1945 bis zur Gegenwart*, S. 15–66 (55–58).
S. 246 *Bauer in der jüdischen Gemeinde Wien:* Vgl. Tom Segev, *Simon Wiesenthal. Die Biographie*, München 2010, S. 222.
S. 246 *Bauers Begegnung mit Reich-Ranicki:* Amend-Interview.
S. 247 *Am 22. Mai 1964 hat er im Feuilleton der Zeit:* Vgl. Stephan Braese, »›In einer deutschen Angelegenheit‹ – Der Frankfurter Auschwitz-Prozess in der westdeutschen Nachkriegsliteratur«, in Irmtrud Wojak (Hrsg.), »*Gerichtstag halten über uns selbst ...*«, S. 217–243 (217–219).
S. 247 *Einige haben herzliche Briefe geschrieben:* Vgl. Werner Renz, »(Un-)Begründete Selbstkritik. Überlegungen zu einer skeptischen Bilanz Fritz Bauers. In memoriam Fritz Bauer (1903–1968)«, *Tri-*

büne. Zeitschrift zum Verständnis des Judentums, Heft 190/2. Quartal 2009, S. 124–132 (129, Fußnote 19).

S. 247 *Ein Stein aus Auschwitz:* Tiefenthal-Interview, geführt von Walter Fabian.

S. 247 *»Wie sie ihren Kaffee getrunken hat«:* Bauer im Hörfunkinterview: »Zu den Naziverbrecher-Prozessen. Das politische Gespräch«. Sendereihe des NDR, Sendung vom 25. August 1963, nachgedruckt in Perels/Wojak (Hrsg.), *Die Humanität der Rechtsordnung,* S. 101–117 (116).

S. 248 *Wenn demnächst Hunderte von Überlebenden in den Gerichtssaal träten:* Bauer, »Nach den Wurzeln des Bösen fragen«, *Die Tat,* Nr. 10 vom 7. März 1964, S. 12.

S. 248 *Ein weiteres Jahr später:* Vgl. Bauer, »Antinazistische Prozesse und politisches Bewußtsein. Dienen NS-Prozesse der politischen Aufklärung?«, in Hermann Huss/Andreas Schröder (Hrsg.), *Antisemitismus. Zur Pathologie der bürgerlichen Gesellschaft,* Frankfurt am Main 1965, S. 172.

S. 248 *»Sie liefern nur der Verteidigung Argumente«:* Ormond an Langbein, 11. April 1960, zit. nach Katharina Stengel, *Hermann Langbein. Ein Auschwitz-Überlebender in den erinnerungspolitischen Konflikten der Nachkriegszeit,* Frankfurt am Main 2012, S. 435.

S. 248 *Langbeins wütender Brief vom 1. August 1959:* Vgl. ebd., S. 419.

S. 248 *»Ich achte und schätze den Herrn Langbein«:* Kügler-Interview, geführt von Werner Renz.

S. 249 *Bauer hält seine Leute trotzdem zu taktischer Zurückhaltung an:* Vgl. Gesprächsvermerk Staatsanwalt Vogel, 4. August 1959, 4 Js 444/59, Handakte Bl. 54.

S. 249 *»unser« Auschwitz-Verfahren:* Langbein an Bauer, 31. März 1961, Österreichisches Staatsarchiv, N1 HL E/1797: 96, zit. nach Stengel, *Hermann Langbein,* S. 438.

S. 249 f. *»In der gesamten Darstellung«:* Stengel, *Hermann Langbein,* S. 438.

S. 250 *Eine einzige Frage der beiden Teenager Cilly und Micha:* Vgl. Fritz Bauer, »Interview mit der Zeitschrift der Zionistischen Jugend Deutschlands«, *Me'orot,* Oktober/November 1964.

S. 250 *Und die Jung-Zionisten sind zu schüchtern:* Brumlik-Interview.

S. 251 *»Die Asche soll nicht beigesetzt werden«:* Handschriftliches Testament Bauers, 31. Dezember 1967, Privatarchiv Manfred Amend.

S. 251 *»Entsetzlich ist, zu sehen«:* Bauer an Harlan, Ende 1967.

S. 251 *»Fritz Bauer war noch in dem Alter«:* Horst Krüger, »Fremdling in der Stadt. Gedenkblatt für Fritz Bauer«, *Die Zeit,* 12. Juli 1968.

S. 251  »*ihn mit Sabres vergleichen*«: Tiefenthal-Interview, geführt von Walter Fabian.

S. 252 f. *Küglers Plädoyer im Diplomaten-Prozess:* Vgl. »Verteidiger bezweifelt den Sinn der NS-Verfahren«, *Frankfurter Allgemeine Zeitung*, 8. August 1968.

S. 254  »*Staatsanwalt mit der wohl umfassendsten Sachkenntnis*«: Hans Laternser, *Die andere Seite im Auschwitz-Prozess 1963/1965*, Stuttgart-Degerloch 1966.

S. 254  »*ganze junge Generation und ein großer Teil der Älteren*«: Bauer, »Der SS-Staat in Person«, *Weltbild*, 13. Januar 1961, S. 2–4 (4).

S. 254  *Nur 60 Prozent der Deutschen:* Vgl. Bauer, »Im Namen des Volkes. Die strafrechtliche Bewältigung der Vergangenheit« (1965), nachgedruckt in Perels/Wojak (Hrsg.), *Die Humanität der Rechtsordnung*, S. 77–90 (78).

S. 254  »*Der erzieherische Effekt dieser Prozesse*«: Amos Elon, *In einem heimgesuchten Land. Reise eines israelischen Journalisten in beide deutsche Staaten*, München 1966, S. 376.

S. 254  *63 Prozent aller Männer und 76 Prozent aller Frauen:* Vgl. Bauer, »Im Namen des Volkes. Die strafrechtliche Bewältigung der Vergangenheit« (1965), nachgedruckt in Perels/Wojak (Hrsg.), *Die Humanität der Rechtsordnung*, S. 77–90 (78).

S. 254  *Eigens angemietetes Haus:* Wiese-Interview.

S. 254 f. »*Allein auf weiter Flur*«: Kügler-Interview, geführt von Werner Renz.

S. 255  »*bewaffnete Neutralität*«: Warlo-Interview.

S. 255  *Auf Fotos aus dieser Zeit:* Privatarchiv Warlo.

S. 256  *Geht Warlo im Gerichtsgebäude an einem Grüppchen etablierter Kollegen vorbei:* Warlo-Interview.

S. 256  »*Er erwartete, dass man Gegenmeinungen äußert*«: Warlo-Interview.

S. 256  *Diskussion mit dem Berliner Referendar 1956:* Wiese-Interview.

S. 257  *Gegen 68 hessische Richter lässt Bauer Verfahren einleiten:* Vgl. Matthias Meusch, *Von der Diktatur zur Demokratie. Fritz Bauer und die Aufarbeitung der NS-Verbrechen in Hessen (1956–68)*, Wiesbaden 2001, S. 246 ff., 251.

S. 257  *Bauer treibt zu atemberaubender Eile an:* Vgl. Claudia Fröhlich, »Wider die Tabuisierung des Ungehorsams«, S. 287.

S. 257  *Die Richter halten den Ihrigen zugute:* Vgl. Meusch, *Von der Diktatur zur Demokratie*, S. 245, 250 f.

S. 257  »*Wenn ich mein Büro verlasse*«: Zit. nach Helga Einsele, »Worte

der Erinnerung«, in Hessisches Ministerium der Justiz (Hrsg.), *Fritz Bauer. Eine Denkschrift*, Wiesbaden 1993, S. 19–22 (21).
S. 258 »*Vereinsamt, so wirkte der Generalstaatsanwalt*«: Zit. nach Thomas Horstmann/Heike Litzinger, *An den Grenzen des Rechts*, S. 80.
S. 258 *Ulrich Krügers Aussehen und Auftreten:* Warlo-Interview sowie Fotos aus dem Privatarchiv Warlo.
S. 258 *Vor 1945 war Ulrich Krüger:* Vgl. Spruchkammerakte Ulrich Krüger, Hessisches Hauptstaatsarchiv, Abt. 520 F-Z Nr. 6441.
S. 259 »*immer einen größtmöglichen Bogen*«: Kügler-Interview, geführt von Werner Renz.
S. 259 *Kügler sucht schließlich Rat bei seinem Kollegen Warlo:* Warlo-Interview.
S. 260 *Nettoeinkommen von nur 1300 Mark:* Kügler-Interview, geführt von Werner Renz.
S. 260 »*Die etwa vergleichbaren Juristenpositionen*«: Gerhard Ziegler, »Das karge Brot des Richters. Für 1300 Mark Gehalt Ankläger im Auschwitz-Prozeß«, *Die Zeit*, 24. Dezember 1965.
S. 260 »*Unser Leben ist erfüllt, wenn*«: Zit. nach Jürgen Serke, »Der Moralist«, *Stern*, 18. April 1974.
S. 260 »*Sie sind jetzt Experte*«: Kügler-Interview, geführt von Werner Renz.
S. 261 *Schwarz-silberner Opel Kapitän:* Wehrheim-Interview.
S. 261 *Reise nach Israel spendiert:* Tiefenthal-Interview, geführt von Walter Fabian.
S. 261 *Am folgenden Samstag:* Vgl. »Den Unfallfolgen erlegen«, *Frankfurter Rundschau*, 12. Dezember 1962.
S. 261 »*Ich hatt' einen Kameraden*«: Todesanzeige, *Frankfurter Neue Presse*, 12. Dezember 1962.
S. 262 *Die »junge Garde« ist fassungslos:* Warlo-, Kügler-, Wiese-Interviews.
S. 262 *Warlo muss 1967 den Personalrat mobilisieren:* Warlo-Interview.
S. 262 »*Wer Nonkonformist ist*«: Zit. nach Gerhard Ziegler, »Das karge Brot des Richters«, *Die Zeit*, 24. Dezember 1965.
S. 262 »*Wie leben wir denn?*«: Zit. nach Jürgen Serke, »Der Moralist«, *Stern*, 18. April 1974.
S. 262 »*Sie können vom Staat keinen Dank erwarten*«: Kügler-Interview, geführt von Werner Renz.
S. 263 »*Mit ihm konnte man ja nicht reden*«: Ebd.
S. 263 *Frankfurter Studentenzeitung:* Vgl. »Generalstaatsanwalt Dr. Fritz Bauer, Im Gleichschritt marsch? Widerstandspflicht aus Nächsten-

liebe«, *Diskus. Frankfurter Studentenzeitung*, 11. Jahrgang, Dezember 1961.

S. 263 *Das imponiert Bauer:* Perels-Interview. Fritz Bauer hatte ursprünglich einen anderen Titel für die Zeitschrift favorisiert: »Kampf ums Recht«.

S. 263 *»die Berufsrevolutionäre des SDS«:* William S. Schlamm, »Suspendierte Justiz«, *Welt am Sonntag*, 21. April 1968.

S. 264 *»Herr Fritz Bauer hat eben die Rechtsstaatlichkeit suspendiert«:* Ebd.

S. 264 *»Ein brennendes Kaufhaus«:* Kommune I: Flugblatt Nr. 7 »Warum brennst du, Konsument?«, 24. Mai 1967, siehe http://www.histori cum.net/typo3temp/pics/4682d61f15.jpg [10. Mai 2013].

S. 264 *Swift-Vergleich und Berliner Generalstaatsanwalt:* Amend-Interview.

S. 265 *Bauer hält das für einen schweren strategischen Irrtum:* Perels-Interview.

S. 265 *Er hält den Protestlern vor:* Amend-Interview.

S. 265 *»Wir Emigranten hatten so unsere heiligen Irrtümer«* und folgende Zitate: Zit. nach Gerhard Zwerenz, »Gespräche mit Fritz Bauer«, *Streit-Zeit-Schrift*, September 1968, S. 89–113 (92f.).

S. 266 *»Manchmal denke ich«:* Bauer an Harlan, datiert auf 1964. Kopien des Briefwechsels 1962–1968 aus dem Nachlass Thomas Harlans liegen im Archiv Fritz-Bauer-Instituts.

S. 266 *»Im Grunde ... sauteuer«:* Bauer an Harlan, datiert auf 30. Juni, wahrscheinlich 1967.

S. 266 *»ist kein Mangel. Aber was soll ich zur Zeit mit einer Lustvilla«:* Ebd.

S. 267 *»kaltschnäuzig«:* Bauer an Harlan, datiert auf 20. Oktober, wahrscheinlich 1967.

**Kapitel 11**

S. 268 *Mit dickblättrigen Ölpflanzen geschmückt:* Vgl. Alexander Kluge, *Chronik der Gefühle. Bd. II Lebensläufe*, Frankfurt am Main 2000, S. 239.

S. 268 *Die Musik, drei Streichquartette von Beethoven:* Ebd.

S. 268 *»Bekennerpolizisten, Bahnpolizisten«:* Thomas Harlan, *Heldenfriedhof*. Roman, Frankfurt am Main 2006, S. 405f.

S. 269 *20. Juli 1968:* Einäscherungsbuch von 1968, Zit. nach Dieter Schenk, »Die Todesumstände von Generalstaatsanwalt Fritz Bauer (1903–1968)«, *Einsicht 08. Bulletin des Fritz-Bauer-Instituts*, Herbst 2012, S. 38–43 (40).

S. 269 *Er hat sie sogar gebeten, neue Kekse zu besorgen:* Aktenvermerk

Oberstaatsanwalt Krüger, Generalstaatsanwaltschaft Frankfurt am Main, 26. Juli 1968, Archiv Fritz-Bauer-Institut.

S. 269 *Harlan raunt bald dramatisch von einem Selbstmord:* Vgl. Jean-Pierre Stephan, *Thomas Harlan. Das Gesicht deines Feindes*, S. 141.

S. 269 *Alexander Kluge ist so frei:* Vgl. Kluge, *Chronik der Gefühle*, S. 240.

S. 270 *Mordkomplott als Prämisse eines Dokumentarfilms:* »Fritz Bauer. Tod auf Raten«, Deutschland 2010, CV Films Berlin, Regie: Ilona Ziok.

S. 270 *Revonal:* In Gerchows Gutachten ist von Revonal die Rede; wenn spätere Sekundärquellen gelegentlich von Veronal sprechen, was ebenfalls ein Beruhigungsmittel ist, handelt es sich um eine von der Originalquelle abweichende Verwechslung.

S. 270 *Ohne »Chemie«:* Aktenvermerk Oberstaatsanwalt Krüger, Generalstaatsanwaltschaft Frankfurt am Main, 26. Juli 1968, Archiv Fritz-Bauer-Institut, S. 1–2.

S. 270 *Auch die Alkoholkonzentration erscheint maßvoll:* Prof. Joachim Gerchow, »Abschließendes Gutachten über das Ergebnis der Obduktion und die weiteren Untersuchungen, 24. Januar 1969«, Archiv Fritz-Bauer-Institut.

S. 270 *»Für einen Selbstmord«* und folgendes Zitat: Kriminalhauptmeister Schmitt, Bericht betr. Leichensache z. N. des Generalstaatsanwalts, Frankfurt am Main, 1. Juli 1968, S. 2, Archiv Fritz-Bauer-Institut.

S. 271 *»schließlich seine physischen Lebenskräfte aufzehrte«:* Schenk, »Die Todesumstände von Generalstaatsanwalt Fritz Bauer (1903–1968)«, *Einsicht 08. Bulletin des Fritz-Bauer-Instituts*, Herbst 2012, S. 38–43 (43). Dieter Schenk hat die Ergebnisse der rechtsmedizinischen sowie der kriminalistischen Ermittlungen dafür noch einmal hervorgeholt und durchleuchtet, auch vor dem Hintergrund des heutigen Wissensstands. Auch er unterstreicht danach, dass weder für Suizid noch für Fremdverschulden Anhaltspunkte vorlägen.

S. 271 *»Die Strafanzeigen hageln«:* Bauer an Harlan, undatiert, wahrscheinlich 1967.

S. 271 *»Manchmal hätte ich gute Lust«:* Bauer an Harlan, Frühjahr 1965.

S. 271 *»Wie können Sie verlangen«:* Zit. nach Gerhard Zwerenz, »Gespräche mit Fritz Bauer«, *Streit-Zeit-Schrift*, September 1968, S. 89–113 (89).

S. 271 *»Nur meine Nazis wissen noch immer nicht«:* Bauer an Harlan, undatiert auf Briefpapier des Hotels Europäischer Hof Baden-Baden, wahrscheinlich Herbst 1967.

S. 271 »*eine richtige Hetzjagd*«: Kaven-Interview.
S. 271 f. »*(D)ie Aversion hierzulande*« und folgende Zitate: Bauer an Harlan, 31. Januar 1967.
S. 272 »*hauptsächlich aus schwarzem Kaffee und Zigaretten*«: Warlo-Interview.
S. 272 »*Wie lange brauche ich zu einer Zigarette?*«: Zit. nach »Personalien«, *Der Spiegel*, 13. November 1963.
S. 272 »*wo es um die NS-Prozesse ging*«: Bauer an Harlan, Oktober 1966.
S. 273 *Der an Lebens- und Dienstjahren älteste amtierende deutsche Generalstaatsanwalt:* Vgl. Personalakte, Trauerrede von Generalstaatsanwalt Mützelburg im Haus Dornbusch, 6. Juli 1968.
S. 273 *Bauer holt sich von der Justizministerkonferenz 1967 den Auftrag:* Vgl. »Bauer soll NS-Material sichten«, *Frankfurter Rundschau*, 20. Oktober 1967.
S. 273 »*er alterte*«: Warlo-Interview.
S. 273 »*vulkanisches Temperament*«: Eckard Wiemers, »Heilen statt Strafen«, *Vorwärts*, 18. Juli 1968.
S. 273 »*Wie ein ausgebrannter Krater*«: Zit. nach Jürgen Serke, »Der Moralist«, *Stern*, 18. April 1974.
S. 273 »*Wer ihn kannte, weiß, daß in ihm eine Flamme brannte*«: »Nachruf auf Fritz Bauer«, *Frankfurter Allgemeine Zeitung*, 2. Juli 1968.
S. 274 »*Ich habe lange geschwankt*«: Zit. nach »Register«, *Der Spiegel*, 13. Januar 1969.
S. 274 »*großes titanenhaftes Vorbild*« und folgendes Zitat: Zit. nach Gerhard Ziegler, »Name ohne Glanz. Der neue Generalstaatsanwalt in Hessen«, *Die Zeit*, 7. Februar 1969.
S. 274 *Wenige Wochen nach Fritz Bauers Tod:* Die Auswirkungen des am 1. Oktober in Kraft getretenen Paragraf 50, Absatz 2 Strafgesetzbuch begannen erst Ende 1968 in die Öffentlichkeit durchzusickern, vgl. Michael Greve, »Amnestie von NS-Gehilfen. Die Novellierung des § 50 Abs. 2 StGB und dessen Auswirkungen auf die NS-Strafverfolgung«, *Einsicht 04. Bulletin des Fritz-Bauer-Instituts* (Herbst 2010), S. 54–57 (57).
S. 274 *Bauer wäre sicher dagegen Sturm gelaufen:* So auch Greve, ebd.
S. 275 »*besondere persönliche Merkmale*«: Die Vorschrift des Paragraf 50, Absatz 2 Strafgesetzbuch (heute Paragraf 28) lautet damals: »Fehlen besondere persönliche Eigenschaften, Verhältnisse oder Umstände (besondere persönliche Merkmale), welche die Strafbarkeit des Täters begründen, beim Teilnehmer, so ist dessen Strafe nach den Vorschriften über die Bestrafung des Versuchs zu mildern.«

S. 275 »*Das ist zu spät*«: Zit. nach Annette Weinke, *Eine Gesellschaft ermittelt gegen sich selbst,* S. 136.

S. 276 *Doch diese Klausel verschwindet unter Drehers Ägide:* Vgl. ebd., S. 137.

S. 276 »*gesäubert*«: Greve, »Amnestie von NS-Gehilfen«, *Einsicht 04. Bulletin des Fritz-Bauer-Instituts* (Herbst 2010), S. 54–57 (56, Fußnote 12).

S. 276 *282 Beschuldigte erhalten in diesem Jahr:* Vgl. Michael Greve, *Der justitielle und rechtspolitische Umgang mit den NS-Gewaltverbrechen in den sechziger Jahren,* S. 387–393.

S. 276 *1970 stellt Horst Gauf die Ermittlungen gegen hochrangige NS-Juristen ein:* Hanno Loewy/Bettina Winter (Hrsg.), *NS-»Euthanasie« vor Gericht.*

S. 277 »*Bauer war ein Pulverfass*«: Warlo-Interview.

# Personenregister

Achenbach, Ernst 226, 276
Adenauer, Konrad 23, 26, 115, 124, 126, 136, 212, 238 f.
Adorno, Theodor W. 10, 155, 221, 224, 240, 268
Altmaier, Jakob 120
Amend, Manfred 158, 223, 227, 264 f., 268
Angermair, Rupert 145
Apfel, Alfred 66, 80
Arendt, Hannah 23 f., 206, 209
Arnsberg, Paul 246
Augstein, Rudolf 231
Baader, Andreas 264
Baer, Richard 192 f.
Bar-Zohar, Michael 24
Bartsch, Hans-Werner 197
Bauer, Ella 33–37, 39 f., 42 f., 46 f., 66 f., 102, 105 f., 108, 116, 225, 250, 269
Bauer, Julius 39
Bauer, Ludwig 34, 37–44, 46 f., 99, 104–106, 108, 116, 250, 269
Bauer, Margot *siehe* Tiefenthal, Margot
Baumann, Jürgen 31, 87
Beckerle, Adolf Heinz 253
Ben-Gurion, David 21 f., 24
Bernays, Murray 172

Best, Werner 276
Beyerle, Josef 84 f., 91
Blachstein, Peter 120
Blankenstein, Otto 232
Bloch, Robert 77, 97, 130
Boger, Wilhelm 184, 186, 189, 208
Böll, Heinrich 27
Bormann, Martin 193 f., 255
Brandt, Willy 10, 29, 107–110, 117, 265
Brecht, Bertolt 55, 60
Brenner, Michael 47
Brumlik, Micha 244, 250
Bucerius, Gerd 246
Buck, Karl 93
Bürger-Prinz, Hans 240
Butler, Samuel 163
Chesterton, Gilbert K. 159
Cohn, Haim 22
Dam, Hendrik George van 246
Demjanjuk, John 210
Dickopf, Paul 17, 19
Dill, Gottlob 97
Dönhoff, Marion Gräfin 246
Dorls, Fritz 124
Dreher, Eduard 275 f.
Drumbl, Mark 168
Dylewski, Klaus 248

345

Ehrenburg, Ilja 77
Eichmann, Adolf 13–15, 17–24, 156, 179, 181, 202 f.
Eichwald, Heinz 221 f., 261
Einstein, Walter 62 f.
Ensslin, Gudrun 264
Ferencz, Benjamin B. 168
Fichte, Johann Gottlieb 250
Forester, Hans 217
Foucault, Michel 167
Frank, Hans 174
Fränkel, Wolfgang 257
Frei, Norbert 184
Freisler, Roland 144, 213
Frick, Hans 244
Gauf, Horst 274, 276 f.
Gehlen, Reinhard 18
Gehlsen, Jan 263
Geiler, Karl 69, 72, 74, 116, 158
Geis, Norbert 140
Gerchow, Joachim 270
Gerlach, Adolf 83-85
Giese, Hans 240
Giordano, Ralph 118
Gnielka, Thomas 182
Goebbels, Joseph 125, 228
Goerdeler, Carl Friedrich 149
Goethe, Johann Wolfgang von 55, 61 f., 110, 176, 250
Göring, Hermann 54
Grass, Günter 27, 29
Greve, Michael 276
Gropius, Walter 77, 265
Großkopf, Erich 214
Großmann, Hanns 189
Gumbel, Emil Julius 53
Hachenburg, Max 73 f.
Haffner, Sebastian 53
Hanack, Ernst-Walter 258
Harel, Isser 21 f.

Harlan, Thomas 226–231, 266–268, 271
Harlan, Veit 226, 228 f.
Harpprecht, Renate 30 f.
Hart, Leo *siehe* Herz, Leo
Hedler, Wolfgang 138
Hefelmann, Hans 191
Hegel, Georg Wilhelm Friedrich 45, 158 f., 161, 163
Heinemann, Gustav 241
Heinig, Kurt 122
Heinsheimer, Hans 60
Hermann, Lothar 14, 19
Herz, Leo 130
Herzl, Theodor 44
Heß, Rudolf 54
Heuss, Theodor 137 f.
Heyde, Werner 191
Hiller, Kurt 59, 131
Hirsch, Erich 108
Hirsch, Gustav 32, 34–37, 41, 43, 47, 198, 250
Hirsch, Leopold jr. 35, 41, 105
Hirsch, Leopold sen. 35, 37
Hirsch, Minna 46
Hirsch, Otto 46
Hirsch, Paula 108
Hirsch, Robert 36, 46, 48
Hochhuth, Rolf 224
Hofmeyer, Hans 207, 215 f.
Horkheimer, Hans 60
Horkheimer, Max 103 f., 110, 127, 200, 222
Höß, Rudolf 180
Hummerich, Werner 194
Hurwitz, Stephan 103, 240
Iwand, Hans Joachim 145
Jackson, Robert 172
Jacob, Alaric 171
Jacoby, Erich H. 121

# Personenregister

Achenbach, Ernst 226, 276
Adenauer, Konrad 23, 26, 115, 124, 126, 136, 212, 238 f.
Adorno, Theodor W. 10, 155, 221, 224, 240, 268
Altmaier, Jakob 120
Amend, Manfred 158, 223, 227, 264 f., 268
Angermair, Rupert 145
Apfel, Alfred 66, 80
Arendt, Hannah 23 f., 206, 209
Arnsberg, Paul 246
Augstein, Rudolf 231
Baader, Andreas 264
Baer, Richard 192 f.
Bar-Zohar, Michael 24
Bartsch, Hans-Werner 197
Bauer, Ella 33–37, 39 f., 42 f., 46 f., 66 f., 102, 105 f., 108, 116, 225, 250, 269
Bauer, Julius 39
Bauer, Ludwig 34, 37–44, 46 f., 99, 104–106, 108, 116, 250, 269
Bauer, Margot *siehe* Tiefenthal, Margot
Baumann, Jürgen 31, 87
Beckerle, Adolf Heinz 253
Ben-Gurion, David 21 f., 24
Bernays, Murray 172

Best, Werner 276
Beyerle, Josef 84 f., 91
Blachstein, Peter 120
Blankenstein, Otto 232
Bloch, Robert 77, 97, 130
Boger, Wilhelm 184, 186, 189, 208
Böll, Heinrich 27
Bormann, Martin 193 f., 255
Brandt, Willy 10, 29, 107–110, 117, 265
Brecht, Bertolt 55, 60
Brenner, Michael 47
Brumlik, Micha 244, 250
Bucerius, Gerd 246
Buck, Karl 93
Bürger-Prinz, Hans 240
Butler, Samuel 163
Chesterton, Gilbert K. 159
Cohn, Haim 22
Dam, Hendrik George van 246
Demjanjuk, John 210
Dickopf, Paul 17, 19
Dill, Gottlob 97
Dönhoff, Marion Gräfin 246
Dorls, Fritz 124
Dreher, Eduard 275 f.
Drumbl, Mark 168
Dylewski, Klaus 248

Ehrenburg, Ilja 77
Eichmann, Adolf 13–15, 17–24, 156, 179, 181, 202 f.
Eichwald, Heinz 221 f., 261
Einstein, Walter 62 f.
Ensslin, Gudrun 264
Ferencz, Benjamin B. 168
Fichte, Johann Gottlieb 250
Forester, Hans 217
Foucault, Michel 167
Frank, Hans 174
Fränkel, Wolfgang 257
Frei, Norbert 184
Freisler, Roland 144, 213
Frick, Hans 244
Gauf, Horst 274, 276 f.
Gehlen, Reinhard 18
Gehlsen, Jan 263
Geiler, Karl 69, 72, 74, 116, 158
Geis, Norbert 140
Gerchow, Joachim 270
Gerlach, Adolf 83-85
Giese, Hans 240
Giordano, Ralph 118
Gnielka, Thomas 182
Goebbels, Joseph 125, 228
Goerdeler, Carl Friedrich 149
Goethe, Johann Wolfgang von 55, 61 f., 110, 176, 250
Göring, Hermann 54
Grass, Günter 27, 29
Greve, Michael 276
Gropius, Walter 77, 265
Großkopf, Erich 214
Großmann, Hanns 189
Gumbel, Emil Julius 53
Hachenburg, Max 73 f.
Haffner, Sebastian 53
Hanack, Ernst-Walter 258
Harel, Isser 21 f.

Harlan, Thomas 226–231, 266–268, 271
Harlan, Veit 226, 228 f.
Harpprecht, Renate 30 f.
Hart, Leo *siehe* Herz, Leo
Hedler, Wolfgang 138
Hefelmann, Hans 191
Hegel, Georg Wilhelm Friedrich 45, 158 f., 161, 163
Heinemann, Gustav 241
Heinig, Kurt 122
Heinsheimer, Hans 60
Hermann, Lothar 14, 19
Herz, Leo 130
Herzl, Theodor 44
Heß, Rudolf 54
Heuss, Theodor 137 f.
Heyde, Werner 191
Hiller, Kurt 59, 131
Hirsch, Erich 108
Hirsch, Gustav 32, 34–37, 41, 43, 47, 198, 250
Hirsch, Leopold jr. 35, 41, 105
Hirsch, Leopold sen. 35, 37
Hirsch, Minna 46
Hirsch, Otto 46
Hirsch, Paula 108
Hirsch, Robert 36, 46, 48
Hochhuth, Rolf 224
Hofmeyer, Hans 207, 215 f.
Horkheimer, Hans 60
Horkheimer, Max 103 f., 110, 127, 200, 222
Höß, Rudolf 180
Hummerich, Werner 194
Hurwitz, Stephan 103, 240
Iwand, Hans Joachim 145
Jackson, Robert 172
Jacob, Alaric 171
Jacoby, Erich H. 121

Jäger, Herbert 155, 240
Jagow, Dietrich von 76
Jaspers, Karl 23
Joachim, Hans G. 263
Jünger, Ernst 54
Junker, Werner 17, 19
Kaduk, Oswald 180 f., 204, 208
Kant, Immanuel 62 f., 134, 158 f., 161, 163
Katz, Rudolf 48, 120 f.
Kaven, Wolfgang 95, 221–224, 227 f., 271
Kinski, Klaus 226
Klagges, Dietrich 133
Klehr, Josef 204
Kluge, Alexander 268 f.
Kopf, Hinrich Wilhelm 129
Krapp, Otto 128 f.
Kreisky, Bruno 108
Krüger, Horst 178 f., 181, 251 f.
Krüger, Ulrich 258–260, 262, 269 f.
Krupp von Bohlen und Halbach, Alfried 169
Krupp von Bohlen und Halbach, Gustav 169
Kugelmann, Cilly 243–245, 250
Kugelmann, Hersz 243
Kügler, Joachim 15, 187–189, 194, 205, 216, 218 f., 248 f., 252–255, 259 f., 262 f., 273
Lackner, Karl 241
Landauer, Julius 49
Langbein, Hermann 185, 189, 248 f.
Langhans, Rainer 264
Laternser, Hans 216, 218, 254
Lauritzen, Lauritz 212
Lehr, Robert 126
Liszt, Franz von 103, 157 f., 160 f.

Lucas, Franz 209 f.
Mann, Thomas 200
Maor, Michael 13, 15, 21
Marx, Karl 199
Mauz, Gerhard 207
Mengele, Josef 192 f.
Mergenthaler, Christian 91
Merkatz, Hans-Joachim von 133 f.
Merseburger, Peter 93
Meusch, Matthias 24, 206
Meyer-Velde, Esther 198
Meyer-Velde, Gisela 95, 198
Meyer-Velde, Heinz 59, 95, 198, 223
Mielke, Helmut 48, 89
Mies van der Rohe, Ludwig 77, 265
Mühsam, Erich 79
Mulka, Robert 180, 211
Nathansen, Henri 48
Nellmann, Erich 185
Neumann, Richard 132
Neumann, Robert 180, 230
Neurath, Konstantin von 38
Niemöller, Johann Heinrich 217
Niemöller, Martin 197, 217
Nietzsche, Friedrich 47, 162
Ollenhauer, Erich 212
Ormond, Henry 195, 216, 248
Ossietzky, Carl von 79 f.
Oven, Wilfred von 125
Perels, Joachim 153, 263
Petersen, Anna Maria 107, 225, 271
Petersen, Hans Hermann 211
Philipp, Karl-Wolfgang 131
Plank, Ernst 94
Pollock, Friedrich 104
Proll, Thorwald 264
Radbruch, Gustav 80 f., 103, 158, 160–166, 176

Rathenau, Emil 53
Rathenau, Walther 52 f., 71, 120, 197
Reich an der Stolpe, Siegfried 28
Reich-Ranicki, Marcel 246 f.
Reinowksi, Hans 121
Remer, Otto Ernst 123–127, 135–140, 142 f., 151, 216
Reuter, Ernst 137
Rieger, Martin 97
Roeder, Manfred 139
Rögner, Adolf 184 f.
Rosenthal, Ernst 131
Rothfels, Hans 138
Rückerl, Adalbert 275
Ruggaber, Karl 93, 97
Salomon, Robert 60
Sawade, Fritz *siehe* Heyde, Werner
Schenk, Dieter 271
Schiller, Friedrich 45, 60, 119, 149 f., 250
Schinnar, Felix 18
Schirach, Baldur von 174
Schleiermacher, Friedrich 196
Schmid, Carlo 100, 116
Schmid, Richard 105, 117
Schneider, Herbert 268
Schopenhauer, Arthur 60
Schramm, Percy 146
Schüle, Erwin 17, 20, 185 f.
Schumacher, Kurt 10, 86–90, 92 f., 96, 98, 109, 117, 119 f., 129 f.
Schütte, Wolfram 223
Simon, Erich 131 f.
Six, Franz Alfred 226
Staff, Curt 133
Stangneth, Bettina 20

Stauffenberg, Claus Schenk Graf von 38, 125, 136 f., 143, 146, 150, 216, 250
Stengel, Katharina 249
Swift, Jonathan 163, 264
Taylor, Telford 172
Teufel, Fritz 264
Thadden, Adolf von 272
Tiefenthal, Margot 34 f., 37 f., 43 f., 50 f., 99 f., 106–108, 116, 225, 251, 261
Tiefenthal, Walter 100, 103, 106, 108, 225
Topf, Erich Günther 127, 139
Tucholsky, Kurt 79
Uhlman, Fred 42, 68, 87, 90 f., 97
Uhlmann, Manfred *siehe* Uhlman, Fred
Unseld, Siegfried 195
Vogel, Georg Friedrich 187–189, 216, 219, 249, 259 f.
Vorberg, Reinhold 16
Walser, Martin 27, 208
Warlo, Johannes 190, 192 f., 255 f., 259, 262, 272, 277
Weiss, Peter 195
Wergeland, Henrik 49
Wiedemann, Melitta 199, 224
Wiese, Gerhard 188, 209, 216, 256, 259
Wiesenthal, Simon 23, 246
Wojak, Irmtrud 24
Wolf, Ernst 145
Wuermeling, Franz-Josef 238
Wulkan, Emil 182
Zelzer, Maria 49
Zinn, Georg August 18, 26
Zwerenz, Gerhard 266
Zwerenz, Ingrid 27

# Bildnachweis

Alexander Kluge: Tafel 4 unten
dpa Picture-Alliance GmbH, Frankfurt: Tafel 6
Fritz Bauer Institut, Frankfurt am Main: Tafel 7 oben
G. Gronefeld/Deutsches Historisches Museum, Berlin:
    Tafel 4 oben
Hessischer Rundfunk, Frankfurt am Main: Tafel 5
Rolf Tiefental: Tafel 1, 2 oben, 3 oben
Stadtarchiv Stuttgart: Tafel 2 unten
Ullstein Bild, Berlin: Tafel 7 unten

**PIPER**

**Felix Römer**
## Kameraden

Die Wehrmacht von innen. 544 Seiten. Gebunden

Felix Römer schafft aus über hunderttausend Seiten US-amerikanischen Vernehmungsberichten und Abhörprotokollen ein wirklichkeitsgetreues Bild der deutschen Wehrmacht. Hier sprechen die Akteure selbst: Unter »Kameraden« erzählen sich die Soldaten ihre Fronterlebnisse, sie prahlen mit »Heldentaten« und schrecklichen Verbrechen. Sie zeigen ihre geheimen Ängste und ihre wahre Haltung zu Hitler. In diesem Buch bekommt die uniforme Wehrmacht zum ersten Mal ein individuelles Gesicht.

»Schon jetzt kann Römers Arbeit als Meilenstein gelten.«
*Die Zeit*